Pädagogische Psychologie

Herausgeber der Lehrbuchreihe
für die Ausbildung von Diplomlehrern
im Fach Psychologie:
Adolf Kossakowski

Pädagogische Psychologie

Autorenkollektiv unter Leitung
von Günter Pippig

Ulrich Ihlefeld, Wolfgang Jantos,
Wolfgang Kessel, Heinz Krüger †,
Joachim Lompscher, Gerda Stannieder
Mitarbeit: Willi Forst

Volk und Wissen
Volkseigener Verlag Berlin
1988

Autoren:
Ulrich Ihlefeld: Abschnitt 4.1.
Wolfgang Jantos: Abschnitte 3.1., 3.3., 3.4.
(unter Mitarbeit von *Günter Pippig*)
Wolfgang Kessel: Abschnitt 3.2., Kapitel 5.
Heinz Krüger†: Abschnitt 4.2.
Joachim Lompscher: Abschnitte 1.2., 1.3., 1.5., 1.6.
(unter Mitarbeit von *Günter Pippig*)
Günter Pippig: Einleitung, Abschnitte 1.1., 2.1., 2.2., 2.3.
Gerda Stannieder: Abschnitte 1.4., 2.4.
(unter Mitarbeit von *Günter Pippig*)

Gutachter:
Manfred Baumann, Helmut Breuer, Edgar Drefenstedt, Karl-Heinz Günther, Günter Hentschel, Christina Krause, Hermann Meeske, Brigitte Sonnenschein, Werner Salzwedel

Pädagogische Psychologie: e. Lehrbuch für die Ausbildung von Diplomlehrern/Autorenkollektiv unter Leitung von Günter Pippig.– 1. Aufl. – Berlin: Volk u. Wissen, 1988. – 000 S.: Ill.
NE: Pippig, Günter [Mitarb.]

ISBN 3-06-242717-5

1. Auflage

Lizenz-Nr. 203 · 1000/88 (E 24 27 17-1)
Printed in the German Democratic Republic
Redaktion: Rolf Legler
Einband: László Szirmai
Zeichnungen: Rita Otto
Satz: Druckerei Neues Deutschland, Berlin
Druck und buchbinderische Weiterverarbeitung:
Grafischer Großbetrieb Völkerfreundschaft, Dresden
Schrift: 9/11 p Timeless, Digiset
Redaktionsschluß: 25. September 1987
LSV 0194
Bestell-Nr. 790 374 2
00860

Inhaltsverzeichnis

Einführung

Der Erziehungsauftrag des Lehrers in unserer allgemeinbildenden polytechnischen Oberschule, lebensfrohe und aktive, leistungsfähige und leistungswillige, fleißige und schöpferische, charakterfeste und disponible Menschen, verantwortungsbewußte Staatsbürger zu erziehen, ist ohne Psychologie nicht zu erfüllen.

Lehrer und Erzieher sind in ihrer täglichen Arbeit herausgefordert, den komplexen pädagogischen Prozeß unter verschiedenen Aspekten zu durchdenken und psychologische Kenntnisse und Gesetzmäßigkeiten bewußt anzuwenden.

Bei den Schülern ein sicheres und ausbaufähiges Fundament sozialistischer Allgemeinbildung zu legen, sie auf vielfältige Erfordernisse, etwa des wissenschaftlich-technischen Fortschritts, vorzubereiten, ihre Persönlichkeiten allseitig zu entwickeln und optimal zu fördern bedeutet stets, sich um das Wie, um das Erkennen, Berücksichtigen und Nutzen jener Bedingungen und Zusammenhänge zu bemühen, die im einzelnen am Erziehungsprozeß beteiligt sind. Die Sicht, unter der die Psychologie hilft, dieses Wie zu bewältigen, betrifft die subjektive Seite, die inneren personalen Voraussetzungen und Bedingungen und *ihre Entwicklung im pädagogischen Prozeß*. Das letztere ist das besondere Anliegen der pädagogischen Psychologie.

Die pädagogische Psychologie nimmt nach der allgemeinen und Persönlichkeitspsychologie (vgl. Bd. I) und der Entwicklungspsychologie (vgl. Bd. II)[1] einen wichtigen Platz in der erziehungswissenschaftlichen Ausbildung von Pädagogen im Fach Psychologie ein.

Die pädagogische Psychologie befaßt sich mit der *Herausbildung der psychischen Inhalte (Abbilder), Prozesse, Zustände und Eigenschaften des heranwachsenden Menschen unter den Bedingungen von Bildung und Erziehung, die bewußt auf die Formung der Persönlichkeit und die Ausprägung ihrer Individualität gerichtet sind.* Sie berücksichtigt dabei die Gesamtheit der wesentlichen inneren und äußeren Bedingungen, die bei der Persönlichkeitsentwicklung wirksam werden (gesellschaftliche, soziale, physische, gruppenspezifische – z. B. die des Alters und des Geschlechts – und individuelle).

Die Persönlichkeitsentwicklung vollzieht sich *in der Tätigkeit des Menschen und durch sie* in allen seinen Lebensbereichen. Diese marxistische Grundposition wird im *Kapitel 1* aufgegriffen, bezogen auf die Aufgaben von Lehrern und Erziehern. Die Kenntnisse über die spezifischen Potenzen der einzelnen Tätigkeiten (Tätigkeitsarten) für die psychische Entwicklung und über ihre Struktur und Regulation helfen, geeignete Ansätze für erfolgreiches pädagogisches Handeln zu finden. Im Zentrum stehen Tätigkeiten, die besonders für Schüler der Mittel- und Oberstufe bedeutsam sind. *Zielgerichtetheit* und *Bewußtheit* sind die typischen Merkmale der Tätigkeit. Selbstverständlich gibt es auch beim Menschen daneben andere Verhaltens- und Lernformen, die nicht dem Tätigkeitsbegriff unterzuordnen sind, die auch im pädagogischen Handeln in

1 Die Herausgabe dieser Bände wird vorbereitet.

Rechnung zu stellen sind – z. B. reaktives Verhalten auf äußere Reize, „Temperamentsausbrüche", Affektreaktionen, Manipulieren. (Wir gehen im Kapitel 1 auf unterschiedliche Lernformen ein.)
Bei der *Ausbildung psychischer* (kognitiver, emotionaler, motivationaler und volitiver) *Komponenten* der Persönlichkeit, die in ihrem Handeln wirksam werden, ist zu beachten: Der zu Erziehende ist nicht nur Objekt pädagogischer Einwirkungen, sondern zugleich *Subjekt seiner Tätigkeit*, der mit seinem Handeln Absichten und Zwecke verfolgt, sich selbst Ziele setzt, die Ergebnisse seines Handelns wertet und über sein Ansehen im Kollektiv oder in der Gesellschaft reflektiert.

Wenn es darum geht, dem Schüler bestimmte Kenntnisse und Kenntnissysteme zu vermitteln, so sind zugleich weitere stabile Qualitäten seiner sozialistischen Persönlichkeit zielstrebig zu entwickeln. Wie muß der pädagogische Prozeß angelegt werden, damit sich Schüler aus dem, was ihnen angeboten wird (Wissen, Aufgaben, Forderungen, Arbeitstechniken u. a.), das solide und dauerhaft aneignen, was notwendig ist (Motivationen, Charakterzüge und Einstellungen eingeschlossen)? Strukturzusammenhänge dieser Art werden aus pädagogisch-psychologischer Sicht im *Kapitel 2* behandelt.
Psychologische Überlegungen sind bereits bei der Gestaltung von Lehrplänen erforderlich. Das Wesentliche, was aus dem sich gegenwärtig rasant vergrößernden Wissensgut auszuwählen ist, muß erfolgreich und systematisch für alle Schüler vermittelbar bleiben, d. h., Qualität und Quantität des Wissensstoffes sind sowohl in Abhängigkeit von objektiven Bedingungen als auch von subjektiven Voraussetzungen zu bestimmen und aufzuschlüsseln. Während der Prozeß dieser Stoffauswahl eine kollektive Leistung vieler gesellschaftlicher Bereiche und eine kollektive Entscheidungsfindung darstellt (vgl. HONECKER, M. 1986, S. 724ff.) entscheidet der Lehrer auf der Grundlage von erreichten Lern- und Erziehungsergebnissen täglich selbständig, welche Schwerpunkte er setzt, welche Aufgaben er im einzelnen stellt, wie das zu Vermittelnde akzentuiert wird usw. Er stützt sich auf Erfahrungen und bezieht dabei Grundlagen, die Gegenstand von Pädagogik und Psychologie, von Fachwissenschaften und Methodik sind, schöpferisch ein. Damit wird auch deutlich, daß die pädagogische Psychologie einen wichtigen Beitrag für die pädagogischen Wissenschaften leistet. Pädagogik mit allen ihren Wissenschaftsdisziplinen und pädagogische Psychologie forschen im gleichen Objektbereich, dem gesellschaftlichen Prozeß der kommunistischen Erziehung.
Bei der Bewältigung von Anforderungen, die das Leben an den einzelnen Menschen stellt und die letztlich der Befriedigung gesellschaftlicher und eigener Bedürfnisse dienen, kooperiert und kommuniziert er mit anderen Mitgliedern der Kollektive, denen er angehört. In ihnen wird sein Handeln bewertet. Die in den Kollektiven ausgeprägten sozialen Beziehungen bilden daher eine bedeutsame Bedingung für die Persönlichkeitsentwicklung. Die Beziehungen der Heranwachsenden untereinander und zu ihren Lehrern gehören daher ebenfalls zum Gegenstandsbereich der pädagogischen Psychologie (vgl. *Kapitel 3*).
Indem *die Wechselbeziehungen zwischen den pädagogischen und den psychischen Bedingungen der Persönlichkeitsentwicklung* sowie deren Effekte geklärt werden, tragen die Erkenntnisse der pädagogischen Psychologie zur *Optimierung des pädagogischen Prozesses* bei.
Die pädagogisch gelenkte Entwicklung der Persönlichkeit ist dem Erziehungsziel der entwickelten sozialistischen Gesellschaft entsprechend am sozialistischen Menschenbild in seiner konkreten Erscheinungsform unter den gegenwärtigen historischen Bedingungen orientiert. Somit interessiert in der pädagogischen Psychologie, wie sich durch pädagogische Beeinflussung die Persönlichkeit in ihrer Individualität ausprägt.

Um die Persönlichkeitsentwicklung der Schüler optimal fördern zu können, müssen ihre individuellen Besonderheiten im pädagogischen Prozeß berücksichtigt werden. In allen Kapiteln dieses Buches gibt es Hinweise dazu. Im *Kapitel 4* werden gewissermaßen zwei Aspekte dieses pädagogischen Erfordernisses gesondert behandelt: das Fördern von Begabungen eines jeden Schülers und dabei auch die Herausbildung von Hochbegabungen sowie das Verhindern und Überwinden von Lern- und Verhaltensstörungen.

In entscheidendem Maße hängt vom Lehrer ab, wie die Entwicklung des Schülers zu einer sozialistischen Persönlichkeit verläuft. Wir wenden uns deshalb im *Kapitel 5* Fragen der Tätigkeit und Persönlichkeit des Lehrers zu.

Dem Charakter eines Lehrbuches entsprechend, wird pädagogisch-psychologisches Wissen vermittelt, das durch wissenschaftliche Untersuchungen oder durch vielfältige Bestätigung in der pädagogischen Praxis zum gegenwärtigen Zeitpunkt als gesichert gilt.

Die pädagogische Psychologie kann sich bei der Beschreibung derartiger Beziehungen weitgehend auf empirische Untersuchungsergebnisse stützen; d. h., Herangehensweisen beruhen auf wissenschaftlich erarbeiteten Hypothesen und ihrer experimentellen Verifikation, allerdings – das betrifft z. B. die Anwendung der Lehrstrategie Aufsteigen vom Abstrakten zum geistig Konkreten *(vgl. Kap. 2)* – bedeutet das noch nicht die breite Massenerprobung in der Praxis.

Theoretische Erörterungen zu unterschiedlichen Auffassungen wurden nur insoweit aufgenommen, als sie dem besseren Verständnis der psychologischen Erkenntnisse und theoretischen Positionen dienen.

Die Autoren hoffen, den Studierenden ein brauchbares Instrument für ihr Studium in die Hand gegeben zu haben, das sie in Verbindung mit ihren Lehrveranstaltungen erfolgreich nutzen können, und das ihnen auch bei Fragen und Problemen, die mit zunehmender Praxiserfahrung entstehen, ein guter Ratgeber sein wird.

Dem Studierenden soll die Arbeit mit dem Lehrbuch durch Übersichten der Kapitelinhalte, durch Verweise auf andere Literatur, durch Zusammenfassungen und Gestaltungselemente im Text erleichtert werden. Sie bedeuten:

A allgemeine und vorauszusetzende Grundlagen

Ü Zur Selbstkontrolle und Übung

Z Zusammenfassung

Für Hinweise und Informationen über Erfahrungen beim Einsatz des Buches in der Lehre und beim Selbststudium sind die Autoren dankbar. Wir bitten, sie an die Abteilung Psychologie beim Verlag Volk und Wissen, Krausenstraße 50, Berlin, 1080, zu richten.

1. Persönlichkeitsentwicklung durch Lernprozesse und Tätigkeitsgestaltung

„Darum fällt der Satz, daß das Kind sich entwickelt, indem es gebildet und erzogen wird, faktisch in seinem ganzen Umfang mit dem Satz zusammen, daß sich das Kind im Prozeß seiner Tätigkeit entwickelt.“

S. L. Rubinstein (1958, S. 203)

Kapitelinhalte:

Lernarten, die in allen Formen menschlichen Verhaltens den Prozeß der Persönlichkeitsentwicklung beeinflussen

Psychologische Analyse wesentlicher Tätigkeiten der Kinder und Jugendlichen im mittleren und späten Schulalter hinsichtlich ihrer Struktur, der in ihnen liegenden Potenzen für die Persönlichkeitsentwicklung und der Besonderheiten der psychischen Regulation

Eingriffstellen für pädagogische Einflußnahme zur Ausbildung der psychischen Tätigkeitsregulation und psychologische Hinweise für eine entwicklungsfördernde Gestaltung und Führung der Tätigkeiten der Schüler

A Schüler zu Persönlichkeiten heranzubilden, die an der weiteren Gestaltung der entwickelten sozialistischen Gesellschaft aktiv teilnehmen, schließt die Aufgabe ein, ein hohes Niveau des Unterrichts zu verwirklichen, weil „die Grundlagen für die kommunistische Erziehung in erster Linie durch einen wissenschaftlich fundierten Unterricht gelegt werden" (Honecker, M. 1986, S. 738). Als systematisch geführter Lehr- und Aneignungsprozeß hat er entscheidenden Anteil an der Persönlichkeitsentwicklung.

Jeder Lehrer steht täglich vor der Aufgabe, die im Unterricht ablaufenden vielschichtigen Prozesse der Vermittlung und Sicherung eines soliden Wissens und Könnens, der Ausbildung und Weiterentwicklung der geistigen Aktivität und Lernbereitschaft aller seiner Schüler, der kontinuierlichen Gestaltung des Entwicklungsprozesses wesentlicher Persönlichkeitseigenschaften – also auch politisch-ideologischer, moralischer und sozialer Einstellungen und Haltungen – in ihrem wechselseitigen Zusammenhang zu bewältigen.

Zur Verwirklichung dieser außerordentlich anspruchsvollen Aufgabe braucht der Lehrer zuallererst ein „tiefes Verständnis (dafür), wie sich die Persönlichkeitsentwicklung unter unseren konkret-historischen Bedingungen in einem vielschichtigen Prozeß dialektischer Wechselbeziehungen von Gesellschaft und Individuum vollzieht ..." (vgl. Honecker, M. 1986, S. 697).

In dieser Wechselwirkung der Heranwachsenden mit unserer gesellschaftlichen Wirklichkeit – vor allem in Form von Tätigkeit – vollzieht sich zugleich der Prozeß der Aneignung der „menschlichen Wesenskräfte" (nach Marx), die in den Produkten menschlicher Tätigkeit vergegenständlicht sind. Was dabei für die heranwachsende Generation wesentlich ist, spiegelt sich im *Inhalt der Allgemeinbildung* wider, der selbst im Zusammenhang mit den sich abzeichnenden Erfordernissen der Gestaltung der entwickelten sozialistischen Gesellschaft auf der Grundlage bewährter Positionen überprüft und präzisiert wird (vgl. Neuner 1987). Mit dem auf eine solide, polytechnisch orientierte sozialistische Allgemeinbildung ausgerichteten obligatorischen Unterricht, dessen Konzentration auf grundlegendes Wissen und Können der Schüler akzentuiert wird, und dem vertiefenden und weiterführenden fakultativen Unterricht wurden Organisationsformen ausgebaut, durch die auf die dynamische Entwicklung unserer Gesellschaft mit der notwendigen Flexibilität und Stabilität reagiert werden kann (vgl. ebenda, S. 11f., S. 36ff.).

Die Vermittlung einer hohen Allgemeinbildung, die den Anforderungen der gegenwärtigen und der perspektivischen gesellschaftlichen Entwicklung an die Mitglieder der sozialistischen Gesellschaft gerecht wird, bildet für den Lehrer Ziel, Inhalt und zugleich das Mittel, die Persönlichkeitsentwicklung seiner Schüler zu steuern. Dazu schafft er in allen Erziehungssituationen – aber besonders im Unterricht – Bedingungen. Er veranlaßt die Schüler, „zu sich selbst, zu ihrer Umwelt, zu den an sie gestellten Anforderungen in ein aktives Verhältnis" (vgl. Honecker, M. 1986, S. 745) zu treten.

Pädagogisch-psychologische Kenntnisse und Gesetzmäßigkeiten – wie sie in diesem Kapitel dargestellt werden – geben dem Lehrer eine Orientierung für die optimale Gestaltung solcher Bedingungen. Sie zielen vor allem darauf,

- die unterschiedlichen Arten des Lernens als vielgestaltige Formen der Aneignung und Festigung von Wissen, Können und Verhaltenseigenschaften bewußt zu berücksichtigen,
- die Potenzen aller Tätigkeiten für die Herausbildung allseitig entwickelter kommunistischer Persönlichkeiten bewußt auszuschöpfen, indem der Lehrer die Schüler geplant und zielgerichtet zu unterschiedlichen Tätigkeiten veranlaßt,
- die Tätigkeitsanforderungen bewußt zu gestalten, daß sie eine zielstrebige Ausbildung der eigenständigen Regulation der Tä-

tigkeiten auf immer höherem Niveau fördern.

Für das Verständnis der Persönlichkeitsentwicklung durch Lernvorgänge und durch Tätigkeitsgestaltung sind folgende theoretische marxistisch-leninistische Grundpositionen – die in Bd. I ausführlich dargestellt sind – von besonderer Bedeutung:

– Psychisches übt in der Wechselwirkung eines Lebewesens mit seiner Umwelt eine aktive Funktion aus. Es spiegelt die Realität wider und ermöglicht dem Individuum, sich in ihr zu orientieren und sein Verhalten zu regulieren. Die Umwelt ist ständigen Veränderungen unterworfen. Lernvorgänge ermöglichen die Anpassung an sich ständig verändernde Umstände.

– In diesem Sinne ist Lernen „umgebungsbezogene Verhaltensänderung, ... (die) in der Ausbildung oder Korrektur von individuellem Gedächtnisbesitz" besteht (KLIX 1971, S. 347f.) und für alle Lebewesen gültig ist.

– In der Evolution der Lebewesen haben sich bestimmte Lernformen herausgebildet, die zunehmend dynamischer werdende und quantitativ und qualitativ unterschiedliche Anpassungsleistungen ermöglichen. Alle Lernformen haben auch Einfluß auf die Entwicklung des Menschen.

– Die dominierende Form des menschlichen Verhaltens ist die Tätigkeit. Sie ermöglicht dem Menschen, sich nicht nur den Bedingungen anzupassen, sondern vor allem bewußt auf sie einzuwirken und sie seinen Bedürfnissen entsprechend zu verändern.

– Der Prozeß der Aneignung der in den materiellen und geistigen Produkten menschlicher Tätigkeit vergegenständlichten Wesenskräfte ist ein dialektisches Wechselverhältnis von Interiorisation (Verinnerlichung) und Exteriorisation (Entäußerung) und zugleich der Grundvorgang der Persönlichkeitsentwicklung. Indem der Mensch auf seine Umwelt einwirkt und dabei seine Wesenskräfte exteriorisiert, eignet er sie sich an. In der Tätigkeit verändert sich der Mensch selbst.

– Auch Tätigkeiten bilden ein historisches Produkt der gesellschaftlichen Entwicklung, die von den Heranwachsenden angeeignet werden müssen.

Die Lerntätigkeit, die auf die Aneignung von Wissen und Können (auf die Ausbildung von Kenntnissen, Fähigkeiten, Fertigkeiten sowie Verhaltenseigenschaften) gerichtet ist, ist eine dieser Tätigkeiten, die angeeignet werden muß und die zugleich psychische Voraussetzungen zur Regulation auch anderer Tätigkeiten schafft. Die Entwicklung der Persönlichkeit ist also auf Aneignungsprozesse zurückzuführen, die gesellschaftlich determiniert sind. Sie vollzieht sich auf der Basis biologischer Bedingungen, wird aber nicht durch diese von vornherein festgelegt. Entscheidend bleibt die eigene Aktivität des Menschen. Somit sind exogenistische (Sozialisations-, Milieu-) als auch endogenistische (nativistische, Erb-) Theorien über die Entwicklung der Persönlichkeit, wie sie in der bürgerlichen Psychologie herausgebildet worden sind, auch aus pädagogisch-psychologischer Sicht abzulehnen. (vgl. Bd. I u. Bd. II). Das trifft auch auf pädagogische Theorien zu, die sich auf jene gründen, wie z. B. die „Pädagogik vom Kinde aus". Die antikommunistisch orientierte reaktionäre Theorie der antiautoritären Erziehung stellt eine spezifische Variante von ihr dar. Psychologisch gründet sich die letztere auf die Hypothese einer Entfaltung biologischer Anlagen in einem sich selbst regulierenden kybernetischen System, zu dem auch die Umweltbedingungen gezählt werden. Sie mißachtet die auf die zielbezogene, bewußte Aneignung gesellschaftlicher Erfahrungen, Erkenntnisse, Werte und Verhaltensweisen gerichtete Aktivität der Heranwachsenden, die vor allem pädagogisch angeregt und gesteuert werden muß. Die praktische Anwendung dieser Theorie ist nach einer Phase der Euphorie selbst in der bürgerlichen Gesellschaft gescheitert, obwohl sie letztlich zu deren Stabilisierung beitragen sollte. Das drückt zugleich aus, daß deren psychologische Grundannahmen nicht haltbar sind.

1.1. Lernarten

In der Phylogenese sind unterschiedliche Lernarten entstanden. Sie bilden eine hierarchische Ordnung *(vgl. Abb. 1.1).* Die jeweils höheren Arten schließen die niederen ein, lassen sich aber in ihrer Spezifik nicht aus diesen erklären. Sie sind in ihrer Gesamtheit in allen Situationen der Wechselwirkung des Individuums mit seiner Umwelt und somit am Prozeß der Persönlichkeitsentwicklung beteiligt. Wir wollen diese Lernarten charakterisieren und zugleich auf Konsequenzen für deren Berücksichtigung im Prozeß der Bildung und Erziehung hinweisen.

Die Habituation[2] ist eine einfache Art des Lernens und schon bei Tieren auf niedriger Entwicklungsstufe nachweisbar. Sie besteht im *Abgewöhnen eines erblich fixierten Verhaltensaktes* (Zuwendung oder Abwendung) auf einen Reiz, der in einer bestimmten Situation häufig auftritt, aber nicht zu typischen Folgen des Verhaltens führt. Diese Lernart ermöglicht einem Lebewesen, sich Besonderheiten seiner Umwelt anzupassen. Sie führt nicht zum Aufbau neuer Reaktionen.

Spinnen reagieren z. B., wenn ein Beutetier ins Netz gegangen ist. Wird die damit verbundene Schwingung des Netzes durch eine Stimmgabel hervorgerufen, so bleibt bei mehrfacher Wiederholung des Versuchs die Reaktion aus. So kann allmählich die Orientierungsreaktion erlöschen, weil sich Reize in einer Situation ständig wiederholen, die erfahrungsgemäß keine Bedeutung für das Lebewesen haben. Äsende Rehe spitzen nicht mehr die Ohren, wenn auf den Schienen ein Eisenbahnzug vorbeirattert. Die Reaktion stellt sich jedoch in einer anderen Situation oder bei veränderter Reizintensität sofort wieder ein.

Bei Menschen tritt diese Lernform z. B. in der *Gewöhnung an Dauerreize* auf. Sie hat in allen Entwicklungsstufen Anteil an der Gewohnheitsbildung.

Das **bedingt reflektorische Lernen** (auch als klassisches Konditionieren bezeichnet) führt zur *Ausbildung bedingter Reaktionen.* Es wurde zuerst von Pawlow experimentell untersucht.

Pawlow stellte in seinen Experimenten an Hunden fest, daß bei ihnen Speichelfluß einsetzt, wenn die Zunge das Futter berührt. Das ist ein unbedingter Reflex, eine erblich bedingte Kopplung zwischen einem Reiz und einer Reaktion. Der Speichelfluß konnte jedoch auch auf einen anderen Reiz hin (einen Lichtschein oder einen Ton) ausgelöst werden, wenn dieser wiederholt während oder besser kurz vor der Fütterung dargeboten wurde. Der Reiz erlangte Signalfunktion. So wurde eine neue Reaktion auf einen bisher für das Tier indifferenten Reiz erlernt. Diese bedingte Reaktion blieb stabil, wenn sie bekräftigt, der Hund also gefüttert wurde. Eine ständige Nichtbekräftigung der bedingten Reaktion führte zu ihrer Schwächung bis zum Erlöschen.
Diese Lernform ermöglicht einem Lebewesen die Anpassung an Umweltbedingungen. In den Tierdressuren wendet sie der Menscht bewußt an.

Auch frühkindliche Verhaltensweisen entstehen zum Teil auf diese Art. Ein Kleinkind, dem die Geste „bitte-bitte“ beigebracht wurde, wenn es gleichzeitig auch ein Fläschchen erhielt, führt sie auch ohne Aufforderung aus, sobald es sein Fläschchen sieht.
Diese Form des Lernens, in der sich Situationseigenschaften und Verhaltensakte miteinander verbinden, liegt weitgehend der *Gewöhnung* zugrunde. Um sie für pädagogische Zwecke nutzen zu können, ist es notwendig, ihre Gesetzmäßigkeiten unter der Spezifik menschlichen Lernens zu kennen.
Eine bedingte Reaktion entsteht, wenn folgende Voraussetzungen gegeben sind:
– Vorhandensein einer *Bedürfnislage oder Motivation* (z. B. Hunger, Neugier),

2 „Habituation“ ist nicht zu verwechseln mit dem Begriff „Habitualisierung“, der im Zusammenhang mit dem Entstehen von Eigenschaften (vgl. Kap. 2) gebraucht wird.

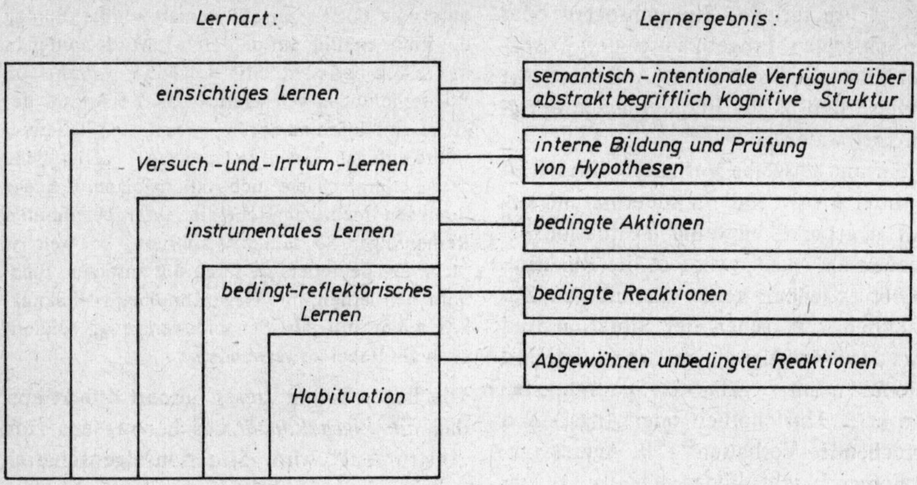

Abbildung 1.1: Klassifikation von Lernarten (nach KLIX, entnommen aus WÖRTERBUCH DER PSYCHOLOGIE 1985, S. 362)

- eine *Zuwendung zum Reiz* (Orientierung),
- Einwirkung des *bedingenden Reizes vor dem unbedingten Reiz* oder gleichzeitig mit ihm,
- Bekräftigung der entstehenden Verbindung.

Beim Menschen entstehen darüber hinaus *bedingte Reaktionen auch auf sprachliche Reize.* Allein der Mensch verfügt über dieses 2. Signalsystem (nach PAWLOW). Er reagiert auf die Bedeutung der sprachlichen Information und nicht nur auf einen Lautkomplex. (Einem Menschen läuft nicht nur beim Anblick einer Zitrone „das Wasser im Mund zusammen", sondern auch, wenn er das Wort Zitrone hört. Dazu bedurfte es keiner neuen Ausbildung des bedingten Reflexes auf den Lautkomplex „Zitrone", wie das bei einem Tier erforderlich gewesen wäre.)

Durch die Möglichkeit, eine bedingte Reaktion auf der Grundlage einer bereits vorhandenen (anstelle eines unbedingten Reflexes) auszubilden, wird diese Art des Lernens vor allem durch die Verwendung der Sprache zur typisch menschlichen Form. Sie zeigt sich in der Ausbildung von *Assoziationen*, z. B. beim Lernen von Vokabeln einer Fremdsprache, aber auch im Entstehen handwerklicher oder sportlicher Fertigkeiten. Mit dem bedingenden Reiz wird nicht nur eine motorische Reaktion verknüpft, sondern der gesamte Organismus stellt sich auf die damit verbundene Anforderung ein.

Bei Bergleuten, die in den Schacht einfahren wollten, veränderten sich bereits beim Betreten des Werkgeländes einige physiologische Parameter, z. B. Blutdruck oder CO_2-Austausch. Das Volumen der Lunge vergrößerte sich. So gewöhnen sich auch Kinder an die körperlichen Anstrengungen beim schulischen Lernen, z. B. an das Stillsitzen, an Konzentration.

Die *Art der Bekräftigung* ist beim Menschen nicht nur an die Befriedigung natürlicher Bedürfnisse, sondern vorrangig an soziale Bedürfnisse geknüpft. Die Bekräftigung (Sanktionierung) wird damit zu einem wichtigen – jedoch nicht einzigen – Mittel der Erziehung (Belohnung und Bestrafung, Lob und Tadel). Bereits Kleinkinder können an Nuancen dieser Mittel gewöhnt werden, die der Erzieher bei älteren Kindern immer differenzierter einsetzt. Eine freundliche Zuwendung der Mutter zum Kind wirkt belohnend, ein ernstes Kopfschütteln z. B. bestrafend. Wird das Verhalten eines Kindes jedoch vorwiegend durch starke Sanktionen bekräftigt (materielle Zuwendungen oder lautes Schimpfen, Prügel), so reagiert es später vor allem nur auf diese. Auf diese Art und Weise sind häufig Erziehungsschwierigkeiten entstanden.

Wird ein und dasselbe Verhalten eines Kindes einmal positiv und ein andermal negativ bekräftigt, gehen die jeweiligen Situationsbedingungen als Auslösereize in die Reaktion ein. Gibt es jedoch keine erkennbaren Zusammenhänge zwischen der Situation und der Art der Bekräftigung, entstehen im Kind emotional negativ gefärbte Spannungszustände (z. B. Unsicherheit oder Angst) und entsprechendes Verhalten (z. B. Aggression, Ausweichen, Flucht) bildet sich aus. Gleichzeitig damit können organismische Störungen entstehen, wenn im jeweiligen Typ des Nervensystems (nach PAWLOW) begünstigende Bedingungen dafür gegeben sind. Dieser Mechanismus läßt erkennen, wie sich schon durch uneinheitliches oder unkonsequentes Erziehungsverhalten („Pendelerziehung") Verhaltensstörungen herausbilden können (vgl. Abschn. 4.2.1.). Das gilt nicht nur für jüngere Schüler.

> Das **instrumentale Lernen** (auch als instrumentale Konditionierung bezeichnet) *führt zur Ausbildung bedingter Aktionen.*
>
> An die Stelle der Reaktion auf einen Reiz tritt das eigene Agieren des Lebewesens, durch das es Situationen und Umgebungszustände auffindet, die sich mit der Befriedigung seiner Bedürfnisse verknüpfen. Aus den möglichen Verhaltensweisen, die dem Lebewesen zur Verfügung stehen, wird eine taugliche herausgebildet. Dagegen wird bei der bedingten Reaktion nur eine vorhandene Verhaltensweise durch einen Signalreiz aktiviert.

In Tierexperimenten wurden hungrige Ratten in einen Käfig gesperrt, an dessen einer Wand sich ein Hebel und daneben eine Öffnung befand, durch die Futter gereicht werden konnte. Sprang die Ratte zufällig auf den Hebel, wurde Futter in den Käfig befördert. Mit steigender Anzahl von Wiederholungen verringerte sich die Anzahl der ziellosen Läufe und Sprünge der Ratte. Sie lernte, sofort auf den Hebel zu springen. Auf ähnliche Weise erlernen Tiere auch Aktionsfolgen, z. B. das Bedienen mehrerer Hebel in einer bestimmten Reihenfolge. So lernen Raubtiere, an welcher Stelle des Beutetiers sie ihren Biß ansetzen; Eichhörnchen lernen, ihre Nagezähne beim Nußknakken nicht nur als Schneidewerkzeug, sondern auch als Hebel zu verwenden.

Die Bezeichnung dieser Lernart drückt aus, daß die *Eigenaktivität* des Lebewesens zum „Instrument" wird, Situationseigenschaften zu verändern und eine Verbindung zwischen einem Reiz und einem Verhaltensakt herzustellen. *Die Ausbildung einer Aktionsfolge, die im Gedächtnis fixiert wird, erfolgt vom Ergebnis her,* gewissermaßen rückblickend und nicht etwa vorausschauend einsichtig. Das trifft auch für das frühkindliche Lernen zu.

Das Kleinkind erwirbt so die ersten Worte. Der zufällige Lallmonolog „mam-mam-mam" wird von Erwachsenen durch freundliches Zuwenden und Nachsprechen bekräftigt. Das Kind lernt, Mama zu sagen. Ein Kind, das durch die Stube krabbelt, lernt, sich nicht mehr an Möbeln zu stoßen, aber auch, Schubladen aufzuziehen, um an Gegenstände zum Spielen heranzukommen. Es entdeckt Beziehungen zwischen Dingen und eigenem Verhalten vom Typ des „Wenn – dann".

Diese Lernart wird erzieherisch genutzt, indem das *Verhalten des Kindes positiv sanktioniert* („Du bist lieb!" „Das hast du fein gemacht") oder *negativ bewertet* („Du bist böse!" „Das darfst du nicht") bzw. *bestraft wird.*

> Beim **Lernen nach Versuch und Irrtum** geht das instrumentale Bedingen in die höhere Form des *Versuch-Irrtum-Lernens* über, *wenn das Lebewesen über Vorerfahrungen verfügt, die es für sein Agieren in Situationen, die mit einem Erleben von Unsicherheit verbunden sind, auch nutzen kann.*

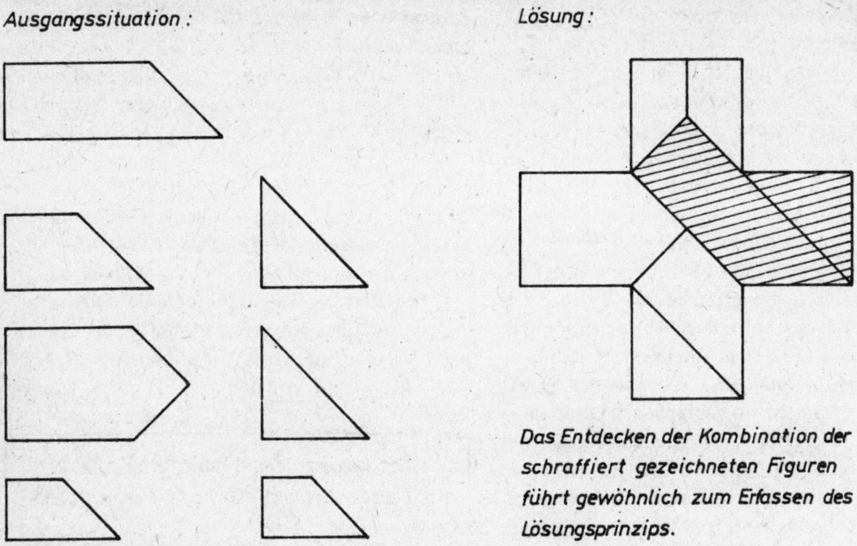

Abbildung 1.2: Puzzlespiel (Lernen nach Versuch und Irrtum)

Auch hier soll ein überschaubares Experiment mit Tieren eine Vorstellung von dieser Lernart vermitteln. Ratten hatten durch instrumentales Konditionieren gelernt, ein Labyrinth zu durchlaufen. Danach wurde das Labyrinth verändert, jedoch so, daß das Grundmuster erhalten blieb. Beispielsweise wurden Weglängen oder Winkel der Verzweigung verändert, oder es wurde an einer Stelle eine Sperre eingebaut. Die Tiere unterbrachen ihren Lauf, wenn sie an solche Stellen gerieten. Sie zeigten ein Orientierungsverhalten (Kopfwenden, Schnuppern), in dem sie neue Informationen gewannen, und setzten dann den Weg richtig fort. Daraus kann geschlossen werden, daß sie zugleich auch Informationen aus dem Gedächtnis über das gesamte Labyrinth reaktiviert hatten.
Bei einer Veränderung im Grundmuster des Labyrinths führte das Orientierungsverhalten an den Entscheidungsstellen nicht immer sofort zum Finden des richtigen Weges, jedoch auch nicht zum ziellosen Umherirren. (Das war nur der Fall, wenn alle Vorinformationen nicht mehr der neuen Situation entsprachen). Gewöhnlich wurde nach einem Irrtum der richtige Weg bevorzugt.

Die Versuche lassen erkennen, daß bei Entscheidungen die im Gedächtnis gespeicherten Informationen zweckentsprechend genutzt werden. Das kann als Vorform einer Hypothesenbildung angesehen werden. Der Mensch, der sich diese Entscheidungsstellen auch als solche bewußtmachen kann, bildet Hypothesen und prüft diese intern. Gerade in diesen Phasen des Handlungsgeschehens wird der höchste Lerngewinn erzielt. Beim Menschen tritt Versuch–Irrtum–Lernen immer dann auf, wenn seine Vorkenntnisse oder Vorerfahrungen für Anforderungen nicht ausreichen.

Man kann das leicht an Puzzlespielen demonstrieren. Die in *Abb. 1.2* gezeigten Figuren sollen zu einem „roten Kreuz" zusammengefügt werden. Jüngere Kinder probieren, die Aufgabe zu lösen. Je älter sie werden, um so mehr versuchen sie, ein Lösungsprinzip zu entdecken. Das anfängliche Lernen nach Versuch und Irrtum geht dann in die höhere Art des Einsichtlernens über. Diese Art des Problemlösens enthält also Phasen des Versuch-Irrtum-Lernens, ist aber keineswegs darauf zu reduzieren (vgl. Abschn. 2.2.4.).

Im Lernen nach Versuch und Irrtum werden auch bereits *Wenn-dann-Beziehungen* ausgebildet. *Sie führen jedoch noch nicht mit Notwendigkeit zur Einsicht.*

Werden Schülern Wörter diktiert, deren Schreibweise sie noch nicht kennen, sind sie in der Situation, nach Versuch und Irrtum lernen zu müssen.

Sie lernen aus dem Effekt ihrer Handlungen, denn richtige Schreibung wird bekräftigt, falsche korrigiert. Sie gewinnen jedoch nicht notwendig die Einsicht, warum ein bestimmtes Wort so und nicht anders geschrieben wird. Ganz anders verhält es sich, wenn die Schüler gelernt haben, wie man an die Schreibung zunächst unbekannter Wörter herangehen kann. Im Bereich des sozialen Verhaltens wenden Kinder mitunter Verhaltensformen, z. B. des Sich-Durchsetzens gegenüber anderen, Gebärden, Anredeformen, Kraftausdrücke, die sich im Umgang mit Gleichaltrigen als zweckmäßig erwiesen haben, in analogen Situationen gegenüber Erwachsenen an, obwohl sie den gesellschaftlichen Normen widersprechen. Diesen Kindern wird oft der Normverstoß nicht einmal bewußt. Sie lernen dann zwar aus der Reaktion der Erwachsenen, sich normadäquat zu verhalten, eine Einsicht in das Normgefüge entsteht jedoch daraus nicht zwangsläufig.

Gesetzmäßigkeiten des instrumentalen Bedingens und des Lernens nach Versuch und Irrtum haben bei der *Theorie des programmierten Unterrichts* Pate gestanden. In ihrem Grundschema spiegelt sich das wider: Vermittlung von Information – Ausbilden der Handlung und Aneignung des Wissens in kleinen Schritten – ihre Überprüfung an analogen Anforderungen (Entscheidungsstellen) – Bekräftigen richtiger Lösungen und Zurückweisen falscher. Häufige Bekräftigungen (Rückinformationen) wirken sich günstig auf den Aneignungsprozeß aus.[3]

Trotz des Aufbaus richtiger Handlungsfolgen werden jedoch dabei nicht mit Notwendigkeit die erforderlichen Einsichten erzeugt. Außerdem erfaßt der programmierte Unterricht nicht die aus der sozialen Kommunikation entspringenden persönlichkeitsbildenden Effekte.

Das **einsichtige Lernen** findet man nur bei den höchstentwickelten Lebewesen vor, bei den Anthropoiden (Menschenaffen) und beim Menschen.

Köhler (1917) belegte das als erster an experimentellen Untersuchungen. Schimpansen, die in einem Käfig eingesperrt waren, fügten Bambusstöcke zusammen – bissen sie sogar an den Enden erst zurecht, damit sie sich ineinanderstecken ließen –, um eine vor dem Gitter liegende Banane heranholen zu können. Sie setzten auch verstreut liegende Kisten übereinander, wenn die Banane an der Decke befestigt war. Sie konnten also Werkzeuge sinnvoll verwenden und sogar herstellen. Das alles geschah, ohne daß die Affen durch vorheriges eigenes Agieren im Sinne des Lernens nach Versuch und Irrtum in dieser Situation Erfahrungen erworben hatten.

Früher angeeigneter Gedächtnisbesitz wird in dieser Art des Lernens *der Anforderung entsprechend in eine neue Ordnung gebracht. Aus ihm heraus sind neue Relationen erzeugbar, ohne daß das Verhalten unmittelbar erprobt werden muß.*

Wazuro (1975) berichtet von einem anderen Experiment. Ein Schimpanse hatte gelernt, sich bei großer Hitze mit Wasser zu begießen, das er aus einem See schöpfte. Ebenso konnte er mit einem Topf Wasser Feuer löschen, das er zuvor einem geschlossenen Behälter durch Öffnen eines Hahns entnommen hatte. Als auf einem Floß vor ihm Feuer entfacht wurde, nahm er den Topf, balancierte mit ihm über zwei Bambusstangen zu einem zweiten Floß, auf dem der ihm bekannte Wasserbehälter stand. Er entnahm ihm wie gewohnt das Wasser, kehrte zum ersten Floß zurück, kippte das Wasser über das Feuer und wiederholte alle Aktivitäten, bis das Feuer gelöscht war. Warum schöpfte er das Wasser nicht aus dem See? Er konnte keine Beziehung zwischen den Eigenschaften des Wassers und dem Erlöschen des Feuers herstellen. Diese Einsicht hatte er nicht gewonnen, es hätte einer gedanklichen Abstraktion bedurft, die Tiere wegen der fehlenden Sprache nicht vollziehen können. Seine Einsicht bezog sich nur auf Beziehungen zwischen den Erscheinungen und den eigenen Aktivitäten.

Einsichten, die sich auf *Beziehungen zwischen Erscheinungen* – unabhängig von den eigenen praktisch-gegenständlichen Handlungen – stützen, gehen zwar über die bei Anthro-

3 Spezielle Informationen darüber sind zu finden bei Clauss/Conrad/Knöchel/Lohse (1974).

poiden vorzufindenden hinaus, bilden jedoch eine niedere Stufe gegenüber denen, *die Wesenszusammenhänge widerspiegeln.*

Diese höhere Form ist gemeint, wenn in der Pädagogik von einsichtigem Lernen gesprochen wird. Darauf richtet sich die Lerntätigkeit der Schüler (vgl. Abschn. 1.2.1.). Erst diese Stufe der *Einsicht ermöglicht, sachadäquate Schlußfolgerungen zu ziehen und schöpferisch zu denken.* Die Widerspiegelung der Relationen zwischen verschiedenen Erscheinungen und auch zum eigenen Handeln umspannt u. a. solche zwischen Ursache und Folge, Teil und Ganzem, Einzelnem und Allgemeinem, Notwendigem und Zufälligem, Möglichem und Wirklichem.

Einsichten in Wesenszusammenhänge werden vom Lernenden selbst gewonnen. Sie lassen sich nicht in fertiger Form übernehmen, sondern sie entstehen, wenn die neuen Informationen in das im Gedächtnis gespeicherte Begriffssystem so integriert werden, daß der Lernende mit ihm auch anforderungsadäquat operieren kann. Er muß also die Sache verstanden haben.[4] Das kann durch praktisch-gegenständliches und gedankliches Einwirken auf die Gegenstände des Lernens erreicht werden.

Mit der Einsicht bilden sich zugleich *Wertbeziehungen und Einstellungen* zu den jeweiligen Sachverhalten (Objekten, Situationen, Bedingungen) und zu den Handlungen heraus, die zur Einsicht geführt haben. Auch sie sind das Ergebnis von Lernprozessen. *Wertbeziehungen stellen eine wesentliche Komponente der Motivation und damit der Antriebsregulation der Tätigkeit dar.* Besonders augenfällig wird das in den weltanschaulichen Einsichten, im Klassenstandpunkt und in der Gerichtetheit des Handelns der Persönlichkeit.

Auch in den vorher dargestellten niederen Lernformen bilden sich Verhaltenseinstellungen heraus, die zur Prävalenz eines Verhaltensaktes gegenüber einem anderen führen. Diese Einstellungen sind an die aktuellen Bedürfnisse gebunden und sind eine Komponente der Antriebsregulation. Jedoch nur im einsichtigen Lernen des Menschen werden diese Einstellungen dem Individuum auch bewußt. Sie lassen sich daher bei den Heranwachsenden pädagogisch über das Einsichtlernen beeinflussen.

Die Vermittlung des Lehrstoffs an Kinder und Jugendliche des mittleren und späten Schulalters und die pädagogische Einflußnahme auf ihr Verhalten zielen stets darauf, daß diese auch entsprechende Einsichten gewinnen. Nur wenn sich dabei für Schüler Schwierigkeiten ergeben, die sie zu dem gegebenen Zeitpunkt nicht zu überwinden vermögen, werden für sie niedere Lernarten dominant. Bekanntlich sind alle niederen Lernarten in den jeweils höheren enthalten. Das erklärt, warum beim Wegfall einer höheren eine niedere an ihre Stelle tritt.

So begnügen sich manche Schüler, sich ein geistiges Verfahren mechanisch einzuprägen und damit eine Einsicht nur im Sinne einer einfachen Wenn-dann-Beziehung zu gewinnen. („Wenn ich so verfahre, erziele ich den gewünschten Effekt.") Das mag in manchen Fällen ausreichend sein, wie beim Eingeben von Daten in einen Computer, beim Bedienen einer Maschine oder beim Verrichten häuslicher Arbeiten. Es versagt aber sofort, falls Störungen im Ablauf auftreten, die beseitigt werden müssen.

Auf solche einfachen Wenn-dann-Beziehungen sind auch manche Verhaltensweisen im Verkehr von Kindern und Erwachsenen zurückzuführen.

Andere Schüler verfallen in ein probierendes Lernen nach Versuch und Irrtum, wenn sich ihnen eine Aufgabe nicht erschließt. Andere bevorzugen ein wörtliches Einprägen und Reproduzieren des Gelernten, weil ihnen das Erfassen des Wesens des Sachverhalts als zu schwierig erscheint. In diesen Fällen dominiert das bedingt-reflektorische Lernen. Das mechanische „Einpauken" von Vokabeln z. B. unterliegt ebenfalls der Dominanz dieser Lernart. Daß Vokabeln, die auf diese Weise gelernt wurden, nur schwer verfügbar sind, weist auf die Grenzen dieser Lernart hin.

---

4 Der Begriff des Verstehens wird in recht unterschiedlichem Sinne verwendet (vgl. Wörterbuch der Psychologie 1985, S. 663f.). Er ist hier im Sinne des Erfassens der zutreffenden Bedeutung gemeint.

Da aber auch in solchen Fällen Lerneffekte sichtbar werden, erkennt der Lehrer mitunter nur schwer die Mängel, die mit der fehlenden Einsicht der Schüler verbunden sind. Sie wirken sich insbesondere auf die Qualität der Kenntnisse, auf die Fähigkeitsentwicklung und auf die Einstellungsbildung beeinträchtigend aus. Es ist daher günstig, wenn ein Lehrer die persönlichkeitsbildenden Potenzen jeder Lernart kennt.

Besondere Lernarten. Lernarten können nach unterschiedlichen Aspekten klassifiziert werden, daher sind auch verschiedene Bezeichnungen gebräuchlich, wie mentales, motorisches oder soziales Lernen (vgl. Wörterbuch der Psychologie 1985, S. 362ff.). In ihnen sind einzelne Komponenten der im vorigen Abschnitt charakterisierten Lernarten in unterschiedlicher Verknüpfung vertreten, so daß sie sich als Spezialfälle in deren hierarchische Ordnung eingliedern lassen. Wir heben zwei hervor, die für pädagogische Überlegungen bedeutsam sind.

> Das **Prägungslernen** ist eine Lernart, *bei der ein vererbtes Verhaltensmuster durch einen spezifischen Auslösemechanismus* in Gang gesetzt wird. Die entstandene Kopplung zwischen dem Reiz und dem Verhalten zeichnet sich durch eine hohe Stabilität aus und ist nur unter besonderen Bedingungen zu lösen und zu verändern.

Entenküken laufen nach dem Schlüpfen der Ente hinterher, die die Eier ausgebrütet hat. Sie folgen aber auch einem anderen sich fortbewegenden Objekt, das sie als erstes nach dem Schlüpfen sehen, sogar einer bewegbaren Attrappe.

Die Prägung ist an das Vorhandensein einer *sensiblen Phase* gebunden. Ist sie abgeklungen, erfolgt kein Prägungslernen mehr. Außer der Prägung auf Elterntiere sind Prägungen auf Nahrung, Umweltbedingungen und soziale Verhaltensweisen beobachtet worden. Auch in unterschiedlichen Altersstufen beim Menschen finden in sensiblen Phasen *prägungsähnliche Lernvorgänge* statt. *Sie bilden dann eine der Voraussetzungen für die weiteren Aneignungsprozesse.* Daraus erwächst eine besondere Verantwortung der Erzieher in ihrem Verhalten gegenüber Kleinkindern.

Für die Herausbildung der sozialen Bindungen z. B. besteht im Kleinkindalter eine sensible Phase. Wird das Bedürfnis des Kindes nach unmittelbarem sozialen Kontakt nicht befriedigt, treten oft Schädigungen ein, die im Leben nicht mehr zu beheben sind. Sie äußern sich in der Unfähigkeit, soziale Kontakte aufzunehmen (Mißtrauen, Aggressivität u. a.). Nicht selten sind schwerwiegende Störungen in der sprachlichen und geistigen Entwicklung (Pseudoschwachsinn) die Folge. Es gibt Berichte aus vergangenen Jahrhunderten aus Waisenhäusern und Hospitälern, daß Kleinkinder trotz ausreichender Ernährung starben, weil die betreuenden Erwachsenen diese Kinder nicht liebkosten und nicht mit ihnen sprachen.

> Das **Beobachtungs- und Nachahmungslernen** kann als eine besondere Form des instrumentalen Lernens angesehen werden. Die eigene Aktivität bezieht sich dabei auf das Beobachten der Aktionen gleichgearteter Lebewesen. In einer gleichen Situation werden dann dessen erfolgreiche Aktionen bevorzugt vor anderen angewandt.

Schimpansen lernten, aus angebotenen Spielmarken die auszuwählen, die durch beliebtes Futter belohnt worden waren. Die zuschauenden Schimpansen griffen viel eher oder sogar sofort nach den „richtigen" Marken, als mit ihnen das gleiche Experiment durchgeführt wurde.

Auch Kinder lernen häufig auf diese Weise. Sie ahmen Bewegungen, Sprechweisen oder Handlungen von Erwachsenen nach. Diese Lernart ist eine wesentliche *Komponente des sozialen Lernens*, das jedoch nicht darauf reduziert werden kann. *Bewußtes Nachahmen* und *Identifizieren* sind darüber hinaus an einsichtiges Lernen gebunden (vgl. Abschn. 3.1.).

Zusammenfassung

Z •In der Phylogenese haben sich mehrere *Arten des Lernens* herausgebildet, die sich hierarchisch überlagern.

•Die wichtigsten dieser Lernarten sind: *die Habituation, das bedingt reflektorische Lernen, das instrumentale Lernen, das Lernen nach Versuch und Irrtum und das einsichtige Lernen.*

• Besondere Lernarten, in denen sich Elemente der sogenannten Arten in eigener Weise verknüpfen, sind das *Prägungslernen*, das an sensible Phasen geknüpft ist, und das *Beobachtungs- oder Nachahmungslernen.*

• Die Lernarten sind *in ihrer Gesamtheit am Prozeß der Persönlichkeitsentwicklung beteiligt.* In der frühen Kindheit finden sich zunächst die niederen Arten vor, mit dem Spracherwerb setzen zunehmend die höheren ein und überformen die niederen.

• Der Lehrer berücksichtigt sie zweckmäßig bei der pädagogischen Arbeit und nutzt ihren Einfluß.

1.2. Lerntätigkeit

Für die Persönlichkeitsentwicklung von Kindern und Jugendlichen im mittleren und späten Schulalter ist die Lerntätigkeit hoch bedeutsam, da sie die dominierende Tätigkeitsart in diesem Lebensabschnitt darstellt. Die Lerntätigkeit dominiert nicht nur quantitativ im Vergleich zu anderen Tätigkeiten, ihre Qualität wirkt sich auch auf andere Tätigkeitsarten (etwa auf Spiel, Arbeit und Freizeittätigkeiten) deutlich aus.

Deshalb besteht eine wichtige Aufgabe des Lehrers darin, die Lerntätigkeit seiner Schüler auszubilden und ein immer höheres Niveau der Regulation dieser Tätigkeit zu erreichen.

Vor allem Kenntnisse über Besonderheiten der Struktur und der psychischen Regulation der Lerntätigkeiten vermitteln dem Lehrer die Zugriffstellen für entwicklungsfördernde Bedingungen seiner pädagogischen Einflußnahme.

1.2.1. Wesen und Struktur

Unter **Lerntätigkeit** *verstehen wir die speziell auf die Aneignung gesellschaftlichen Wissens und Könnens gerichtete Tätigkeit.* In ihr werden Kenntnisse, Fähigkeiten, Fertigkeiten und Gewohnheiten ausgebildet. In ihr entstehen auch die Motive und Einstellungen zu den Gegenständen, auf die die Lerntätigkeit gerichtet ist, sowie zu den Menschen, mit denen der Lernende in dieser Tätigkeit als Bestandteil seines gegenwärtigen Lebens und als Vorbereitung auf künftige Aufgaben, die ihn als sozialistischen Staatsbürger erwarten. Sie gewinnt einen Wert für ihn, der handlungsmotivierend und -orientierend wirkt. So übt sie – insgesamt gesehen – auf die Ausformung der weltanschaulichen Gerichtetheit und der Charaktereigenschaften einen maßgeblichen Einfluß aus.

Der Erfolg der Lerntätigkeit wird in erster Linie an der Veränderung des Subjekts selbst erkannt und auch gemessen, denn darin besteht ihr Sinn.

In anderen Tätigkeiten steht in der Regel subjektiv die Veränderung des Objekts im Vordergrund, die in der Lerntätigkeit gewöhnlich als Mittel und Zweck fungiert. Auch z. B. bei der Arbeit, im Spiel, in der gesellschaftlich-politischen Tätigkeit bilden sich die Eigenschaften der Persönlichkeit heraus, so auch Kenntnisse, Fertigkeiten und Fähigkeiten, die aufgaben- und situationsbezogen an die jeweilige Tätigkeit geknüpft sind. Eine gesellschaftlich erforderliche umfassende Allgemeinbildung ist jedoch ohne speziell darauf gerichtete Lerntätigkeit nicht zu erreichen.

Um das Wesen der Lerntätigkeit genauer zu erfassen, wollen wir grundlegende Strukturkomponenten (Bestandteile) ausgliedern und ihre Spezifik kennzeichnen. Dazu orientieren wir uns zunächst an Komponenten, die jede Art von Tätigkeit konstituieren (vgl. Bd. I, Kap. 3.). Das sind

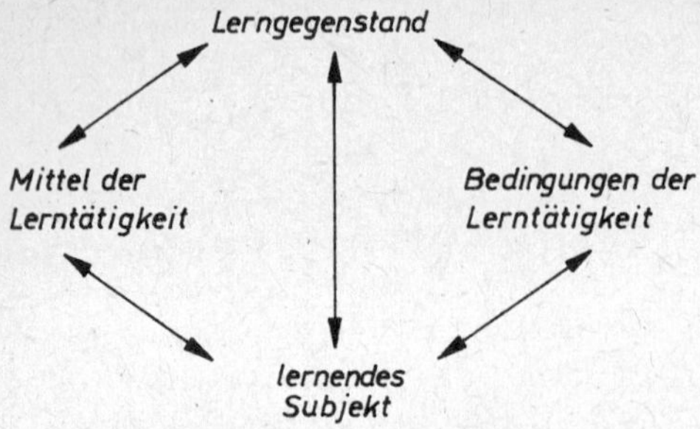

Abbildung 1.3: Objektive Komponenten der Lerntätigkeit (nach LOMPSCHER u. a. 1985, S. 36)

– der Gegenstand, auf den die Tätigkeit gerichtet ist,
– die Mittel, die zu diesem Zweck, also zur Erreichung bestimmter Ziele eingesetzt werden können oder sollen,
– die Bedingungen, unter denen die Tätigkeit vonstatten geht und
– natürlich das Subjekt der Tätigkeit selbst.

Diese Komponenten bilden die objektive Seite jeglicher Tätigkeit, also auch der Lerntätigkeit, und beeinflussen sich wechselseitig in vielfältiger Weise (*vgl. Abb. 1.3*).

Der Lehrer kann die Gegenstände, Mittel und Bedingungen der Lerntätigkeit zielstrebig verändern und somit die Anforderungen an den Lernenden steigern. Darin besteht eine notwendige Bedingung, um die psychischen Regulationskomponenten der Lerntätigkeit der Schüler ständig weiterzuentwickeln.

Gegenstand der Lerntätigkeit *sind gesellschaftliche Erfahrungen über Ausschnitte der objektiven Realität, d. h. Ergebnisse des gesellschaftlichen Erkenntnisprozesses*: Begriffe und Gesetzesaussagen, Methoden theoretischer und praktischer Tätigkeit, Werte und Normen sowie Verhaltensweisen.

Der Lernende tritt der objektiven Realität weder als Robinson noch als Forscher gegenüber. Seine Beziehung zur Wirklichkeit wird in der Lerntätigkeit durch das von der Gesellschaft produzierte Wissen und Können vermittelt, das für Ausbildungszwecke in bestimmter Weise ausgewählt und aufbereitet worden ist (u. a. Lehrstoff, Lehrpläne, Lehrbücher) und das dem Lernenden in bestimmter Weise nahegebracht wird.

Die Lerngegenstände werden, vom gegenwärtigen Erkenntnis- und Entwicklungsstand ausgehend, bestimmt und ausgewählt. Damit kann das gesellschaftlich als *grundlegend und wesentlich* Erkannte, das häufig das Ergebnis langwieriger, über Umwege und Irrtümer verlaufender gesellschaftlicher Erkenntnisprozesse ist, zum *Ausgangspunkt* der Lerntätigkeit gemacht werden. Die Lerntätigkeit braucht nicht den historischen Erkenntnisprozeß nachzuvollziehen, sondern kann dessen Ergebnisse in logisch verarbeiteter Form (als Ergebnis der Analyse, Abstraktion, Verallgemeinerung und Systematisierung) zum Gegenstand nehmen.

Die realen Objekte und Prozesse, mit denen sich der Schüler in der Lerntätigkeit auseinandersetzt, sind Repräsentanten des gesellschaftlichen Wissens und Könnens und erhalten dadurch ihre Stellung und Funktion in der Lerntätigkeit. Bleiben sie für den Lernenden einzelne, für sich genommene Objekte und Prozesse, dringt er nicht bis zum Allgemeinen, das sie vertreten, und damit nicht bis zum eigentlichen Lerngegenstand vor. Der Mensch tritt auch in anderen Tätigkeiten mit den verschiedensten Objekten und Prozessen der gesellschaftlichen und natürlichen Umwelt in direkten Kontakt. Dabei eignet er sich zunächst *empirisches Wissen und Können* an, das auf die jeweilige besondere Situation bezogen ist.

Will er das Wesen eines Sachverhalts und die in ihm waltenden Gesetzmäßigkeiten erfassen, bedarf es einer darauf gerichteten Erkenntnistätigkeit, die theoretisches Wissen produziert, z. B. durch Forschung. In der Lerntätigkeit eignet sich der Schüler neben dem empirischen vor allem auch *theoretisches Wissen und Können* an, das bereits nach bestimmten sachinternen Aspekten geordnet ist und in Systemen existiert.

Empirisches Wissen und Können gründet sich auf unmittelbare Erfahrung, theoretisches dagegen auf deren weitere geistige Verarbeitung. Empirisches Wissen spiegelt Erscheinungen wider, theoretisches Wissen das hinter den Erscheinungen verborgene Wesen. Dadurch dringt theoretisches Wissen und Können bis zur Erklärung und Vorhersage vor, während empirisches auf Beschreibung gerichtet ist. Beide Arten von Wissen und Können sind notwendige Stufen in der menschlichen Erkenntnis. Im realen Erkenntnisprozeß bedingen und durchdringen sie sich gegenseitig. Das gilt auch für die wissenschaftliche Erkenntnistätigkeit. In der praktischen Tätigkeit, die auf reale Veränderung der Wirklichkeit in dieser oder jener Hinsicht gerichtet ist, wirken empirisches und theoretisches Wissen und Können ebenfalls zusammen.

Empirisches Wissen und Können bilden eine wichtige Grundlage für die Aneignung theoretischen Wissens und Könnens, ebenso für die Ausbildung von Überzeugungen und Charaktereigenschaften. Auf dieser Erkenntnis beruht der Grundsatz der sozialistischen Schule, den Unterricht eng mit dem Leben, mit der gesellschaftlichen Praxis, der Arbeit und dem politischen Kampf zu verbinden.

Wir haben den **Gegenstand der Tätigkeit** allgemein als etwas gekennzeichnet, worauf das Subjekt einwirkt, um es zu verändern. Gilt das auch für den **Gegenstand der Lerntätigkeit**? Ist Lerntätigkeit nicht gerade durch das Auf- oder Übernehmen gesellschaftlichen Wissens und Könnens gekennzeichnet?

Der Lernende tritt der anzueignenden Wirklichkeit zwar nicht als Forscher oder Produzent gegenüber, der gesellschaftliches Wissen und Können schafft oder weiterentwikkelt (was aber auch möglich ist, z. B. in wissenschaftlichen oder technischen Arbeitsgemeinschaften). Der subjektive Gewinn an Wissen und Können wird gewährleistet, wenn der Lernende sozusagen als „Quasi-Forscher" aktiv auf die Repräsentanten des gesellschaftlichen Wissens und Könnens (das sind die Objekte, Prozesse usw.) in spezifischer Weise einwirkt. Durch die Veränderungen, die zunächst auf der praktisch-gegenständlichen Ebene und dann zunehmend auch auf der geistigen Ebene erfolgen, deckt er den eigentlichen Lerngegenstand auf und eignet ihn sich an.

Das führt uns zur Frage nach den Mitteln der Lerntätigkeit.

Mittel der Lerntätigkeit *sind Handlungen, durch die der Lernende* sich so *mit dem Lerngegenstand auseinandersetzt,* daß dessen wesentliche Merkmale, Zusammenhänge, entsprechende Verfahrensweisen usw. deutlich werden und vom Individuum praktisch oder geistig reproduziert werden können. Da es in der Lerntätigkeit nicht vorrangig um empirische Erkenntnis des Einzelnen geht, müssen die Lernhandlungen das *Allgemeine, Gesetzmäßige* herausheben.

Durch Lernhandlungen wird gesellschaftliches Wissen und Können individuell reproduziert, und es bilden sich beim Lernenden Zeichensysteme, Lernstrategien und Lerntechniken aus, die als Mittel der weiteren Lerntätigkeit eingesetzt werden können und damit selbständige, schöpferische, verantwortungsbewußte Lerntätigkeit ermöglichen.

Zeichensysteme sind Abbilder der Realität in Form von sprachlichen Zeichen (Begriffen), Symbolen, Schemata usw. Mit ihrer Hilfe werden die Erscheinungen und Prozesse der Wirklichkeit analysiert und Zusammenhänge zwischen ihnen aufgedeckt. Ihre Bedeutung wird durch Handlungen erschlossen. Kognitive Operationen bedienen sich ihrer.

Lernstrategien sind verallgemeinerte, rationelle Vorgehensweisen für die Bewältigung bestimmter Klassen von Lernanforderungen. Sie ermöglichen ein Orientieren in der Vielfalt der Anforderungen und Erscheinungen der Wirklichkeit und dadurch zunehmend selb-

ständiges Ableiten der jeweils effektivsten Vorgehensweise zur Aneignung neuen Wissens und Könnens.
Lerntechniken sind Verfahren des rationellen Umgangs mit Hilfsmitteln und ihres Einsatzes zur Bewältigung bestimmter Lernanforderungen, die – mehr oder weniger weit automatisiert – zu Fertigkeiten ausgebildet werden können. Bleistift und Lineal, Zirkel, Nachschlage- und Tabellenwerke und viele andere Dinge werden nur in dem Maße zu Hilfsmitteln in der Lerntätigkeit, wie sie in konkrete Lernhandlungen einbezogen werden.

Die Lernhandlungen als Mittel der Lerntätigkeit sind also ebenfalls Bestandteile des gesellschaftlichen Wissens und Könnens und zugleich Ergebnisse vorangegangener Lerntätigkeit. Sie müssen erst gelernt werden, ehe sie vom Lernenden als Mittel weiterer Aneignung eingesetzt werden können. Sie werden in der Regel zunächst in Form äußerer, praktisch-gegenständlicher Handlungen ausgeführt und dann mehr oder weniger stark in innere, geistige Handlungen umgewandelt (interiorisiert). Die Veränderungen am Lerngegenstand (an seinen Repräsentanten) werden also erst real vollzogen, dann mehr und mehr an seinen Abbildern. Die so verinnerlichten Mittel bilden eine grundlegende Voraussetzung für die adäquate Nutzung äußerer Mittel.

Die **Bedingungen der Lerntätigkeit** *bestehen vor allem in den gesellschaftlichen Formen der Führung und Gestaltung der Tätigkeit.*

Es gibt auch spontane, ungelenkte Lernformen, in denen sich das Individuum mit konkreten Situationen und Erscheinungen auseinandersetzt und dabei Erfahrungen sammelt oder sich selbst Wissensquellen sucht, um sich über den Gegenstand seines Interesses zu informieren. Solche Aneignungsprozesse können sehr intensiv verlaufen und von hohem Wert für die Persönlichkeitsentwicklung sein. Systematisch geordnetes Wissen und Können auf dem gegenwärtigen Niveau der gesellschaftlichen Erkenntnis kann sich der Schüler auf diese Weise jedoch nicht aneignen. Spontane Lernprozesse sind deshalb nur Ergänzungen und Spezifizierungen zur pädagogisch geführten, institutionalisierten, systematisch aufgebauten Lerntätigkeit als der grundlegenden Lernform im Schulalter.

Die Lerntätigkeit bildet mit der Lehrtätigkeit eine dialektische Einheit. Sie bedingen sich gegenseitig. Der konkrete Verlauf und die psychischen Ergebnisse der Lerntätigkeit hängen weitgehend – jedoch nicht im Sinne mechanistischer Geradlinigkeit und Eindeutigkeit – von der pädagogischen Führung ab. Der Lehrer muß den Entwicklungsstand und die Gesetzmäßigkeiten der Lerntätigkeit, die subjektiven Voraussetzungen der Lernenden und die Gesetzmäßigkeiten der subjektiven Verarbeitung der Wirklichkeit durch die Lernenden sehr genau kennen und differenziert berücksichtigen. Insofern hängt auch die Lehrtätigkeit von der Lerntätigkeit ab. *Die Ziele der Lehrtätigkeit sind nicht ohne die Mitarbeit oder gegen den Willen der Lernenden zu erreichen!*

Die Lerntätigkeit stellt eine *Einheit von individueller Tätigkeit und sozialer Kommunikation und Kooperation dar.* Einerseits sind Lerneffekte immer Ergebnis individueller Aneignung, andererseits ist die Lerntätigkeit des Individuums immer in die soziale Wechselwirkung eingebettet. Das gilt nicht nur für die Wechselwirkung von Lehrenden und Lernenden, sondern auch für die Kooperation zwischen den Lernenden selbst.

Die darin liegenden Potenzen für die gesamte Persönlichkeitsentwicklung lassen sich besser nutzen, wenn der Unterricht nicht auf die Interaktionen zwischen dem Lehrer und jeweils einzelnen Schülern beschränkt bleibt (auch wenn alle angesprochen werden) oder als ein Nebeneinander relativ isolierter individueller Lernprozesse organisiert wird. Das gemeinsame, gegebenenfalls arbeitsteilige Bewältigen von Lernanforderungen, das kollektive Lösen von Problemen, das kritische gegenseitige Kontrollieren und gegebenenfalls Ergänzen oder Korrigieren der Leistung der anderen, das Aufgreifen und Weiterführen oder begründete Ablehnen ihrer Auffassungen und Vorschläge, das Berücksichtigen des Standpunktes, der Voraussetzungen und der Vorleistungen der Kooperationspartner sind für die Effektivitätssteigerung der Tätigkeit und für die Erziehung der sozialistischen Persönlichkeit außerordentlich wichtige Aspekte, die bei der Gestaltung des Unterrichts umfassend und systematisch genutzt werden sollten (vgl. auch Abschn. 2.2.4., 3.2. und 3.3.).

Ein weiterer Aspekt in den Bedingungen der Lerntätigkeit betrifft die *Beanspruchung, Belastung und Hygiene.* Lerntätigkeit bedeutet immer Bewältigung bestimmter Anforderungen und beansprucht die sich entwickelnden physischen und psychischen Kräfte der Lernenden. Die Schüler sollen intensiv, angestrengt und effektiv lernen. Das verlangt vom Lehrer, das Maß der vertretbaren Belastung zu bestimmen.

Die Beziehungen zwischen den jeweiligen objektiven Anforderungen und den zu ihrer Bewältigung vorhandenen subjektiven Voraussetzungen unter konkreten Bedingungen sind deshalb möglichst differenziert zu erfassen und bei der Gestaltung der Lerntätigkeit zu berücksichtigen. Die Schüler sollen nicht unterfordert, aber natürlich auch nicht überfordert werden. Dieses Problem hat viele Aspekte, unter anderem auch den der Lernhygiene, der Sicherung solcher äußeren Bedingungen, die Gesundheit und Wohlbefinden fördern (Licht, Luft und Temperatur im Klassenraum, Abwechslung in den Inhalten und Formen der Tätigkeit, rationelle Gestaltung des Stundenplans und des ganzen Lebensregimes).

> Pädagogische Führung der Lerntätigkeit bedeutet vor allem, das **Subjekt der Lerntätigkeit** bewußt in Rechnung zu stellen. *Die Vermittlung von Wissen und seine Aneignung sind zwei verschiedene (oder eigenständige) Prozesse.* Was und wie gelernt wird, hängt wesentlich davon ab, welche *Einstellungen* der Lernende zum Lerngegenstand, überhaupt zur Lerntätigkeit hat, welche *Lernmotive* ihn stimulieren, wie er *auffaßt*, was ihm dargeboten oder von ihm gefordert wird, wie er sich mit dem Lerngegenstand *aktiv auseinandersetzt*, welche *Voraussetzungen* er für die Bewältigung der jeweiligen Lernanforderungen hat und wie er sie unter den konkreten Bedingungen *mobilisiert.*

Die Lernenden befinden sich jeweils *auf einer konkreten Stufe ihrer Persönlichkeitsentwicklung.* Das bedeutet für die pädagogische Führung der Lerntätigkeit, sowohl die allgemeinen psychischen Besonderheiten der Altersstufe als auch die gruppenspezifischen und interindividuellen Unterschiede ihrer Ausprägung bei den Schülern so genau und differenziert wie nur möglich zu beachten.

Alters- und gruppenspezifische sowie individualtypische Besonderheiten äußern sich nicht nur in der Lerntätigkeit, sondern verändern sich auch unter deren Einfluß. Selbst solche individualtypischen Besonderheiten, die zu einem gewissen Grad, häufig allerdings nicht genau bestimmbar, durch biologische, insbesondere neurophysiologische Eigenarten bedingt sind, stellen in der Regel keine einfach gegebene und unveränderliche Konstituente der individuellen Lerntätigkeit dar.

> So können wir die **Lerntätigkeit** definieren als *eine Tätigkeit,*
> – *die auf die Aneignung gesellschaftlichen Wissens und Könnens durch deren individuelle Reproduktion gerichtet ist und die unter Bedingungen gesellschaftlicher (insbesondere pädagogischer) Führung und sozialer Kommunikation und Kooperation entsteht und verläuft,*
> – *die mit Hilfe spezieller Mittel (Zeichensysteme, Lernstrategien, Lerntechniken) realisiert wird und*
> – *die auf der Grundlage eines konkreten Niveaus der Persönlichkeitsentwicklung und der Ausprägung individualtypischer Besonderheiten in persönlichkeitsspezifischer Weise verläuft.*

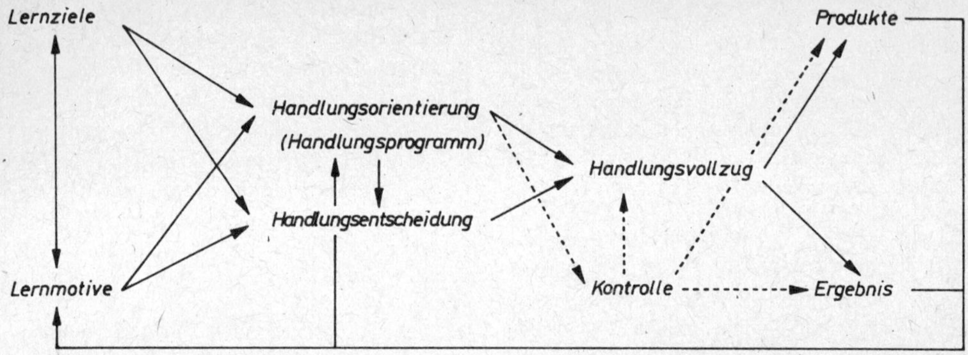

Abbildung 1.4: Wesentliche Komponenten der psychischen Regulation der Lerntätigkeit (nach LOMPSCHER u. a. 1985, S. 40)

1.2.2. Besonderheiten und Ausbildung der psychischen Regulation

Die Lerntätigkeit wird wie jede Tätigkeit durch Handlungen vollzogen. Sie auszubilden und weiterzuentwickeln verlangt, die Schüler zur selbständigen Regulation ihrer Lernhandlungen zu befähigen. In allen Phasen einer Handlung wirken die komplexen Regulationseinheiten des Antriebes, der Orientierung, der Entscheidung. Bewertung und Kontrolle (vgl. Bd. I, Kap. 7.). Sie entwickeln sich insbesondere dadurch, daß sie in Tätigkeiten oder Handlungen mobilisiert werden, die hohe Anforderungen an den Schüler stellen. Diese Entwicklung ist außerdem pädagogisch zu beeinflussen, indem die Schüler unterwiesen werden, auf ihr eigenes Handeln zu reflektieren, um es selbständig steuern zu können (vgl. auch Abschn. 1.6.).

So sollen sie beispielsweise lernen, Ziele und Motive an gesellschaftlichen Anforderungen, Werten und Normen zu orientieren, Handlungsprogramme aufzustellen, Schwierigkeiten im Handlungsvollzug zu analysieren und durch Präzisierung des Handlungsprogramms unter Willenseinsatz zu überwinden, Widersprüche oder Problemzustände zu erkennen, zu bewerten und über Handlungsalternativen zu entscheiden oder auch Handlungsprogramme, -vollzüge und -ergebnisse bewußt zu kontrollieren und zu werten.

Für den Lehrer ist es zweckmäßig, sich dabei auf wesentliche Komponenten der Lerntätigkeit zu orientieren, wie sie in *Abbildung 1.4* dargestellt sind. Neben den Tätigkeitszielen und -motiven ist auch an die Handlungsziele und -motive zu denken, die aus den ersteren hervorgehen und von den zu bewältigenden Anforderungen modifiziert werden. Handlungsprogramme gehen aus einer kognitiven Analyse der Anforderung hervor. Während der Handlungsvollzug zu materiellen oder geistigen Produkten führt, sind Ergebnis der Lerntätigkeit psychische Neubildungen.

Wir wenden uns nun der Ausbildung dieser Komponenten im einzelnen zu.

Lernziele. Aktive und bewußte Tätigkeit setzt klare Ziele voraus.

> **Lernziele** *bestehen in der geistigen Vorwegnahme (Antizipation) der angestrebten Ergebnisse und der Orientierung der Tätigkeit darauf, sie zu erreichen.*
> Die durch Lerntätigkeit zu erreichenden Ergebnisse sind die psychischen Veränderungen des lernenden Subjekts – die Beherrschung (Aneignung) neuer Handlungen, Verhaltensweisen, Bedeutungen, Werte, Normen, Begriffe, Gesetzmäßigkeiten usw. in Form von Kenntnissen, Fähigkeiten, Einstellungen und anderen psychischen Eigenschaften.

Diese Ziele lassen sich jedoch nur erreichen, wenn Handlungen auf Lerngegenstände gerichtet werden. Die Ziele der Lerntätigkeit werden dabei in *Ziele von Lernhandlungen* transformiert, die sich auf die äußeren Produkte oder Resultate der Tätigkeit richten, wie auf Zeichnungen, schriftliche Arbeiten, Tabellen, Materialsammlungen, Werkstücke oder mündliche Aussagen.

Durch sie sollen die angestrebten Aneignungseffekte bewirkt werden. Lehrer wie Schüler können an der Qualität und Quantität der Tätigkeitsprodukte den Grad der Aneignung (der Zielerreichung) feststellen. Die Tätigkeitsprodukte sind also gewissermaßen *Mittel zum Zweck.* Für die Kinder sind sie aber häufig das eigentliche Ziel ihrer Handlungen, und das kann zu Mißverständnissen und Fehlern in der Lerntätigkeit führen (man denke an Vorsagen, Abschreiben u. a.).

Vor allem Schüler der Mittel- und Oberstufe sollten zunehmend daran gewöhnt werden, sich Lernziele zu stellen, die über das Resultat des Handelns hinausreichen und sich auf die Vervollkommnung der eigenen psychischen Qualitäten beziehen. Damit werden diese zu Tätigkeitszielen.

Selbstverständlich wird der Lehrer dies bereits bei Schülern der Unterstufe anbahnen, Schülern der Mittel- und Oberstufe kann jedoch diese Forderung auch als solche bewußt gemacht werden, sie sind aufgrund ihres psychischen Entwicklungsstandes in der Lage, auf eigene psychische Prozesse und Eigenschaften zu reflektieren.

Zur pädagogischen Umsetzung dieser Forderung empfiehlt es sich, daß der Lehrer ein Lehrziel – sofern das objektiv möglich ist – so operationalisiert, daß es der Schüler als Lernziel übernehmen kann, in welchem sich also nicht nur das objektbezogene Resultat (als Handlungsziel) widerspiegelt. Für den Schüler muß es als Anforderung an sein Können erscheinen. So genügt nicht, daß der Schüler schlechthin eine gestellte Aufgabe lösen soll. Er soll formulieren, was er dabei *lernen und können will,* z.B.

– Aufgaben solcher Art (Klasse von Aufgaben) rasch und ohne langes Überlegen lösen können (Aspekt der Ausbildung von Fertigkeiten),

– das Gelesene jemandem mit eigenen Worten erklären können (Kenntnisaneignung, Einsichtgewinnung, Fähigkeitsentwicklung),

– ein Ereignis sachgerecht werten und die eigene Meinung verteidigen können (Einstellungsbildung, Fähigkeitsentwicklung).

Die Bildung von Lernzielen ist demzufolge nicht auf die Vermittlung, Vorgabe oder Erklärung dieser Ziele durch den Lehrer zu reduzieren.

Lernziele entstehen in Anforderungssituationen, indem die Schüler einen *Widerspruch* erleben zwischen ihren Leistungsmöglichkeiten und darüber hinausgehenden Anforderungen und wenn sie diese Anforderungen auch bewältigen wollen.

Letzteres ist an die Bedingung geknüpft, daß die Anforderung in irgendeiner Weise persönlich bedeutsam ist. (Siehe die Ausführungen zur Lernmotivation in den folgenden Abschnitten.) Wenn notwendig, wird der Lehrer dem Schüler diese Bedeutsamkeit bewußt machen.

Damit dieses Widerspruchserleben zu klaren Lernzielen führt, ist zweierlei nötig: Erstens müssen die in der Aufgabe, Situation, Frage enthaltenen *Anforderungen* analysiert werden (worum geht es eigentlich, was soll erreicht werden?). Zweitens müssen im Hinblick auf diese Anforderungen die eigenen *Voraussetzungen* daraufhin bewertet werden, was zur Bewältigung der Anforderungen eingesetzt werden kann und welche Leerstellen es in den erforderlichen Voraussetzungen gibt. Als Vorwegnahme künftiger Tätigkeitsergebnisse sind die Lernziele also selbst bereits *Ergebnis einer aktiven geistigen Auseinandersetzung* mit den Anforderungen einer Lernsituation. Eine solche Analyse und Bewertung bedarf meistens differenzierter Hinweise und Anregungen durch den Lehrer.

Lernziele müssen klar von den Lehrzielen unterschieden werden, von den Zielen also, die der Tätigkeit des Lehrers zugrunde liegen. Die Ziele des Lehrenden sind weiter und differenzierter als die des Lernenden. Sie umfassen bei bestimmten Akzentuierungen alle Seiten der Persönlichkeitsentwicklung der Schüler, und dementsprechend führt und gestaltet der Lehrer ihre Lerntätigkeit. Da an der Lerntätigkeit aber die ganze Persönlichkeit beteiligt ist, verändert sie auch alle ihre Eigenschaften. Also: Die realen psychischen *Ergebnisse* der Lerntätigkeit sind *weiter als die Lernziele* (manchmal auch weiter als die Lehrziele!), sie beschränken sich nicht auf das, was der Lernende selbst bewußt anzielt.

Lernziele entstehen auf zwei Ebenen: Sie können die Bewältigung einer einzelnen Anforderung oder einer mehr oder weniger umfassenden Anforderungs*klasse* beinhalten.
Im ersten Fall orientieren sich die Schüler vorrangig auf die Erscheinung der jeweiligen Anforderung oder des jeweiligen Sachverhalts. In bestimmten Situationen mag das durchaus genügen, insgesamt lassen sich mit dieser Orientierung die hohen Erziehungsziele unserer Schule jedoch nicht erreichen. Dazu ist die Bildung von Lernzielen auf dem zweiten Niveau erforderlich: Die Schüler werden dazu geführt, die konkrete Anforderung als Repräsentant einer ganzen Anforderungsklasse zu erkennen und sich *die Voraussetzungen für die Lösung solcher Aufgaben* (nicht nur dieser einen) *anzueignen.* Das bedeutet aber, *nach den allgemeinen Prinzipien und Gesetzmäßigkeiten zu suchen, die der Bewältigung einer Anforderungsklasse zugrunde liegen,* das Lernziel also nicht auf die Erscheinung zu beschränken, sondern auch auf *das Wesen und die Methoden seiner Aufdekkung* zu richten.
Während die erste Art von Lernzielen mehr dem Prozeß der *empirischen Aneignung* entspricht, ist die zweite kennzeichnend für die *theoretische Aneignung.* Wenn es gelingt, die Lehrzielbildung auf große Klassen von Anforderungen, auf große Bereiche des anzueignenden Wissens und Könnens zu orientieren, wird eine weitreichende Lernperspektive für die Schüler geschaffen. Solche *übergreifenden* (für einen Jahreslehrgang oder ein großes Stoffgebiet gültigen) *Lernziele* ermöglichen ein bewußtes Lernen von Anfang an, ein ständiges Inbezugsetzen der Lernergebnisse zu den Lernzielen und damit das Bewußtmachen des Lernfortschritts sowie ein Ableiten von Teilzielen. Dadurch wird der Lernprozeß gegliedert und für die Schüler überschaubar. Die *abgeleiteten* Lernziele konkretisieren für die Schüler die übergreifenden Lernziele, aktualisieren und stützen sie und tragen zur zielstrebigen, bewußten und aktiven Lerntätigkeit besonders bei.

Beim Lösen mathematischer Sach- und Anwendungsaufgaben besteht für viele Schüler das unmittelbare Ziel ihres Handelns darin, die konkrete Frage zu beantworten. Aber nicht darin besteht das eigentliche Ziel der Lerntätigkeit (und deshalb muß auch nicht jede Aufgabe bis zur Lösung geführt werden)! Was die Schüler hier vor allem lernen sollen ist, wie man sich in einer unbekannten Situation orientiert, wie man sie systematisch analysiert, wie man bekannte oder gefundene Zusammenhänge und Gesetzmäßigkeiten ausnutzt, um Unbekanntes aufzudecken usw. Das setzt voraus, allgemeine Strukturkomponenten von Sach- und Anwendungsaufgaben auszugliedern (das Gesuchte und das Gegebene, Wechselbeziehungen zwischen ihnen und zwischen den Aufgabenbedingungen im einzelnen), allgemeine Methoden der Analyse und Lösung solcher Aufgaben (Ziel- und Situationsanalyse, Modellmethode, Analogiemethode u. a.) anzuwenden, mathematische Zusammenhänge unterschiedlicher Art zu erkennen und adäquat in Rechenoperationen umzusetzen. Diese Sachverhalte müssen also Inhalt der Lernziele werden.
Wird diese Orientierung auf das Allgemeine, Grundlegende und Wesentliche der Anforderung nicht ausgebildet, dann kommt es zu der mitunter bei Schülern zu beobachtenden Erscheinung eines mehr oder weniger sinnlosen Manipulierens mit Zahlen auf der Grundlage äußerer, unwesentlicher, zufälliger Merkmale oder zu völliger Hilflosigkeit gegenüber Aufgaben, die sich von bisher gelösten unterscheiden.

Wenn es gelingt, bei den Schülern Lernziele der zweiten Art auszubilden, lernen die Schüler nicht nur, erkannte Lernziele zu realisieren, sondern auch, sie *zunehmend selbständig zu bilden.*
Diese Lernziele verlangen geradezu nach Weiterführung der Lerntätigkeit: Ist ein allgemeiner Zusammenhang erfaßt worden, ergibt sich fast „von selbst“ die Frage nach dem Grad seiner Gültigkeit, nach der Viel-

falt der Erscheinungen seiner Wirkungsweise. Beschränkt sich dagegen das Lernziel auf einzelne Erscheinungen, dann ist mit dem Erfassen der Erscheinung das Lernziel realisiert, eine Weiterführung der Lerntätigkeit subjektiv nicht notwendig. Der Schüler nimmt dann eine abwartende Haltung ein; er wartet auf weitere Aufgaben des Lehrers.

Lernmotive. Wie die Lernziele verfolgt und in reale Lernergebnisse umgesetzt werden – beharrlich und systematisch oder wechselhaft und sporadisch, mit vollem Einsatz aller Kräfte und innerem Engagement oder so, daß man gerade „durchkommt" –, das wird wesentlich durch die Lernmotive bestimmt.

> **Lernmotive** *sind die inneren Triebkräfte, die Beweggründe, warum und in welcher Weise man die Tätigkeit ausführt.*

Ihr Inhalt und ihre Stärke wirken darauf ein. Sind sie *habitualisiert*, bezeichnet man sie als *Lerneinstellungen*. Sie bestimmen im wesentlichen neben anforderungs- und situationsbezogenen Bedingungen den Inhalt der Motive des Handelns. Spricht man von Lernmotiven, ist gewöhnlich der Inhalt von beiden – den aktuellen und den habituellen Komponenten der Lernmotivation – gemeint.

Der Inhalt der Motive, die zum Lernen veranlassen, kann recht unterschiedlich sein, z. B.:
- das Interesse, immer mehr Neues oder Bekanntes besser kennenzulernen (Erkenntnisinteresse),
- das Interesse an einem speziellen Gegenstand des Lernens (Sachinteresse),
- die Neigung zur Ausführung bestimmter Tätigkeiten (Basteln, Experimentieren, „Knobeln" u. a.),
- Freude am Lernen,
- soziale Identifikation mit dem Lehrer, den Eltern oder anderen Personen,
- Streben nach einer bestimmten sozialen Stellung in der Klasse, in der Familie, im Freundeskreis,
- Streben nach Lob, guten Zensuren bzw. Vermeidung von Tadel, Strafe, schlechten Zensuren,
- Streben nach gegenwärtigen oder künftigen materiellen oder anderen persönlichen Vorteilen,
- Freude an äußeren Attributen der Lerntätigkeit wie das Zusammensein mit Gleichaltrigen, Ereignisse im Schulleben, Tagesrhythmus u. a.,
- Einsicht in Pflichten gegenüber der Familie, dem Kollektiv, der Gesellschaft,
- Einsicht in die Notwendigkeit der Vorbereitung auf künftige Lebensabschnitte (weiterführende Bildungsstufen, Beruf, Teilnahme am gesellschaftlich-politischen Leben).

In den Lernmotiven drücken sich zugleich *Wertorientierungen* der Persönlichkeit aus, die ihrerseits das Ausbilden von politisch-ideologischen und moralischen Einstellungen und Überzeugungen und damit von Charaktereigenschaften beeinflussen.
Aus diesem Grunde genügt einem Lehrer die Feststellung nicht, daß ein Schüler gut lernt. Er muß wissen, welchen Motiven das Lernen entspringt, wenn er seinen Erziehungsauftrag erfüllen will.
In der Regel liegt auch der Lerntätigkeit nicht ein einzelnes Motiv zugrunde, sondern eine *Motivstruktur*, in die unterschiedliche Motive in ihren Wechselbeziehungen zueinander eingehen. Die möglichst differenzierte Kenntnis der konkreten Lernmotivation bei jedem einzelnen Schüler ist eine wesentliche Voraussetzung für das individuelle Eingehen und die optimale Aktivierung jedes Schülers. Das gilt nicht nur für die volle Nutzung solcher Lernmotive, die für die weitere Tätigkeit und Persönlichkeitsentwicklung wertvoll sind, sondern in gleichem Maße auch für die Aufdeckung schädlicher, einseitiger Motive, die abgebaut werden müssen.
Insbesondere wird ein Lehrer bestrebt sein, zur *Ausbildung* der Einstellungen und Motive beizutragen, die dem Wesen der Lerntätigkeit entsprechen. Das sind vor allem kognitive und soziale Lernmotive.

> **Kognitive Lernmotive** (auf Erkenntnis gerichtete) können analog zu den Lernzielen auf verschiedenen Ebenen entstehen und wirken. Das Streben nach Erkenntnis kann sich einerseits vorran-

gig auf einzelne Sachverhalte und Fakten, also *auf die Erscheinung*, richten, andererseits *auf die Erkenntnis des Wesens* einer Erscheinung und der *Gesetzmäßigkeiten.* Das ist das Erkenntnisstreben höheren Niveaus, ein Streben nach immer tieferem Eindringen in die Wirklichkeit, nach Erfassen des nicht unmittelbar sinnlich Wahrnehmbaren, nach Aufdecken von Widersprüchen und Lösen von Problemen.

Die erste durchaus notwendige Art kognitiver Lernmotive ist relativ leicht zu befriedigen, ist aber kein ständig wirkender Antrieb für weiterführende Lerntätigkeit. Wenn es nicht mehr „interessant" ist, versiegt der Kraftquell ziemlich schnell. Die zweite Art kognitiver Lernmotive ist dagegen „unersättlich". Sie läßt den Lernenden nicht ruhen. Die Aufdeckung eines wesentlichen Zusammenhangs führt zwangsläufig zu Fragen nach dahinter liegenden Zusammenhängen und Ursachen, nach tieferen und allgemeineren Gesetzmäßigkeiten und der konkreten Vielfalt ihrer Wirksamkeit und Erscheinungsweisen.

Die motivationale Grundlage einer theoretischen Beziehung zur Wirklichkeit gibt sich nicht mit der Beschreibung dieser Wirklichkeit zufrieden (*wie* diese ist), sondern sie will herausfinden, „was die Welt im Innersten zusammenhält" (wie es GOETHE im „Faust" ausdrückte), d. h., *warum* sie so ist. Dieses Streben nach *Erklärung* der Wirklichkeit ist zugleich eine grundlegende Voraussetzung für begründete *Vorhersagen* und bewußte, zielstrebige *Veränderung* der Wirklichkeit – eine Position, die dem Wesen unserer wissenschaftlichen Weltanschauung, dem Marxismus-Leninismus, und unserer sozialistischen Gesellschaftsordnung entspricht.

Wenn der Mensch danach strebt, das Wesen einer Sache aufzudecken, treten die dazu notwendigen *Methoden* für ihn in den Vordergrund. Die Erscheinung kann in der Regel unmittelbar wahrgenommen werden, gegebenenfalls unter Einsatz technischer Mittel. Das Wesen kann nur mittelbar – mit Hilfe von Mitteln – erschlossen werden. Von Interesse ist dann nicht nur, *daß* man eine Aufgabe löst und ein entsprechendes Ergebnis erzielt, sondern *wie* man sie löst. Das *Interesse für Methoden* der Erkenntnis, des Lösens von Problemen, des Bildens von Begriffen usw. – sei es auch zunächst in elementarer Form – ist ein untrügliches Zeichen für das Entstehen kognitiver Lernmotive theoretischer Art.

Erkenntnisstreben als wichtige psychische Voraussetzung tiefgreifender Erkenntnistätigkeit kann nicht anders entstehen als in solcher Tätigkeit. Zu intensiver geistiger Auseinandersetzung mit dem Lerngegenstand werden die Schüler angeregt, wenn sie in eine Problemsituation geraten (vgl. Abschn. 2.2.4.).

Die dadurch ausgelöste aktive Erkenntnistätigkeit führt nicht nur zu einem *kognitiven Ergebnis* – zu einer neuen Erkenntnis –, sondern auch zu einem *emotionalen und motivationalen Ergebnis:* Durch eigene geistige Anstrengungen etwas (subjektiv) Neues selbst herauszufinden, tiefer in die Wirklichkeit einzudringen und die Kraft des Gedankens zu spüren, befriedigt besonders Kinder mit ihrer Aufgeschlossenheit und Wißbegierde und macht sie *stolz und froh.*

Dazu kommt bei wachsender Erfahrung aus solcher Tätigkeit die *Gewißheit*, daß es hinter jeder Erscheinung tieferliegende Ursachen und Gesetzmäßigkeiten gibt, die erst die Vielfalt der Erscheinungen begreifbar und veränderbar machen. Aus diesen emotionalen und rationalen Erfahrungen intensiver und erfolgreicher Erkenntnistätigkeit erwächst dann auch das *Bestreben*, immer tiefer in das Wesen einer Sache einzudringen und sich dazu die erforderlichen Methoden anzueignen.

Solches Erkenntnisstreben ist nicht nur „unersättlich", es ist auch „selbstlos": Der Gegenstand der Lerntätigkeit wird selbst zum Motiv. Man beschäftigt sich um des Gegenstands, seiner tieferen Erkenntnis willen mit ihm, nicht um irgendwelche anderen Vorteile und Ziele zu erreichen. Es ist eine *wesentliche motivationale Grundlage des Schöpfertums!*

Bei aller Bedeutung kann aber die kognitive Motivation allein die erforderliche Lerntätigkeit nicht gewährleisten. Wenn die Orientierung nur auf Erkenntnisgewinn gerichtet ist, kann dies leicht zu intellektualistischen Einseitigkeiten in der Persönlichkeitsentwicklung führen. Das Pendant zur kognitiven ist die soziale Lernmotivation, und man kann nicht sagen, die eine sei wichtiger als die andere!

Soziale Lernmotive umfassen viele *soziale Aspekte*, vom angestrebten sozialen Status des Lernenden in seinem Lernkollektiv bis hin zu seinen Beziehungen zu Eltern, Lehrern u. a. *in ihrer Wirkung auf die Lerntätigkeit.*

Wir wollen uns wieder auf einen Aspekt konzentrieren, der sich direkt aus dem Wesen der Lerntätigkeit ergibt. Wenn Lerntätigkeit auf die psychische Veränderung des Lernenden, seine Selbstvervollkommnung gerichtet ist, dann müssen die *Perspektiven der eigenen Entwicklung* eine ganz wesentliche Triebkraft der Lerntätigkeit sein bzw. werden. Kinder und Jugendliche sind in ihrer ganzen Lebensposition „der Zukunft zugewandt", und der Zusammenhang zwischen künftiger Entwicklung und aktuellen Lernanforderungen muß bewußt und motivational wirksam gemacht werden.

Das läßt sich natürlich nicht mit allgemeinen Redensarten („ihr lernt für euch, nicht für den Lehrer") erreichen. Dieser Zusammenhang muß konkret erlebbar werden, persönlichen Sinn aufgrund von Erfahrungen und Einsichten erhalten, muß also aus der eigenen Tätigkeit der Lernenden erwachsen. Die persönliche Entwicklung ist immer in gesellschaftliche Bezüge und Prozesse eingebettet. Wird dieser Zusammenhang nicht oder nur einseitig erfaßt, gewinnt das Streben nach Realisierung persönlicher Perspektiven einen mehr oder weniger egoistischen Charakter. Eine prinzipiell wichtige Aufgabe bei der Führung der Lerntätigkeit besteht also gerade darin, die *persönlichen Perspektiven als Bestandteil gesellschaftlicher Perspektiven* erfaßbar und erlebbar zu machen.

Eine wesentliche Bedingung dafür ist, die *Kooperation und Kommunikation* in der Lerntätigkeit zu entwickeln, die individuelle Lerntätigkeit als Bestandteil der lernenden Gruppe (Klasse) zu organisieren, die Interessen, Wünsche und Erfolge des einzelnen mit denen des Kollektivs zu verbinden und ihre gegenseitige Abhängigkeit bewußtzumachen. Daraus erwächst *Verantwortungsbewußtsein für das Kollektiv*, das immer mehr in gesellschaftlichen Bezügen erkannt und erlebt wird, *und für sich* als aktives Mitglied des Kollektivs und der Gesellschaft (vgl. Abschn. 3.3.).

Eine Motivstruktur, in der solche Motive – von weiteren Motiven unterstützt, ergänzt, modifiziert – dominieren, ist Ergebnis einer sorgfältigen, langfristigen, zielstrebigen Gestaltung der Lerntätigkeit.

Die Befähigung der Schüler, Erkenntnisse und Einsichten in Wesenszusammenhänge in Natur und Gesellschaft zu gewinnen und sie durch soziale Erfahrungen auch emotional zu festigen, trägt wesentlich dazu bei, deren Antriebsregulation des Handelns auszubilden.

In diesem Zusammenhang wird verständlich, daß der Inhalt von habitualisierten Lernmotiven (Lerneinstellungen) sich auf die Dauer auch auf die schulischen Leistungen auswirkt *(vgl. Tab. 1.1).* Das ist kein linearer Zusammenhang. Aber vom Inhalt hängt ab, zu welchem Zweck, in welchem Umfang und in welcher Tiefe überhaupt Leistungen angestrebt werden.

Das Ausbilden von Lernmotiven und -einstellungen ist keineswegs auf das Vermitteln von Wertorientierungen oder Handlungsbegründungen zu begrenzen. So wie die motivationale Regulation in allen Phasen des Handelns wirkt und sich nicht nur auf die Startphase beschränkt, so entstehen oder verändern sich auch in allen Handlungsphasen die Motive. Die dabei ablaufenden Prozesse bieten Ansätze für die pädagogische Steuerung der Entwicklung von Lernmotiven.

Motive entstehen aus Bedürfnissen (vgl. Bd. I, Kap. 8.). Das entscheidende Moment bildet dabei *das Erkennen* oder auch das emotionale *Erleben eines Widerspruchs.* Die Schüler, die eine an sie – oder auch sich selbst – gestellte Anforderung übernehmen, verbinden damit *Erwartungen, Werte realisieren zu können*, die für sie bedeutsam sind. Sie spiegeln sich im *Inhalt* der Motive des Lernens, des Arbeitens oder anderer Tätigkeiten wider. Sie können sich auf das Objekt

Tabelle 1.1: Korrelationen zwischen Lerneinstellungen und Leistungsnoten bei Schülern der Klasse 10 der Oberschule (aus HENNIG 1978, S. 67)

Motiv	*Leistungsnoten* *Deutsch*	*Physik*	*Geschichte*
1. Erkenntnismotiv	●	–	●
2. „materielles" Motiv	–	○	○
3. Elternmotiv	–	○	○
4. Lehrermotiv	–	○	–
5. staatsbürgerliches Motiv	●	●	●
6. Geltungsmotiv	○	○	○
7. Erlebnismotiv	○	○	○

● je stärker die Einstellung, um so mehr dominieren bessere Zensuren
○ je stärker die Einstellung, um so mehr dominieren die schlechten Zensuren
– kein statistisch gesicherter Zusammenhang

der Tätigkeit (z. B. den Arbeits- oder Lerngegenstand), die Tätigkeit selbst (z. B. Basteln, „Knobeln") oder auf Bedingungen, unter denen sie vollzogen werden (z. B. Kooperation mit Klassenkameraden), beziehen.

Die Erwartung, einen solchen Wert für sich realisieren zu können, setzt sich aber erst dann in einen *Handlungsantrieb* um oder hält eine Handlung bis zu ihrem Abschluß aufrecht, wenn dafür auch eine gewisse *Chance* besteht. Das *Abschätzen des Risikos,* das u. a. auch von der Fähigkeit zur Selbsteinschätzung abhängt, wirkt sich auf die *Zielbildungsprozesse* und auf den *„Kampf der Motive"* aus. *Im Spannungsfeld zwischen dem Erwarten von Erfolg und dem Vermeiden von Mißerfolg entstehen emotionale Widerspruchslagen,* die die *Entscheidung* über die Aufnahme oder Fortführung der Handlung maßgeblich mitbestimmen. Die Gewißheit über das Erreichen oder Nichterreichen eines Ziels oder Teilziels führt zur Aufnahme und Fortsetzung oder zum Abbruch oder der Veränderung der Handlung bzw. des Handlungsprogramms. Die jeweiligen Bewertungen des Erreichten in bezug zum Ziel erhalten *emotionale Spannungen* aufrecht. Es bedarf oft der Anspannung des *Willens,* auftretende Schwierigkeiten zu überwinden. Gelingt das, wirkt das positiv auf die Motivation zurück. Auch die *Rückinformation über den jeweiligen Effekt* eines Handlungsschrittes wirkt motivations- und leistungsfördernd.

Das konnte in Modellversuchen experimentell bestätigt werden (ROSENFELD 1965). Der Versuchsleiter vermittelte den Probanden von 3 Gruppen für einen Sortierversuch eine Realisierungsgewißheit. Den Vp der Gruppe I bestätigte er jeden richtigen Lösungsschritt (und ignorierte die Fehler), denen der Gruppe II jeden Fehler, während die der Gruppe III keinerlei Rückinformation erhielten. Der Lerneffekt war bei den Vp der Gruppe I am höchsten, bei denen der Gruppe III am geringsten. Die Rückinformation wirkt leistungsstimulierend, die positive motivationsfördernder als die negative. Lehrer sollten das beachten!

Ergebnisse oder Zwischenergebnisse der Tätigkeit oder Handlung werden vom Handelnden bewertet, den Erfolgen oder auch Mißerfolgen Ursachen zugeschrieben *(Kausalattribuierung).* Das beeinflußt die Motivation für ähnliche Handlungsanforderungen und verfestigt sie bei entsprechenden Wiederholungen zu Einstellungen. Da die Kausalattribuierung nicht notwendig die zutreffenden Ursachen beinhalten muß, ist die Gefahr gegeben, daß Fehleinstellungen entstehen.

Aus der Dynamik des motivationalen Geschehens sind pädagogische Schlußfolgerungen für das Ausbilden von Motiven und Einstellungen ableitbar. Offensichtlich erfaßt das am häufigsten praktizierte Verfahren, *Wertorientierungen in Form von Handlungsbe-*

gründungen verbal zu vermitteln, nur eine einzelne Komponente der motivationalen Regulationsfaktoren des Handelns. Pädagogische Eingriffsstellen gibt es darüber hinaus

– im *Herausbilden des Widerspruchserlebens* (handlungsanregende kognitive Widersprüche lassen sich durch Problemstellungen erzeugen, z. B.: „Warum sinkt ein Mensch im weichen Boden ein, ein tonnenschwerer Traktor jedoch nicht?"),
– bei *Zielbildungsprozessen* (z. B. durch Operationalisieren von Zielstellungen, wie „ich will am Ende der Unterrichtsstunde den Helden der Erzählung richtig beurteilen können"),
– bei der *Vermittlung der Realisierungsgewißheit* (z. B. durch Handlungsorientierung, Befähigung zur Selbsteinschätzung),
– bei der Mobilisierung von Willensqualitäten der Schüler, Ziele erreichen und Schwierigkeiten überwinden zu wollen,
– durch *Kausalinterpretation* (anstelle einer Kausalattribuierung, z. B. durch Erfolgs- oder auch Fehleranalysen),
– beim *Vermitteln von Erfolgserlebnissen* (durch Hilfe bei Anspruchsniveaubildung, Zielbildung, Erfolgsbekräftigung u. a.).

Das Erleben von Erfolg und Mißerfolg nimmt bei der Entwicklung von Motiven und Einstellungen eine Schlüsselstellung ein.

Jedoch nicht jedes Handlungs- oder Tätigkeitsresultat wird schon als Erfolg oder Mißerfolg erlebt. (Der Schüler der Mittelstufe, der die Aufgabe 3 + 4 lösen kann, erlebt keinen Erfolg, er erlebt aber auch keinen Mißerfolg, wenn er eine Differentialgleichung nicht lösen kann oder im Hochsprung keine 2 m bewältigt.) Das *Erfolgserleben ist an die Bedingung geknüpft,* daß das selbstgestellte *Anspruchsniveau* erreicht oder überschritten wird, was stets *mit geistiger oder körperlicher Anstrengung und Willenseinsatz verbunden ist;* es ist nicht notwendig an eine Anerkennung durch andere Personen geknüpft. Diese bekräftigt jedoch einen Erfolg.

Ein Schüler, der für ein Resultat gelobt wird, das er nur erreicht hat, weil er vom Banknachbarn abschreiben konnte, erlebt das unbemerkt gebliebene Abschreiben als Erfolg, aber nicht die geforderte Leistung. Die Unehrlichkeit wird in einem solchen Falle bekräftigt. Das Mißerfolgserleben stellt sich ein, wenn trotz eigenen Mühens das Anspruchsniveau nicht erreicht wird.

Das *Erfolgserleben bekräftigt* die entsprechenden *Handlungsmotive* und führt zur *Steigerung des Anspruchsniveaus.* Ein einzelner Mißerfolg mobilisiert gewöhnlich Willenskräfte, verändert aber auch das Anspruchsniveau nicht, während eine *Serie von Mißerfolgen* zu seiner *Senkung* veranlaßt. Das kann so weit führen, daß ein Schüler in einem bestimmten Bereich kaum noch Ansprüche an sich stellt. (Er ist dann mitunter gleichgültig, wenn er die Note 5 erhält.)

Ein solcher Schüler wird sich nur weiterentwikkeln, wenn er angeregt wird, sich stufenweise ein entsprechendes Anspruchsniveau aufzubauen. Das Vermitteln von Erfolgserlebnissen ist ein Weg dazu. Um dieses Erleben auszubilden, sind alle psychischen Bedingungen zu beeinflussen. Dafür bedarf es einer individuell zugeschnittenen, oft lang andauernden pädagogischen Arbeit.

Was hier am Beispiel der Lerntätigkeit dargestellt worden ist, gilt prinzipiell für alle Tätigkeiten der Heranwachsenden. Unter Beachtung grundlegender Gesetzmäßigkeiten sind auch die Motive für andere Tätigkeiten pädagogisch beeinflußbar.

Lernhandlungen. Im Zusammenhang mit Lernzielen und Lernmotiven wurde bereits mehrfach auf *Lernhandlungen* verwiesen. *Sie sind die Mittel, mit deren Hilfe das lernende Subjekt auf den Lerngegenstand einwirkt, um ihn sich aneignen zu können.*

Welche Ergebnisse die Lerntätigkeit bewirkt, hängt nicht unmittelbar von den äußeren Einwirkungen und Führungsmaßnahmen ab, sondern davon, welche Handlungen der Schüler selbst in welcher Qualität und Intensität am Lerngegenstand ausführt. Aufgabe der pädagogischen Führung ist es, solche Bedingungen zu schaffen, daß Lernhandlungen dem Lerngegenstand und den pädagogischen Zielen entsprechen. Im Vollzug von Lernhandlungen – nicht vor oder außerhalb derselben – entstehen jene Lernziele und Lernmotive, die wir als wesentliche psychische Voraussetzungen und Kriterien einer vollwertigen Lerntätigkeit gekennzeichnet haben. Sie sind also Ergebnis und Voraussetzung der Lernhandlungen zugleich. Die Lernhandlungen bilden demnach die *entscheidende Eingriffsstelle zur Ausbildung und Führung der Lerntätigkeit.*

Als Regulationskomponenten stehen Tätigkeitsziele und -motive *nicht neben* den Handlungen. Sie gehen in die jeweiligen Handlungsziele und -motive ein und stellen wesentliche psychische Komponenten der Vorbereitung, Ausführung, Kontrolle und Bewertung der Lernhandlungen dar. Der Handlungsvollzug wird durch ein internes Handlungsprogramm gesteuert, das im Zuge der Handlungsorientierung entsteht (vgl. Bd. I, Kap. 5.).

Lernhandlungen auszuführen bedeutet immer, Aufgaben (im weitesten Sinne) zu lösen, d. h. ein bestimmtes Ziel unter bestimmten Bedingungen zu verfolgen. In Abhängigkeit vom Gegenstand, den Bedingungen und Mitteln der Lerntätigkeit konkretisieren sich Lernziele in *Lernaufgaben.* Diese können vom Lehrer gestellt oder von den Lernenden selbst abgeleitet und formuliert werden.

> **Lernhandlungen** *sind relativ geschlossene und abgrenzbare, zeitlich und logisch strukturierte Abschnitte im Verlauf der Lerntätigkeit, die ein konkretes Lernziel realisieren, durch bestimmte Lernmotive angetrieben werden und entsprechend den konkreten Lernbedingungen durch den Einsatz äußerer und verinnerlichter Lernmittel in einer jeweils spezifischen Folge von Teilhandlungen vollzogen werden.*

Die Handlungsstruktur der Lerntätigkeit ist außerordentlich vielfältig und vielschichtig. Welche Lernhandlungen in einer konkreten Situation ausgeführt werden müssen, hängt vor allem davon ab, welche Lernergebnisse angezielt werden – Beherrschung bestimmter praktisch-gegenständlicher oder sprachlich-geistiger Handlungen (Könnensentwicklung), Beherrschung bestimmter anschaulich-konkreter oder abstrakt-verbaler Kenntnisse (Vorstellungs- und Begriffsbildung), Beherrschung bestimmter Handlungsstrategien (Fähigkeitsentwicklung), Ausbildung automatisierter Teilkomponenten des Verhaltens (Fertigkeits- und Gewohnheitsbildung), Ausbildung bestimmter Einstellungen und Haltungen (Charakterentwicklung) u. a.

Inhalt und Struktur auszubildender und auszuführender Lernhandlungen werden in entscheidendem Maße vom *Lerngegenstand* bestimmt. Die Funktion der Lernhandlungen besteht ja gerade darin, die Aneignung von Ausschnitten des gesellschaftlichen Wissens und Könnens durch deren individuelle Reproduktion zu ermöglichen. Das können sie nur, wenn sie der inhaltlichen Spezifik und Struktur des jeweiligen Lerngegenstands entsprechen.

Die Veränderung des Lerngegenstandes im Sinne des Steigerns der Anforderungen an den Schüler bildet somit zugleich eines der Mittel, Lernhandlungen bei ihnen auszubilden.

Die *objektive Anforderungsstruktur eines Stoffgebiets* ergibt sich unter anderem aus folgenden Merkmalen:

- Umfang, Komplexität und Vernetztheit des Begriffssystems,
- Anteil und Verknüpfung unterschiedlicher Arten von Beziehungen zwischen den Begriffen (z. B. raum-zeitliche, kausale, genetische, strukturelle, Über-, Unter- bzw. Nebenordnung),
- Allgemeinheits- und Abstraktheitsgrad der verschiedenen Begriffe,
- Art der anzuwendenden Verfahren und Methoden,
- Kompliziertheit und Verfügbarkeit dabei einzusetzender Hilfsmittel.

Beim *Lösen von Aufgaben* ergeben sich unterschiedliche *Anforderungen* unter anderem aus

- der Anzahl und der Art der Bestandteile einer Aufgabe,
- den Anteilen und Wechselbeziehungen zwi-

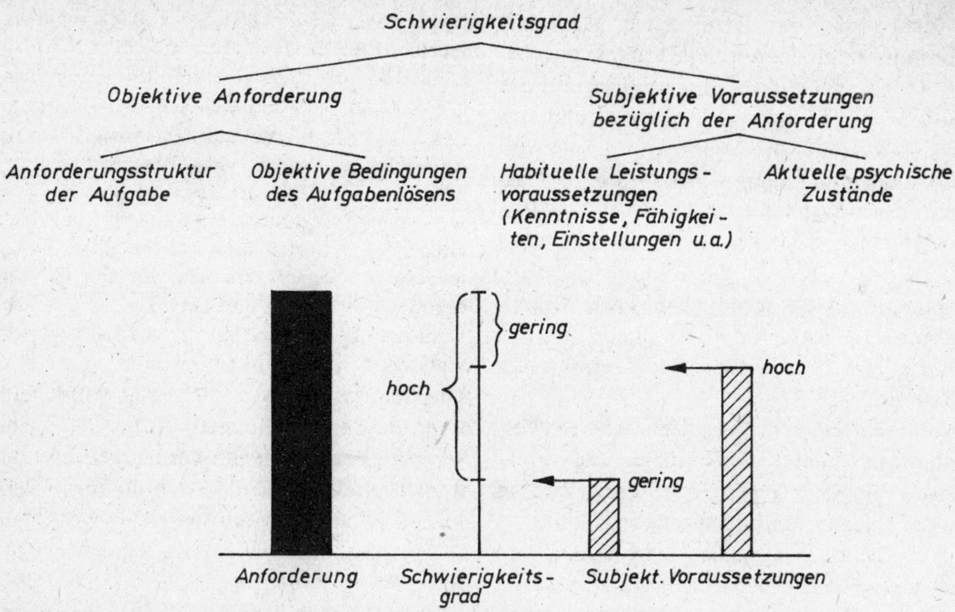

Abbildung 1.5: Schwierigkeitsgrad einer Aufgabe

schen den für die Lösungsfindung relevanten (wesentlichen) und irrelevanten (unwesentlichen) Komponenten,
– der Anzahl, Art und Verknüpfung der auszuführenden Teilschritte und Operationen,
– der vorrangigen Ebene der Handlungsausführung (praktisch-gegenständliche Handlung, sprachlich-geistige Handlung mit Stütze auf unmittelbare oder mittelbare Anschauung, mehr oder weniger abstrakt-verbale Handlungsausführung),
– der sprachlichen Gestaltung der Aufgabe (semantisch-syntaktische Kompliziertheit, Beziehungen zwischen Fach- und Alltagssprache u. a.).

Die bei der Ausführung von Lernhandlungen zu bewältigenden Anforderungen werden bestimmt von den konkreten *Bedingungen*, unter denen die Lerntätigkeit vonstatten geht, und von den dabei einsetzbaren äußeren und inneren *Mitteln*.

Zu diesen Bedingungen gehören auch Stellung und Funktion einer Aufgabe im konkreten Verlauf der Lerntätigkeit.

Der Schwierigkeitsgrad einer Aufgabe ergibt sich aus dem Verhältnis zwischen der objektiven Anforderungsstruktur und den subjektiven psychischen Voraussetzungen, die zu deren Bewältigung notwendig sind *(vgl. Abb. 1.5)*. Das erklärt, warum eine bestimmte Aufgabe dem einen Schüler als „leicht", einem anderen aber als „schwer" erscheint.

Nach der in einer Lernsituation dominierenden Lernaufgabe lassen sich *Klassen von Lernhandlungen* unterscheiden, die – bezogen auf die psychischen Voraussetzungen der Kinder – unterschiedliche Anforderungen stellen.

Solche Klassen von Lernhandlungen sind u. a.
– das *Aufnehmen sprachlicher Informationen*, z. B. aus einem Lehrer- oder Schülervortrag, einem Unterrichtsgespräch oder Lehrtext oder aus anderen Wissensspeichern unterschiedlicher Art (Tabellen, Formelsammlungen, Lexika usw.),
– das *Beobachten und Beschreiben* von Gegenständen, Prozessen, Situationen nach vorgegebenen oder nach selbständig entwickelten Kriterien,
– das *Sammeln, Zusammenstellen, Aufbereiten* von Daten oder Materialien für bestimmte Zwecke und unter bestimmten Aspekten,

– das *Abstrahieren* wesentlicher Merkmale von unwesentlichen (im Hinblick auf bestimmte Aspekte oder Fragestellungen), das Bilden von Klassen auf dieser Grundlage, das Zuordnen von Objekten aufgrund von Merkmalen zu anderen Objekten bzw. Klassen, das Vergleichen nach Unterschieden und Gemeinsamkeiten in Merkmalen und Merkmalskomplexen, das Bilden von Über-, Unter- und Nebenordnungen sowie Durchschnitten von Klassen,
– das *willkürliche Einprägen* vermittelten Wissens,
– das *Reproduzieren* von Kenntnissen, Verfahren usw. unter gleichartigen und veränderten Bedingungen (Üben) zum Zwecke des Einprägens und der Festigung,
– das *praktisch-gegenständliche Handeln zur Herstellung eines Produkts* bzw. zu seiner Veränderung im Hinblick auf bestimmte Qualitäts- und Effektivitätsparameter,
– das *mündliche und schriftliche Darstellen* von Sachverhalten zu bestimmten Zwecken und unter Beachtung bestimmter Bedingungen,
– das *sprachliche, szenische, praktisch-gegenständliche, bildnerische o. a. Gestalten* im Hinblick auf bestimmte Anliegen, Inhalte und Ausdrucksformen,
– das *Lösen von Problemen* verschiedener Struktur und Inhalte,
– das *Vorbereiten, Durchführen und Auswerten von Experimenten* (Fragestellung, Hypothesenbildung, Erarbeitung des experimentellen Paradigmas und seine Realisierung, Ergebnisfixierung und -interpretation),
– das *Beurteilen und Bewerten* einer fremden oder eigenen Leistung oder Verhaltensweise oder eines Ereignisses im Hinblick auf bestimmte Wertmaßstäbe,
– das *argumentierende Beweisen oder Widerlegen* von Auffassungen auf der Grundlage bestimmter Standpunkte, Erkenntnisse und Fakten.

In dieser durchaus nicht vollständigen Aufzählung von Lernhandlungen, die sich zum Teil auch gegenseitig überlappen, findet man verschiedene Handlungen, die auf den ersten Blick gar nicht spezifisch für die Lerntätigkeit sind und in den Bereich der Arbeit, der gesellschaftlich-politischen oder anderer Tätigkeitsarten gehören. Das ergibt sich aus der Mittlerstellung der Lerntätigkeit als Aneignung gesellschaftlichen Wissens und Könnens der verschiedensten Bereiche und als Voraussetzung für die Ausführung anderer Tätigkeitsarten. Zu Lernhandlungen werden diese Handlungsklassen durch ihre Einbeziehung in die Lerntätigkeit, durch die Lernaufgabe und das mehr oder weniger präzise und adäquat subjektiv repräsentierte Ziel der Lerntätigkeit.

Die Schüler verfügen nicht von vornherein über die Lernhandlungen, die für das sachgerechte Bewältigen von Lernaufgaben erforderlich sind. Steigende Anforderungen verlangen häufig auch ein höheres Niveau von solchen Handlungen, die ein Schüler bei geringeren Anforderungen beherrscht. *Daher müssen Lernhandlungen zunächst selbst erst ausgebildet werden.* Sie sind sowohl Voraussetzung als auch ein Ergebnis der Lerntätigkeit.

Durch das Vorführen und Nachvollziehen solcher Handlungen eignen sich Schüler mehr oder weniger spontan *Handlungsmuster* an. Diese sind häufig an Merkmale des spezifischen Objekts oder der Situation geknüpft, so daß sie oft nicht genügend verallgemeinert sind und daher nur wenig auf neue Anforderungen angewendet werden können. Nur selten erwirbt der Lernende auf diese Weise die dafür erforderliche Einsicht in das Verfahren, vor allem dann, wenn geistige Handlungsvollzüge nicht aus sprachlichen Äußerungen oder beobachtbaren Handlungen erschließbar werden. Dieser Weg der Aneignung ist uneffektiv und nicht selten eine der Quellen, aus denen das Leistungsversagen von Schülern hervorgeht.

Damit sich Schüler *Lernhandlungen aneignen*, müssen diese selbst *Gegenstand der Lerntätigkeit* sein. Der Prozeß der Aneignung einer Lernhandlung verläuft effektiv, wenn die nachfolgend genannten Bedingungen berücksichtigt werden:
– Die anzueignende Handlung und die Art ihrer Ausführung müssen zunächst für den Schüler einen *Sinn* gewinnen, ihn *motivieren*, sich diese auch anzueignen. Der Sinn ergibt

sich vor allem aus dem Erleben der Vorzüge und dem Erkennen der Notwendigkeit, über sie zu verfügen, aus Zwecksetzungen, aus Einsichten in das Verfahren, aus der Verknüpfung mit Zielen der Lerntätigkeit und mit Lerneinstellungen. So erfolgt für den *Antrieb zum Handeln* eine umfassende Orientierung.

Sie darf sich nicht auf ein verbales Motivieren zu Beginn des Erlernens der Handlung beschränken. Sie vollzieht sich auch im Handlungsverlauf, besonders beim Erleben und Bewältigen von Entscheidungssituationen, beim Auftreten und der Analyse von Fehlern.

– Die Ausbildung der *Handlungsorientierung* setzt voraus, daß der Lehrer sich über die Anforderungen in ihren wesentlichen Zügen Klarheit verschafft. Der Schüler soll ja in die Lage versetzt werden, anforderungsbezogen zu handeln, seine Verfahrenskenntnisse variabel einzusetzen und sich ein zutreffendes Handlungsprogramm zu schaffen.

Für die Ausbildung einer Lernhandlung bedeutet das, daß er Anwendungsbereiche, notwendige Schrittfolgen des Handlungsvollzugs, Entscheidungsstellen im Handlungsverlauf sowie Merkmale und Maßstäbe für die Bewertung einzelner Handlungsschritte und ihrer Ergebnisse kennt.

– Eine umfassende Orientierung hilft zugleich, Kriterien für das Entscheiden zu vermitteln.

Wenn Fehler auftreten, sind mitunter Entscheidungsstellen gerade dort aufzuspüren, wo sie dem Lernenden unbemerkt geblieben sind, weil sie durch automatisierte Handlungsvollzüge oder Denkschemata übersehen wurden. Schüler müssen an bewußtes und begründetes Entscheiden gewöhnt werden.

– Handlungen und Handlungsschritte sind nach objektiven Kriterien und Maßstäben zu bewerten und kontrolliert auszuführen.

– Eine Handlung ist voll ausgebildet, wenn sie gedanklich auch in umgekehrter Richtung, also vom Ergebnis bis zum Anfang hin, rekapituliert werden kann. Vor allem bei einer Fehlersuche ist erforderlich, daß der Lernende *reflektieren* und sich die Ausführung eines Handlungsschrittes bewußtmachen kann.

Die Ausbildung der Regulation einer Handlung führt über die *Aneignung von Kenntnissen über Handlungsschritte.* In den Besonderheiten der Regulation unterschiedlicher Tätigkeiten findet der Lehrer die pädagogische Zugriffsmöglichkeit zur Ausbildung bestimmter Handlungen und darüber hinaus zur weiteren Entwicklung der eigenständigen Regulation des Handelns.

Um sich z. B. das Beobachten als Lernhandlung anzueignen, sollen die Schüler die Notwendigkeit dafür erleben, denn im allgemeinen glauben sie von sich, daß sie beobachten können. Beispielsweise könnte ihnen ein Experiment vorgeführt werden, ohne zu sagen, worum es dabei geht. Mehrere Schüler berichten dazu. Das Erstaunen darüber, daß fast jeder etwas anderes wahrgenommen hat und möglicherweise Gleiches unterschiedlich gedeutet wurde, motiviert sie meistens mehr als viele Worte über die Bedeutung der Beobachtung. An dieses Erleben kann angeknüpft werden, wenn sie lernen, Beobachtungsaufgaben und -kriterien zu formulieren, Beobachtungssituationen zu schaffen oder sinnvoll zu nutzen, zwischen beobachteten Erscheinungen und deren Bedeutung (die oft unbemerkt durch deren sprachliche Bezeichnung erfolgt) zu unterscheiden, Unterschiede und Gemeinsamkeiten auszugliedern, die Beobachtungsdaten rationell zu fixieren, die gewonnenen Ergebnisse auf die Fragestellung zu beziehen und nach den vorher festgelegten Kriterien zu interpretieren sowie sprachlich eindeutig darzustellen.
Die darin enthaltenen Orientierungs-, Entscheidungs-, Wertungs- und Kontrollvorgänge lassen sich den Schülern mit zunehmendem Alter mehr und mehr als solche bewußtmachen.

Die Analyse dieser Lernhandlung verdeutlicht, daß Unterstufenschüler nur einige Komponenten bewußt erfassen können. Sie muß daher in der Mittel- und Oberstufe erneut Gegenstand des Lernens sein.
Experimentell bestätigte sich, daß das Ausbilden einer Lernhandlung (z. B. Klassifizieren) zu besserer Kenntnis des Verfahrens und einer sichereren Lösung von Aufgaben führte, wenn die Lernhandlung vor ihrer An-

Tabelle 1.2: Lernhandlung des Klassifizierens nach unterschiedlicher Art der Aneignung (Mathematik, Klasse 6, Klassifizieren von Vierecken)
(*vgl.* PIPPIG 1971, S. 104 u. 164)

Aneignungswege	*A*	*B*
Verfahrenskenntnisse		
– Teilhandlung a	95 %	39 %
– Teilhandlung b	64 %	21 %
– Teilhandlung c	73 %	0 %
Lösungsvollzug		
– vollständig	47 %	22 %
– unvollständig	16 %	11 %

Es bedeuten:
Aneignungswege: Aneignen des Verfahrens und der Verfahrenskenntnisse
A *vor* dem Lösen relevanter Aufgaben (Handlung als Gegenstand der Lerntätigkeit)
B *im Zuge* des Lösens relevanter Aufgaben (Handlung als Mittel der Lerntätigkeit)
Verfahrenskenntnisse zu den Teilhandlungen
a Suchen des Klassifizierungsmerkmals oder der Äquivalenzrelation
b Zuordnen der Elemente
c Kontrolle der Klasseneinteilung

wendung für die Schüler zum Gegenstand bewußten Lernens gemacht wurde (und nicht im Zuge des Aufgabenlösens, gewissermaßen „nebenbei", angestrebt wurde) (*vgl. Tab. 1.2*).

Für das Aneignen von Lernhandlungen hat sich in der Praxis als zweckmäßig erwiesen, die Theorie von GALPERIN (1967) über die etappenweise Ausbildung geistiger Handlungen anzuwenden.

GALPERIN ging in seinen Überlegungen von Erkenntnissen aus, die aus einer Analyse der Phylogenese und der Ontogenese gewonnen worden sind. Danach werden im Verlauf der Entwicklung ursprünglich auf materielle Gegenstände gerichtete Handlungen in innere, geistige Handlungen überführt. Die Analyse begann in der Menschheit mit dem Aufschlagen einer Nuß, sagte ENGELS, und auch in der ontogenetisch frühesten Stufe des Denkens ist sie nur durch Handlungen vollziehbar, die auf materielle Objekte gerichtet sind.

Der Prozeß der *Verinnerlichung* (Interiorisation) gegenständlich-praktischen Handelns wird dadurch ausgelöst, daß der Lernende auf die Gegenstände einwirkt und damit seine „menschlichen Wesenskräfte" (nach MARX) entäußert (exteriorisiert). Die Sprache bildet dabei das *Mittel der Überführung der „äußeren" Handlung in eine „innere".*

Experimentell konnten Etappen des Interiorisationsvorgangs ermittelt werden, die pädagogisch nutzbar gemacht werden. Zunächst wird dem Schüler eine Orientierungsgrundlage des Handelns *vermittelt*, die er sich *im Zuge ihrer Anwendung* in Aufgaben *aneignet.* Er lernt sie also nicht vorher auswendig.

Unter einer **Orientierungsgrundlage** *ist die psychische Abbildung objektiver Handlungserfordernisse und -bedingungen* zu verstehen (vgl. Bd. I, Kap. 5.). Sie ermöglicht dem Lernenden, sich für eine spezielle Aufgabe ein Handlungsprogramm aufzustellen. In diesem Sinne wird sie selbst zu einem verallgemeinerten Handlungsprogramm. Sie beinhaltet Kenntnisse und Vorstellungen über
- das *Ziel* des Handelns,
- den *Gegenstand* der Handlung,
- *Bedingungen* des Handelns,
- verfügbare *Handlungsverfahren* (Mittel und Methoden),
- *Handlungsbegründungen* und Überlegungen zu möglichen Folgen der Handlungen.

Auf die Aneignung der Lernhandlung hat der *Typ der jeweiligen Orientierungsgrundlage* Einfluß. Er wird davon bestimmt, inwieweit Informationen über die einzelnen Bestandteile der Orientierungsgrundlage vorliegen (Grad der Vollständigkeit) und auf welche Klasse von Anforderungen sie sich beziehen (Grad der Allgemeinheit).

Wir unterscheiden *3 Typen* von Orientierungsgrundlagen:
- Typ I: *unvollständige* Orientierungsgrundlage,
- Typ II: *vollständige* Orientierungsgrundlage be-

züglich *einer* spezifischen Aufgabenklasse (Einzelaufgaben),
– Typ III: *vollständige* Orientierungsgrundlage bezüglich einer *Klasse von Anforderungen* in einem Gegenstandsbereich.
(Näheres dazu siehe Bd. I, Kap. 5.) Für die Ausbildung von Lernhandlungen sind Orientierungsgrundlagen vom Typ III zu bevorzugen.

Die Schüler eignen sich die Handlung und die Kenntnisse über die Orientierungsgrundlage dadurch an, daß sie *Aufgaben unterschiedlicher Art* lösen, die dem Gegenstandsbereich zugehören, auf den sich die Orientierungsgrundlage bezieht. Zuerst werden Aufgaben gelöst, die ein Handeln mit materiellen Objekten ermöglichen, ehe *stufenweise* zu Handlungsformen übergegangen wird, die den Etappen der Interiorisation der Handlung entsprechen. Selbstverständlich ist dazu eine Motivierung für das Aneignen der Handlung vonnöten. Der Übergang zur jeweils nächsten Stufe des Handelns erfolgt, wenn der Schüler die Handlung auf der niederen selbständig ausführen kann. Die einzelnen Interiorisationsetappen sind:
– Schaffung einer Anfangsmotivation und Orientierung in der Anforderungssituation (Aufgabenstellung bzw. Widerspruch zwischen einem angestrebten Ergebnis und den dafür vorhandenen Voraussetzungen, Orientierung auf die für die Anforderungsbewältigung wesentlichen Merkmale, Schritte, Bedingungen der Handlung),
– Handlungsausführung in materieller oder materialisierter Form (die Handlung wird praktisch-gegenständlich mit den entsprechenden Objekten oder deren Repräsentanten – graphische Schemata, sprachliche Darstellungen u. a. – ausgeführt, wobei die Handlung sprachlich bezeichnet und mittels Sprache reguliert wird – sprachliche Instruktionen, Kommentare, Selbstinstruktionen usw.),
– Handlungsausführung in Form äußeren Sprechens (die Sprache reguliert und fixiert nicht mehr nur die Handlung, sondern wird zu ihrem Träger),
– Handlungsausführung in Form äußeren Sprechens „für sich“ (es werden nicht mehr alle, sondern nur noch bestimmte Teilschritte und Teilergebnisse der Handlung lautsprachlich fixiert, die Handlung wird teilweise reduziert und verinnerlicht),
– Handlungsausführung in Form inneren Sprechens (die Handlung wird innersprachlich ausgeführt und dabei zunehmend reduziert und automatisiert, so daß nur noch die Ergebnisse, nicht der Verlauf im einzelnen bewußtseinspflichtig sind).

In einer 6. Klasse wurde die Operation des Klassifizierens ausgebildet, die nicht nur für das Ordnen und Systematisieren, sondern vor allem auch für das Begriffsbilden notwendig ist. Sie wurde zu diesem Zweck vom Lehrer als Handlung entfaltet und didaktisch aufbereitet. Die Orientierungsgrundlage für den Schüler wurde wie folgt formuliert:
„1. Ich wähle ein wesentliches Merkmal, das allen Gegenständen, die in Klassen geordnet werden sollen, gemeinsam ist und nach dem sie sich eindeutig voneinander unterscheiden.
2. Alle Gegenstände, die in bezug auf dieses Merkmal gleich sind, fasse ich in einer Klasse zusammen.
3. Ich überprüfe die Klasseneinteilung:
a) Sind die Klassen untereinander elementefremd? (Läßt sich jeder Gegenstand eindeutig nur einer Klasse zuordnen? Sind die Begriffe, die eine Klasse bestimmen, einander nebengeordnet?)
b) Ergeben alle Klassen zusammengenommen die ursprüngliche Menge von Gegenständen?“
Zu jedem einzelnen Handlungsschritt wurden Übungen durchgeführt, zuerst an wirklichen Gegenständen, dann an abstrakten Gebilden und Begriffen.
Allgemein gilt, daß die Typen des Materials, auf die die ausgebildeten Handlungen angewendet werden, bewußt variiert werden. Die Aufgabenstellungen richteten sich auf
– das Klassifizieren von Objekten nach einem vorgegebenen Gesichtspunkt,
– das Aufsuchen möglicher Klassifikationskriterien,
– das mehrmalige Klassifizieren ein und derselben Objektmenge, jeweils unter einem anderen Gesichtspunkt,
– das Aufsuchen des Klassifikationsmerkmals bei vorgegebenen Klassen,

– das Entscheiden über die Richtigkeit vorgelegter Klassifikationen, wobei etwa vorhandene Fehler aufgedeckt und korrigiert werden mußten.
Auf diese Weise wurde die Handlung zugleich mit ihrer Umkehrung ausgebildet und im Zuge ihrer weiteren Anwendung zur Operation verkürzt.

1.2.3. Lerntätigkeit und Lehrstrategie

Damit die Potenzen der Lerntätigkeit für die Persönlichkeitsentwicklung voll wirksam werden, müssen die dargestellten Regulationskomponenten in der pädagogischen Führung berücksichtigt und systematisch ausgebildet werden (vgl. auch Abschn. 1.6.). Um hohe Effektivität der Lerntätigkeit zu gewährleisten, genügt es jedoch nicht, den einen *oder* den anderen Aspekt der psychischen Regulation bzw. der pädagogischen Tätigkeitsgestaltung zu berücksichtigen. Die Lerntätigkeit ist als ganzheitliche Struktur in einem ganzheitlichen Prozeß auszubilden. Deshalb sind **Lehrstrategien** erforderlich, die die *Grundrichtung pädagogischen Denkens und Handelns* bestimmen und die es gestatten, die verschiedenen Komponenten und Ansatzpunkte in einer *einheitlichen allgemeinen Vorgehensweise* zu integrieren.

> Unter einer *Lehrstrategie ist eine allgemeine Entscheidungsregel zu verstehen, nach der Lehrmethoden ausgewählt werden,* mit denen pädagogische Ziele erreicht werden sollen.

Die Begriffe Lehrstrategie und Unterrichtsmethode sind also nicht identisch.
Dem Charakter der sozialistischen Schule und den Erkenntnissen der marxistischen Psychologie und Pädagogik entsprechen **„Tätigkeits- und Ausbildungsstrategien"**, die den *Lernenden nicht nur als Objekt der Erziehung, sondern auch als Subjekt seiner eigenen Tätigkeit und Entwicklung auffassen* und sich *auf die zur Aneignung erforderlichen Tätigkeiten des Lernenden orientieren.* Bei der Aufbereitung von zu vermittelndem Wissen, Können sowie von Einstellungen und der entsprechenden Lehrmethoden wird die *Dialektik objektiver und subjektiver Anforderungen, Ziele und Bedingungen* beachtet (Ziel–Inhalt–Methode–Subjekt–Relation). Der Unterricht wird sowohl auf die bereits ausgebildeten psychischen Voraussetzungen als auch auf die *noch in Entwicklung befindlichen* orientiert.

Zur Realisierung solcher allgemeinen Strategien wurden in der pädagogisch-psychologischen Forschung unterschiedliche Ansätze entwickelt, insbesondere die Konzeption der *etappenweisen Ausbildung geistiger Handlungen* (GALPERIN 1967, 1972, 1979, 1980, TALYSINA 1975), *des Problemlösens als Lernhandlung* (RUBINSTEIN 1963, MATJUSCHKIN 1972, LOMPSCHER 1975, 1976, JANTOS 1978) und der *Lehrstrategie des Aufsteigens vom Abstrakten zum Konkreten* (ELKONIN/DAWYDOW 1962, 1966, DAWYDOW 1972, 1977 DAWYDOW/LOMPSCHER/MARKOWA 1982 u. a.).

Die Anwendung von allgemeinen Lehrstrategien verlangt, sie für die jeweils dominierende pädagogische Zielsetzung hinsichtlich des anzueignenden Stoffs und auszubildender Persönlichkeitseigenschaften zu spezifizieren. Das gelingt, wenn sowohl die facheigenen Denk- und Arbeitsweisen als auch die für die jeweilige Eigenschaft typische Art und Weise der Aneignung von Wissen und Können beachtet wird. Sie verläuft bereits bei der Ausbildung von Fähigkeiten unterschiedlich, je nachdem, ob es sich um geistige, künstlerische oder sportliche Fähigkeiten handelt. *Als grundlegende Aneignungsweisen werden die geistig-praktische, die theoretische, die ideologische und die ästhetische angesehen.* Ihre Beziehungen drücken jeweils nur eine Dominanz im Aneignungsprozeß aus, denn sie bedingen sich gegenseitig und durchdringen einander.

Bei der Beschäftigung mit schöngeistiger Literatur dominiert die *ästhetische Aneignung* mit ihrer Mobilisierung lebendiger Vorstellungen und emotionaler Beziehungen zum Inhalt des literarischen Werkes und zur Art seiner sprachlichen Gestaltung sowie dem stellungnehmenden Werten. Auf diesem Wege trägt sie gleichzeitig auch zur ideologischen Aneignung bei, zur Ausbildung weltanschaulicher und moralischer Einstellungen, und regt zur geistigen Auseinandersetzung mit dem Werk und mit sich selbst an. Das kann in naiver Form auf der Basis der eigenen Erfahrungen geschehen, aber auch durch zusätzliches Reflektieren an ästhetischen Kategorien, sprach- oder literaturwissenschaftlichen Erkenntnissen, was gewollt oder auch unwillkürlich erfolgen kann.

Das wirkt auf das ästhetische Erleben zurück. Der „Fachmann" erschließt sich daher ein Werk differenzierter und tiefer sowohl im Sinne des Verstehens als auch des emotionalen Erlebens als ein unvoreingenommener Laie. In psychologischen Untersuchungen ergaben sich Anhaltspunkte dafür, daß ein Nutzen von theoretischen Erkenntnissen auch das ästhetische Erleben positiv beeinflußt (Köstler 1983, Lahl 1984).

Analoges gilt für die Ausbildung von Lernhandlungen zum Erwerb motorischer Fertigkeiten (vgl. Abschn. 2.4.). Wird der praktische Handlungsvollzug beim Ausbilden einer Bewegungsabfolge von Lernenden zugleich geistig analysiert, um sie bewußt zu steuern und den Ablauf zu optimieren, wird sie im allgemeinen schneller und sachgerechter angeeignet, als wenn sie nur beobachtend nachgeahmt wird. Eine Begründung von Bewegungskombinationen vermittelt dem Lernenden Einsichten, die ihn zugleich motivieren, in einer bestimmten Art und Weise zu üben. Genügt bei jüngeren Schülern oft noch eine Begründung durch Zweckangaben, verhilft älteren Schülern vor allem das Begreifen von Beziehungen zu biologischen oder physikalischen Gesetzmäßigkeiten zur entsprechenden Einsicht.

Die Verknüpfung unterschiedlicher Aneignungsweisen ist durch die hohe Komplexität der materiellen und geistigen Kulturgüter, auf die das Lernen gerichtet ist, objektiv erforderlich. Sie erweist sich als entwicklungsfördernd. Es gibt wohl kaum ein Unterrichtsfach, in dem nicht alle Aneignungsweisen notwendig sind, auch wenn in ihm im allgemeinen eine vorherrscht.

Der Erziehungsauftrag, Schüler zur Aneignung wissenschaftlicher Erkenntnisse und des damit verbundenen Könnens zu befähigen, verlangt, entsprechende Lernhandlungen bei ihnen auszubilden. Dazu eignet sich eine Tätigkeits- bzw. Ausbildungsstrategie, die – fachunterrichtsspezifisch umgesetzt – die Schüler weitgehend den vollständigen Weg theoretischen Erkennens durchschreiten läßt. Sie wird als *Lehrstrategie des Aufsteigens vom Abstrakten zum Konkreten bezeichnet.*

Ihre Potenzen erstrecken sich insbesondere auf:
– die Aneignung grundlegender Begriffe und Gesetzeskenntnisse und damit auf die Sicherung des Wesentlichen im Wissen und Können der Schüler,
– den Aufbau umfangreicher und differenzierter Kenntnissysteme in der Einheit von Allgemeinem, Besonderem und Einzelnem und damit auf die Sicherung der Dauerhaftigkeit und Anwendungsbereitschaft des Wissens und Könnens,
– die Ausbildung von Lernhandlungen für zunehmend selbständiges Lernen,
– die Ausbildung wissenschaftlich-dialektischen (theoretischen) Denkens, heuristischer Problemlösungsstrategien und kognitiver Lernmotive und damit auf die Entwicklung von geistiger Aktivität und Schöpfertum sowie eines wissenschaftlichen Weltbildes,
– die Ausbildung und Nutzung kooperativer Lernformen im Unterricht und damit auf die Entwicklung der Selbständigkeit und Kollektivität der Schüler.

Diese Lehrstrategie entlehnt ihren Namen der marxistisch-leninistischen Erkenntnistheorie, die diesen für eine Methode des gesellschaftlichen, speziell des wissenschaftlichen Erkenntnisprozesses geprägt hat. In Experimenten wurde nachgewiesen, daß er auch für die individuelle Aneignung von Wissen und Können im Unterricht bedeutsam ist.[5]

Marx bezeichnete die Methode, vom Abstrakten zum Konkreten aufzusteigen, als die Art für das

---

5 Dieser Nachweis wurde in den letzten Jahren besonders durch systematisch angelegte pädagogisch-psychologische Unterrichtsexperimente im Rahmen der Forschung des Instituts für Pädagogische Psychologie der APW erbracht.
Methodiker und Lehrer haben diese Strategie für die Gestaltung der Vermittlung ausgewählter Stoffgebiete bereits aufgegriffen. Die wissenschaftliche Diskussion für ihre breite Anwendung im Unterricht dauert noch an.

Denken, „sich das Konkrete anzueignen, es als ein geistig Konkretes zu reproduzieren ... Das Ganze, wie es im Kopfe als Gedankenganzes erscheint, ist ein Produkt des denkenden Kopfes, der sich die Welt in der ihm einzig möglichen Weise aneignet, eine Weise, die verschieden ist von der künstlerischen, religiösen, praktisch-geistigen Aneignung dieser Welt." Auch die theoretische Aneignung geht vom Konkreten aus. Diese ist aber zunächst nur eine „chaotische Vorstellung des Ganzen". Erst in dem Maße, wie es gelingt, im Objekt „einfachste Bestimmungen" auszugliedern, die „volle Vorstellung zu abstrakter Bestimmung" zu verflüchtigen, kann die „Reproduktion des Konkreten im Weg des Denkens" beginnen. Konkretes ist „Einheit des Mannigfaltigen", die im Sinnlich-Konkreten geistig unerschlossen ist und auf dem Weg des Aufsteigens vom Abstrakten zum Konkreten geistig erschlossen, d. h. als „reiche Totalität von vielen Bestimmungen und Beziehungen", als Geistig-Konkretes reproduziert wird (1983, S. 35f., vgl. auch Wittich/Gössler/Wagner 1980, S. 468ff., Stoljarow 1976, S. 331ff., Iwanow 1982 u. a.).

Die Anwendung der Lehrstrategie des Aufsteigens vom Abstrakten zum Konkreten verlangt, die Lerntätigkeit der Schüler so zu gestalten, daß sie *auf relativ frühen Etappen des Aneignungsprozesses* die für den jeweiligen Lerngegenstand (Fach, große Stoffeinheit) *grundlegenden wesentlichen Merkmale und Beziehungen ausgliedern und eine begriffliche Makrostruktur (das Ausgangsabstraktum) bilden.*
Dadurch gewinnen sie eine allgemeine Orientierungsgrundlage, die als Raster fungiert, um neue Fakten und Erkenntnisse in das eigene, auf diese Weise wissenschaftlich fundierte Kenntnissystem einzuordnen. Es entstehen Gedächtnisstrukturen, die das anforderungsbezogene Reproduzieren und Rekonstruieren von Kenntnissen beim Lösen von Aufgaben erleichtern. Daher ist es zweckmäßig, diese Orientierungsgrundlage in Form eines dafür geeigneten Modells aufzubereiten. Es kann gegenständlicher, graphischer oder symbolischer Natur (z. B. Formeln) sein.
Das so durch *eigene geistige und praktische Auseinandersetzung* gewonnene Abstrakte wird zur geistigen Durchdringung und Reproduktion des Konkreten eingesetzt, d. h. *als Mittel zunehmend selbständiger Analyse und Erklärung der Vielfalt konkreter Erscheinungen, Situationen und Anforderungen. Durch Aufdekken und Lösen von Widersprüchen, Zurückführen der konkreten Sachverhalte auf die Grundbeziehungen und -merkmale des Lerngegenstandes* wird das Konkrete angeeignet, die Begriffs-, Regel- und Verfahrenssysteme werden ständig angereichert und differenziert. Die Lernhandlungen der Schüler werden auf die einzelnen Etappen des Weges theoretischen Erkennens gerichtet. Sie wirken geistig und praktisch auf die Erscheinungen der Wirklichkeit ein (auf das sinnlich Konkrete), um wesentliche Beziehungen auszugliedern. Mit Unterstützung des Lehrers werden diese in Form eines Modells (als Ausgangsabstraktion) für das Gewinnen neuer Erkenntnisse gefaßt. Es dient als Orientierungsgrundlage für das weitere Eindringen in den Sachbereich. Die Lernhandlungen der Schüler zielen nunmehr auf das Erklären der bekannten Erscheinungen und auf das selbständige Erschließen neuen Wissens mittels der erkannten Gesetzmäßigkeiten. Das Modell der Ausgangsabstraktion wird als Instrument des Erkenntnisgewinns verwendet. Das Denken führt vom Abstrakten zum geistig Konkreten.

In einem Forschungsexperiment zur Einführung der Schüler in die Naturwissenschaften (Irmscher 1982, Hinz 1984, Giest 1985) wurde in Klasse 4 ein 30stündiger Unterricht Naturkunde durchgeführt, dem sich in Klasse 5 Unterricht in Biologie (mit 2 Wochenstunden) und in Physik (mit 1 Wochenstunde) anschlossen. Als Ausgangsabstraktum wurde der Begriff Naturvorgang erarbeitet. Die Schüler sollten sich zunächst mit dem Ausspruch Heraklits „Niemand kann zweimal in ein und denselben Fluß steigen ..." auseinandersetzen, Begründungen und Beispiele finden. Der allgemeine Sachverhalt, daß in der Natur ständig Veränderungen stattfinden, wurde herausgehoben. Durch Beobachtung und Beschreibung ausgewählter Naturvorgänge untersuchten sie Merkmale der Veränderung sowie deren Bedingungen und wei-

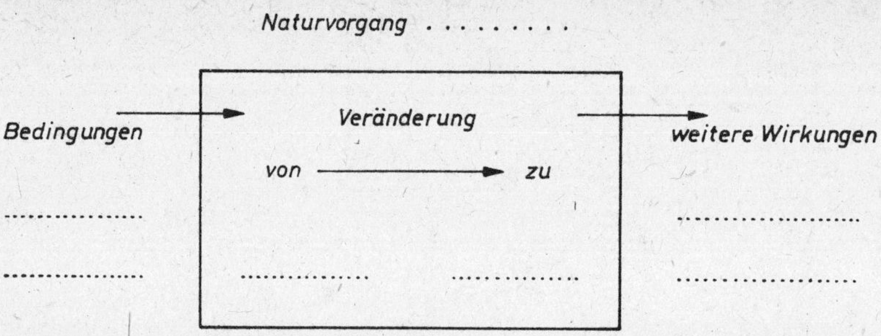

Abbildung 1.6: Lernmodell „Naturvorgang" (nach IRMSCHER 1982)

tere Wirkungen. Dabei wurde herausgearbeitet, daß das Vorhandensein von Energie eine notwendige Bedingung ist, daß Energie übertragen und dabei häufig umgewandelt wird. Jeder Schritt der Analyse fand seinen Niederschlag in einem Lernmodell *(Abb. 1.6)*, das für die Schüler bei der Untersuchung weiterer Naturvorgänge zu einer Orientierungsgrundlage für die Analyse von Naturvorgängen wurde. Die Aneignung erfolgte dabei weitgehend in der Form des Lösens naturwissenschaftlicher Probleme. Die dafür notwendige allgemeine Vorgehensweise wurde mit den Schülern erarbeitet. Sie erkannten – natürlich zunächst bei detaillierter Führung durch den Lehrer – die Notwendigkeit eines schrittweisen Vorgehens. Sie lernten, mit Symbolen zu arbeiten, die Vorgehensweise zu reflektieren und zu kommentieren.

Der Begriff Naturvorgang wurde spezifiziert, als die Schüler in die Physik eingeführt wurden. Die in die Form eines graphischen Modells gebrachte Orientierungsgrundlage wurde aus der Auseinandersetzung mit für die Schüler widersprüchlichen Erscheinungen gewonnen, diente zu deren Erklärung und wurde bei der Untersuchung ausgewählter Erscheinungen der Wärmelehre (Diffusion, Volumen- und Aggregatzustandsänderung, Wärmeleitung u. a.) schrittweise konkretisiert und modifiziert (vgl. Abb. 1.7).

Die Lernergebnisse der Versuchsklassen (VK) zeigten sich denen von Kontrollklassen (KK) überlegen im Hinblick auf die Ausbildung des Problemlösens und anderer Lernhandlungen, die Qualität von Kenntnissen sowie von Lerneinstellungen. So konnten die Versuchsklassen signifikant besser die treffenden Erklärungen physikalischer Erscheinungen aus einem Angebot von Vorgaben identifizieren (vgl. Abb. 1.8), auch Kenntnisse besser reproduzieren und die Merkmale einer Problemsituation adäquater bewerten.

Von welchen Bedingungen hängen nach den Ergebnissen der Unterrichtsexperimente die höheren Effekte bei der Aneignung vor allem ab?

– Als *Orientierungsgrundlage* für die Aneignung des Lehrstoffes aus dem jeweiligen Wissenschafts- oder Kulturbereich (bzw. einem größeren, relativ geschlossenen Ausschnitt daraus) müssen *grundlegende, systembildende Merkmale und Beziehungen aufbereitet werden.* Damit kann eine allgemeine Struktur des Lerngegenstands geschaffen werden, in die sich Besonderes und Einzelnes schrittweise einordnen lassen.

– Es müssen solche *praktisch-gegenständliche und geistige Tätigkeitsbedingungen und Anforderungen* geschaffen werden, aus denen gewissermaßen mit Notwendigkeit die entsprechenden Abstraktionen erwachsen, die es den Lernenden ermöglichen, die *Genese von wesentlichen Begriffen* oder Erkenntnissen in verkürzter Form, aber in eigener aktiver Tätigkeit nachzuvollziehen und sie nicht nur in fertiger Form zu übernehmen.

– Die Auseinandersetzung mit neuen Anforderungen muß so geführt und gestaltet werden, daß das *Anzueignende in übergreifenden und abgeleiteten Lernaufgaben* fixiert wird. Sie orientieren den Lernenden vor allem auf die Aufdeckung und Aneignung der für eine ganze *Anforderungsklasse* wesentlichen Zusammenhänge und die *Methoden* ihrer Erkenntnis. Damit werden dem Wesen der Lerntätigkeit entsprechende Lernziele ausgebildet. Das setzt die Analyse der Anforderungen und eine darauf bezogene Bewer-

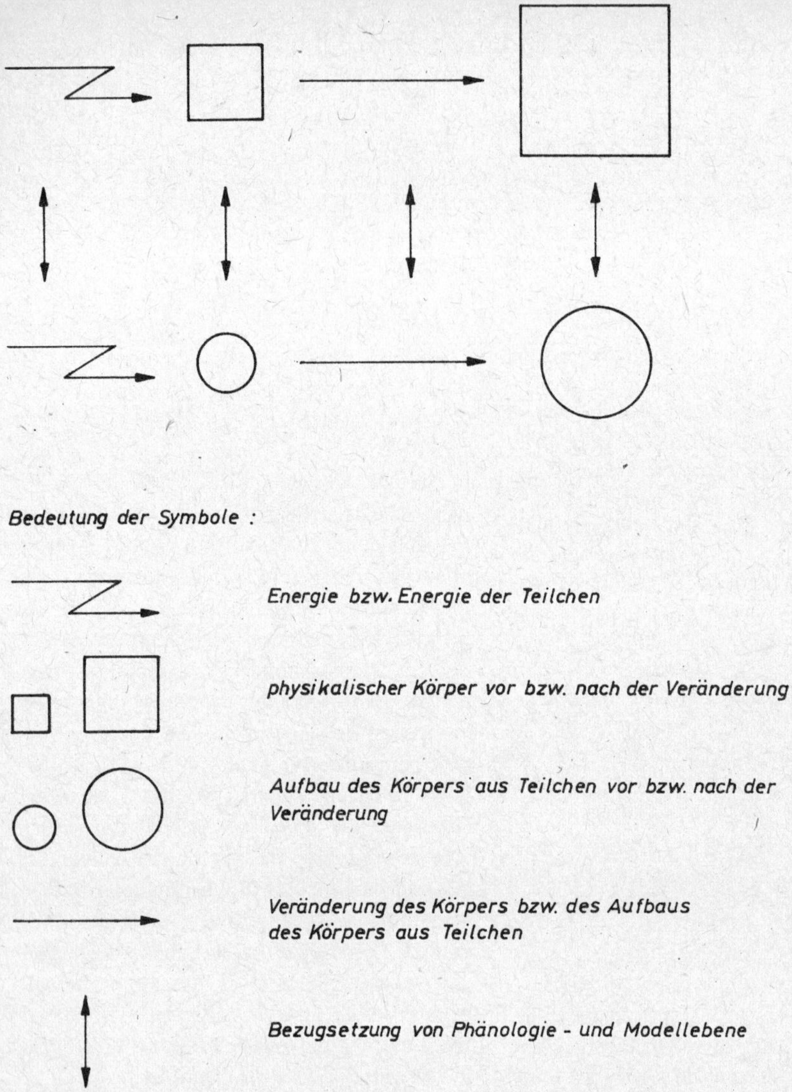

Abbildung 1.7: Lernmodell „Physikalischer Vorgang“ (nach GIEST 1984)

tung der eigenen Voraussetzungen *(Reflexion)* voraus.

– Bei der Gestaltung der Lernaufgaben zur Ausbildung von *verallgemeinerten Orientierungsgrundlagen* und zu ihrer nachfolgenden Konkretisierung müssen wesentliche Widersprüche gesetzt bzw. herausgearbeitet werden, d. h. *Problemsituationen als Grundbedingung aktiver Denktätigkeit. Problemsituationen* bilden den Ausgangspunkt sowohl für die Ableitung von Lernaufgaben durch die Schüler als auch für deren Lösung und damit für die Aneignung des jeweiligen Wissens und Könnens. Problemlösen muß – als „roter Faden“ des Aneignungsprozesses – in eine fachwissenschaftlich und psychologisch begründete *Inhaltssequenz* (bezogen auf den jeweiligen Lerngegenstand) eingeordnet und systematisch ausgebildet werden.

– Die zur Bewältigung der Lernanforderun-

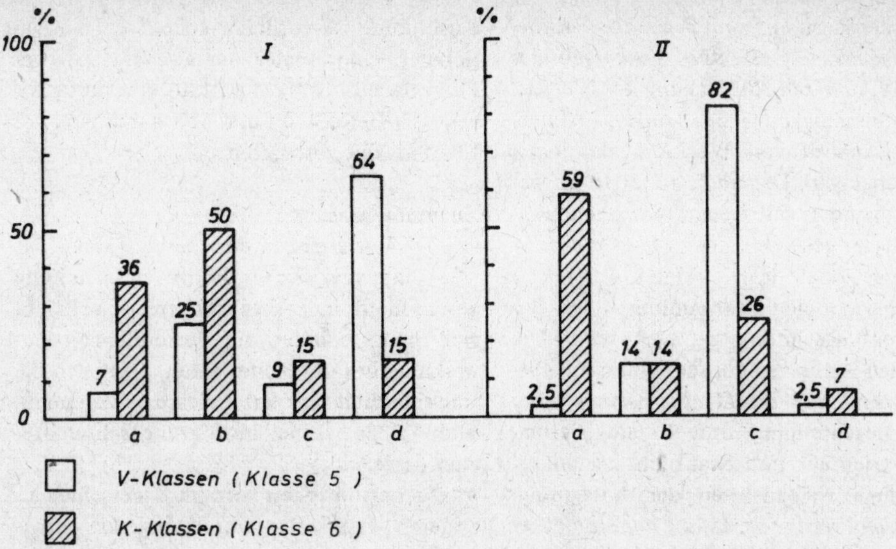

Abbildung 1.8: Identifikation adäquater Erklärungen für physikalische Erscheinungen (nach GIEST 1984)

Aufgabe I: Erkläre!
Bei Wärmezufuhr wird ein fester Körper flüssig, weil
a) er schmilzt;
b) er erwärmt wird;
c) die Teilchen kleinere Abstände bekommen;
d) die Teilchen frei im flüssigen Körper beweglich werden.

Aufgabe II: Erkläre!
Bei Wärmezufuhr wird das Volumen eines Körpers größer, weil
a) der Körper sich ausdehnt;
b) der Körper flüssig wird;
c) die Teilchenabstände größer werden;
d) die Teilchen sich schneller bewegen.

gen notwendigen *Lernhandlungen müssen selbst zum Mittel der Lerntätigkeit* und gezielt und differenziert ausgebildet werden.

– Da Lernhandlungen notwendigerweise gegenstands- und bedingungsabhängig sind, muß durch praktisch-gegenständliches Handeln (reales *Verändern* der Ausgangsobjekte und -situationen, geeigneter Repräsentanten des Lerngegenstands) zunächst jenes empirische Fundament geschaffen werden, aus dem mit Hilfe des *Modellierens* (graphische, symbolhafte o. a. Abbildung der im Prozeß der praktischen Einwirkung als wesentlich erkannten Grundbeziehungen und -merkmale des Lerngegenstands) die Orientierungsgrundlagen gewonnen werden, die die Untersuchung des Wesentlichen durch *Verändern und Analysieren auf der Modellebene* begünstigt.

Mit der systematischen *Analyse der Ausgangsabstrakta,* ihrer Eigenschaften und Widersprüche muß der Rahmen für die konkret-praktischen Aufgaben der verschiedensten Art geschaffen werden. Im Prozeß der *systematischen Konkretisierung,* beim Abarbeiten von Konkretisierungsreihen ansteigenden Schwierigkeits- und Komplexitätsgrades muß das Konkrete unter dem Aspekt und mit Hilfe des Abstrakten analysiert und in entsprechende Grundstrukturen eingeordnet werden. Das Abstrakte wird schrittweise durch das Konkrete angereichert und fundiert. Auf diese Weise wird die *dialektische Einheit von Konkretem und Abstraktem* gewahrt.

Orientierungsgrundlagen können auch Handlungen und deren Begründungen ins Zentrum der Aufmerksamkeit rücken, wie es bei der ästhetischen oder auch der geistig-praktischen Aneignung notwendig wird.

– Begriffs-, Regel- und Verfahrenssysteme

können demnach auf dem Wege *theoretischer Verallgemeinerung* effektiv herausgebildet werden, d. h. durch Aufdeckung des Wesens, der Gesetzmäßigkeiten des Lerngegenstands aus der Analyse von Wechselbeziehungen und Übergängen. Das kann zunächst an wenigen Objekten geschehen, wenn nachfolgend mit der geistigen Reproduktion der Erscheinungsvielfalt des Konkreten als „reiche Totalität von vielen Bestimmungen und Beziehungen" Rechnung getragen wird. Die Lernenden werden so konsequenter auf *Analyse und Erklärung des Lerngegenstands* (über dessen Beschreibung und Katalogisierung hinaus) orientiert, und zwar nicht erst auf relativ hohen Niveaustufen der Aneignung, sondern *im Prinzip von Anfang an.* Eine differenzierte *fachlich-logisch-psychologische Anforderungsanalyse* ist Voraussetzung für eine systematische *Variation der Anforderungsstrukturen von Aufgaben zum Zwecke entwicklungsfördernder Steigerung der Anforderungen.*

– Die Orientierung auf gegenstands- und bedingungsadäquate Lernhandlungen und deren schrittweise Ausbildung in der pädagogisch geführten Tätigkeit erfordert und ermöglicht die Organisation und systematische Ausbildung *kooperativer Formen der Lerntätigkeit* (gegenseitige Kontrolle und Bewertung, gemeinsame Beratung und Planung, arbeitsteilige Ausführung von Lernhandlungen).

– Durch die differenzierte Führung der Lerntätigkeit bei gleichzeitiger Gewährleistung hoher Eigenaktivität der Lernenden, die Sicherung einer bewußten Orientierung in großen Klassen von Objekten und Situationen, die systematische Ausbildung entsprechender Handlungen zur Anforderungsanalyse, zur Aufdeckung des Wesens und zum selbständigen Operieren damit, zur Kontrolle und Bewertung eigener und fremder Handlungen, durch die Wahrung der Einheit und Wechselbeziehung kooperativer und individueller Lernhandlungen sowie der Interiorisation und Exteriorisation werden günstige Bedingungen für die zielgerichtete Ausbildung wesentlicher kognitiver, motivationaler, emotionaler, sozial-charakterlicher Prozesse und Strukturen und ein hohes Niveau der Bewußtheit und Selbständigkeit der Lerntätigkeit geschaffen.

Zusammenfassung

Z • Vor allem in der Lerntätigkeit – als einer spezifischen Form der Aneignung gesellschaftlicher Erfahrungen – vollzieht sich im Schulalter die Persönlichkeitsentwicklung in ihrer Komplexität, prägt sich die Individualität und formt sich die Allgemeinbildung der Schüler im Sinne gesellschaftlicher Ziele.

• Die **Lerntätigkeit** wird im Unterschied zu anderen Tätigkeiten durch folgende Strukturkomponenten charakterisiert:

– der *Gegenstand* ist das gesellschaftliche Wissen und Können, das individuell angeeignet wird;

– *die Mittel* sind Lernhandlungen auf der Grundlage von Zeichensystemen, Lernstrategien und Lerntechniken;

– die *Bedingungen* sind die gesellschaftlich determinierte pädagogische Führung und die soziale Kommunikation und Kooperation;

– das *Subjekt* der Lerntätigkeit ist der Schüler mit seinen gruppenspezifischen und individuellen Besonderheiten.

• Die Lerntätigkeit wird durch *Lernhandlungen* realisiert. Sie sind selbst zum Gegenstand des Lernens zu machen, damit sie als Mittel der Aneignung fungieren können. Diesen Lernhandlungen liegen Lernmotive zugrunde, die aus Tätigkeitszielen und -motiven erwachsen und die Ausbildung von Lernzielen anregen. Ziele werden unter Verwendung innerer und äußerer Mittel in Sequenzen von Teilhandlungen vollzogen. Alle diese Komponenten sind einer pädagogischen Steuerung zugänglich.

• Zur Ausbildung der Lerntätigkeit der Schüler stützt sich der Lehrer auf Lehrstrategien.

Solche Strategien berücksichtigen in besonderem Maße den Lernenden als Subjekt seiner Tätigkeit und Entwicklung. Für die Ausbildung von Lernhandlungen, die auf die Aneignung dauerhafter und anwendungsbereiter wissenschaftlicher Kenntnisse und dialektischen Denkens durch die Schüler sowie auf ihre Befähigung zum selbständigen Lernen gerichtet sind, hat sich in experimentellen Untersuchungen die Lehrstrategie des Aufsteigens vom Abstrakten zum Konkreten als zweckmäßig erwiesen.

1.3. Arbeitstätigkeit

Eine der Hauptaufgaben der sozialistischen Bildung und Erziehung besteht darin, die heranwachsende Generation *auf die Arbeit, auf die aktive und verantwortungsbewußte Teilnahme an der gesellschaftlichen Produktion vorzubereiten.*

Dafür sind bei den Schülern die erforderlichen Kenntnisse, Fähigkeiten, Fertigkeiten und Gewohnheiten und eine sozialistische Einstellung zur Arbeit, zu den arbeitenden Menschen und zum Volkseigentum auszubilden. Dazu bedarf es aber auch emotionaler und rationaler Beziehungen und der Bereitschaft, durch hohe Qualität der eigenen Arbeit zur Mehrung des gesellschaftlichen Reichtums und zur Stärkung des Sozialismus beizutragen. Dies muß sich in Liebe zur Arbeit, im Pflichtgefühl, in der Arbeitsdisziplin und in hohem Verantwortungsbewußtsein gegenüber der Gesellschaft widerspiegeln.

Die *wichtigste Form der Vorbereitung auf die Arbeit ist die Arbeit selbst,* wenngleich auch die Lerntätigkeit wesentliche Voraussetzungen dafür schafft.

Der *polytechnische Charakter unserer Schule* kommt in der Verbindung von Unterricht und Produktion, von Lernen und Arbeiten, von Schule und Leben zum Ausdruck. Er ist einer der Grundpfeiler unserer sozialistischen Schulpolitik und der kommunistischen Erziehung (vgl. NEUNER 1983, FRANKIEWICZ 1983).

1.3.1. Wesen und Struktur

Das Ziel der *Arbeitstätigkeit* besteht darin, *ein Resultat zu erreichen,* das in Form eines *materiellen Gegenstandes* oder einer *materiellen Veränderung der Situation* auf höherem Niveau oder auch in Form eines *geistigen Produkts* (z. B. Rationalisierungsvorschlag, Lösung einer wissenschaftlich-technischen Aufgabe in der wissenschaftlich-produktiven Arbeit von Schülern der EOS) gesellschaftliche Bedürfnisse befriedigt, wofür die Einhaltung bestimmter Bedingungen (Zeit- und Kraftaufwand, Material- und Energieverbrauch u. a.) notwendig ist (vgl. Bd. I).

Die *Spezifik der Arbeitstätigkeit von Schülern* besteht darin, daß sie im Unterschied zur Arbeit der Werktätigen im allgemeinen einen geringeren Grad der Verbindlichkeit, ein niedrigeres Niveau der körperlichen und geistigen Anforderungen und natürlich einen geringeren Umfang besitzt. Die Arbeitstätigkeit hat für die aktuelle Lebensgestaltung des Schülers eine andere Bedeutung als für die Werktätigen. Sie dient noch nicht unmittelbar der Erhaltung und Weiterentwicklung des individuellen und gesellschaftlichen Lebens, sondern der Vorbereitung darauf. Sie leistet jedoch auch einen gewissen Beitrag zur Erhaltung bzw. Mehrung des gesellschaftlichen Reichtums.

Die Arbeitstätigkeit der Schüler steht in wechselseitigem Zusammenhang mit allen anderen Tätigkeitsarten, die in jeder Stufe der Ontogenese ein typisch strukturiertes System bilden.

Elementare *Vorformen der Arbeitstätigkeit* entstehen bereits im *Vorschulalter* im Rahmen des Spiels und der unmittelbaren praktisch-geistigen Bewältigung von Anforderungen des Alltagslebens (Tischdienst, Blumendienst u. ä.). Erst mit dem Eintritt in die Schule gewinnt die Arbeitstätigkeit zunehmend den Charakter einer eigenständigen Tätigkeit.

In der *Unterstufe* ist sie eng mit der Lerntätigkeit verbunden (Werk- und Schulgarten-

unterricht, Arbeiten zur Werterhaltung, Sauberhaltung und Verschönerung der Umwelt).
In der Familie werden die Kinder in hauswirtschaftliche und andere Arbeiten einbezogen. Solche Arbeitshandlungen spielen auch im Ferienlager und im Hort eine wichtige Rolle.
In der *Mittel- und Oberstufe* vergrößert sich der Umfang und erhöhen sich Anforderungsniveau und Vielgestaltigkeit der Arbeit (Werkunterricht, ab Klasse 7 unmittelbare Teilnahme an produktiven Arbeiten in Betrieben der sozialistischen Industrie, der Landwirtschaft oder des Bauwesens). Die Schüler werden dabei mit technischen, ökonomischen und sozialen Anforderungen der Produktion konfrontiert.
Als dominierende Tätigkeit hat die Lerntätigkeit auch Einfluß auf den Charakter der Arbeitstätigkeit der Schüler. Sie schafft wesentliche psychische Voraussetzungen für sie, z. B. Kenntnisse über Gegenstände, Mittel und Bedingungen der Arbeit, zugrundeliegende Gesetzmäßigkeiten, Fähigkeiten planvollen, überlegten Vorgehens und koordinierten Handelns, Einstellungen zur Arbeit und Fertigkeiten und Gewohnheiten disziplinierten, fleißigen Arbeitens, Willens- und Charaktereigenschaften usw. Andererseits verwirklicht die Arbeitstätigkeit vielfältige Möglichkeiten zur Anwendung, Festigung und Präzisierung der Ergebnisse bisheriger Lerntätigkeit, und sie regt zu weiterer Lerntätigkeit an.
Diese Wechselbeziehungen müssen zielstrebig genutzt und weiterentwickelt werden. Die Schüler arbeiten sowohl unter Bedingungen obligatorischer Formen (Werkunterricht, produktive Arbeit im Betrieb) als auch in ihrer Freizeit (gesellschaftlich-nützliche Arbeit in der Schule, im Wohngebiet, hauswirtschaftliche Arbeit) bzw. in Formen, die einerseits auf Freiwilligkeit beruhen, andererseits aber als übernommene Pflicht zu realisieren sind (Ferienarbeit, Lager für Arbeit und Erholung).
Auch für den Schüler ist Arbeitstätigkeit zielbezogene, mit Verantwortung und Anstrengung verbundene Pflichterfüllung. Die Arbeitstätigkeit der Schüler ist ein unverzichtbares Mittel sozialistischer Persönlichkeitsentwicklung. *Ihre Bedeutung für die eigene Persönlichkeitsentwicklung zum sozialistischen Staatsbürger und Produzenten bewußtzumachen, ist Bestandteil des gesamten pädagogischen Prozesses.* Dabei ist die Teilnahme am Leben der sozialistischen Gesellschaft unerläßlich. Die Schüler *nehmen direkt an der Schaffung gesellschaftlich nützlicher Werte teil* und tragen in ihrer Tätigkeit *materielle Verantwortung.*
Der Wert der Arbeit, die hinter Arbeitsresultaten verborgenen körperlichen und geistigen Anstrengungen und Schwierigkeiten, aber auch der dabei erlebte Erfolg müssen durch eigene Arbeit erfahren werden. Die Arbeit gewinnt im Tätigkeitssystem der Heranwachsenden zunehmend an Bedeutung. Es entstehen immer engere Wechselbeziehungen zwischen Arbeits- und Lerntätigkeit sowie gesellschaftlich-politischer Tätigkeit.
Potenzen der Arbeitstätigkeit für die Persönlichkeitsentwicklung bestehen in folgendem:
– Die Schüler *werden in die wichtigste Lebenssphäre der Menschen – in die Produktion* und Erhaltung materieller und geistiger Werte – *einbezogen,* wobei ihnen Rolle und Wert der Arbeit bewußtwerden;
– sie treten in *aktive Beziehungen zu den sozialistischen Produzenten,* lernen die sozialistischen Produktionsverhältnisse in Aktion kennen und gestalten sie im Rahmen ihrer Möglichkeiten mit;
– sie erschließen sich zunehmend die *gesellschaftlichen Dimensionen ihrer Tätigkeit* und entwickeln *Verantwortungsbewußtsein im Arbeitskollektiv,* letztlich für die Gesellschaft;
– sie entwickeln *Eigenschaften, die für die sozialistische Arbeit kennzeichnend sind* wie Schöpfertum, Streben nach Höchstleistungen, nach Kooperation und gegenseitiger Unterstützung, Disziplin, Gewissenhaftigkeit, Genauigkeit, Ausdauer;
– sie werden mit dem *wissenschaftlich-techni-*

schen Fortschritt, seinen Anforderungen und Konsequenzen *unmittelbar konfrontiert* und dazu angeregt, sich intensiver mit Wissenschaft und Technik zu beschäftigen, sich selbständig Wissen und Können anzueignen und schöpferisch nach neuen Lösungen von Problemen zu suchen;
– die in der Lerntätigkeit angeeigneten Kenntnisse über Objekte, Verfahren, Bedingungen, Gesetzmäßigkeiten werden konkreter und disponibler, es werden differenzierte und vielfältige *neue Kenntnisse über Arbeitsprozesse* und ihre Bedingungen, arbeitsspezifische Fähigkeiten, Fertigkeiten und Gewohnheiten angeeignet;
– es wird *Stolz auf vollbrachte Arbeitsleistungen*, Vertrauen in die eigenen Kräfte und die des Kollektivs, Freude an der Arbeit und am koordinierten Zusammenarbeiten, Achtung vor den arbeitenden Menschen, ihren Leistungen und Ergebnissen erzeugt;
– die Schüler erhalten *realistische Vorstellungen von der beruflichen Arbeit* und vielfältige Anregungen für eine begründete, an gesellschaftlichen und persönlichen Interessen orientierte Berufswahl.

1.3.2. Besonderheiten und Ausbildung der psychischen Regulation

Für die Befähigung der Schüler zur selbständigen Handlungsregulation in ihrer Arbeitstätigkeit gelten gleiche allgemeine Bedingungen, wie sie bereits bei der Entwicklung der Lerntätigkeit dargestellt worden sind.
Die Schüler müssen zunehmend *schwieriger werdende Anforderungen* bewältigen. Der Aneignungseffekt ist abhängig von der *subjektiven Bedeutsamkeit* der Aufgabe, von dem *Grad* und *der Gerichtetheit der erforderlichen Aktivität* und von der *Art der vollzogenen Handlungen* (vgl. Abschn. 1.2.).
Dabei sind sowohl die kognitiven wie auch die motivationalen und volitiven Komponenten der Regulation der Arbeitstätigkeit auszubilden.

Orientierung und Motivierung. Der Antrieb für eine Arbeit hat ihren Ausgangspunkt in einer Anforderung oder einer selbstgewählten Arbeitsaufgabe. Ein konkretes Arbeitsprodukt oder -resultat zu erreichen, kann einerseits *Selbstzweck* (das Resultat muß bestimmten Qualitätsanforderungen genügen, in bestimmter Zeit erreicht sein usw.), andererseits aber auch *Mittel zum Zweck* sein, also eine Veränderung des Subjekts der Tätigkeit. Die psychische Entwicklung hängt davon ab, *welche Handlungen*, in *welcher Qualität* und mit *welchen Zielstellungen, Motiven und Einstellungen*, vom Arbeitenden vollzogen werden.
Zur Ausbildung der Orientierung ist notwendig, daß der Schüler lernt, das Ziel der Arbeit gedanklich vorwegzunehmen. Dies geschieht auf der Grundlage sprachlicher Beschreibungen und Instruktionen, vorgegebener Zeichnungen und Schemata oder durch eigene Überlegungen.
Dazu sind spezielle Kenntnisse über den Arbeitsgegenstand und seine Eigenschaften, über Mittel, Bedingungen und Etappen seiner zielbezogenen Veränderung sowie über Qualitätsparameter des Resultats erforderlich. Auf deren Grundlage kann dann ein mehr oder weniger komplexes und differenziertes Handlungsprogramm erarbeitet werden (Orientierungsgrundlage der Handlung (vgl. Abschn. 1.2.2.). Je besser es dem Schüler gelingt, die Arbeitsaufgabe in eigene Arbeitsziele umzusetzen, desto günstiger sind die Voraussetzungen, das Arbeitsresultat zu erreichen.
Die Qualität der Arbeitstätigkeit und der durch sie bewirkten psychischen Veränderungen hängt außerdem von den *Arbeitsmotiven und -einstellungen* ab.
Zunächst wirken häufig *unmittelbar in der Arbeitssituation liegende Motive*, z. B.
– das Interesse an einer neuen Situation oder Anforderung,
– der Wunsch, die eigenen Kräfte zu erproben, und der Stolz auf die erreichte Leistung bzw. die dafür erhaltene Anerkennung,

– das Bestreben, ein bestimmtes Resultat zu erreichen (z. B. Wiederherstellung der Funktionstüchtigkeit eines Gegenstandes, Herstellung eines Produkts, Arbeitslohn),
– der Wunsch nach Zusammenarbeit mit anderen Menschen.

Des weiteren wirken Tätigkeitsmotive, *die über die unmittelbare Arbeitssituation hinausreichen.* Sie gehen aus Einstellungen zum Arbeiten, zum künftigen Beruf und auch zu sich selbst hervor. Solche übergreifenden Motive sind vor allem:
– das Bestreben, gewissenhaft eine Pflicht zu erfüllen,
– die Einsicht, durch einen eigenen Beitrag zur Stärkung unserer sozialistischen Gesellschaft beizutragen (Planerfüllung, Qualitätsarbeit, rationelle und effektive Nutzung von Material und Zeit),
– Vorstellungen vom und Einstellungen zum erstrebten Beruf,
– das Streben nach Anerkennung durch Arbeitskollektive und Erwachsene, das über die Anerkennung im eigenen Schulkollektiv hinausreicht,
– Idealvorstellungen von der eigenen Persönlichkeit, die darauf gerichtet sind, im künftigen Leben eine anerkannte Stellung zu erringen.

Einige der genannten Einstellungen können sich jedoch auch störend auf die Arbeitsmotivation auswirken, insbesondere wenn die Lebenspläne und Berufswünsche der Heranwachsenden zu eng und einseitig gefaßt und nicht auf die Gesamtheit des Lebens in der sozialistischen Gesellschaft bezogen sind.

Manche Schüler meinen, bestimmte Kenntnisse oder Arbeitshandlungen zukünftig nicht zu brauchen. Andere lehnen die Übernahme uninteressanter oder eintöniger (langweiliger) Arbeit ab. Eine Entwicklung wird nur erreicht, wenn den Schülern die Einsicht vermittelt wird, daß oft die Erfüllung solcher Anforderungen gesellschaftlich besonders wichtig und für die Ausformung der eigenen Persönlichkeitseigenschaften zugleich hoch bedeutsam ist. Solche Einstellungen entstehen vor allem, wenn die Schüler auch die Folgen ihrer Arbeitsweise für den Produktionsprozeß und auch für sich selbst unmittelbar erleben. Sie sollen den Nutzen ihrer Arbeit erkennen oder auch die Störungen im Produktionsablauf, wenn sie mangelhaft gearbeitet oder gebummelt haben. Müssen sie selbst Mängel beseitigen oder selbst verschuldete Rückstände aufholen, so trägt auch das zu diesem Erleben bei. Ebenso wirkt im allgemeinen die Teilnahme der Schüler an einer Produktionsberatung ihres Arbeitskollektivs, in der sich das Ringen um hohe Leistungen und Arbeitsdisziplin widerspiegelt, entsprechend einstellungsbildend. Sie bedürfen jedoch mitunter der pädagogischen Hilfe, wenn sie dabei zutage tretende Widersprüche zwischen einer sozialistischen Arbeitsmoral und dem Verhalten einzelner Brigademitglieder geistig nicht produktiv verarbeiten können.

Arbeit ist eng verbunden mit notwendiger Pflichterfüllung. Auch diese Einsicht muß bei den Schülern herausgebildet werden.

Vor allem bei Schülern der Klassen 9 und 10 stimulieren Berufswünsche das Arbeitsverhalten. Zugleich beeinflußt das Erleben, eine von der Gesellschaft anerkannte Arbeit zu leisten, das Motivationsgefüge für die Berufswahl. Die Einstellungen und Motive der Jugendlichen zur Arbeitstätigkeit schlagen sich in den Begründungen für ihre Berufswahl nieder.

In einer Untersuchung des Zentralinstituts für Jugendforschung werden zwar deutliche Unterschiede in einigen der Motivinhalte zwischen Jungen und Mädchen nachgewiesen, die etwa den in der Öffentlichkeit verbreiteten Meinungen entsprechen, aber bei beiden Geschlechtern dominiert das Interesse an der Tätigkeit (*vgl. Abb. 1.9*).

Ein wesentliches pädagogisches Anliegen ist es, neben allgemeinen Arbeitseinstellungen auch Einstellungen für die Berufswahl und -entscheidung mit herauszubilden. Damit sie realistisch sind, müssen sie mit den gesellschaftlichen Erfordernissen übereinstimmen. Das ist wichtig für Erfolg und Zufriedenheit im späteren Beruf.

Bei der Ausbildung von Motiven und Einstellungen zur Arbeit bestehen enge Beziehungen zur Lernmotivation, denn die für die Arbeit genannten übergreifenden Einstellungen gelten auch für die Lerntätigkeit. Sie

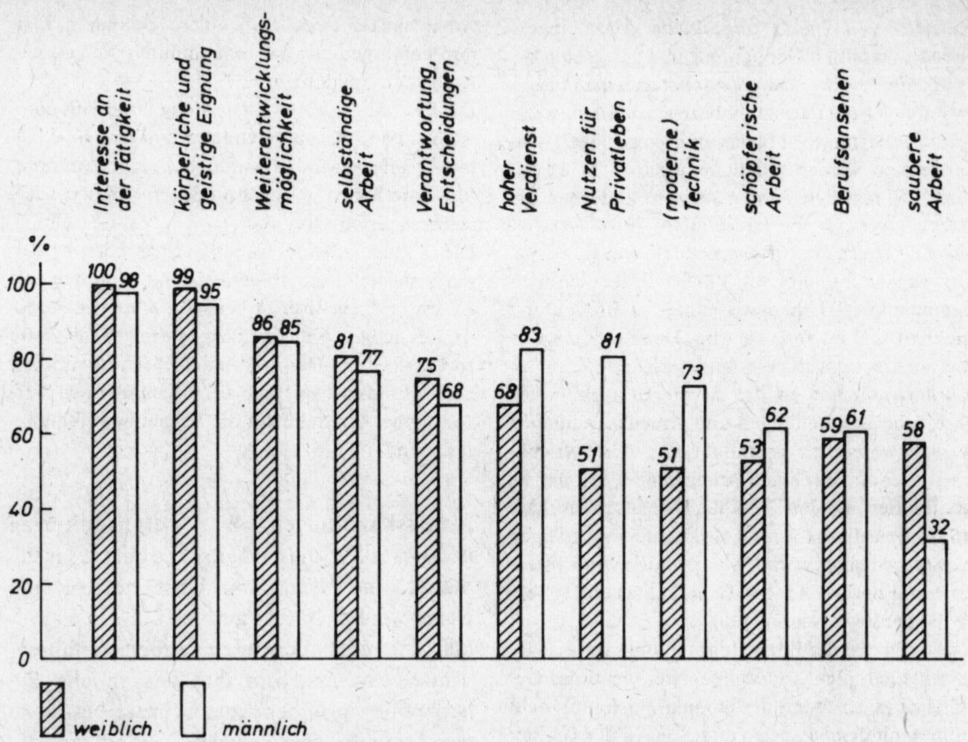

Abbildung 1.9: Ausgewählte Berufswahlmotive bei Schülern der Klassen 9 und 10 (nach FRIEDRICH/MÜLLER 1983, S. 82)

sind in Eigenschaften der Persönlichkeit wie Verantwortungsbewußtsein, Gewissenhaftigkeit, Zielstrebigkeit, Beharrlichkeit verankert. Deshalb prägen Schüler, die über solche Eigenschaften verfügen, im allgemeinen solche Lern- und Arbeitseinstellungen aus, die von der Gesellschaft positiv bewertet werden. Darüber hinaus fließen jedoch in die Motivation von Arbeitshandlungen auch situative Momente ein.

Die Motivation für die Arbeitstätigkeit wird analog der Lernmotivation über das *Vermitteln von Handlungsbegründungen* (Wertorientierungen) und das Schaffen von *Erfolgserlebnissen* ausgebildet (vgl. Abschn. 1.2.2.).

Das Bewußtwerden politischer, ökonomischer und moralischer Zusammenhänge, in die die konkrete Arbeitsaufgabe eingebettet ist, ermöglicht es den Schülern zunehmend, *die gesellschaftliche Bedeutung der Arbeit* und ihres eigenen Beitrages zu erkennen und die Bereitschaft zu angestrengter, gewissenhafter, disziplinierter Arbeit – auch wenn sie nicht unmittelbar interessant und attraktiv ist – *zu entwickeln.* Gesellschaftliche Zusammenhänge und Notwendigkeiten der Arbeitsaufgaben und -bedingungen werden verständlich, wenn sie an den Aufgaben, Bedingungen und Erfordernissen des Betriebes, des Wohngebietes, der Schule oder der Familie konkretisiert werden.

Das Engagement der Schüler für die Erfüllung von Arbeitsaufgaben, die Qualität, Quantität und Intensität ihrer Arbeitstätigkeit und ihre Einstellungen dazu hängen wesentlich davon ab, wie die Arbeitsprozesse – von der Planung und Vorbereitung über die Durchführung bis zur Kontrolle, Abrechnung und Auswertung – organisiert und gestaltet werden.

Rationell und effektiv organisierte Arbeit macht Freude, vermittelt Genugtuung und *spornt zu höheren Leistungen an.* Wenn die Schüler in die Organisation der Arbeit selbst einbezogen werden, wenn ihre Überlegungen, Fragen und Vorschläge ernstgenommen werden (auch wenn sie nicht akzeptiert bzw. realisiert werden können) und wenn die Arbeit ihnen einen bestimmten *Handlungsspielraum für eigene Entscheidungen* läßt, sind sie besonders engagiert und bereit, Verantwortung zu übernehmen, ihre Pflicht gewissenhaft zu erfüllen und mehr zu tun, als verlangt wird. Dazu gehört auch, die Schüler zum *aktiven Mitdenken, zum schöpferischen Herangehen* an die Arbeit zu stimulieren. Ihre Arbeitseinstellungen und Arbeitshandlungen werden wesentlich beeinflußt von der betrieblichen oder anderweitigen Arbeitspraxis, mit der sie konfrontiert werden, von der Arbeitsatmosphäre und Arbeitsdisziplin im Kollektiv der Werktätigen bzw. der Schüler, von der Konsequenz und Intensität, mit der um hohe Arbeitsqualität und -effektivität gerungen wird.

Dieser Prozeß der Einstellungsbildung verläuft im allgemeinen nicht widerspruchsfrei, denn das Geschehen in der Praxis der Produktion stimmt nicht immer mit den eigenen Vorstellungen der Schüler davon überein. Neben positiven sammeln die Schüler auch negative Erfahrungen. Das pädagogische Bemühen richtet sich daher darauf, die Schüler zu befähigen und daran zu gewöhnen, ihre Erfahrungen zu analysieren und die erlebten Erscheinungen nach objektiven gesellschaftlichen Kriterien zu bewerten und zu beurteilen (vgl. Abschn. 2.4.1.).

Des weiteren wirkt die *Bewertung von Arbeitsleistungen* einstellungsbildend. Werden hohe, aber von den Schülern zu bewältigende Anforderungen gestellt und ihre Leistungen sachlich, gerecht und differenziert (mit helfenden Hinweisen, wie an die Überwindung von Mängeln, Fehlern usw. heranzugehen ist) bewertet, dann bemühen sich die Schüler um so mehr, die Arbeitsanforderungen zu bewältigen.

Die *Anerkennung des Betreuers* oder Meisters hat für den Schüler große Bedeutung. Sie ist für ihn *Ausdruck gesellschaftlicher Anerkennung,* weil Betreuer und Meister als Autorität anerkannt werden. Ihre Wirkung wird verstärkt oder beeinträchtigt durch die sozialen Beziehungen, die sich im Arbeitsprozeß zwischen Schülern, Betreuern, Lehrern herausgebildet haben, und durch die gesamte Arbeitsatmosphäre.

Die Bewertung der Arbeitsleistung hinterläßt dann nachhaltige Wirkung, wenn die *Erfüllung einer echten Aufgabe* gewürdigt wurde, d. h. einer Anforderung, die hohen geistigen und körperlichen Kräfteeinsatz erforderte.

Die Schüler fassen es oft als Geringschätzung auf, wenn sie unterfordert werden, und reagieren mit Unlust und negativen Arbeitseinstellungen. Andererseits neigen Schüler dazu, die eigenen Kräfte zu überfordern. Das sollte möglichst von vornherein verhindert bzw. taktvoll zurückgewiesen werden, wobei den Schülern die Folgen bewußtzumachen sind.

Arbeitshandlungen. Wie Lernhandlungen müssen auch die Arbeitshandlungen systematisch *ausgebildet,* von den Schülern *angeeignet* werden. Dabei geht es um die Kenntnis der entsprechenden Arbeitsverfahren, -mittel usw. und um ihre tatsächliche Beherrschung in einem relativ exakt bestimmten Umfang und Niveau. Grundlage der Ausbildung von Arbeitshandlungen sind entsprechende und notwendige technische, technologische, ökonomische, mathematisch-naturwissenschaftliche Kenntnisse und zugleich Fertigkeiten, Gewohnheiten und Fähigkeiten (vgl. Kap. 2.). Das verdeutlicht zugleich, daß – dem polytechnischen Charakter unserer Schule entsprechend – alle Unterrichtsfächer beteiligt sind, die psychischen Voraussetzungen bei den Schülern für deren Befähigung zur Arbeit zu schaffen.

Arbeitshandlungen werden am sichersten durch die *etappenweise Aneignung praktischer Handlungsschritte* nach einer möglichst *vollständigen Orientierungsgrundlage* mit klaren Instruktionen ausgebildet. Diese Form ist dem Lernen durch bloße Nachahmung vorgeführter Handlungsverläufe überlegen. Der Schüler muß erfahren, warum und zu welchem Zweck eine Handlung in einer bestimmten Weise ausgeführt werden muß. Die notwendigen Fertigkeiten werden durch Übung erreicht (vgl. Kap. 2.).

Je mehr dem Arbeitenden das interne Handlungsprogramm bewußt ist, desto besser ist er in der Lage, den Handlungsvollzug selbständig zu kontrollieren. Dazu müssen Schüler befähigt und vor allem daran gewöhnt werden. Die Befähigung schließt ein, daß sie Kriterien kennenlernen, anhand derer sie über eigene Alternativen für die Fortsetzung ihrer Handlung entscheiden. Das können bestimmte Meßwerte oder Signale an den Maschinen, aber auch Veränderungen am herzustellenden Gegenstand oder Störungen im Produktionsprozeß oder im eigenen Handlungsablauf sein. Der Arbeitende verfügt in solchen Entscheidungssituationen über Freiheitsgrade des Handelns, deren Anzahl bei Bedientätigkeiten an Maschinen oft sehr gering – auf eine Alternative beschränkt –, bei Konstruktionstätigkeiten aber auch sehr groß sein kann. Im ersten Fall ist der Handlungsvollzug auf das vorgegebene Handlungsprogramm einzuregulieren, im zweiten kann darüber hinaus auch eine Veränderung des eigenen ursprünglichen Programms entstehen. Wenn eine Entscheidung gefällt wird, schließt dies zugleich eine Besinnung auf die möglichen Folgen ein und setzt die Abschätzung des damit verbundenen Risikos voraus. Das verlangt, Überlegungen einzubeziehen, die über das Ausführen einer Handlung hinausreichen, z. B. zur Sicherheit (Arbeitsschutz) und Ökonomie (Aufwand, Zeit, Nutzen).

Arbeitshandlungen und ihre Ergebnisse werden *kontrolliert und bewertet.* Bewertungen bilden eine der Grundlagen für die Handlungsentscheidungen. Sie schließen die Kenntnis von Maßstäben, wie Qualitätsanforderungen an das Produkt (einschließlich der „Toleranzen“) oder die Ausführung der Handlung (Schnelligkeit, Rationalität der Bewegungsabläufe), ein. Die Kontrolle als Bestandteil selbständiger Handlungsregulation läßt sich wie in der Lerntätigkeit durch wechselseitiges Kontrollieren in der Kooperation mit anderen besonders effektiv ausbilden (vgl. Abschn. 2.2.4.).

Arbeitshandlungen werden in der Regel präziser angeeignet und können weiter übertragen werden, wenn sie vom Lernenden auch sprachlich gefaßt werden (vgl. Hacker 1986).

Das weist auf Verallgemeinerungsprozesse in den psychischen Komponenten des Handlungsvollzugs hin. Komplexe Arbeitsaufgaben tragen oft Problemcharakter. Die Befähigung der Schüler zum Problemlösen sollte sich daher auch in Arbeitstätigkeiten vollziehen (vgl. Abschn. 2.2.4.).

Vom Arbeitsgegenstand und von der Arbeitsaufgabe, von den Mitteln und Bedingungen der Arbeit hängt es ab, welche *Arbeitshandlungen* notwendig sind. In den verschiedenen Zweigen der Volkswirtschaft sowie in der familiären und der gesellschaftsnützlichen Arbeit gibt es eine kaum überschaubare Vielfalt von Arbeitshandlungen, die sich außerdem durch wissenschaftlich-technische und ökonomische Entwicklung ständig verändern.

Die wichtigsten Arbeitshandlungen in der modernen Volkswirtschaft sind Bedien-, Überwachungs-, Regelungs- und Wartungsarbeiten. Jede Arbeit stellt körperliche und geistige Anforderungen. Ihre Anteile in konkreten Arbeitshandlungen sind außerordentlich unterschiedlich.

Die allgemeine Entwicklungstendenz des wissenschaftlich-technischen Fortschritts besteht darin, daß der Anteil geistiger Anforderungen im Arbeitsprozeß immer mehr zunimmt. Daraus darf jedoch nicht die Schlußfolgerung gezogen werden, daß körperliche Arbeit – auch schwere, monotone, schmutzige Arbeit – bereits der Vergangenheit angehört und die Schüler darauf nicht mehr vorbereitet werden müßten. Zu einer sozialistischen Einstellung zur Arbeit gehört deshalb auch die Bereitschaft zu körperlich anstrengender, wenig attraktiver Arbeit.

Die Arbeitstätigkeit der Schüler enthält sowohl konstruktiv-technische als auch organisatorisch-technologische und operational-kontrollierende Arbeitshandlungen.

Konstruktiv-technische Arbeitshandlungen sind darauf gerichtet, die zur Realisierung der Arbeitsaufgabe erforderlichen Bedingungen und Zusammenhänge zu erfassen und im Handlungsverlauf adäquat zu berücksichtigen. Dazu müssen mathematische, naturwis-

senschaftliche, ökonomische, technische und technologische Kenntnisse aktualisiert und den konkreten Arbeitsbedingungen entsprechend angewandt bzw. technische Aufgabenstellungen, Situationen und Arbeitsanforderungen unter dem Aspekt dieser Kenntnisse analysiert und dementsprechende Handlungen ausgeführt werden.
Organisatorisch-technologische Arbeitshandlungen gewährleisten die Planung und Organisation der Arbeit. Sie umfassen das Lesen der technischen Dokumentation, die Auswahl der erforderlichen technischen Mittel und Verfahren unter Berücksichtigung der Eigenschaften des zu bearbeitenden Gegenstands, die Erarbeitung eines technologischen Plans und detaillierten Handlungsprogramms, Maßnahmen zur rationellen Organisation des Arbeitsplatzes und der Arbeitsbedingungen, Bewertung des Plans unter dem Aspekt der Arbeitsaufgabe.
Operational-kontrollierende Arbeitshandlungen sichern die Ausführung des Handlungsprogramms und damit die Zielrealisierung. Dazu gehören aktives Beobachten des entsprechenden Produktionsprozesses und adäquates Reagieren auf Signale, Ausführung von praktischen und geistigen Arbeitsoperationen und entsprechenden Handlungsfolgen gemäß dem Handlungsprogramm und dem Stand seiner Realisierung, Kontrolle und Bewertung des Handlungsverlaufs und der Zwischenergebnisse, bezogen auf das Ziel und Handlungsprogramm, Entscheidungen über Korrektur, Weiterführung oder Beendigung des Handlungsverlaufs.
Das Zusammenwirken und der Anteil der dargestellten Arbeitshandlungen hängt immer von der Arbeitsaufgabe und den Arbeitsbedingungen und selbstverständlich von den subjektiven Voraussetzungen der Schüler ab.

Zusammenfassung

Z

- **Arbeit** ist die für den Menschen grundlegende Tätigkeit, in der er *auf seine Umwelt verändernd einwirkt*, um seine Bedürfnisse befriedigen zu können. Dabei verändert er sich selbst und entwickelt sich als Persönlichkeit.
- Durch die Arbeitstätigkeit selbst und die Lerntätigkeit werden die *körperlichen und geistigen Leistungsvoraussetzungen* sowie sozialistische Einstellungen zur Arbeit, zu den arbeitenden Menschen und zum sozialistischen Eigentum ausgebildet.
- Die Arbeitstätigkeit gewinnt im Tätigkeitssystem der Kinder und Jugendlichen *zunehmend den Charakter einer eigenständigen Tätigkeit.* Sie entwickelt sich bei ihnen in wechselseitigem Zusammenhang mit der Lerntätigkeit.
- Inwieweit die gesamte Persönlichkeitsentwicklung durch die Arbeitstätigkeit positiv beeinflußt wird, hängt von der *Qualität* der auszuführenden Arbeitstätigkeit ab, von den *Zielen*, von den *Motiven und Einstellungen.*
- *Sozialistische Qualitätsmerkmale* von Persönlichkeitseigenschaften werden erreicht, wenn sich in den Zielen und Motiven der Arbeit über das materielle oder geistige Produkt hinaus die *Bedeutung für die Gesellschaft* und deren Entwicklung zeigt.
- Die pädagogische Führung richtet sich auf die Ausbildung notwendiger Persönlichkeitseigenschaften als Voraussetzung für zunehmend eigenständige Orientierung und Motivierung der Schüler, auf *Aneignung grundlegender Arbeitshandlungen* (konstruktiv-technische, organisatorisch-technologische und operational-kontrollierende) durch die Schüler und ihre Bewertung sowie auf die Einordnung der Arbeitstätigkeit in das sich entwickelnde Tätigkeitssystem.

1.4. Gesellschaftlich-politische Tätigkeit

1.4.1. Wesen und Struktur

In der sozialistischen Gesellschaft kommt der gesellschaftlich-politischen Tätigkeit eine hohe *objektive Bedeutung* zu. Sie ergibt sich aus dem Erfordernis des bewußten und planmäßigen Handelns jedes Bürgers bei der weiteren Gestaltung der sozialistischen Gesellschaft unter Führung der Partei der Arbeiterklasse. Ein wesentliches Anliegen der kommunistischen Erziehung ist deshalb, bei den Heranwachsenden Bereitschaft und Fähigkeiten zur Wahrnehmung gesellschaftlich-politischer Aufgaben auszubilden, sie vorzubereiten auf ihre aktive Teilnahme an der weiteren Gestaltung des Sozialismus, auf die Wahrung ihrer demokratischen Rechte und gesellschaftlichen Pflichten (vgl. HONECKER, M. 1987).

> *Gesellschaftlich-politische Tätigkeit ist auf das* **Ziel** *gerichtet, an der Gestaltung bzw. progressiven Weiterentwicklung der politischen Verhältnisse mitzuwirken.*

Diese Tätigkeit wird durch gesellschaftliche Organisationen angeregt und geführt. Das Statut der FDJ sowie die Gebote der Pionierorganisation und die aktuellen Aufträge des Jugendverbandes und der Pionierorganisation beinhalten dafür Aufgabenstellungen.
Der Beitrag der Pioniere und FDJ-Mitglieder besteht darin, daß sie

- auf vielfältige Weise – mittelbar und unmittelbar – an der Erfüllung des politischen Programms der SED mitwirken (u. a. durch Solidaritätsaktionen, ökonomische Initiativen, gesellschaftlich nützliche Arbeit),
- helfen, durch die Tätigkeit ihrer Kollektive und die Gestaltung kollektiver Beziehungen sich selbst zu klassenbewußten Sozialisten zu erziehen,
- sich Fähigkeiten und Fertigkeiten zur Ausübung gesellschaftlich-politischer Tätigkeit aneignen.

Die gesellschaftlich-politische Tätigkeit der Heranwachsenden erfüllt somit die **Funktion**, die Heranwachsenden *auf die Wahrnehmung ihrer staatsbürgerlichen Aufgaben vorzubereiten.* Sie enthält gleichzeitig besondere Potenzen für die Herausbildung der dafür notwendigen psychischen Voraussetzungen.

In diesem Sinne wurde auf dem VIII. Pädagogischen Kongreß formuliert: „Von unersetzbarem Wert für die Erziehung unserer Jugend ist deshalb ihre gesellschaftliche Tätigkeit in ihrer politischen Organisation" (HONECKER, M. 1979, S. 80).

> **Gegenstand** der gesellschaftlich-politischen Tätigkeit sind *die gesellschaftlichen Verhältnisse sowie Menschen und Menschengruppen, auf deren Bewußtsein eingewirkt wird, um sie für ein Handeln in Übereinstimmung mit bestimmten politischen Zielen zu gewinnen.*

Pioniere und FDJ-Mitglieder nehmen vor allem auf das Bewußtsein und Handeln der Mitglieder ihrer Kollektive Einfluß sowie auf nicht organisierte Schüler und auch auf Menschen in Lebensbereichen außerhalb der Schule (in der Familie, im Freundeskreis oder im Wohngebiet).

> **Mittel** der gesellschaftlich-politischen Tätigkeit *sind Handlungen*, die sich *auf grundlegendes gesellschaftliches Wissen und Können stützen*, insbesondere auf
> – Kenntnisse des Marxismus-Leninismus,
> – politische Kenntnisse (über politische Zielstellungen, politische Ereignisse, Organisationsformen und -prinzipien des Jugendverbandes und der Pionierorganisation u. a.),
> – Kenntnisse, Fähigkeiten und Fertigkeiten, die zur Durchsetzung politischer Ziele benötigt werden (wie z. B. Fähigkeit zur gegenseitigen politischen Erziehung, zur Planung und Leitung der Gruppenarbeit).

Diese Mittel müssen angeeignet werden. Im Rahmen der gesellschaftlich-politischen Tätigkeit werden sie deshalb zeitweilig selbst zum Gegenstand der Tätigkeit.

Die Unterstützung der Pioniere und FDJ-Mitglieder durch den Direktor, die Parteileitung, den Freundschaftspionierleiter sowie durch den Lehrer ist immer auch darauf gerichtet, die Heranwachsenden zum selbständigen und verantwortungsbewußten Handeln in ihrer Organisation *zu befähigen*.

Diese Befähigung und die systematische Vorbereitung der Heranwachsenden auf ihre zukünftigen staatsbürgerlichen Aufgaben werden im Jugendgesetz der DDR sowie in schulpolitischen und verbandspolitischen Dokumenten ausdrücklich gefordert.

In der sozialistischen Gesellschaft wird gesellschaftlich-politische Tätigkeit der Schüler unter folgenden Bedingungen geleistet:

– Im Gegensatz zu allen früheren Gesellschaftsordnungen, in denen die herrschenden Klassen die breiten Schichten der Werktätigen vom politischen Kampf für ihre eigene Sache abzuhalten oder sie für die Interessen der Herrschenden zu manipulieren versuchten, braucht und fordert die sozialistische Gesellschaft die gesellschaftliche Aktivität des einzelnen.

Die objektive Bedeutung, die dieser Tätigkeitsart zukommt, wird jedoch im individuellen Bewußtsein noch nicht immer entsprechend widergespiegelt. Sie wird daher von den Mitmenschen (z. B. Eltern, Klassenkameraden, Freunden, Verwandten) gelegentlich weniger beachtet und weniger hoch bewertet als etwa die Lern- und Arbeitstätigkeit. Diese Tatsache ist bei der pädagogischen Führung besonders zu beachten.

Die Zielstellungen der FDJ und der Pionierorganisation kongruieren mit Zielen der Partei der Arbeiterklasse. Die *Tätigkeit* der Organisation *wird staatlich unterstützt*, u. a. durch die Pädagogenkollektive an den Schulen.

– Gesellschaftlich-politische Tätigkeit wird *freiwillig* geleistet. Im Gegensatz zur Lern- und Arbeitstätigkeit wird sie nicht zensiert, nicht bezahlt und nicht gesetzlich gefordert. Einsicht in die Bedeutsamkeit und Notwendigkeit dieser Tätigkeit und sozialistische Überzeugungen sind wesentliche motivationale Grundlagen für diese Tätigkeit.

– Gesellschaftlich-politische Tätigkeit ist in hohem Maße kollektive Tätigkeit in politisch organisierten Kollektiven sozialistischer Massenorganisationen.

– Gesellschaftlich-politische Tätigkeit der Schüler wird von ihnen *weitgehend selbständig geleitet und organisiert*. Es ist ein wesentliches pädagogisches Anliegen, sie systematisch und kontinuierlich dazu zu befähigen.

• Gesellschaftlich-politische Tätigkeit enthält besondere **Potenzen für die Persönlichkeitsentwicklung.** *Sie vermag entscheidend beizutragen zur Herausbildung*

– einer aktiven Lebensposition,

– von sozialistischen Grundüberzeugungen, Klassenbewußtsein und politischer Standhaftigkeit,

– von Bereitschaft, im Interesse der Gesellschaft und des gesellschaftlichen Fortschritts sowie zum Nutzen der politischen Zielstellungen der Partei der Arbeiterklasse zu arbeiten,

– von Verantwortungsbewußtsein gegenüber der Gesellschaft und dem Kollektiv,

– von Fähigkeiten zur Ausübung gesellschaftlich-politischer Tätigkeit einschließlich Fähigkeiten zur gegenseitigen politisch-moralischen Erziehung,

– von moralischen Haltungen und Verhaltensweisen, die dem Weltbild der Arbeiterklasse entsprechen,

– von Interessen und Neigungen sowie von Fähigkeiten zur niveauvollen Freizeitgestaltung,

– von gesellschaftlich-politischen Motivationen. Ob und in welchem Maße die in dieser Tätigkeitsart enthaltenen Potenzen jedoch zum Tragen kommen, ist davon abhängig, wie die Tätigkeit in den Kollektiven der Kinder und Jugendlichen konkret gestaltet wird.

1.4.2. Besonderheiten und Ausbildung der psychischen Regulation

Die Potenzen der gesellschaftlich-politischen Tätigkeit werden nur dann voll wirksam, wenn die Heranwachsenden das Leben in ihren politisch organisierten Kollektiven weitgehend (d. h. so weit wie auf der jeweiligen Entwicklungsstufe möglich) *selbständig gestalten.* Das erfordert, die Tätigkeit der Pioniere und FDJ-Mitglieder beständig so zu führen, daß sie bei der Ausübung gesellschaftlich-politischer Tätigkeit zunehmend Fähigkeiten zum selbständigen politischen Handeln erwerben.

Selbständiges Handeln beruht auf der Fähigkeit zur selbständigen Handlungsorientierung, zur selbständigen Antriebsregulation und Handlungsentscheidung sowie zur selbständigen Kontrolle und Bewertung des Handelns.

Handlungsorientierung. Selbständiges Handeln erfordert zunächst die *selbständige Ableitung und Begründung von Handlungszielen.*

– Für die Lerntätigkeit der Schüler sind die Lernziele und -inhalte überwiegend vorgegeben. In der gesellschaftlich-politischen Tätigkeit sind die Heranwachsenden demgegenüber gefordert, sich aus zentralen Dokumenten (Statut, Verbandsauftrag usw.) weitgehend selbständig Zielstellungen für die Arbeit der Pionier- und FDJ-Gruppe sowie für jeden einzelnen abzuleiten.

Dabei sind die Situation und Leistungsfähigkeit der Gruppe und des einzelnen, die territorialen Bedingungen sowie aktuelle politische Ereignisse und Erfordernisse zu berücksichtigen. Notwendig werdende Anleitungen sollen diese Sachverhalte den Kindern und Jugendlichen bewußtmachen und gegebenenfalls *mehrere* Möglichkeiten realer Zielbildung vorschlagen. Dadurch werden sie in ihrer selbständigen Entscheidung nicht eingeengt. Ihre Eigenverantwortlichkeit soll stets respektiert bleiben.

– Zielsetzungen für die gesellschaftlich-politische Tätigkeit schließen ein, daß die Heranwachsenden Verantwortung für sich selbst und andere übernehmen (für die Gruppe, das Schulkollektiv und für die Gesellschaft). Eine Bedingung für die Entwicklung von Verantwortungsbewußtsein ist dabei, daß sich die Kinder und Jugendlichen Aufgaben stellen, bei denen sie die Folgen verantwortungsbewußten oder verantwortungslosen Verhaltens von vornherein überschauen können. Der Charakter der gesellschaftlich-politischen Tätigkeit als einer kollektiven Tätigkeit ist dabei zu berücksichtigen.

Bereits Ziel- und Aufgabenstellungen müssen kollektiv beraten und beschlossen werden. Jedes Gruppenmitglied erhält seine konkrete Aufgabe als Beitrag zur Realisierung der Zielstellungen. Der einzelne trägt auf diese Weise Verantwortung für die Realisierung kollektiver Zielstellungen. Zur Entwicklung von Kollektivität tragen darüber hinaus Aufgaben bei, durch die ein Kollektivmitglied Verantwortung für die Tätigkeit und Entwicklung anderer übernimmt (Lernpatenschaften, Ausübung der Funktion eines Gruppenpionierleiters, Timurhilfe usw.).

– Kennzeichnend für gesellschaftlich-politische Tätigkeit ist, daß konkrete Handlungsziele aus übergeordneten politischen Ziel- und Aufgabenstellungen abgeleitet werden und von daher motiviert sind.

Politisch motiviert sind Handlungen, wenn die Handlungsziele als Teilziele zur Erreichung übergeordneter politischer Zielstellungen erlebt werden.

Wenn ältere Schüler dem Hausmeister helfen, einen Klassenraum zu renovieren, so kann es sich, psychologisch gesehen, um Arbeitstätigkeit, Freizeitbeschäftigung, Lerntätigkeit oder politische Tätigkeit handeln. Entscheidend ist das *Handlungsmotiv bzw. die Einordnung des Handlungsziels.* Die Schüler können Hilfe leisten, um dabei etwas zu lernen, z. B. um sich handwerkliche Fähigkeiten und Fertigkeiten anzueignen (Lerntätigkeit). Sie können diese Hilfe einfach deshalb leisten, weil sie sich die Zeit vertreiben oder das Zusammensein nutzen möchten, um über gemeinsame Hobbys zu plaudern (Freizeitbeschäftigung). Sie können diese Hilfe leisten, um sich Geld zu verdienen und sie als Arbeit ansehen, die bezahlt wird und außerdem objektiv nützlich ist. Das Bestreben nach Gelderwerb kann aber auch mit der Absicht verbunden sein, eine politisch motivierte Aufgabenstellung aus dem Kampfprogramm der FDJ-Gruppe zu erfüllen, z. B., um einen Solidaritätsbeitrag leisten zu können. Möglich ist auch, daß die Arbeit unentgeltlich zur Werterhaltung und damit zum Nutzen unserer Volkswirtschaft geleistet wird. In den letzten Fällen würde es sich um gesellschaftlich-politische Tätigkeit handeln.

– Selbständige Handlungsorientierung schließt ein, selbständig ein *Handlungsprogramm* (einen Handlungsplan) zu erarbeiten, Teilziele und Lösungsschritte zu bestimmen sowie Bedingungen zu bedenken.
Wodurch können die Kinder und Jugendlichen dazu befähigt werden? Sie sind auf Verfahren zu orientieren und durch ihre wiederholte Anwendung zur Sicherheit in der Handhabung zu führen.

Die Pioniere und FDJ-Mitglieder müssen z. B. wissen, wie man eine interessante Gruppenversammlung vorbereitet und durchführt, wie man überzeugend argumentiert oder wie man andere für politische Aktivitäten gewinnt. Einige Gruppenfunktionäre, so der Sekretär der FDJ-Gruppe, wissen, wie man ein Kampfprogramm erarbeiten und eine kontinuierliche Arbeit der Leitung und die Kollektivität in der Leitungstätigkeit sichern muß. Der Funktionär für Kultur, Sport und Touristik sollte z. B. wissen, welche Möglichkeiten es gibt, um auf eine kulturvolle Lebensweise im Kollektiv Einfluß zu nehmen oder die Kollektivmitglieder für die Beschäftigung mit Kunst und Literatur zu interessieren. Die entsprechenden notwendigen Verfahrenskenntnisse erwerben die Heranwachsenden nur zum Teil durch Anleitungen oder in Schulungsveranstaltungen. Häufig müssen sie Eigeninitiative entwickeln und sich selbständig über effektive Verfahren informieren, z. B. durch den Erfahrungsaustausch mit anderen oder durch das Studium entsprechender Veröffentlichungen.

– In der gesellschaftlich-politischen Tätigkeit sind die Kinder und Jugendlichen gefordert, ihre Aktivitäten über längere Zeiträume (bis zu etwa einem Jahr) zu planen. Von den Heranwachsenden muß dabei die auch für Erwachsene schwierige Aufgabe bewältigt werden, die längerfristig orientierten Zielstellungen durch eine Schrittfolge von Aktivitäten mit jeweils spezifischen Schwerpunkten zu untersetzen.

Bei der Planung von Lösungswegen ist immer zu beachten, daß die Regeln der innerverbandlichen Demokratie (das Prinzip der Kollektivität, die Verbindlichkeit der Beschlüsse der übergeordneten Leitungen) einzuhalten sind. Des weiteren müssen Kinder und Jugendliche darauf orientiert werden, das Handlungsprogramm mitunter auch noch während der Handlungsausführung zu präzisieren und zu verändern. Das ist notwendig, weil erstens nicht alle Handlungsbedingungen voraussehbar sind und weil viele Handlungsbedingungen (politische Ereignisse, Aufgabenstellungen, Gruppensituationen u. a.) beständigen Veränderungen unterliegen.

Antriebsregulation. Selbständiges Handeln erfordert auch, eine eigenständige Motivierung für Ziele und Aufgaben zu entwickeln sowie beständiges Bemühen, diese Ziele zu erreichen. Die gesellschaftlich-politische Tätigkeit der Pioniere und FDJ-Mitglieder wird von *politischen Motiven* veranlaßt und stimuliert.

Aufgabe des Lehrers ist es, den Heranwachsenden zu helfen, sich für *alle* Aktivitäten als Pioniere und FDJ-Mitglieder politische Begründungen zu erarbeiten, und zwar für politische Aktivitäten im engeren Sinne und auch für solche im weitesten Sinne (z. B. für das Lernen, für das Arbeiten, die Gestaltung der Freizeit) und sich in zunehmendem Maße der gesellschaftlichen und politischen Bedeutung ihres Handelns bewußt zu werden.
Die Heranwachsenden benötigen Hilfe und Unterstützung bei der selbständigen Erarbeitung von *Handlungsbegründungen.* Sie sind deshalb zu befähigen, über die Beweggründe ihres Handelns zu reflektieren (Welchen Nutzen hat das für die Gesellschaft, für die Gruppe, für mich persönlich?).

Das Reflektieren über die Beweggründe unterstützt die Herausbildung sozialistischer Einstellungen und Überzeugungen. Jede Auseinandersetzung über Gründe für ein Vorhaben oder über Beweggründe für positive oder negative Entscheidungen des einzelnen ist im allgemeinen erziehungswirksamer als eine autoritäre Anordnung, die den Heranwachsenden eigene Entscheidungen abnimmt. Die produktive Auseinandersetzung trägt zur Herausbildung ideologisch begründeter Einsichten bei, fördert politisches Denken und das Erkennen gesellschaftspolitischer Zusammenhänge.

Darüber hinaus trägt jede Handlung, die objektiv einen Beitrag zur Realisierung politischer Zielstellungen leistet, den Charakter gesellschaftlich-politischer Tätigkeit, und zwar unabhängig von der jeweiligen Motivstruktur.

Die besonderen persönlichkeitsbildenden Potenzen der gesellschaftlich-politischen Tätigkeit liegen in politisch motiviertem Handeln.
Psychologisch betrachtet ist die Ausbildung gesellschaftlich-politischer Tätigkeit an die *Herausbildung gesellschaftlich-politischer Motive, Einstellungen, Interessen und Überzeugungen* gebunden. Daher muß sich die Handlungsorientierung auch darauf beziehen. Besonders bedeutsam sind dabei die auf das Kollektiv und den sozialistischen Jugendverband und die Pionierorganisation bezogenen Einstellungen, die sich in Gefühlen der Pflicht und der Verantwortungsbewußtheit gegenüber dem Kollektiv und der Gesellschaft äußern. Sie sind mit dem Erleben verbunden, Mitglied einer politischen Organisation zu sein.
Motivationale Voraussetzungen für aktives und selbständiges gesellschaftlich-politisches Handeln erwerben die Heranwachsenden zu einem großen Teil bei der *Ausübung dieser Tätigkeit* selbst. Dabei bilden sich bei vielen Interessen heraus, die mit dem Gegenstand von Mitgliederversammlungen, Arbeits- und Interessengemeinschaften oder Zirkeln verbunden sind. Es entstehen auch Neigungen zu Tätigkeiten dieser Kollektive, wie körperliche Arbeit, politisches Diskutieren, Singen und Spielen, Organisieren von Veranstaltungen, Durchführen von Sammlungen oder zur kollektiven und zur gesellschaftlich-politischen Tätigkeit schlechthin, weil sie Freude bereitet und Anerkennung schafft. Voraussetzung dafür ist, daß die Bedingungen gegeben sind, unter denen positiv gerichtete Einstellungen entstehen (vgl. Abschn. 2.4.1.). So entwickelt sich in der gesellschaftlich-politischen Tätigkeit das Streben, das eigene Wissen und Können als Grundlage für erfolgreiches Handeln zu vervollkommnen und sich entsprechende Ziele zu stellen, vor allem dann, wenn die FDJ-Mitglieder und Pioniere Erfolge erleben.
Die pädagogische Hilfe zielt dabei auf das Bewußtmachen des Erfolgs und auf bewußtes Reflektieren über die Motive des erfolgreichen Handelns. Das Streben nach Selbstvervollkommnung in diesem Tätigkeitsbereich ist einerseits ein Merkmal politischer Bewußtheit und andererseits wichtige Voraussetzung für die zunehmende Selbständigkeit der Heranwachsenden.

Handlungsentscheidung. Selbständiges Handeln ist immer an Entscheidungsvorgänge in allen Phasen der Handlung gebunden (vgl. Bd. I, Kap. 5.). Die Kinder und Jugendlichen zum Entscheidungsverhalten zu befähigen, das den Erfordernissen gesellschaftlich-politischer Tätigkeit entspricht, verlangt vorrangig, sie daran zu gewöhnen, sich an objektiven, dem Sozialismus eigenen Wertmaßstäben zu orientieren und diese als Grundlage für ihre Entscheidung auch dann zu betrachten, wenn aktuelle persönliche Wünsche damit in Konflikt geraten. Die *rationale Einsicht, verbunden mit emotionalem Erleben,* bilden die typische *Basis von Entscheidungsprozessen in der gesellschaftlich-politischen Tätigkeit.* Das setzt selbstverständlich die entsprechenden Norm- und Wertkenntnisse voraus. Daraus erwächst die Aufgabe, sie in allen Phasen der Handlungsregulation anzuwenden und nötigenfalls den Schülern auch bewußtzumachen.
Insbesondere gilt das für Entscheidungen im „Kampf der Motive", in den Zielbildungsprozessen, dem Ausbilden von Handlungsprogrammen, in der Wahl der Mittel und in den Antizipationen über die Folgen des Handelns.

Des weiteren ist ein Entscheiden an die *Kenntnis von Verhaltensalternativen* geknüpft. Es beruht also auf Erkenntnis- und Wertungsprozessen. Eine Befähigung zum *Entscheiden* im gesellschaftsbezogenen Handeln beinhaltet daher auch das *Erzeugen entsprechender Einsichten.*
Wenn die Schüler zum Entscheiden befähigt

werden sollen, sind sie vor Entscheidungs- oder Bewährungssituationen zu stellen. *Bewährungssituationen* liegen erst dann vor, wenn der Handelnde auch über einen *eigenen Spielraum für selbständiges* Handeln und Entscheiden (Freiheitsgrade) verfügt.

Der Lehrer sollte, als Voraussetzung für die Befähigung der Schüler zum selbständigen Entscheiden in der gesellschaftlich-politischen Tätigkeit, selbst Klarheit besitzen über:
- den Grad der Gesellschaftsbezogenheit der Handlungsmotive,
- die Entscheidungsalternativen oder Voraussetzungen, diese zu finden oder zu erzeugen,
- die für Entscheidungen notwendigen Informationen,
- die bestehenden Chancen, eigene Entscheidungen zu realisieren und über das damit verbundene Risiko,
- die Wertmaßstäbe, an denen sich ein Schüler orientiert, die subjektive Bedeutsamkeit der Entscheidung und die möglicherweise damit verbundenen Widersprüche und Konflikte,
- die vorauszusetzenden Willensqualitäten zur Realisierung der Entscheidungen.

Kontrolle und Bewertung. Handlungsentscheidungen setzen *Bewertungen des jeweiligen Sachverhalts und der Situation* des Entscheidens voraus. Darüber hinaus ist für die Ausbildung selbständigen Handelns in der gesellschaftlich-politischen Tätigkeit bedeutsam, daß die Schüler *ihre eigene Tätigkeit und deren Ergebnisse nach objektiven Maßstäben bewerten können.* Diese müssen bei ihnen erst herausgebildet werden. Dazu sind ihnen Kriterien für die Einschätzung ihres eigenen Handelns und für die Bewertung der Ergebnisse zu vermitteln. Das trägt bei, eigene Erfahrungen in dieser Tätigkeit in verallgemeinerter Form für sich aufzubereiten. Derartige Bewertungen sind an Kontrollen der Handlungen und ihrer Ergebnisse gebunden (vgl. Bd. I, Kap. 8.).

Zur Befähigung der Schüler zur Kontrolle und Bewertung ihres eigenen Handelns in der gesellschaftlich-politischen Tätigkeit sollen sie vor allem auf folgende Komponenten orientiert werden:
- Zu kontrollieren und zu bewerten ist, *inwieweit die Zielstellungen übergeordneten Aufgabenstellungen entsprechen.* Die Bezugnahme auf die Pioniergesetze bzw. das Statut der FDJ als Maßstab für die Bewertung trägt dazu bei, sich der politischen Dimension des Handelns bewußt zu werden.
- Die Überprüfung vorgesehener *Lösungswege auf ihre Realisierbarkeit* ermöglicht, ineffektives, nicht erfolgversprechendes Handeln zu vermeiden. Dabei ist es möglich, über einzuhaltende Bedingungen, z. B. moralische Verhaltensnormen, zu reflektieren und sie angemessen zu berücksichtigen.
- Besonders erziehungswirksam sind *Kontrollen und Bewertungen von Handlungsergebnissen.* Nach der Realisierung bestimmter Aktivitäten (oder nach bestimmten Zeitabschnitten) ist zu prüfen, ob das Resultat dem angestrebten Ziel entspricht und worin die Ursachen für Erfolg oder Mißerfolg liegen. Analysen sind von besonderem Wert für die Erweiterung und Präzisierung von Verfahrenskenntnissen, besonders dann, wenn klare Schlußfolgerungen für das weitere Vorgehen formuliert werden. Sie tragen zur Entwicklung von Selbständigkeit und Verantwortungsbewußtsein bei.
Gleichzeitig ist zu bewerten, *welche Bedeutung das erreichte Ergebnis für die Gesellschaft, das Kollektiv und die eigene Person hat.* Die Folgen verantwortungsbewußten oder gegenteiligen Verhaltens müssen eindeutig aufgezeigt werden.

Die Bewertungen sind so zu gestalten, daß die *persönliche und gesellschaftliche Bedeutsamkeit* des Handelns als Pionier oder FDJ-Mitglied verstanden und unmittelbar (auch emotional) erlebt wird. Dazu trägt bei, wenn die Tätigkeitsergebnisse, die – gleich in welcher Form – objektiv einen Nutzen für die Gesellschaft bringen, öffentlich anerkannt werden. Ebenso ist es notwendig, Versäumnisse zu kritisieren.

1.4.3. Befähigung zur Leitung kollektiver Tätigkeit

Die Befähigung zur Leitung kollektiver Tätigkeit stellt einen Spezialfall der Ausbildung gesellschaftlich-politischer Tätigkeit dar, die bekanntlich im Vergleich mit anderen Tätigkeiten die besten Möglichkeiten bietet, das Leiten zu lernen. Es entspricht dem Wesen der sozialistischen Gesellschaft, *alle* ihre Mitglieder an der bewußten Gestaltung gesellschaftlicher Prozesse teilhaben zu lassen. Das schließt ein, *daß auch alle zum Leiten kollektiver Tätigkeit befähigt sein müssen*, wenn auch in unterschiedlichem Grade. So soll *jeder* Schüler lernen, eine Funktion auszuüben – und sei es nur für die Bewältigung einer eng begrenzten Aufgabe oder nur für kurze Zeit – und die Verantwortung für die dabei notwendige Kooperation mit anderen zu tragen. Das dient zugleich der Entwicklung seiner Persönlichkeit.

MAKARENKO praktizierte aus diesem Grunde bei seinen Zöglingen einen ständigen Wechsel von Über- und Unterordnung im Rahmen kollektiver Tätigkeiten.
Besonders wichtig ist es, die gewählten Leitungen der FDJ und der Pionierorganisation zur Ausübung ihrer Funktion zu befähigen, da von ihnen wesentlich die Qualität der gesellschaftlich-politischen Tätigkeit aller Schüler abhängt.

Wesentliche Mittel der Befähigung sind die *Motivierung für die Übernahme und verantwortungsbewußte Ausübung einer Funktion* und die *Aneignung von Orientierungsgrundlagen für die Lösung von Leitungsaufgaben.* Beides ist stets wechselseitig miteinander verknüpft.

Motivierung. Die *Motive für die Übernahme und Ausübung einer Funktion* sind außerordentlich vielfältig. Vor allem gesellschaftsbezogene und politische Motive sind erstrebenswert und müssen entwickelt und stabilisiert werden.

Objektiv leistet auch der Heranwachsende, der aus rein individualistischen Bestrebungen eine Funktion ausübt, nützliche gesellschaftlich-politische Tätigkeit. Dabei gewinnt er viele Erfahrungen und Erkenntnisse, die zur Grundlage für die Veränderung seiner ursprünglichen Motivation werden können.

Jede pädagogische Motivierung trifft auf *bereits vorhandene Motive und Einstellungen*, auf bestimmte Zu- und Abneigungen sowie auf Erwartungen. Sie begünstigen in einem Fall und erschweren in einem anderen den Erfolg pädagogischer Einflußnahme. Die Wirksamkeit pädagogischer Motivierungen kann erhöht werden, wenn

- gesellschaftlich determinierte Handlungsbegründungen *mit den beim einzelnen Schüler vorhandenen Motiven verknüpft* werden,
- ein *breites Spektrum solcher Begründungen* zugelassen wird und
- vielfältige Anlässe und Methoden zur Motivierung genutzt werden, vor allem aber das *Bekräftigen gesellschaftlich wertvoller Motive* des Handelns bei erlebten Erfolgen (vgl. Abschn. 1.2.2.).

Für die Übernahme einer Funktion wirkt auf jeden Fall das Erkennen der objektiven Bedeutung einer Funktion motivierend. Durch Gespräche kann der Lehrer die Bedeutung dieser Tätigkeit für die Gesellschaft, für das FDJ-Kollektiv und für die eigene Person bewußtmachen. Dabei werden gleichzeitig mehrere Wertbezüge angesprochen und unabhängig davon, wie der einzelne primär für seine Tätigkeit motiviert war, werden ihm weitere Wertaspekte bewußt. Der Schüler soll in zunehmendem Maße Beziehungen zwischen gesellschaftlichen und persönlichen Interessen erkennen. Dies wiederum ist eine wesentliche Voraussetzung für die Identifikation mit gesellschaftlichen Verhaltensforderungen, für die Entwicklung gesellschaftsbezogenen Denkens und Handelns.

Für die Befähigung zur Ausübung einer Funktion ist wichtig, daß die Heranwachsenden *um die Bedeutung ihrer Tätigkeit wissen* und *sie auch erleben.* Nur so werden sie zur Überzeugung gelangen, eine wichtige und nützliche Aufgabe zu erfüllen, und sich voll mit ihr identifizieren. Es gilt also, *entsprechende Erfahrungen auszubilden.*

Wie kann dabei vorgegangen werden?
- Zunächst ist es wichtig – wie in allen verbands- und schulpolitischen Dokumenten immer wieder gefordert wird –, den Pionieren und FDJ-Mitgliedern *Verantwortung zu übertragen.* Das schließt ein, ihnen Spielräume für eigene Entscheidungen zu gewähren. Bereits das wirkt im allgemeinen motivierend. Die Heranwachsenden fühlen sich bestätigt, gewinnen Vertrauen in ihr Können und Wissen und fühlen sich anerkannt. Nicht selten

erlischt aber die anfängliche Begeisterung wieder, wenn sie in ihrer Leitungstätigkeit auf Schwierigkeiten stoßen und dabei Mißerfolge erleben. Dann muß ihnen der Lehrer helfen, die Ursachen solcher Schwierigkeiten und Mißerfolge zu analysieren und Wege zu zeigen, aus anfangs negativ wirkenden Erfahrungen Erkenntnisse für das Überwinden von Schwierigkeiten zu ziehen. Aus der Übertragung von Aufgaben ergeben sich zugleich auch Befähigungsaufgaben:

– *Fortschritte und Erfolge* sind *sichtbar zu machen und anzuerkennen.*

Wer voll auf seine täglichen Aufgaben konzentriert ist, bemerkt oftmals Fortschritte, aber auch Stagnationen und Rückschritte nicht. Im Interesse der Ausbildung und Stabilisierung von Motiven ist es aber wichtig, Erfolge oder intensive Bemühungen anzuerkennen. Das wiederum setzt Analysen zum Stand der Arbeit voraus.

Weitere Möglichkeiten der Erfolgsbestätigung bieten Berichterstattungen und Rechenschaftslegungen vor übergeordneten Leitungen (Schulleitung, Parteileitung der Schule, dem Elternaktiv oder anderen Gremien). Die Bedeutsamkeit der Arbeit der FDJ- oder Pioniergruppe wird allein durch die Anforderung der Rechenschaftslegung anerkannt. Außerdem können dabei die Leistungen einzelner Kinder und Jugendlicher gewürdigt werden. Es kann bewußtgemacht werden, was durch ihre Aktivitäten objektiv bewirkt und verändert wurde, z. B. in der Gruppe, in der Schule, im Wohngebiet und für die Sache des Sozialismus.

– Der *Erfahrungsaustausch* und das *Zusammensein mit anderen*, die gleiche und ähnliche Aufgaben zu lösen haben, tragen zur Stimulierung bei. Die Gemeinschaft fördert die Ausbildung von Optimismus des einzelnen. Die Schüler suchen und finden gemeinsam neue Lösungswege und motivieren sich gegenseitig für die weitere Arbeit.

Aneignung von Orientierungsgrundlagen. Die Entwicklung von Selbständigkeit führt vor allem über die Befähigung zur selbständigen Erarbeitung von Handlungsprogrammen. Der Lehrer steuert deshalb den Aneignungsprozeß entsprechender Orientierungsgrundlagen.

Zu einer Orientierungsgrundlage gehören (vgl. Abschn. 1.2.2.):

– die Zielstellung für die zu lösende Aufgabe und deren Begründung,

– Kenntnisse über den Gegenstand und den Inhalt der Aufgabe sowie über die Mittel seiner Bearbeitung,

– Kenntnisse über die Verfahrensweise zur Planung, Beschlußfassung, Durchführung und Kontrolle, die den Beschlüssen und Normen des sozialistischen Jugendverbandes und der Pionierorganisation entsprechen,

– Kenntnisse über die räumlichen und zeitlichen Bedingungen, unter denen die Aufgabe zu lösen ist,

– Kenntnisse über das auf die Aufgabe bezogene Wissen und Können der mitwirkenden Kollektivmitglieder sowie über deren Einstellungen zur Aufgabe und zu übergreifenden politischen Zielen.

Diese Aufzählung verdeutlicht, daß in eine Orientierungsgrundlage für gesellschaftlich-politisches Handeln neben spezifischen, aufgabenbezogenen Kenntnissen auch allgemeine übergreifende Kenntnisse einfließen, die sich auf die gesellschaftlich-politische Tätigkeit überhaupt und auf die sozialistische Gesellschaft und ihre Entwicklung beziehen.

Dazu gehören u. a. Kenntnisse über die Zielstellungen des Jugendverbandes und der Pionierorganisation (und ihre Begründung), über das Statut, den Verbandsauftrag und aktuelle Aufgabenstellungen, Kenntnisse über die Aufgaben der gewählten Leitungen und des einzelnen Funktionärs, aber auch über bedeutsame politische Ereignisse im In- und Ausland.

Befähigung der Leitungsmitglieder bedeutet in diesem Zusammenhang zu sichern, daß sich die Pioniere und FDJ-Mitglieder diese notwendigen Kenntnisgrundlagen aneignen.

Das *Leiten* läßt sich nicht auf das Organisieren von Aktivitäten und Veranstaltungen reduzieren. Es ist immer *auf die Führung von Menschen* gerichtet. Die Mitglieder des Kollektivs sind zum gemeinsamen Handeln anzuregen, ihre Tätigkeiten sind auf ein Ziel hin zu koordinieren, bezüglich der Ausführung und der Ergebnisse zu kontrollieren und zu werten. Darüber müssen sich alle Leiter Verfahrenskenntnisse aneignen. Sie müssen lernen, wie sie sich als Leiter ihrer

Tabelle 1.3: Angaben der Leitungsmitglieder (Klasse 8), in welchem Maße ihnen bestimmte Führungshandlungen Schwierigkeiten bereiten (nach ARNOLD 1979, S. 131)

Handlungen	*Antwortposition (%)*			
	Versuchsgruppen		*Kontrollgruppen*	
	große	*keine*	*große*	*keine*
Arbeitsplan aufstellen	0	75	6	35
Beschlüsse des Jugendverbandes verstehen	0	75	0	41
aus FDJ-Auftrag Aufgaben ableiten	6	62	6	29
alle in die Arbeit einbeziehen	31	38	53	29
Mitgliederversammlungen durchführen	0	62	6	65
politische Gespräche führen	19	37	59	10
einheitliche Meinung herausbilden	19	37	59	17
das politische Verhalten der Mitglieder einschätzen	12	44	41	12

Versuchsgruppe: Befähigung durch prospektives Aufgabenlösen
Kontrollgruppe: Anleitungen, jedoch ohne besondere Übungen
große, keine: Erlebte Schwierigkeiten. (Die Differenz aus 100 und der Summe beider Zahlenangaben ergibt den Wert für mittlere Schwierigkeiten.)

Kollektive bei auftretenden Schwierigkeiten oder in Konfliktsituationen verhalten. Das setzt voraus, daß sie sich selbst richtig und der Situation entsprechend einschätzen und ihr Verhalten danach richten können.

Die *Orientierung zur Bewältigung von Leitungsaufgaben bezieht sich daher stets auf sachliche, soziale und subjektive Bedingungen*, unter denen ein Ziel erreicht werden muß.

Es muß z. B. Klarheit darüber herrschen, worin die Aufgabe eigentlich besteht, wieviel Zeit für ihre Bewältigung benötigt wird, ob und von wem die Gruppe Hilfe erfahren kann (sachliche Bedingungen), ob sich in der Gruppe für die Realisierung eines Vorhabens Partner finden lassen, wie die Einstellung der Gruppenmitglieder zueinander und zu bestimmten Aufgaben oder politischen Ereignissen ist (soziale Bedingungen). Die Funktionäre müssen ihre eigenen Handlungsvoraussetzungen einschätzen können, z. B. was sie beherrschen, wo die eigenen Stärken und Schwächen liegen und zu welchen Fehlern sie neigen (subjektive Bedingungen).

Die Befähigung der Funktionäre durch den Pädagogen schließt ein, ihnen *beim Erkennen dieser Bedingungen zu helfen* und sie daran zu gewöhnen, diese vor der Entscheidung für Ziele und Lösungswege gründlich zu analysieren.

Die Kenntnisse über die Bedingungen, über das Ziel und die Teilziele ermöglichen einem Funktionär, *einen Handlungsplan zu entwerfen.* Er enthält Vorstellungen darüber, welche Lösungsschritte gegangen, welche Mittel eingesetzt und welche Handlungen oder Sachverhalte besonders kontrolliert werden sollen. Einsichtig kann jedes Kollektivmitglied mitwirken, wenn einzelne Lösungswege auch begründet werden. Der Handelnde muß wissen, warum er diesen oder jenen Schritt oder eine bestimmte Strategie wählt, was damit erreicht werden soll bzw. welcher Vorteil davon erwartet wird. Ebenso sind *Vorstellungen über notwendige Kontrollen und Bewertungen* damit zu verbinden. Bereits bei der Planung eines Vorhabens ist festzulegen, was und wann kontrolliert werden soll, wer die Kontrolle ausübt und welche Kriterien zur Bewertung von Aktivitäten und von einzelnen Gruppenmitgliedern heranzuziehen sind.

In der Praxis hat es sich bewährt, mit den Funktionären gemeinsam *vollständige Orientierungsgrundlagen in verallgemeinerter Form* für die Lösung häufig wiederkehrender Leitungsaufgaben zu erarbeiten (Orientierungsgrundlagen vom Typ III). So können bei-

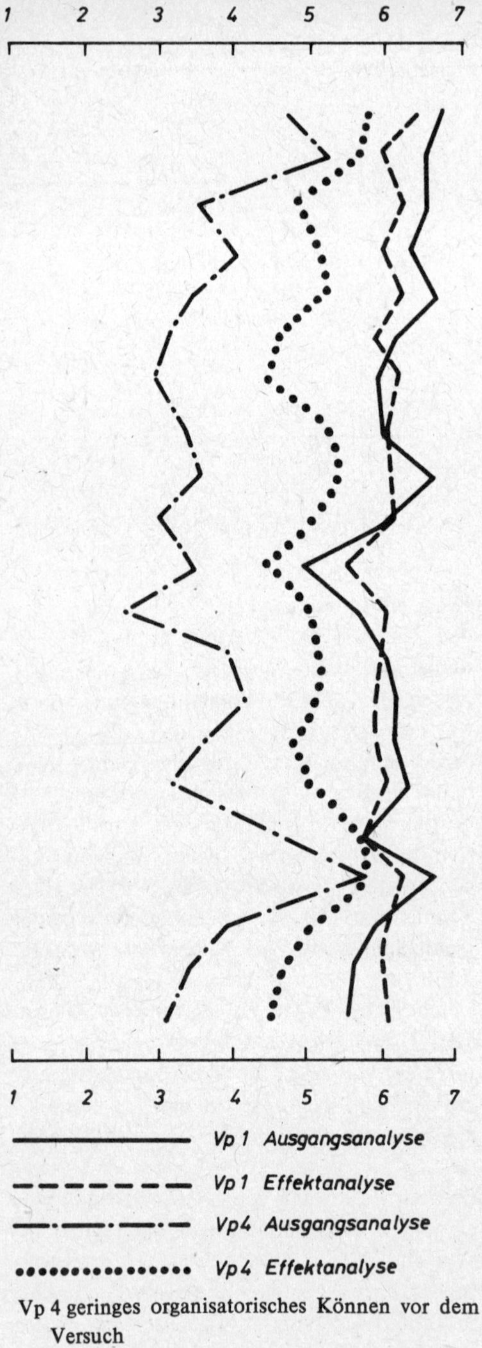

Abbildung 1.10: Fremdbild über zwei Gruppenleiter (nach KOSSAKOWSKI/KÖPPLER/LUDWIG/STANNIEDER 1978, S. 178)

1. ist hilfsbereit
2. ist kameradschaftlich
3. wird anerkannt u. geachtet
4. ist gewissenhaft
5. ist aktiv
6. weiß immer Rat
7. kann sich durchsetzen
8. kann Arbeiten gut einteilen
9. ist verantwortungsbewußt
10. hat einen guten Überblick
11. ist nie aufgeregt
12. tritt selbstbewußt auf
13. gibt nicht schnell auf
14. ist selbständig
15. kontrolliert immer
16. arbeitet genau
17. läßt Meinungen anderer gelten
18. ist gern mit anderen zusammen
19. kann sich schnell entscheiden
20. kann gut erklären
21. kann andere begeistern u. mitreißen

Vp 4 geringes organisatorisches Können vor dem Versuch
Vp 1 gutes organisatorisches Können vor dem Versuch
7 hoher Ausprägungsgrad
1 niedriger Ausprägungsgrad

spielsweise allgemeine Regeln für die Vorbereitung und Durchführung einer Mitgliederversammlung gewonnen, schriftlich fixiert und angeeignet werden (vgl. STANNIEDER u. a. 1988).

Für das Aneignen solcher Orientierungsgrundlagen empfiehlt sich, die Handlungen, auf die sie sich beziehen, etappenweise auszubilden (vgl. Abschn. 1.2.2.) oder in Rollenspielen zu üben, wobei die Aufgaben als Problemaufgaben gestaltet werden (vgl. Abschn. 2.2.4.). Für ältere Schüler

(ab Klasse 8) hat sich das prospektive Aufgabenlösen effektiver als das Rollenspiel erwiesen, weil es sich auf Realsituationen bezieht. Es wird in den Beratungen der Leitungen praktiziert. Die auszuführenden Handlungen werden gemeinsam von den Funktionären gedanklich durchgespielt, und Verhaltensvarianten für möglicherweise auftretende Schwierigkeiten und für Reaktionen auf zu erwartende Einwände oder Gegenargumente der Kollektivmitglieder werden dabei einbezogen.
Ergebnisse aus experimentellen Untersuchungen belegen, daß jugendliche Leiter sich auf diese Weise ein entsprechendes Können aneignen *(vgl. Tab. 1.3)* und daß sie selbstsicherer werden.
Vorher als schlechte Organisatoren *(vgl. Abb. 1.10)* oder selbstunsicher eingeschätzte Leiter *(vgl. Abb. 1.11)* nähern sich dabei in ihrem Verhalten den guten Organisatoren oder den selbstsicheren Leitern an.
Die in *Abb. 1.11* ablesbaren unterschiedlichen Lernverläufe zwischen selbstunsicheren und selbstsicheren Leitern in einigen Komponenten des Leiterverhaltens verdeutlichen nicht nur den Einfluß unterschiedlicher subjektiver Voraussetzungen, sondern auch die auf gewohntes Verhalten zeitweilig labilisierende Wirkung des praktizierten Rollenspiels.

Zusammenfassung

Z • Gesellschaftlich-politische Tätigkeit ist auf das *Ziel* gerichtet, an der *Gestaltung der politischen Verhältnisse* teilzunehmen. Sie wird durch *politische Organisationen angeregt und geführt*. Für Schüler sind das die Freie Deutsche Jugend und die Pionierorganisation „Ernst Thälmann".

• In der gesellschaftlich-politischen Tätigkeit werden Kinder und Jugendliche auf die *Wahrnehmung ihrer staatsbürgerlichen Rechte und Pflichten* durch unmittelbare Teilnahme an der Erfüllung gesellschaftspolitischer Aufgaben vorbereitet. Sie trägt wesentlich dazu bei, die dafür notwendigen Persönlichkeitseigenschaften auszubilden, insbesondere *politisch-ideologische Einstellungen und Überzeugungen sowie Verantwortungsbewußtsein gegenüber dem* Kollektiv und der Gesellschaft.

• Die Struktur der gesellschaftlich-politischen Tätigkeit ist wie folgt gekennzeichnet:

– Ihr *Gegenstand* sind die gesellschaftlichen Verhältnisse. Da sie durch Menschen gestaltet werden, wird in der gesellschaftlich-politischen Tätigkeit auf diese ideologisch eingewirkt, um sie für ein Handeln zu gewinnen, das politischen Zielstellungen entspricht.

– Als *Mittel* gesellschaftlich-politischer Tätigkeit fungieren Handlungen aus allen Tätigkeitsarten, sofern sich diese übergreifenden politischen Zielstellungen unterordnen.

– Die wesentlichen Bedingungen, unter denen Kinder und Jugendliche gesellschaftlich-politische Tätigkeit leisten, sind deren Förderung durch die Partei der Arbeiterklasse und durch den Staat, deren Führung durch den sozialistischen Jugendverband und die Pionierorganisation, ihre Einbettung in die Tätigkeit der Kollektive, die Freiwilligkeit der Teilnahme und der Übernahme von Pflichten sowie die Selbständigkeit in der Planung, Organisation und Durchführung.

• Die Spezifik der *komplexen psychischen Regulationskomponenten* der gesellschaftlich-politischen Tätigkeit besteht in folgendem:

– Die *Handlungsorientierung* resultiert aus Ziel- und Aufgabenstellung des sozialistischen Jugendverbandes. Daraus sind spezielle Tätigkeits- und Handlungsziele von den Kindern und Jugendlichen abzuleiten und politisch zu begründen. Diese stellen unter Beachtung der sachlichen Anforderungen und der personalen Bedingungen in kollektiver Beratung selbständig *Handlungsprogramme* auf. Sie werden für *selbständige Entscheidungen*, die die Kinder und Jugendlichen im Handlungsvollzug treffen, genutzt.

– Die *Motive* für gesellschaftspolitisches Handeln spiegeln Teilziele von übergeordneten politischen Zielstellungen wider. Politische Einstellungen und Überzeugungen, Interessen an Gegenständen dieser Tätigkeit sowie Neigungen zu einzelnen ihrer Handlungen gehen als habitualisierte Komponenten in die Antriebsregulation ein.

– Die *Handlungskontrolle und -bewertung* erfolgt durch das jeweilige Kollektiv.

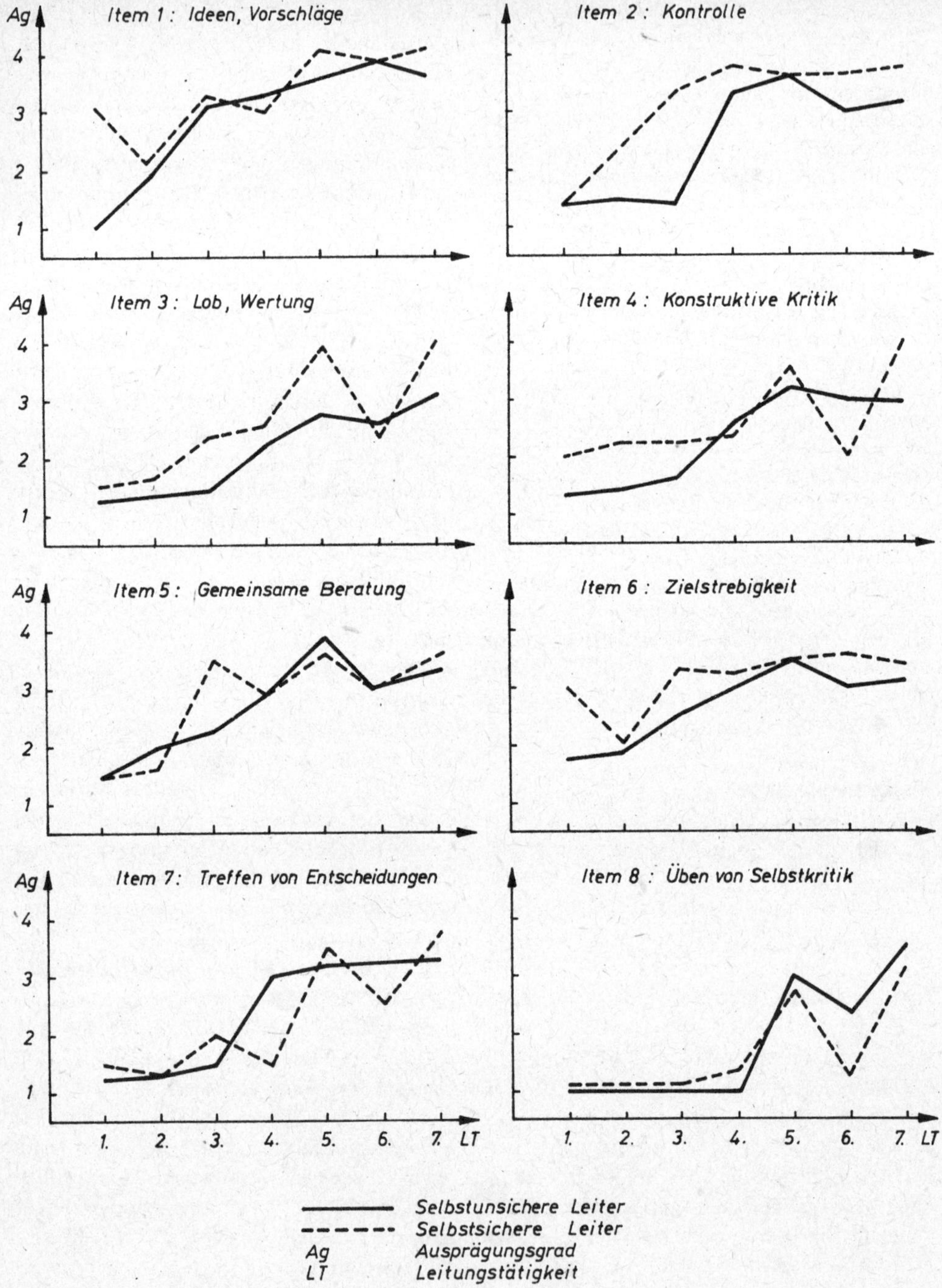

Abbildung 1.11: Ausprägungsgrade in Komponenten des Leiterverhaltens in der realen Leitungssituation der selbstsicheren und der selbstunsicheren Leiter (nach HENTSCHEL/LANGE 1985, S. 39)

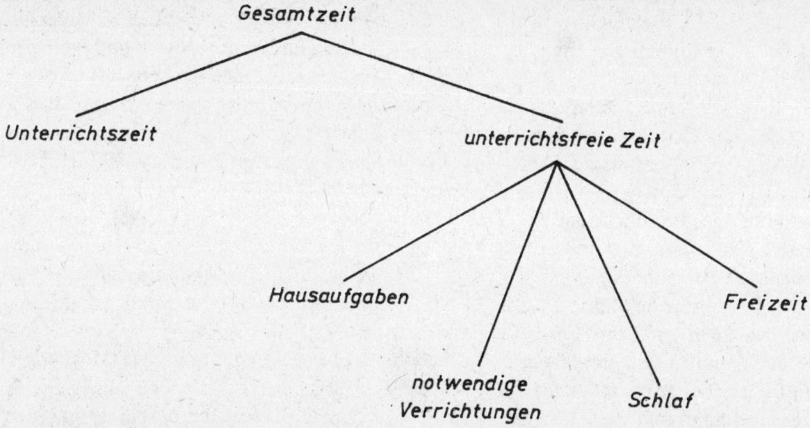

Abbildung 1.12: Zeitbudget der Schüler (nach Voss 1983)

Ergebnisse bzw. Erfolge werden durch öffentliche Bewertungen bekräftigt, vor allem durch gesellschaftliche Organisationen und staatliche Institutionen.

- *Alle Kinder und Jugendlichen sind zu befähigen, leitend tätig zu sein.* Die Befähigung richtet sich auf das Herausbilden einer *gesellschaftsbezogenen Motivation* für die Übernahme von Leitungsaufgaben und auf das Vermitteln von *allgemeinen Orientierungsgrundlagen* des Handelns zur Ausübung bestimmter Leitungsfunktionen in den Kollektiven der sozialistischen Kinder- und Jugendorganisation. Neben speziellen Beratungen bilden das prospektive Aufgabenlösen und Rollenspiele geeignete Mittel dazu.

1.5. Freizeittätigkeiten

> *Die von obligatorischen Tätigkeiten freie Zeit wird als* **Freizeit** *bezeichnet.* Bei Schülern umfaßt sie einen Teil der unterrichtsfreien Zeit *(Abb. 1.12).* Unterricht, Hausaufgaben, „notwendige Verrichtungen" (persönliche Hygiene, Mahlzeiten, Wegezeiten, familiäre Verpflichtungen) und Schlaf lassen einen bestimmten Teil der Tages- bzw. Wochenzeiten frei, den der Schüler nach eigenem Ermessen verwenden kann.

Inhalte und Formen der Freizeitbeschäftigungen weisen große etappenspezifische und interindividuelle Unterschiede auf, und auch die Unterschiede zwischen Jungen und Mädchen sind, besonders in der Mittel- und Oberstufe, beträchtlich.

Freizeitbeschäftigungen dienen der Entspannung und dem Ausgleich zur Erfüllung von Pflichten. Sie sind mit mehr oder weniger großer Anspannung geistiger und körperlicher Kräfte verbunden und stimmen nicht immer mit den aktuellen Wünschen und Absichten überein. In der Freizeit kann der Schüler seine individuellen Bedürfnisse, Interessen und Neigungen befriedigen, soziale Beziehungen zu ihm genehmen Partnern aufnehmen und relativ unabhängig von Erwachsenen tätig sein. Es entstehen Wertbeziehungen zu Menschen, Gegenstandsbereichen und Tätigkeiten, die motivierend auf das Handeln wirken. Somit ist die sinnvolle Nutzung der Freizeit für die allseitige Persönlichkeitsentwicklung, für die Ausprägung der Individualität und die Förderung der schöpferischen Potenzen des einzelnen, für die Entwicklung von Selbständigkeit und Verantwortungsbewußtsein gegenüber anderen und sich selbst eine wichtige Bedingung.

Bei Schülern der ersten Klassen werden die Inhalte und Formen der Freizeittätigkeit noch stark durch die Schule, besonders den Hort, und durch die Familie beeinflußt. Es sind vor allem Spiele der verschiedensten Art, die die Freizeit ausfüllen. Ihre Inhalte und Formen verändern sich im Vergleich zum Vorschulalter unter dem Einfluß der neuen Lebensweise und Tätigkeit des Schülers wesentlich. Ihren Niederschlag finden in der Schule gewonnene Kenntnisse, Verhaltensweisen, Anregungen und Eindrücke. Regelspiele in Gruppen nehmen größeren Raum ein, die inhaltliche Vielfalt der Spiele nimmt zu. Später geht der Anteil der Spieltätigkeit zurück, ohne allerdings gänzlich zu verschwinden. Auch Jugendliche und selbst Erwachsene brauchen das Spiel zur Erhaltung und zur Pflege sozialer Beziehungen und Geselligkeit. Bereits in der *Mittelstufe* (bei manchen Kindern auch früher) mündet das Spiel in Tätigkeiten mit mehr oder weniger ausgeprägtem Leistungsanspruch und verliert – zumindest teilweise – den Charakter der Unverbindlichkeit. So wachsen Bewegungsspiele in sportliches Training und sportlichen Wettkampf hinüber, Rollenspiele gehen über in Darstellungsversuche, spielerische Basteleien in intensivere technisch-konstruktive Beschäftigungen, Malen und Formen in künstlerisches Gestalten.

Wenn die Schüler nicht mehr den Hort besuchen, ergibt sich für sie die Notwendigkeit, die verschiedenen schulischen und familiären Pflichten in höherem Maße selbständig zu erfüllen und die Freizeit sinnvoll zu nutzen. Sie müssen lernen, den Wert der Zeit zu schätzen und sich selbständig in der Zeit zu orientieren, die verschiedenen Aufgaben und Interessen zu koordinieren, ihren Tagesablauf rationell zu planen und zu organisieren. Das sind komplizierte Anforderungen, zu deren Bewältigung Schüler der Klassen 4 bis 6 noch der Unterstützung und Kontrolle bedürfen. Der Übergang zu dieser – im Vergleich zu vorher – freizügigeren und verantwortungsvolleren Tagesgestaltung gelingt um so besser, je früher und systematischer die Kinder bereits im jüngeren Schulalter durch Hort und Familie zur Selbständigkeit erzogen worden sind.

In der *Oberstufe* werden Inhalt, Form und Umfang der Freizeitgestaltung vielfältiger. *Kollektive und individuelle Formen* ergänzen sich gegenseitig. Kollektive Freizeitgestaltung vollzieht sich in organisierten außerunterrichtlichen und außerschulischen Arbeitgemeinschaften, Interessengruppen, Zirkeln, Trainingsgruppen, in politischen, kulturellen, populärwissenschaftlichen, sportlichen, wehrsportlichen, touristischen und anderen Veranstaltungen, die von gesellschaftlichen Organisationen und Institutionen initiiert und getragen werden. Ein breites Freizeitangebot ist für die Heranwachsenden wichtig, damit sie ihre Fähigkeiten, Interessen und Neigungen erproben und entwickeln und dabei eine gewisse Vielseitigkeit ausbilden können (ohne in Oberflächlichkeit abzugleiten). Besonders sind solche Freizeitbeschäftigungen für die Persönlichkeitsentwicklung wertvoll, die ein *hohes Maß an Aktivität und Verantwortung* erfordern (Ausübung gesellschaftlicher Funktionen u. a., vgl. Abschn. 1.4.). Unsere Gesellschaft bietet den Jugendlichen viele Möglichkeiten der Einflußnahme auf die Freizeitgestaltung. Diese muß immer davon geleitet sein, sie mit den Jugendlichen und durch sie zu realisieren.

Ein Teil kollektiver Freizeitgestaltung vollzieht sich in den sogenannten **informellen Freizeitgruppen**. Das sind *Freizeitgruppen, die sich spontan bilden, nicht Bestandteil fester Organisationen oder Institutionen sind und auch keine fest* umrissenen Aufgaben, Ziele und Strukturen haben. Sie entstehen auf der Grundlage gemeinsamer Interessen und Anschauungen und sind für die Jugendlichen subjektiv (häufig auch objektiv) sehr bedeutsam, da sie hier in engen sozialen Kontakt und Austausch mit Gleichaltrigen treten, ihren Interessen und Neigungen nachgehen und soziale Erfahrungen sammeln können (vgl. Abschn. 3.3.4.).
Das Zusammensein mit Gleichaltrigen, die Ausübung jugendgemäßer Kommunikationsformen, der Austausch über gemeinsam interessierende Fragen und Ereignisse sind erstrangige Motive des Freizeitverhaltens von Schülern der Mittel- und besonders der Oberstufe. Die in der Gruppe und überhaupt unter Gleichaltrigen vorherrschenden Meinungen, Normen und Werte erlangen für die Orientierung der Jugendlichen zentrale Bedeutung und werden gelegentlich auch wenig reflektiert übernommen (Mode, Idole, bestimmte Verhaltensweisen, Anschauungen, Redewendungen usw.). Wenn dies auch mitunter zu Einseitigkeiten und Überspitzungen führt (die in der Regel nach einiger Zeit wieder abklingen), so ist diese Hinwen-

dung zu den Gleichaltrigen notwendig zur Ausprägung der Selbständigkeit des Heranwachsenden, für die Entwicklung seiner Ideale, Positionen, Interessen, sozialen Erfahrungen usw. Dies muß keineswegs zu Konflikten und Konfrontationen führen. Wenn der Jugendliche seine Freizeit seltener mit der Familie und mehr mit seinen Freunden verbringen will, ist das normal. Es entspricht dem in der Ontogenese zunehmenden Streben nach selbständigem Entscheiden über die eigene Tätigkeit. Eltern und Lehrer, die diesem Prozeß Verständnis entgegenbringen und ihn durch klugen, zurückhaltenden Rat, durch Anregungen und Hinweise auch auf mögliche Gefahren und Konsequenzen bei gleichzeitiger Anerkennung der größeren Eigenverantwortlichkeit der Jugendlichen unterstützen, genießen hohes Ansehen und sind wichtige, von den Jugendlichen geschätzte Partner.

Analysen des *Inhalts der Freizeit bei Schülern der Mittel- und Oberstufe* weisen darauf hin, daß der größte Teil solchen Tätigkeiten gewidmet ist, die der Information, der sozialen Kommunikation, der Unterhaltung und der sportlichen Betätigung dienen. Dabei steht das Fernsehen in den mittleren Klassen weit an der Spitze; in den oberen Klassen geht sein Anteil zugunsten anderer Freizeitformen wie Musikhören, Kino- und Diskobesuch etwas zurück. Nimmt man alle Massenmedien zusammen (Fernsehen, Film, Rundfunk, Platten und Tonbänder, Zeitungen, Zeitschriften und Bücher), so verbringen die Schüler der Oberstufe mehr als 40 % ihrer Freizeit damit (vgl. Voss 1983, S. 138). Das weist einerseits auf die große Bedeutung und damit auch Verantwortung hin, die den Massenmedien für die Freizeitgestaltung Jugendlicher zukommt, und auch auf die vielfältigen Möglichkeiten, die die Massenmedien den Jugendlichen für Information und Unterhaltung bieten. Andererseits aber deutet es auch auf Einseitigkeit in der Freizeitgestaltung der Jugendlichen hin. Bei vielen Schülern sind rezeptive Freizeittätigkeiten stärker ausgeprägt als die eigene aktive gesellschaftlich-politische, kulturell-ästhetische, gesellschafts- und naturwissenschaftliche, technische, sportlich-touristische Freizeitbeschäftigung.

Die Beschäftigung mit Politik, Wissenschaft, Technik, Kunst, Sport usw. über den Rahmen des Unterrichts hinaus ist für die Entwicklung einer aktiven Lebensposition, eines weiten Horizonts und vielseitiger Interessiertheit von großer Bedeutung und für die Entwicklung aller schöpferischen Potenzen und einer inhaltsreichen, kulturvollen Lebensweise unerläßlich. Die individuellen Voraussetzungen sind außerordentlich unterschiedlich. Jeder Jugendliche hat u. a. unterschiedliche Voraussetzungen und Interessen. Es kommt darauf an, sie zu erkennen, sie ihm selbst bewußtzumachen und im Kollektiv zur Wirkung zu bringen.

In manchen Fällen ist ein Erfolg in außerunterrichtlichen Tätigkeiten auch der Ausgangspunkt für intensivere und erfolgreichere Lerntätigkeiten im Unterricht (z. B. durch Stärkung des Selbstvertrauens, durch Aneignung von Handlungsverfahren, durch neue Kenntnisse und Sichtweisen usw.). So kann die Einbeziehung in eine interessante Freizeitgestaltung, die Übertragung von Verantwortung und das Anknüpfen an Interessen und Fähigkeiten in der außerunterrichtlichen Tätigkeit auch zu einer wesentlichen Bedingung für die Überwindung des Zurückbleibens im Unterricht werden.

Jugendliche, die wenig eigene Ideen für ihre Freizeitgestaltung entwickeln, sich vorrangig auf rezeptive oder passive Formen der Freizeit beschränken oder einfach Langeweile haben und nicht wissen, was sie mit ihrer Freizeit anfangen sollen, benötigen in besonderem Maße Aufmerksamkeit, Unterstützung und Anregung durch Pädagogen, Jugendfunktionäre u. a.

Das Wesen der Freizeit besteht in der Freiwilligkeit, Eigenständigkeit und im individuellen Interesse. Trotzdem bemühen sich Pädagogen darum, die Heranwachsenden zu sinnvoller, entwicklungsfördernder Gestaltung ihrer Freizeit zu *befähigen*, denn auch dies muß erlernt werden. Schule, Familie, Jugendverband und andere Erziehungsträger müssen Anregungen geben, Betätigungsmöglichkeiten schaffen bzw. die Nutzung vorhandener stimulieren. Dazu gehört u. a., *die Jugendlichen über die Vielfalt der Möglichkeiten zu informieren, sie für aktive Freizeitbetätigungen zu motivieren, ihnen tiefe Erlebnisse zu verschaffen, ihnen zu helfen, eigene Vorschläge und Ideen zu entwickeln und zu verwirklichen, sie zum Erproben ihrer Kräfte zu ermutigen. An vorhandene Interessen und Neigungen ist anzuknüpfen, und das Prinzip der Freiwilligkeit ist zu wahren.* Es wäre einseitig, sich nur auf die bereits mehr oder weniger stark ausgeprägten Interessen zu orientieren. Eine wichtige Funktion der außerunterrichtlichen und außerschulischen Tätigkeit besteht gerade darin, *neue Interessen* bei den Schülern *zu wecken, bestehende zu vertiefen, und zu differenzieren*, für die weitere Persönlichkeitsentwicklung *ungünstige Interessenlagen* auch zu *verändern* (vgl. dazu Abschn. 2.4.). Angebotsvielfalt, Auswahl- und Entscheidungsmöglichkeit sowie Befriedigung in der Tätigkeit sind wesentliche Bedingungen.

In der organisierten Freizeitgestaltung bieten sich viele Möglichkeiten, spezielle Fähigkeiten und Talente intensiv zu fördern und entsprechend ausgeprägte Interessen zu befriedigen. Das darf jedoch nicht zur Einengung des potentiellen Teilnehmerkreises führen. Alle Schüler sollen die Möglichkeit haben, ihre Fähigkeiten optimal zu entwickeln. Eine Voraussetzung dafür ist differenziertes Erkennen ihrer Stärken und der Ansatzpunkte für die Weiterentwicklung sowie gezieltes, differenziertes Eingehen auf den einzelnen.
So konnten leistungsschwächere Schüler, die in technischen Arbeitsgemeinschaften aufgenommen wurden, über die engagierte und erfolgreiche Mitwirkung an Reparatur- und Pflegearbeiten an technischen Geräten, Fahrzeugen o. a. auch für wissenschaftlich-technische Probleme interessiert, zu intensiverer geistiger Beschäftigung mit entsprechenden Inhalten angeregt und auf diesem Wege allmählich auch zu besseren schulischen Leistungen geführt werden.

Eine wichtige Funktion der pädagogischen Führung der Freizeitgestaltung besteht auch darin, *negative Einflüsse zu neutralisieren.* Auf dem Hintergrund noch ungenügender Lebenserfahrung und Einsicht in Zusammenhänge und Folgen sowie noch wenig stabilisierter grundlegender sozialistischer Wertorientierungen können sich Jugendliche solchen Gruppen oder Personen zuwenden, deren Lebensweise, Einstellung und Handlungen sich negativ auf ihre geistige, moralische, politisch-ideologische oder gesundheitliche Entwicklung auswirken können. Es bedarf großen Takts und Einfühlungsvermögens des Pädagogen, dem Jugendlichen die Schädlichkeit solcher Einflüsse oder solchen Umgangs bewußtzumachen.
Vor allem führen zu den notwendigen Umorientierungen auf Vertrauen und Achtung basierende Auseinandersetzungen, die den Jugendlichen anregen und befähigen, die Konsequenzen seines Handelns immer besser zu erfassen. Die Atmosphäre im Kollektiv, die nachhaltige Wirkung positiver Beispiele, die Einbeziehung in interessante Tätigkeiten und die Übertragung von Verantwortung spielen dabei eine große Rolle. Inwieweit ein Jugendlicher in solchen Situationen über die Meinungen seiner Eltern oder seines Lehrers nachdenkt, hängt wesentlich von dem Vertrauensverhältnis ab, das zwischen ihnen besteht.
In der organisierten Freizeitgestaltung nehmen *gesellschafts- und naturwissenschaftliche sowie technische Inhalte* schon einen bedeutenden Raum ein. Viele Schüler sind für solche Tätigkeiten zu begeistern und können bei entsprechender Anleitung zu beachtlichen Leistungen geführt werden.

Wenn die Schüler mit interessanten Problemen konfrontiert werden, deren gesellschaftliche Bedeutung ihnen bewußt wird, wenn sie Möglichkeiten für selbständiges Bemühen um deren Lösung erhalten und ihre Bemühungen und Leistungen Anerkennung finden, dann entwickelt sich eine verantwortungsbewußte und schöpferische Haltung, die auch auf andere Aufgaben und Situationen übertragen wird. Dabei kommt einer zielstrebigen, aber mehr indirekt wirkenden Anleitung, die das selbständige Denken und Handeln anregt und lenkt, das Zusammenwirken der Schüler organisiert, ihr Selbstvertrauen stärkt und sie zu eigenen Vorschlägen, Ideen und zu derer praktischer

Realisierung ermutigt, eine Atmosphäre ernsthaften, engagierten Bemühens und zugleich freud- und humorvollen Beschäftigens sowie gegenseitiger Unterstützung und Achtung schafft, größte Bedeutung zu.

Die heutige und künftige Lebensweise stellt hohe Anforderungen an die geistige Tätigkeit aller Menschen bei gleichzeitiger Verringerung des Anteils körperlicher Arbeit und Bewegung. Bei der Freizeitgestaltung der Heranwachsenden ist deshalb für einen größeren Anteil *körperlich-praktischer Arbeit und sportlich-touristischer Betätigung* zu sorgen. Damit sich entsprechende Gewohnheiten und Einstellungen einer gesunden Lebensweise ausbilden, muß körperliche Betätigung zum festen Bestandteil der Schüler werden. Sie muß den Möglichkeiten, Voraussetzungen und Interessen der jeweiligen Altersstufe entsprechen.

Das gilt auch für *kulturell-ästhetische Freizeitbetätigungen*, die für die Entwicklung emotionaler Empfindsamkeit, ästhetischer Genußfähigkeit, aktiver Lebenshaltung und Lebensfreude, Verantwortungsbewußtsein und anderer Merkmale einer allseitig entwickelten sozialistischen Persönlichkeit unverzichtbar sind.

Die Inhalte der Freizeitbeschäftigungen unterscheiden sich auch in Abhängigkeit vom *Geschlecht.*

So schließen sich Jungen in den Klassen 5 und 6 gern zu größeren Gruppen zusammen, um Fußball zu spielen, Kampfspiele durchzuführen, „Expeditionen" mit Höhlenbauten oder größere Radtouren zu unternehmen, während Mädchen ihre Freizeit in kleineren Gruppen mit „Erzählen", Musikhören, Gesellschaftsspielen, Spazierengehen u. a. verbringen. Die Unterschiede in der Freizeitgestaltung verstärken sich in der Oberstufe.

Nach Angaben der Jugendforschung (vgl. Voss 1983, S. 138) werden in den Klassen 9 und 10 von Mädchen in ihrer Freizeit folgende Tätigkeiten häufiger und mit höherem Zeitaufwand als von Jungen ausgeübt: gesellschaftlich-politische Arbeit, Teilnahme an außerunterrichtlichen Arbeitsgemeinschaften auf künstlerischem und gesellschaftswissenschaftlichem Gebiet, Besuch von kulturellen Veranstaltungen unterschiedlichster Art, geselliges Beisammensein mit Freunden, Klassenkameraden, Verwandten oder Bekannten, Besuch von Diskotheken und anderen Tanzveranstaltungen, individuelle kulturell-künstlerische Tätigkeiten, Spazierengehen, Briefe schreiben. Von Jungen werden im Vergleich dazu häufiger und mit höherem Zeitaufwand folgende Tätigkeiten ausgeübt: Teilnahme an außerunterrichtlichen Arbeitsgemeinschaften auf naturwissenschaftlich-technischem Gebiet, aktive sportliche Betätigung, handwerkliche und technische Tätigkeiten, einschließlich der Wartung und Reparatur von Fahrzeugen, Fahrrad-, Motorrad-, Mopedfahren, Karten- und Brettspielen.

Diese Unterschiede weisen darauf hin, daß die Geschlechterrollen, die sich über Jahrhunderte hinweg ausgebildet haben, und die in der Gesellschaft verbreiteten Anschauungen, auf deren Grundlage sie entstehen, auch in unserer Gesellschaft noch in gewissem Maße wirksam sind.

Die persönlichkeitsförderliche Wirkung der Freizeittätigkeit hängt vorrangig vom Grad der Aktivität und der Eigenverantwortlichkeit der Heranwachsenden ab. Dabei gilt auch für die Freizeitgestaltung, daß allseitige Persönlichkeiten sich in vielfältiger Tätigkeit, durch die Herstellung vielfältiger aktiver Beziehungen zur Wirklichkeit entwickeln.

Ein wichtiger Aspekt pädagogischer Anregung und Anleitung der Freizeitgestaltung besteht deshalb darin, einseitige Konzentration eines Schülers auf nur einen Tätigkeitsbereich zu vermeiden bzw. abzubauen und für eine gewisse Vielfalt – z. B. für die Kombination geistiger und körperlich-sportlicher, wissenschaftlich-technischer und kulturell-ästhetischer Betätigung – zu sorgen, ohne oberflächliche Vielwisserei und Vieltuerei zu fördern.

Eine inhaltsreiche Freizeitgestaltung trägt auch zur Entwicklung solcher Persönlichkeitsmerkmale wie Pflichtgefühl und Verantwortungsbewußtsein bei.

Durch die freiwillige Übernahme und Ausübung von Pflichten in der gesellschaftlich-

politischen Tätigkeit, in der freiwilligen Mitwirkung in Zirkeln und Arbeitsgemeinschaften usw. lernen die Heranwachsenden, verantwortungsbewußt an Aufgaben, Partner und Dinge heranzugehen.
In ihrem Freizeiterleben wird eine verabsolutierende Gegenüberstellung von Pflicht und Freizeit überwunden und eine enge Verbindung von Freiwilligkeit und Verbindlichkeit erreicht, die auf der Einheit von rationaler und emotionaler Zuwendung, von Einsicht in die Notwendigkeit und Freude an der Sache beruht.

Zusammenfassung

Z • Die ***Freizeit*** und ihre sinnvolle Nutzung bildet eine *notwendige Bedingung für die allseitige und harmonische Entwicklung der Persönlichkeit*, für die Ausprägung ihrer Individualität, die Förderung der schöpferischen Potenzen des einzelnen und die Entwicklung von Selbständigkeit und Verantwortungsbewußtsein.

• *Freizeitbeschäftigungen* weisen *unterschiedliche Inhalte* und *Formen* auf, die im Laufe der Schulzeit *zunehmend vielfältiger und differenzierter* werden. Kollektive, gesellschaftlich-politische Tätigkeit, aber auch Freizeitbeschäftigungen in informellen Gruppen tragen wesentlich zur Herausbildung von Einstellungen, zur Aneignung sozialer Erfahrungen und zur Gestaltung der Lebensweise bei. Die Jugendlichen lösen sich mehr und mehr vom Einfluß der Erwachsenen ab und werden in ihren Entscheidungen selbständiger. Schüler, die sich in ihrer Freizeit nicht sinnvoll beschäftigen können, sind leichter gegen Einflüsse gesellschaftswidrigen Charakters anfällig.

• Aufgabe der Erzieher ist es, Kinder und Jugendliche auf vielfältige Weise zur sinnvollen Nutzung ihrer Freizeit *anzuregen* und *zu befähigen*. Unter Beachtung des Niveaus ihrer Fähigkeit zum selbständigen und verantwortungsbewußten Entscheiden ist dabei ihre eigene *Entscheidungsfreiheit* zu wahren.

1.6. Entwicklungsfördernde Gestaltung von Tätigkeiten

Zur Formung der Persönlichkeit tragen alle Tätigkeiten der Schüler bei. Deshalb nutzen die Lehrer und Erzieher für die allseitige Bildung und Erziehung alle Tätigkeitsarten. Inhalt und Funktion der pädagogischen Führung ist,
– die Tätigkeit auf die für die sozialistische Persönlichkeitsentwicklung erforderlichen Inhalte zu richten,
– Bedingungen für hohe Aktivität und Intensität zu schaffen,
– die Heranwachsenden zur Bewältigung immer höherer Anforderungen zu befähigen,
– die dafür notwendigen psychischen Voraussetzungen durch entsprechende Gestaltung der Tätigkeit systematisch auszubilden.
Obwohl jede Tätigkeitsart spezifische Merkmale aufweist, gibt es doch für alle gleiche psychologische Gesetzmäßigkeiten der psychischen Regulation, die der Lehrer bei der Gestaltung seiner pädagogischen Tätigkeit berücksichtigt. Solche übergreifenden Aspekte sind folgende:
Alle Tätigkeiten entwickeln sich im bewußt gestalteten pädagogischen Prozeß. Die Entwicklung hat – entsprechend der Altersstufe – eine solche Qualität der Tätigkeit zu sichern, die dem Schüler die Aneignung (gesellschaftlich ausgerichteter) „menschlicher Wesenskräfte" (nach Marx) ermöglicht. Zugleich formt sich unter solchen Bedingungen die Persönlichkeit.
Die Entwicklung der Tätigkeiten vollzieht sich, indem die Schüler zu zunehmend selbständigerer Tätigkeits- und Handlungsregulation befähigt werden.
Wenn der Lehrer diesen Entwicklungsprozeß zielgerichtet führen will, muß er das erreichte Niveau der Regulation von Handlungen und die Verlaufsqualitäten der Tätigkeit bestimmen.
Aus diesem Entwicklungsstand leitet er Schlußfolgerungen für seine weitere pädagogische Tätigkeit ab.

Wesentliche Kriterien für die Niveaubestimmung der Handlungsregulation sind insbesondere der *Grad der Selbständigkeit* und der *Grad der Bewußtheit.*

Die Verlaufsqualitäten der Tätigkeit werden nach solchen Parametern wie *Geschwindigkeit, Beweglichkeit, Exaktheit und Weite der Antizipation* in der psychischen Steuerung der Tätigkeit und in ihrem Vollzug beurteilt.

Selbständigkeit ist eine Kategorie des Entscheidungsverhaltens. Sie spiegelt wider, inwieweit der Handelnde Entscheidungen ohne fremde Hilfe treffen und im praktischen Handlungsvollzug realisieren kann.

Der Grad der Bewußtheit drückt aus, inwieweit der Handelnde auf einzelne Komponenten der Handlungsregulation reflektieren und sie willentlich anforderungs- bzw. situationsadäquat steuern kann.

Um die selbständige Tätigkeitsregulation planmäßig auszubilden, zielt der Lehrer darauf, dem Schüler deren psychische *Komponenten mehr und mehr bewußtzumachen,* wobei er sich zweckmäßigerweise an den komplexen Regulationseinheiten der Handlung orientiert.

Dieses Bewußtmachen hilft den Schülern, über ihren Antrieb zum Handeln, auf Prozesse der Orientierung, der Entscheidung, Bewertung und Kontrolle reflektieren zu können.

So soll ein Schüler lernen, seine Motive für sein Handeln und für seine Entscheidungen selbst zu überprüfen, z. B.: „Habe ich wirklich das Interesse des Kollektivs im Auge oder nur meinen eigenen Vorteil? Warum habe ich plötzlich keine Lust mehr, oder warum will ich mich nicht anstrengen?“ Er soll sich den Vollzug und die Ergebnisse seines Handelns (einschließlich der Folgen) ins Bewußtsein rufen und kontrollieren können. Fragen dazu könnten sein: „Wie bin ich gerade auf diese Gedanken gekommen, oder wie ist dieser (und kein anderer) Fehler entstanden? Waren meine Lösungsidee bzw. mein Lösungsplan richtig? Ist das Ergebnis wirklich richtig? Wie könnte ich das noch überprüfen? Welche Folgen hat dieses Handeln für andere und welche für mich? Wovon habe ich mich bei meiner Beurteilung (eines Sachverhalts, einer Person u. a.) eigentlich leiten lassen?“ Anhand solcher Fragen kann ein Lehrer feststellen, auf welche Komponenten der Handlungsregulation dieser Schüler auf dem Hintergrund seiner *Selbsteinschätzung* als Persönlichkeit reflektieren kann und in welchen Fällen er noch der Hilfe bedarf. Das willentliche Beherrschen eigener Handlungen schließt ein, gewöhnt zu sein, sich selbst solche Fragen zu stellen, wenn man sich einiger Handlungsschritte nicht sicher ist oder wenn Schwierigkeiten im Handlungsvollzug auftreten. Lernen die Schüler dabei, sich real einzuschätzen, so wird zugleich ein sach- und situationsadäquates *Selbstbewußtsein* herausgebildet.

Eine weitere Bedingung zur Entwicklung selbständigen Handelns liegt in der Befähigung zum *selbständigen Entscheiden.* Neben der Kenntnis von *Entscheidungskriterien* und *Wertmaßstäben* sowie der Fähigkeit, Hypothesen zu bilden, Alternativen zu erwägen und Folgen von Handlungen zu antizipieren, ist auch ein eigener *Entscheidungsspielraum* der Schüler notwendig. Unter dieser Bedingung bildet sich in Verbindung mit gesellschaftlichen Normen *Verantwortungsbewußtsein* heraus.

Ein hoher Grad an Bewußtheit der bei der Regulation von Handlungen ablaufenden kognitiven, motivationalen, emotionalen sowie volitiven Prozesse sind wesentliche Bedingungen ihrer Verfestigung.

Je älter die Heranwachsenden werden, um so mehr und um so differenzierter können sie aktuelle und habituelle psychische Komponenten ihrer Tätigkeitsregulation reflektieren und sie bewußt für ihr Handeln einsetzen. Insbesondere gilt das für Schüler der Mittel- und Oberstufe, die dadurch auch zunehmend zu kollektiver und individueller Selbsterziehung fähig werden.

Welcher Komponenten der Handlungsregulation sich Kinder und Jugendliche bewußt werden, um anforderungsadäquat handeln zu können, drückt sich in Handlungstypen aus, die eine ontogenetische Stufenfolge bilden. Sie koexistieren aber auch noch beim erwachsenen Menschen in Abhängigkeit von der äußeren Situation und von aktuellen psychischen Zuständen. Je besser der Heranwachsende in der Lage ist, solche Situationen und Zustände lediglich als zu beachtende Bedingungen zu erkennen, sich aber in seinen Handlungsentscheidungen auf die objektive Anforderung und auf angeeignete Wertvorstellungen zu orientieren, die mit den Werten der sozialistischen Gesellschaft und den in ihr herrschenden Verhaltensnormen übereinstimmen, um so mehr ist er in der Lage, selbständig und sachgerecht zu handeln. Die pädagogische Führung muß sich daher auch darauf richten, entsprechende Einstellungen und Fähigkeiten bei den Heranwachsenden auszubilden.

Solche *Handlungstypen* lassen sich wie folgt charakterisieren (vgl. auch BÖTTCHER 1959):

– Beim *antriebsunmittelbaren „Handeln"* lösen äußere Reize eine Reaktion aus. Keine Phase des Ablaufs der Reaktion wird bewußt gesteuert. Diese Art und Weise zu reagieren oder zu agieren ist für Kleinkinder typisch. In Form der Affekthandlung tritt sie auch bei Jugendlichen und Erwachsenen noch auf. Da ihnen jedoch zumindestens die Situation ihrer Entstehung bewußt wird, müssen sie lernen, in diesem Moment Bewußtseinsprozesse einzuschalten, die darauf zielen, die Situation sachlich zu bewerten, oder – bei jüngeren Schulkindern – sich selbst von der Situation gedanklich abzukoppeln. Das hilft, das eigene Temperament und eigene Gedanken beherrschen zu lernen.

– Das *wunschbildlich gesteuerte Handeln* ist für Kleinkinder typisch. In einer aktuellen Bedürfnislage werden Handlungen auf ein Objekt gerichtet, das dieses Bedürfnis befriedigen kann. Dabei wird ein Objekt gewählt, das in der Situation angeboten wird oder situativ in der Vorstellung entstanden ist. (Man denke auch an den Mann, der eigentlich von der Arbeit gleich nach Hause gehen wollte, an einer Kneipe aber nicht vorbeigehen konnte.) Eine klare, von übergreifenden Tätigkeitszielen ausgehende Zielantizipation fehlt. Darauf müßte zunächst die pädagogische Hilfe gerichtet werden.

– Das *ziel- und verfahrenskritisch gesteuerte Handeln* ist für Vorschulkinder kennzeichnend. Die Handlung wird auf bewußt antizipierte Ziele gerichtet, das Handlungsprogramm berücksichtigt Mittel und auch schon Bedingungen des Handelns, die zu bewußten Handlungsentscheidungen herangezogen werden. Auch Kontrollen und Bewertungen beziehen sich darauf. In der Regel werden dabei erworbene Verhaltensnormen beachtet, es wird jedoch noch nicht bewußt darauf reflektiert. Um das zu erreichen, ist es notwendig, daß das Kind zunächst den nächsthöheren Typ der Handlungsregulation ausbildet, auf den es die Erzieher in diesem Falle orientieren.

– *Das folgenkritisch gesteuerte Handeln* bildet sich gewöhnlich im Vorschul- und jüngeren Schulalter heraus. Über die bereits genannten Komponenten der Handlungsregulation hinausreichend bezieht nunmehr der Heranwachsende die gedankliche Antizipation der Folgen in seine Orientierungs-, Motivierungs-, Entscheidungs-, Kontroll- und Bewertungsprozesse ein. Dabei handelt es sich um sachliche und um sozial-personale Folgen. Folgen für sich selbst werden meistens eher und differenzierter erfaßt als die Folgen, die sich für andere Menschen aus den eigenen Handlungen ergeben. Unterschiedlich ist, wie weit eine Kette von Folgen, die sich aus der Dialektik von Ursache und Wirkung ergibt, vorausgesehen werden kann. Damit wird ersichtlich, worauf die pädagogische Führung zu richten ist.

– *Das motivkritisch gesteuerte Handeln* bildet den Handlungstyp, der ein einsichtiges, sich auf alle Regulationskomponenten beziehendes bewußtes Handeln ermöglicht. Der Handelnde analysiert und reflektiert nicht nur Ziele, Mittel, Bedingungen und Folgen des Handelns, sondern bewußt auch die ihm zugrunde liegenden Motive, Einstellungen und Überzeugungen. Selbstverständlich liegen in allen beschriebenen Typen des Handelns Motive vor, jedoch erst im letzten wird das Bild von der eigenen Persönlichkeit wertorientierend in die Handlungsregulation eingebracht. Das setzt die Fähigkeit zum Reflektieren auf eigene psychische Prozesse, Zustände und Eigenschaften voraus, die sich im wesentlichen beim Schüler der Mittelstufe herauszubilden beginnt. Erst dieser Handlungstyp ist für die Selbsterziehung geeignet.

Sowohl die Typen der Handlung als auch die Abschnitte der Ontogenese, in denen sie dominierend auftreten, lassen sich nur annähernd gegeneinander abgrenzen. Auch hinsichtlich Tätigkeitsart und Anforderungen ergeben sich intraindividuelle Unterschiede. Diese Handlungstypen sind jedoch eine handhabbare Orientierung. Für eine differenzierte Erfassung und individuell gezielte Ausbildung der eigenständigen Handlungs-

regulation wird sich der Lehrer – bezogen auf zu bewältigende Klassen von Anforderungen und Situationen – fragen: „Woran orientiert sich der Schüler bei der Begründung (Motivierung) seines Handelns, bei der Zielbildung, beim Bilden des Handlungsprogramms, bei der Antizipation von Handlungsfolgen, bei Entscheidungen, bei der Kontrolle und bei Bewertungen von Handlungsschritten und -ergebnissen? Inwieweit kann er sich diese kognitiven, motivationalen, emotionalen und volitiven Komponenten bewußtmachen und zur eigenständigen Handlungsregulation einsetzen?
In welcher Qualität kann er seine Handlungsentscheidungen realisieren?“
Damit sich die Schüler alle dazu notwendigen Kenntnisse und Handlungen aneignen, soll die pädagogische Führung nachfolgende Aspekte berücksichtigen.

Hohe Eigenaktivität gewährleisten. Der Pädagoge wirkt entwicklungsfördernd, wenn er die Heranwachsenden zu hoher Aktivität anregt. Im Prozeß praktischen und geistigen Einwirkens auf die Umwelt werden die Gegenstände und Prozesse der natürlichen und gesellschaftlichen Wirklichkeit Schritt für Schritt erkannt, werden zwischenmenschliche Beziehungen hergestellt, Denk- und Verhaltensweisen ausgebildet. Bereits angeeignete Kenntnisse, Fähigkeiten, Einstellungen und andere psychische Eigenschaften werden in der aktiven Auseinandersetzung mit neuen Anforderungen und Erscheinungen, beim Bemühen um die Erreichung von Zielen und bei der Überwindung von Schwierigkeiten *aktualisiert, mobilisiert* und *verändert.*

Dialektik von Anleitung und Selbständigkeit meistern. Aktivität und zielgerichtete, systematische pädagogische Führung stehen in einem dialektischen Verhältnis. Die den konkreten Zielen und Bedingungen des pädagogischen Prozesses entsprechende Aktivität der Heranwachsenden auszulösen, zu lenken und stabil zu halten, stellt hohe Anforderungen an die Zielbewußtheit, Differenziertheit und Systematik der pädagogischen Führung.
Die Tätigkeit entwicklungsfördernd zu gestalten heißt vor allem, sie auf die Zone der nächsten Entwicklung auszurichten.
Je genauer der Pädagoge die in einem konkreten Entwicklungsniveau enthaltenen weitergehenden Möglichkeiten des Kindes oder Jugendlichen zu bestimmen vermag, desto gezielter und differenzierter kann er desssen Tätigkeit anleiten.

Jedes konkrete Entwicklungsniveau ist Ergebnis der vorangegangenen Entwicklung und zugleich Voraussetzung der weiteren Entwicklung. Es umfaßt – nach einer sehr einprägsamen Formulierung des sowjetischen Psychologen Wygotski – gleichzeitig zwei Entwicklungszonen: Die *Zone der aktuellen Leistung und die Zone der nächsten Entwicklung.*
Dabei kennzeichnet erstere jene Leistungen, Verhaltensweisen usw., die der Heranwachsende aufgrund der vorangegangenen Aneignungsprozesse beherrscht und selbständig ausführen kann. Das aktuelle Leistungsniveau enthält aber auch weitergehende Möglichkeiten, die das Kind (der Jugendliche) noch nicht selbständig, wohl aber bei entsprechender Anleitung und Unterstützung realisieren kann. Das ist die jeweilige Zone der nächsten Entwicklung, deren Möglichkeiten nur durch Aktivität des Heranwachsenden zur Wirklichkeit und damit zu einer neuen Zone der aktuellen Leistung werden.

Dabei gilt das Prinzip: *Dem Kind oder Jugendlichen nicht abnehmen, was es (er) schon selbst kann!* Damit immer höhere Niveaustufen erreicht werden, muß das Erreichte gefestigt werden.

Anleitung und Unterstützung bei der Aneignung heißt also nicht, das Anzueignende „mundgerecht zu servieren“, die Schwierigkeiten aus dem Weg zu räumen, die Lernenden in eine Position von passiv Nachvollziehenden zu bringen. Anleitung und Selbständigkeit ergänzen sich in jeder Phase des Aneignungsprozesses gegenseitig. Ihre Widersprüchlichkeit und Einheit führt zur Entwicklung aktiven, selbständigen, schöpferischen und verantwortungsbewußten Denkens und Handelns der Heranwachsenden.

Entwicklungsgemäße Tätigkeit gestalten. Anforderungen, die auf Leistungen und Verhaltensweisen in der Zone der nächsten Entwicklung orientiert sind, müssen *ständig steigend gestaltet* werden.

Zu hohe oder auch zu niedrige Anforderungen führen im Prinzip zum gleichen unerwünschten Ergebnis, nämlich zur Senkung des Aktivitätsniveaus. *Überforderung* hat Mißerfolge und Resignation zur Folge, Unterforderung führt zu Oberflächlichkeit. Auf die Dauer werden nur die Leistungen als Erfolg erlebt, die durch echten Kräfteeinsatz erreicht werden („die einem etwas abverlangt haben“). Sie stärken das Selbstvertrauen und erhöhen Aktivität und Anstrengungsbereitschaft.

Soll das *adäquate Anforderungsniveau* der Schüler bestimmt werden, sind die *objektiven Anforderungen* (des Stoffes, der Aufgabe, der Situation usw.) und die zu ihrer Bewältigung objektiv notwendigen *psychischen Voraussetzungen* in Beziehung zu setzen.
Da die notwendigen Voraussetzungen der Schüler in der Regel noch nicht in vollem Maße vorhanden oder verfügbar sind, muß die Diskrepanz zwischen den real vorhandenen und den objektiv notwendigen psychischen Voraussetzungen *(Ist-Soll-Differenz)* überwunden werden. Das heißt: Durch Anforderungsvariation und -steigerung, durch Unterstützung und Kontrolle sind *die psychischen Voraussetzungen systematisch auszubilden.*
Neben alters- und gruppenspezifischen Besonderheiten sind dabei auch die individuellen Unterschiede, vor allem der kognitiven und motivationalen Komponenten der Tätigkeitsregulation, zu beachten.
Entwicklungsgemäße Tätigkeitsgestaltung setzt also voraus, das erreichte *reale Entwicklungsniveau der Kinder und Jugendlichen möglichst differenziert zu erfassen* und insbesondere *die noch nicht voll ausgebildeten, in Entwicklung begriffenen psychischen Voraussetzungen* für höhere Niveaustufen geistiger Leistung und sozial-charakterlichen Verhaltens zu erkennen, zu aktivieren und systematisch auszubilden.

Aktivitätsförderliche Motivation sichern. Die den pädagogischen Zielen und Bedingungen entsprechende Tätigkeit der Schüler wird *nicht unmittelbar* durch pädagogische Anforderungen, Instruktionen, Zielstellungen usw. ausgelöst, sondern mittelbar: Sie müssen vom Schüler *aufgenommen* (verarbeitet, verstanden) und angenommen, in *eigene Ziele und Absichten* umgesetzt werden. Aufgrund seiner bisherigen Erfahrungen und der aktuellen Bedingungen entstehen beim Schüler bestimmte Erwartungen und Einstellungen zu dem Gegenstand und den Bedingungen der Tätigkeit, seinen eigenen Leistungs- und Verhaltenspotenzen, den Forderungen und Verhaltensweisen des Pädagogen und anderen Komponenten der pädagogischen Situation. Aus der *Wechselwirkung zwischen* den *subjektiven Erwartungen und Einstellungen* und den *objektiven Bedingungen der Situation erwachsen* die konkreten *Ziele und Motive*, die den Verlauf der weiteren Tätigkeit bestimmen. Deshalb muß der Pädagoge die Interessen und Bedürfnisse, Probleme, Erfahrungen und Einstellungen seiner Schüler möglichst genau kennen. In jedem Fall muß *der Schüler* das vom Lehrer angestrebte höhere Leistungs- und Verhaltensniveau *erreichen wollen und zur* dafür erforderlichen *Aktivität und Anstrengung bereit* sein. Meist reicht es nicht aus, ein neues Ziel nur anzugeben und zu erläutern, sondern sein *Sinn* in bezug auf die eigene Person und Tätigkeit des Schülers muß bewußt und erlebbar gemacht werden. Dabei spielt das *Perspektiverleben* eine wesentliche Rolle: Nahe, mittlere und ferne Perspektiven (MAKARENKO) machen anschaulich und subjektiv nachvollziehbar, was man erreichen kann, und sie zeigen – zumindest in Umrissen – den Weg dahin.
In welchem Maße die körperlichen, geistigen, moralischen Kräfte dabei eingesetzt werden, hängt sowohl von Kenntnissen, Fähigkeiten, Fertigkeiten ab, vor allem aber von den Einstellungen zu den eigenen Voraussetzungen. Ein *gesundes Selbstvertrauen*

muß deshalb bei allen Schülern entwickelt werden, damit die verfügbaren Kräfte und Potenzen tatsächlich wirksam werden.

Manche Schüler trauen sich wenig zu und entwikkeln deshalb ein niedriges *Anspruchsniveau*. Neuen bzw. höheren Anforderungen gegenüber verhalten sie sich unsicher und ängstlich und geben sich oft mit geringen Erfolgen zufrieden. Ihre Leistungs- und Verhaltensvoraussetzungen werden dadurch nicht voll beansprucht und folglich auch nicht intensiv entwickelt. Ihr Selbstvertrauen muß gestärkt werden. Zuspruch, Vertrauensbeweis und Hilfe tragen dazu bei, Ängstlichkeit und Unsicherheit allmählich zu überwinden. Vor allem müssen Erfolge bei der Bewältigung höherer Anforderungen durch entsprechende Anleitung und Unterstützung systematisch organisiert, dem Kind oder Jugendlichen als Ergebnis eigener Aktivität und Anstrengung bewußtgemacht und gebührend gewürdigt werden. Schülern mit überhöhtem Selbstvertrauen muß demgegenüber geholfen werden, ihre Voraussetzungen differenzierter und realistischer einzuschätzen, damit sie sich nicht selbst überfordern und Mißerfolge organisieren. Übersteigerte Selbstsicherheit geht nicht selten mit Oberflächlichkeit einher, die dazu führt, daß die eigenen Leistungen überbewertet und, wenn nötig, Mißerfolge in Erfolge umgemünzt werden, um das Anspruchsniveau und Prestige zu wahren. Dadurch werden die Leistungs- und Verhaltensvoraussetzungen ebenfalls nicht in vollem Maße mobilisiert und entwickelt. Differenzierte Bewertung, Vergleich mit der Leistung und dem Verhalten anderer, konsequente Forderung und Kontrolle helfen solchen Schülern, ihr Selbstvertrauen zu stärken.

In allen diesen Fällen ist das *Vertrauen in die Entwicklungspotenzen jedes Kindes und Jugendlichen die Grundlage der pädagogischen Führung*. Dieses Vertrauen äußert sich in hohen, dem jeweiligen Entwicklungsstand angemessenen Anforderungen und in der Suche nach den Ansatzpunkten im Kind (Jugendlichen), die die Mobilisierung aller Kräfte zur Bewältigung der Anforderungen ermöglichen. Eine freudige, gelöste Atmosphäre stimuliert die Anstrengungsbereitschaft.

Hohes Anforderungsniveau und intensives Leistungsstreben sollen nicht mit äußerem Druck, „tierischem Ernst“ oder persönlicher Kälte verwechselt werden. Wo es Spaß macht, interessant und anregungsreich ist, wo man „etwas leisten muß“ und dafür anerkannt wird, wo selbständiges und schöpferisches Denken und Handeln gefragt sind, dort entwickeln sich Aktivität, Initiative und Verantwortungsbewußtsein.

Aktivitätsförderliche Motivation entsteht aus zwei *Quellen*: aus der Beziehung zum Gegenstand der Tätigkeit und aus der Beziehung zu den mitbeteiligten Menschen.

Aus dem Interesse an einzelnen Dingen und Erscheinungen, ihren äußeren Merkmalen und auffälligen Zusammenhängen kann sich allmählich tiefergehendes, auf ihr Wesen gerichtetes Interesse entwickeln und eine Konzentration auf bestimmte Wirklichkeits- und Tätigkeitsbereiche fördern *(kognitive Motivation)*. Aus der emotionalen Beziehung zu den unmittelbaren Partnern der Tätigkeit (Eltern und Geschwister, Spielfreunde, Lehrer und Erzieher) entsteht allmählich das Bestreben, eine bestimmte Stellung in der sozialen Struktur der sich entwickelnden Gruppe, der verschiedenen kleineren und größeren Kollektive, deren Mitglied der Heranwachsende wird, einzunehmen und einen eigenen Beitrag zu ihrem Leben und ihrer Entwicklung zu leisten *(soziale Motivation)*.
Dabei erschließen sich dem Schüler schrittweise die gesellschaftlichen Dimensionen seiner Existenz und werden zu wichtigen motivationalen Grundlagen seines Denkens und Handelns.

In der Wechselwirkung mit anderen Menschen und der sachlichen Umwelt prägt der Heranwachsende sein *Selbstbild*, seine Selbsteinstellungen und Ansprüche an das Leben aus, die die Motive seiner Tätigkeit durchdringen und akzentuieren.
Je differenzierter der Lehrer das konkrete motivationale Gefüge seiner Schüler und dessen Veränderungen im pädagogischen Prozeß kennt, desto gezielter kann er an geeignete Motive anknüpfen oder solche wekken und fördern, die die Triebkraft entwicklungsfördernder Tätigkeit bilden.

Vollwertige Orientierungsgrundlagen ausbilden. Verlauf und Ergebnis der Tätigkeit hängen wesentlich davon ab, wie die für eine

erfolgreiche und effektive Handlungsausführung objektiv notwendigen Bedingungen beim Handelnden subjektiv repräsentiert sind.
Die psychische Abbildung objektiver Handlungserfordernisse und -bedingungen bezeichnen wir als **Orientierungsgrundlage der Handlung** (vgl. Abschn. 1.2.2. u. Bd. I).
Vielfältige Untersuchungen von GALPERIN (1972, 1979, 1980) und anderen Psychologen haben gezeigt, daß die Qualität des *Was, Wie, Warum und Wozu* ganz wesentlich über Handlungsverlauf und -ergebnis entscheidet. Die *Vollständigkeit* des Erfassens wesentlicher Handlungsbedingungen und der *Allgemeinheitsgrad* der Orientierungsgrundlage bilden wichtige Voraussetzungen hoher Bewußtheit der Handlung.

Hat ein Schüler nur vage Vorstellungen davon, wie der herzustellende Gegenstand oder die zu erreichende Lösung beschaffen sein soll, so fehlen ihm wesentliche Kriterien für das Erreichen und Bewerten eines Ergebnisses. Erfaßt er nicht die notwendigen Teilschritte, beachtet er wesentliche Bedingungen nicht, kann sein Handeln sehr schnell zu sinn- und ziellosem Probieren werden. Ist das Handlungsprogramm nur auf ganz konkrete Bedingungen orientiert, ergeben sich Schwierigkeiten bei der Übertragung auf veränderte Situationen. Außerdem müßte eine unendliche Vielzahl von Orientierungsgrundlagen für die verschiedensten Anforderungssituationen angeeignet werden. Experimente mit unterschiedlichen Typen von Orientierungsgrundlagen für gleichartige Anforderungen zeigten, daß eine für eine große Klasse von Anforderungssituationen gültige, also allgemeine Orientierungsgrundlage, zu höheren Aneignungseffekten führt als eine für eine eingeschränkte Anforderungsklasse oder einzelne Situation gültige.
Die Ausbildung einer vollwertigen Orientierungsgrundlage bedeutet nicht Vorgabe einer differenzierten Handlungsanweisung, die vom Schüler nur abzuarbeiten wäre. Eine Instruktion, Schrittfolge oder Handlungsanweisung ist ein äußeres Hilfsmittel, das erst durch Aneignung zur Orientierungsgrundlage werden kann. Das ist nicht durch Einprägen und Reproduzieren entsprechender sprachlicher Regeln, Hinweise usw. zu erreichen. Die Kenntnis eines rationellen Handlungsverfahrens oder einer notwendigen Schrittfolge sichert noch nicht deren Einsatz in einer entsprechenden Anforderungssituation (oder nur dann, wenn es sich um gleichbleibende Routineaufgaben handelt).

Die Orientierungsgrundlage muß ausgebildet, d. h. *vom Schüler durch eigene praktische und geistige Aktivität angeeignet werden.* Dazu ist es erforderlich, daß er unter entsprechender Anleitung die für eine Anforderungsklasse wesentlichen Merkmale und Zusammenhänge aufdeckt, durch gezielte, hypothesengeleitete Versuche und die Analyse dabei auftretender Fehler die zu beachtenden Bedingungen erfaßt und mögliche Fehlerquellen erkennt, rationelle Vorgehensweisen und Verfahren entwickelt bzw. überträgt oder übernimmt und erprobt.

Einheit von Interiorisation und Exteriorisation gewährleisten. Die in der Gesellschaft vorhandenen Begriffe, Verfahren, Anschauungen, Verhaltensweisen, Werte, Normen usw. werden vom einzelnen aufgenommen, geistig verarbeitet und angeeignet. Sie werden *interiorisiert* (verinnerlicht). Dies erfolgt im Prozeß aktiver Auseinandersetzung, in dem die jeweils bereits vorhandenen Kenntnisse, Fähigkeiten, Einstellungen, Fertigkeiten, Willensqualitäten usw. in der Tätigkeit aktualisiert und eingesetzt, d. h. *exteriorisiert* (entäußert) werden. Die Ausbildung neuer oder die Veränderung vorhandener psychischer Eigenschaften erfolgt also in der Einheit und ständigen Wechselwirkung von Interiorisation und Exteriorisation, *durch Ausführung konkreter Handlungen.*

Wenn Objekte und Ereignisse adäquat in begrifflicher Form im Gedächtnis repräsentiert werden sollen, setzt das intensives geistiges Handeln des Subjekts voraus. Die Merkmale und Relationen, die einen Begriff ausmachen, können vom Schüler nicht einfach durch das Anschauen entsprechender Gegenstände und Vorgänge oder durch Übernahme sprachlicher Formulierungen (z. B. Definitionen) erfaßt werden. Die Merkmale und

Relationen müssen ausgegliedert, aufgedeckt, abgebildet werden. Hinter den Begriffen stehen immer bestimmte (allgemeine und fach- oder bereichsspezifische) Methoden[6] und die Aneignung vieler Begriffe schließt die Aneignung von Methoden mit ein (vgl. Abschn. 2.1.). Im Prinzip gilt das gleiche auch für die Ausbildung geistiger Fähigkeiten oder politisch-moralischer Einstellungen.

Wenn die für die Aneignung neuen Wissens und Könnens, neuer Normen und Werte *erforderlichen Handlungen* nicht oder noch nicht in notwendiger Qualität ausführbar sind, *müssen sie systematisch ausgebildet werden.*

Die Untersuchungen von GALPERIN und anderen Psychologen haben gezeigt, daß dies günstigerweise über eine Reihe von *Interiorisationsetappen* erfolgt (vgl. Abschn. 1.2.2.).

Auf welcher Etappe die Ausbildung begonnen, bis zu welcher Etappe sie geführt, wie lange auf einer Etappe verweilt und ob jede Etappe durchlaufen werden muß, hängt von der oben besprochenen *Relation zwischen objektiven Anforderungen und subjektiven* Voraussetzungen sowie vom jeweiligen *Ausbildungsziel* ab (vgl. Abschn. 1.2.2.).

Auf einem für das Kind (den Jugendlichen) neuen Tätigkeitsgebiet (z. B. beim schulischen Lernen in einem neuen Unterrichtsfach, in einer erstmalig auszuübenden gesellschaftlich-politischen Funktion) sind in der Regel die für die Aneignung des neuen Wissens und Könnens, neuer Verhaltensweisen usw. erforderlichen Handlungen nur in geringem Maße oder gar nicht ausgebildet. Hier liegt *ein grundlegender Widerspruch des pädagogischen Prozesses:* Neues Wissen, Können usw. kann nur angeeignet werden, indem ihnen adäquate Handlungen ausgeführt werden – diese Handlungen sind aber nicht ausgebildet und lassen sich auch nicht unabhängig von der Aneignung des jeweiligen Wissens, Könnens usw. ausbilden. Wie kann dieser Widerspruch gelöst werden? *Die Ausbildung der erforderlichen Handlungen muß im Prozeß der Aneignung des entsprechenden Wissens, Könnens usw. erfolgen, und diese Aneignung muß als Ausbildung der entsprechenden Handlungen organisiert werden.*

Die *praktisch-gegenständliche Handlung* ermöglicht es, die zum Erreichen des Ziels erforderlichen Schritte und Bedingungen bewußtzumachen.

Die Handlung läßt sich in dieser Form differenziert demonstrieren und erläutern, vom Lernenden real nachvollziehen (zunächst anhand eines Musters, ausführlicher Instruktion, langsam und schrittweise, mit entsprechenden Kommentaren und Selbstkommentaren usw.) und vom Lehrenden in ihrem Verlauf (nicht erst nachträglich am Resultat) kontrollieren und wenn nötig korrigieren. Verläuft die Handlung in äußerer Form zunehmend flüssig, wird sie über die beschriebenen Etappen allmählich verinnerlicht, wobei auf *jeder Etappe für adäquate Handlungsausführungen zu sorgen* ist. Dies wird so weit geführt, wie es dem jeweiligen Ausbildungsziel hinsichtlich des Grades der *Beherrschung,* der *Interiorisation* und der *Automatisierung* der *Handlung* entspricht. Treten Schwierigkeiten auf einer Etappe auf, kann auf eine „niedrigere" zurückgegangen werden, um die Handlung gründlicher auszubilden bzw. die Handlungsausführung zeitweilig zu erleichtern.

Eine wichtige Form des Übergangs von praktisch-gegenständlichen zu sprachlich-geistigen Handlungen stellt die *Modellierung* dar. Die durch reale Einwirkung auf einen Gegenstand als wesentlich erkannten Merkmale und Relationen werden in verallgemeinerter, aber noch anschaulicher Form (in Schemata, Tabellen, Symbolen u. a.) vergegenständlicht und dadurch einer speziellen, vom einzelnen Gegenstand abgehobenen Analyse zugänglich gemacht. Diese Schemata, Tabellen, Symbole sind Ergebnis der in die praktisch-gegenständliche Tätigkeit eingewobenen Erkenntnis und zugleich Mittel weiterer Erkenntnis. Sie können Planungs-, Orientierungs- und Verallgemeinerungsfunktionen bei der Handlungsregulation haben (vgl. Abschn. 2.1.2.).

Die etappenweise Ausbildung neuer Handlungen erfolgt im Prozeß des *Lösens von Aufgaben,* deren Inhalt und Struktur sich aus dem anzueignenden Wissen, Können usw. ergibt. Durch die Handlungsausführung – in der das bereits Angeeignete angewendet wird – erfolgt die Aneignung immer neuer Aspekte und Komponenten des Wissens und Könnens, der Werte, Normen usw., eine ständige Anwendung, Festigung und Übung des Ange-

---

6 Eine Methode ist eine Klasse von Handlungs- oder Verfahrensweisen.

eigneten, die weitere Differenzierung, Präzisierung und Anreicherung der Kenntnisse, Verfahren und Verhaltensweisen, das tiefere Eindringen in das jeweilige Tätigkeitsfeld, das Herausarbeiten neuer Fragen usw. Es wäre offensichtlich *falsch, Aneignung und Anwendung zeitlich oder logisch voneinander zu trennen – sie bilden eine Einheit und ergänzen sich wechselseitig.* In Abhängigkeit von den Tätigkeits- und Aneignungsbedingungen kann die eine oder die andere Seite allerdings zeitweilig mehr in den Vordergrund treten.

Wird die Handlung durch das Lösen inhaltlich und strukturell unterschiedlicher Aufgaben ausgebildet, so verändert sich ihr Beherrschungs-, Interiorisations- und Automatisierungsgrad. Sie wird dabei verkürzt und allmählich auch *verallgemeinert,* d. h. von den konkreten Inhalten und Strukturen mehr und mehr abgehoben. Ihre grundlegenden Komponenten und Ausführungsbedingungen treten klarer hervor. Durch solche Konzentration auf das Wesentliche wird die Übertragbarkeit der Handlung auf andere Inhalte und Strukturen erleichtert (Transfer), was eine wesentliche Bedingung für die Orientierung in neuen Situationen und die leichtere Bewältigung neuer Anforderungen und somit für schöpferisches Herangehen an neue Aufgaben darstellt.

Kooperation und Kommunikation organisieren. Die Aneignung gesellschaftlicher Wesenskräfte des Menschen erfordert Tätigkeiten des Individuums, die von Anfang an in gesellschaftliche Beziehungen und Bedingungen eingebettet sind.

Im Zusammenhang mit den oben zitierten Gedanken über die Entwicklungszonen und die Wechselbeziehung zwischen Unterricht und Entwicklung formulierte Wygotski ein *Grundgesetz der Entwicklung* höherer (für den Menschen spezifischer) *psychischer Funktionen:* „In der Entwicklung des Kindes tritt jede höhere psychische Funktion zweimal in Szene – einmal als kollektive, soziale Tätigkeit, das heißt als interpsychische Funktion, das zweite Mal als individuelle Tätigkeit, als innere Denkweise des Kindes, als intrapsychische Funktion ... Ein wesentliches Merkmal des Unterrichts ist die Tatsache, daß er die Zone der nächsten Entwicklung schafft, das heißt, durch ihn werden beim Kind viele innere Entwicklungsprozesse ins Leben gerufen und in Bewegung gebracht, die das Kind zunächst nur in der Wechselwirkung mit der Umgebung, nur in der Zusammenarbeit meistern kann, die aber eine innere Entwicklung erfahren und dann zum inneren Besitz des Kindes werden" (1987, S. 302/303).

Das Zusammenwirken mit anderen Menschen (Kooperation) und der Informationsaustausch (Kommunikation) sind grundlegende Voraussetzungen für die Aneignung neuen Wissens und Könnens, neuer Normen und Werte. Form und Inhalt der Kooperation und Kommunikation können dabei sehr stark variieren (vgl. Kap. 3.), aber selbst in solchen Situationen individueller Tätigkeit wie Selbststudium, Schreiben einer wissenschaftlichen Arbeit oder eines Briefes, Nachdenken über das eigene Leben und die eigene Person sind sie immer enthalten (in stark vermittelter, verinnerlichter Form). Für die entwicklungsfördernde Tätigkeitsgestaltung müssen sie bewußt und sinnvoll genutzt und selbst zielstrebig ausgebildet werden.

Dies wird in einer extremen Situation, wie sie die Erziehung taub-blinder Kinder darstellt, besonders deutlich. Die wichtigsten Kanäle der Wechselbeziehung mit der gesellschaftlichen und natürlichen Umwelt – Sehen, Hören und Sprechen – sind ausgeschaltet. Sowjetische Psychologen und Pädagogen haben herausgearbeitet, wie das Spiel als für die psychische Entwicklung unersetzbare Tätigkeit ausgebildet werden kann. Der taubblinde Wowa z. B. konnte mit 7 Jahren – als er den Wissenschaftlern vorgestellt wurde – noch nicht spielen. Er war nur zu elementarem Manipulieren (Ordnen) mit einfachen Gegenständen wie Knöpfen, Schrauben u. ä. fähig. Mit Hilfe von Gegenständen wurden nun verschiedene Situationen dargestellt, zuerst als unmittelbare Abbildung realer Handlungen (bei direkter taktil-motorischer Führung des Kindes). Allmählich erlangten solche Handlungen für das Kind bestimmte Bedeutung und wurden zu Gesten, die ihrerseits auf die realen Handlungen und Gegenstände hinwiesen. Dadurch wurden für das Kind „Als-ob-Situationen" geschaffen, in denen eine Spielmotivation entstand, z. B. Einbeziehung einer Puppe, der die Bedeutung von Gesten „vermittelt" wurde. In diesem Prozeß entwickelte sich ein starkes Bedürfnis nach sozialer Kommunikation und Kooperation (Rollenverteilung u. ä.), das allein durch Befriedigung organismischer Bedürfnisse (Betreuung, Pflege) nicht zustande gekommen war. Es erhöhte sich der emotionale Tonus und die Aktivität des Kindes, wodurch es gelang, Gesten (Bedeutungen) dann schon z. B. nach einmaliger Demonstration anzueignen. In der Spieltätigkeit – die nur durch intensive pädagogische Führung entstand – entwickelte sich die soziale Kommunikation und eignete sich das Kind differenzierte Kommunikationsmittel an. Letztere wurden von Wowa zunächst nur in Spielsituationen, dann zunehmend auch in anderen Situationen eingesetzt. Damit wurde es möglich, zur systematischen Ausbildung der Lerntätigkeit und anderer Tätigkeiten überzugehen (nach MESCHTSCHERJAKOW/PASCHENZEWA 1977).

Die „Zusammenarbeit" und der Austausch mit anderen sind für das Entstehen von Selbständigkeit bei der Bewältigung immer neuer Anforderungen der verschiedensten Art notwendig.

Die anfangs unmittelbar physische Lenkung (z. B. Führen der Hand bei den ersten Versuchen des Schreibenlernens oder des Umgangs mit Handwerkszeug) wird zurückgenommen bzw. auf verbale Anleitung reduziert. Die Anleitung kann sich auf Hauptschritte und -bedingungen beschränken, aus der unmittelbaren Bindung an den Handlungsverlauf lösen und auf die Vorplanung und -orientierung sowie nachträgliche Kontrolle und Bewertung konzentrieren, globaler und allgemeiner werden. Größere Handlungsabschnitte, komplexere und vielfältigere Handlungen werden der Selbstregulation zugänglich. Das ermöglicht in zunehmendem Maße die Modifikation und Kombination von Handlungen und Handlungsaspekten und dadurch schöpferisches Herangehen an neue Aufgaben und Erscheinungen.

Kooperation und Kommunikation beschränken sich nicht auf die Wechselwirkung zwischen Pädagogen und Heranwachsenden. Große Entwicklungspotenzen liegen auch in der *Kooperation und Kommunikation zwischen den Heranwachsenden* selbst. Die große erzieherische Bedeutung des *Kinderkollektivs* beruht gerade darauf, daß die Heranwachsenden in der unmittelbaren Wechselwirkung zwischen Gleich- und/oder Verschiedenaltrigen auf Grund der geringeren Differenz in der psychischen Entwicklung Verhaltensweisen, Normen und Regeln, Standpunkte und Urteile usw. oftmals leichter und bereitwilliger übernehmen als in der Wechselwirkung mit Erwachsenen. Für die den Bildungs- und Erziehungszielen entsprechende Persönlichkeitsentwicklung ist ein unerläßliches Merkmal pädagogischer Führung, daß die Kooperation und Kommunikation zwischen den Heranwachsenden zielstrebig ausgebildet und genutzt wird („parallele pädagogische Einwirkung" nach MAKARENKO). Das Kinder- bzw. Jugendkollektiv ist der wichtigste Partner und Verbündete des Pädagogen.

Zur zielgerichteten Ausbildung von *Kooperation und Kommunikation* richtet sich die pädagogische Einflußnahme auf:

– *Organisation und systematische Ausbildung kooperativer Formen der Tätigkeit,* der Verbindung hoher Anforderungen mit dem Vertrauen in die Kräfte des einzelnen und des Kollektivs und mit dem Übertragen von Verantwortung,

– *Schaffung einer optimistischen, freudvollen, von Selbstvertrauen getragenen Atmosphäre,* in der die Erfüllung von Pflichten Vergnügen bereitet und das Bewußtsein erfolgreichen Voranschreitens durch Bewältigung anspruchsvoller Anforderungen vermittelt wird,

– *Sicherung einer niveauvollen sprachlichen Kommunikation als dem Hauptmittel für die Vermittlung gesellschaftlicher Erfahrungen und Verfahrensweisen, Werte und Normen, für die Anleitung und Steuerung der Tätigkeit und für den gegenseitigen Austausch von Überlegungen, Meinungen, Wertungen, Erfahrungen,*

– *Differenzierte Berücksichtigung individueller, alters- und gruppenspezifischer* Besonderheiten, Nutzung der Stärken und Potenzen in den subjektiven Voraussetzungen, um die Entwicklung jedes einzelnen und des Kollektivs zu fördern, Schwächen und Mängel durch Anregung der Eigenaktivität zu überwinden (vgl. Kap. 3.).

Potenzen jeder Tätigkeit und ihrer Wechselbeziehungen nutzen. Allseitige, harmonische Persönlichkeitsentwicklung vollzieht sich in einer Vielfalt von Tätigkeiten. Ihre Potenzen für die psychische Entwicklung werden stets innerhalb eines Tätigkeitssystems wirksam (vgl. Abschn. 1.1.). So *ergänzen* – in Abhängigkeit vom allgemeinen Entwicklungsniveau – *verschiedenartige Tätigkeiten die Lerntätigkeit* des Schülers, stellen Ausgleich und Abwechslung her, bieten Anregungen, die in der Lerntätigkeit aufgegriffen und weitergeführt werden können, verwerten ihrerseits Ergebnisse der Lerntätigkeit. Der *Tätigkeitswechsel* (sowohl innerhalb der Lerntätigkeit als auch zwischen den Tätigkeitsarten) fördert in vielen Fällen die Aktivität. Für sozialistische Erziehung ist die Einheit und Wechselwirkung von Lernen und Arbeiten, von Wissensaneignung und Teilnahme am gesellschaftlich-politischen Leben, am Kampf der Werktätigen um die Sicherung des Friedens und die Weiterentwicklung der sozialistischen Gesellschaft grundlegendes Prinzip.

Je jünger die Schüler sind, desto bedeutsamer ist die *Einbeziehung von Spielelementen* in die Lerntätigkeit. Dadurch werden zusätzliche Impulse für die aktive Auseinandersetzung mit dem Lerngegenstand gewonnen, wird Abwechslung in notwendige Übungsfolgen gebracht und eine lustbetonte Lernatmosphäre unterstützt.
Dabei muß die pädagogische Führung gewährleisten, daß Spielmotive im Schulalter lediglich als Ausgangspunkt für das Entstehen bzw. die Weiterentwicklung von Lernmotiven dienen, sie ergänzen und unterstützen. In der Wechselwirkung von Spiel- und Lerntätigkeit liegen wichtige Potenzen für die Entwicklung schöpferischen Denkens und Handelns, da das spielerische Manipulieren, Kombinieren und Modifizieren gegebener Objekte und *Situationen das Erkennen neuer Aspekte, Zusammenhänge* und Lösungsmöglichkeiten stimuliert.

In der Mittel- und Oberstufe bieten sich viele Möglichkeiten, auch spezielle *Interessen, Kenntnisse und Fähigkeiten einzelner Schüler aus ihren Freizeitbeschäftigungen* zu nutzen. Das kommt dem Lernen im Klassenkollektiv zugute und dient zugleich der Förderung einzelner Schüler, der Veränderung ihrer Stellung im Kollektiv.

Zusammenfassung

Z

• Aufgabe des Lehrers ist es, ein immer höheres Niveau der Regulation und der Verlaufsqualitäten aller Tätigkeiten der Heranwachsenden zu erreichen. Er schafft damit günstige Bedingungen für die allseitige Entwicklung von Persönlichkeitseigenschaften.

• Durch pädagogische Einflußnahme sollen die Heranwachsenden zur zunehmend eigenständigen Regulierung aller Tätigkeiten befähigt werden. Dazu ist notwendig, *kognitive, motivationale, emotionale und volitive psychische Komponenten* in immer höheren *Qualitäten des Verlaufs* auszubilden und den Schüler zu befähigen, *bewußt* darüber zu verfügen.

• Die Kenntnis des individuellen Niveaus der Handlungsregulation (Handlungstyp), ist wesentliche Voraussetzung für die Bestimmung der Zone der nächsten Entwicklung.

• *Die pädagogische Führung* ist zu richten auf:

– die Gewährleistung einer *hohen Aktivität* der Heranwachsenden,

– die Meisterung der *Dialektik von Anleitung und Selbständigkeit,*

– eine Gestaltung der Tätigkeit, die dem *Entwicklungsniveau* der Kinder und Jugendlichen gemäß ist,

– die Sicherung einer *aktivitätsfördernden Motivation,*

– das Ausbilden *vollwertiger Orientierungsgrundlagen* des Handelns,

– die Gewährleistung der *Einheit von Interiorisation und Exteriorisation,*

– das Organisieren von *Kooperation und Kommunikation,*

– das Nutzen der *Potenzen aller Tätigkeitsarten* und ihrer *Wechselbeziehungen.*

Zur Selbstkontrolle und Übung

Ü 1. Suchen Sie für jede Art des Lernens ein Beispiel! Stellen Sie dar, worauf sich Ihre Zuordnung des Sachverhalts zur jeweiligen Lernart stützt!

2. Ermitteln Sie bei einem Schüler, auf welchem Niveau der Handlungsregulation er sich bezüglich einer bestimmten Anforderung befindet!

Beantworten Sie sich dazu folgende Fragen:

- Welche Komponenten der Handlungsregulation kann er sich beim Lösen einer von Ihnen gestellten Problemaufgabe aus einem Ihrer Unterrichtsfächer bewußtmachen?
- Inwieweit kann er sein Handeln selbständig regulieren? (Welcher Hilfen bedarf er?)

Nennen Sie Ansatzpunkte für Ihre pädagogischen Maßnahmen, die Sie aufgrund ihrer Ermittlung für diesen Schüler vorschlagen!

3. Geben Sie einen Überblick, was aus psychologischer Sicht zu beachten ist, um bei einem Schüler, der in Ihrem Fach nicht gern lernt, Lernmotive und -einstellungen herauszubilden!

Welche Beziehungen bestehen zwischen Lerneinstellungen und Einstellungen zur Arbeit?

4. Analysieren Sie die objektive Anforderung, die das Lösen einer Aufgabe an Schüler einer bestimmten Klassenstufe stellt! (Wählen Sie dazu eine Aufgabenstellung für Schüler aus einem Lehrbuch aus!)

Wie können Sie auf den Schwierigkeitsgrad schließen?

5. Entwerfen Sie eine Orientierungsgrundlage für eine Lernhandlung aus einem Ihrer Unterrichtsfächer, die Sie bei Ihren Schülern ausbilden wollen!

2. Ausbildung von Eigenschaften des Leistungs- und Sozialverhaltens

„Das Bildungswesen hat die Aufgabe, junge Menschen zu erziehen und auszubilden, die, mit solidem Wissen und Können ausgerüstet, zu schöpferischem Denken und selbständigem Handeln befähigt sind, deren marxistisch-leninistisch fundiertes Weltbild die persönlichen Überzeugungen und Verhaltensweisen durchdringt…“

PROGRAMM DER SOZIALISTISCHEN EINHEITSPARTEI DEUTSCHLANDS (1976, S. 48)

Kapitelinhalte:

Charakteristik von Eigenschaften des Leistungs- und Sozialverhaltens

Allgemeine Gesetzmäßigkeiten und Bedingungen für die Ausbildung von Eigenschaften im pädagogischen Prozeß

Entwicklungswirksame Bedingungen für die gezielte Ausbildung und Stabilisierung von Kenntnissen, von Fähigkeiten, Fertigkeiten und Gewohnheiten sowie von Einstellungen, Überzeugungen und Charaktereigenschaften

A Die Ausbildung und Stabilisierung von Eigenschaften des Leistungs- und Sozialverhaltens, in die zugleich auch die Eigenschaften der Gerichtetheit der Persönlichkeit integriert sind, ist eine wesentliche Aufgabe des gesamten pädagogischen Prozesses und zugleich der konkreten Tätigkeit des Lehrers.

Aus pädagogisch-psychologischer Sicht wenden wir uns nun jenen psychologischen Gesetzmäßigkeiten und Bedingungen zu, die Lehrer und Erzieher bei der Gestaltung des pädagogischen Prozesses beachten müssen, um solide und anwendungsbereite Kenntnisse, stabile Fähigkeiten, Fertigkeiten und Gewohnheiten und an Werten des Sozialismus orientierte Verhaltenseigenschaften der Schüler ausbilden zu können.

Aus der allgemeinen und Persönlichkeitspsychologie (vgl. Bd. I) sind folgende Erkenntnisse einzubeziehen:

- Eigenschaften der Persönlichkeit stellen Invarianten in der Wechselbeziehung des Menschen mit seiner Umwelt dar.
- Alle Tätigkeiten tragen – allerdings akzentuiert in ihrem Entwicklungseffekt für bestimmte Eigenschaften – zur Formung der Persönlichkeit bei.
- Der Inhalt der Eigenschaften ergibt sich aus generalisierten psychischen Widerspiegelungen von sachlichen und sozialen Anforderungen, die das Individuum im Leben zu bewältigen hat.
- Die Verfestigung von psychischen Inhalten und Prozessen zu Eigenschaften umfaßt alle kognitiven, emotionalen und volitiven Komponenten der psychischen Tätigkeitsregulation.
- Wesentliche Bedingungen für die Verfestigung bilden
  - die subjektive Bedeutsamkeit der Tätigkeiten und Handlungen, die letztlich alle der Befriedigung individueller und gesellschaftlicher Bedürfnisse dienen,
  - die eigene, zielgerichtete Aktivität,
  - die Wiederholung von Handlungen unter gleichen und veränderten Bedingungen und
  - die Bekräftigung von Handlungen durch das Erleben von Erfolg und Mißerfolg sowie durch soziale Bewertungen.

2.1. Kenntnisse

2.1.1. Kenntniserwerb und Persönlichkeitsentwicklung

Der Erwerb von Kenntnissen bildet eine unerläßliche Bedingung für die Entwicklung der Persönlichkeit. Kenntnisse werden in der Auseinandersetzung mit Personen, Gegenständen und Situationsbedingungen erworben. Dabei entstehen Beziehungen zu diesen Sachverhalten, die sich unter bestimmten Bedingungen verfestigen und verallgemeinern und somit zur Ausbildung von Eigenschaften der Persönlichkeit beitragen. Zum anderen bilden Kenntnisse notwendige Komponenten anderer Persönlichkeitseigenschaften, z. B. von Einstellungen, Interessen und Überzeugungen. Kenntnisse gehören zu den Leistungseigenschaften der Persönlichkeit. Der Umfang und die Qualität der Kenntnisse über Natur und Gesellschaft, über die ein Mensch verfügt, kennzeichnen das Niveau seiner Allgemeinbildung. Kenntnisse bilden das Fundament und das Gerüst der Allgemeinbildung der Persönlichkeit. Allen Schülern eine hohe sozialistische Allgemeinbildung zu sichern erfordert daher in erster Linie, ihnen solide, feste und anwendungsbereite Kenntnisse zu vermitteln, und zwar in dem in den Lehrplänen für die zehnklassigen allgemeinbildenden polytechnischen bzw. für die erweiterten Oberschulen ausgewiesenen Umfang und den dort bestimmten Kennzeichen ihrer neuen Qualität kommunistischer Bildung (vgl. NEUNER u. a. 1987, S. 13 ff.). Die Wirksamkeit von Kenntnissen als Persönlichkeitseigenschaften drückt sich in der Handlungsregulation aus. Ohne Kenntnisse ist ein *bewußtes Handeln* nicht möglich. Sie sind an allen Phasen der Orientierung und Regulation der Handlung beteiligt.

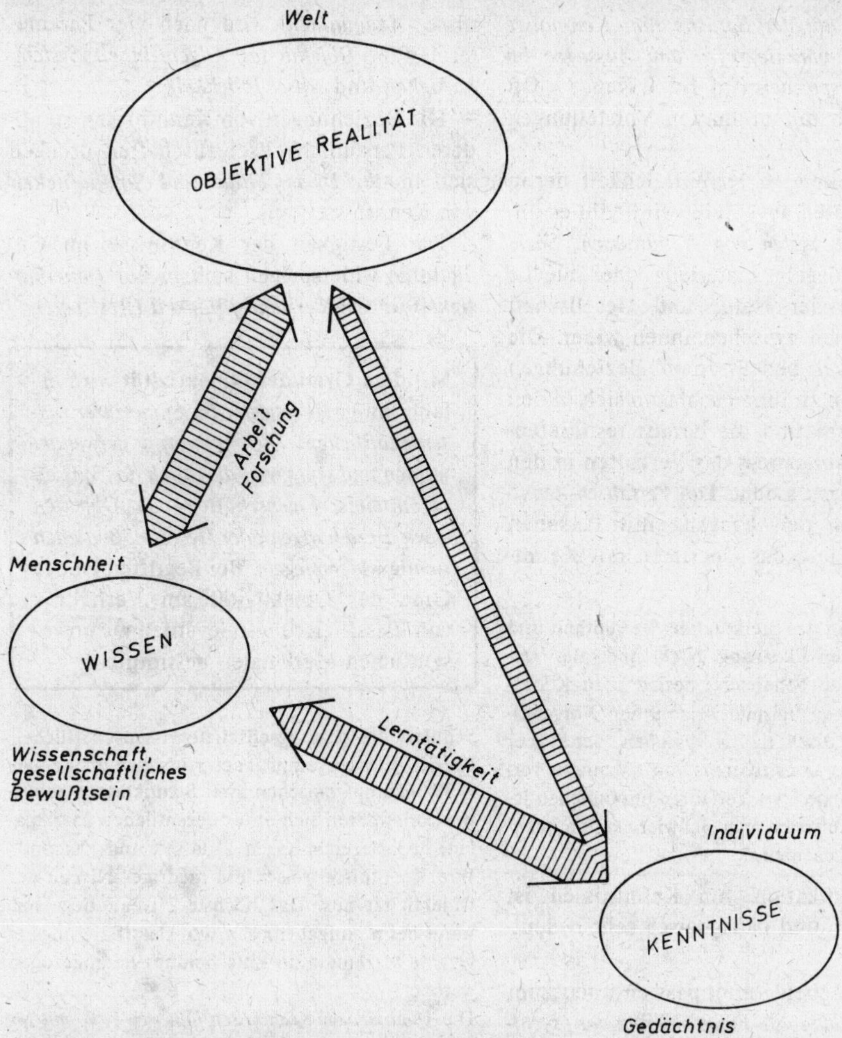

Abbildung 2.1: Beziehungen zwischen objektiver Realität, Wissen und Kenntnissen (nach Pippig 1985, S. 21)

> **Kenntnisse** *entstehen als Ergebnis eines Erkenntnisprozesses, aus der Verfestigung von Inhalten psychischer Prozesse. Sie stellen individuelle, rationale Abbilder objektiver Realität dar, die im Gedächtnis fixiert* sind. Sie ermöglichen dem Menschen, zu allen Erscheinungen der Welt eine Position zu beziehen und durch seine Tätigkeit bewußt Beziehungen zur Welt zu realisieren.

Es ist psychologisch und pädagogisch bedeutsam, zwischen den im individuellen und den im gesellschaftlichen Bewußtsein verankerten Abbildern der Realität zu unterscheiden. Die letzteren bezeichnen wir als Wissen. (Im allgemeinen Sprachgebrauch werden jedoch die Termini Wissen und Kenntnis synonym verwendet.) Kenntnisse stellen somit auch angeeignetes Wissen dar *(vgl. auch Abb. 2.1).*

Das Merkmal des Rationalen weist auf die

Verknüpfung mit der Sprache hin. Kenntnisse sind in Form von Begriffen und Aussagen im Gedächtnis gespeichert (vgl. Bd. I, Kap. 8.). Oft sind sie auch mit bildhaften Vorstellungen verbunden.

Je nach dem Bereich der Wirklichkeit, der in den Kenntnissen abgebildet wird, gibt es unterschiedliche *Arten von Kenntnissen. Sachkenntnisse* spiegeln materielle oder ideelle Gegenstände der Natur und Gesellschaft und Relationen zwischen ihnen wider. Die gesellschaftlich bedeutsamen Beziehungen der Menschen zu ihnen schlagen sich in den *Wertkenntnissen* und die daraus resultierenden Anforderungen an das Verhalten in den *Normkenntnissen* nieder. Die *Verfahrenskenntnisse* erfassen den Umgang mit Personen und Dingen und das Operieren mit Kenntnissen.

Auch für sie gilt das Merkmal der Bewußtheit und der sprachlichen Fixierung. Nicht über alle Verfahren, die man beherrscht, besitzt man Kenntnisse. So können beispielsweise schon Vorschulkinder grammatisch richtig sprechen, ohne über Kenntnisse des Konstruierens von Sätzen zu verfügen. Kenntnisse über Verfahren ermöglichen jedoch, beim Auftreten von Schwierigkeiten sachkundig zu entscheiden.

Diese Klassifikation von Kenntnissen ist psychologisch und pädagogisch sehr bedeutsam.

Die verschiedenen Kenntnisarten üben zum einen *unterscheidbare Funktionen in der psychischen Steuerung und Regulation der Handlung* aus. Zum anderen dominieren bei ihrem Erwerb *unterschiedliche Wege der Aneignung.*

Die pädagogische Tätigkeit richtet sich darauf, Kenntnisse von hoher Qualität auszubilden. Die psychologische Analyse „solider, anwendungsbereiter und fester" Kenntnisse orientiert sich an folgenden Parametern der Qualität, aus denen sich zugleich konkrete Ziele für die pädagogische Tätigkeit ergeben *(vgl. auch Abb. 2.2):*

– Die Übereinstimmung der Kenntnisse mit dem Wissen als der im gesellschaftlichen Bewußtsein existierenden Quelle der Kenntnisse *(Adäquatheit)* wird nach vier Parametern erfaßt: *Objektivität, Allgemeinheit, Systemhaftigkeit* und *Anschaulichkeit.*

– Die Beziehungen von Kenntnissen zu anderen Persönlichkeitseigenschaften drücken sich in der *Disponibilität und Sinnhaftigkeit* von Kenntnissen aus.

– Die Festigkeit der Kenntnisse im Gedächtnis widerspiegelt sich in der *Dauerhaftigkeit* und *Widerstandsfähigkeit (Resistenz).*

Mit dem **Grad der Objektivität** wird erfaßt, *inwieweit Begriffe im Sinne ihrer wissenschaftlichen Bestimmung verwendet werden und Aussagen die durch das Wissen vermittelten Eigenschaften von Objekten sowie Beziehungen oder Gesetzmäßigkeiten richtig widerspiegeln.* Bei Begriffen ist der Grad der Objektivität am Verhältnis von klassifizierungsrelevanten zu unwesentlichen Merkmalen bestimmbar.

Schüler, die dem gesellschaftswissenschaftlichen Begriff „Klassenkampf" auch Aussagen über einen Fußballkampf zwischen zwei Schulklassen zuordnen, orientieren sich an unwesentlichen Merkmalen, den Bezeichnungen „Klasse" und „Kampf". Ihre Kenntnisse weisen ein niedriges Niveau der Objektivität aus. Das höchste Niveau liegt vor, wenn beim Aufgabenlösen nur klassifizierungsrelevante Merkmale zur Entscheidung herangezogen werden.

Die *Qualität von Kenntnissen läßt sich z. B. mit Serien von Aufgaben erfassen,* deren jede einzelne von den Schülern eine *Entscheidung über jeweils eines der klassifizierungsrelevanten Merkmale eines Begriffs* oder eines *Kriteriums für die Richtigkeit einer Aussage* erfordert.

Der Grad der Objektivität von Kenntnissen zum Begriff der Gleichung wurde mit folgender Aufgabenserie ermittelt: Welche der vorgegebenen Zeichenreihen bezeichnet man als Term (T), als Gleichung (G), als Ungleichung (U)? Welche hat keinen bestimmten Namen (o. N.)? Schreiben Sie den jeweiligen Kennbuchstaben dahinter!

a) $5-2=3$	e) r	i) $x=y$	m) $(a+b)$
b) $6<9$	f) $3a<7a+2$	j) $12>3+4$	n) $x+:z=1$
c) 15	g) $3<1$	k) $V=a\cdot b\cdot c$	o) $x-y=z$
d) $x=4$	h) $x:3$	l) $6+7=2$	p) $4=2$

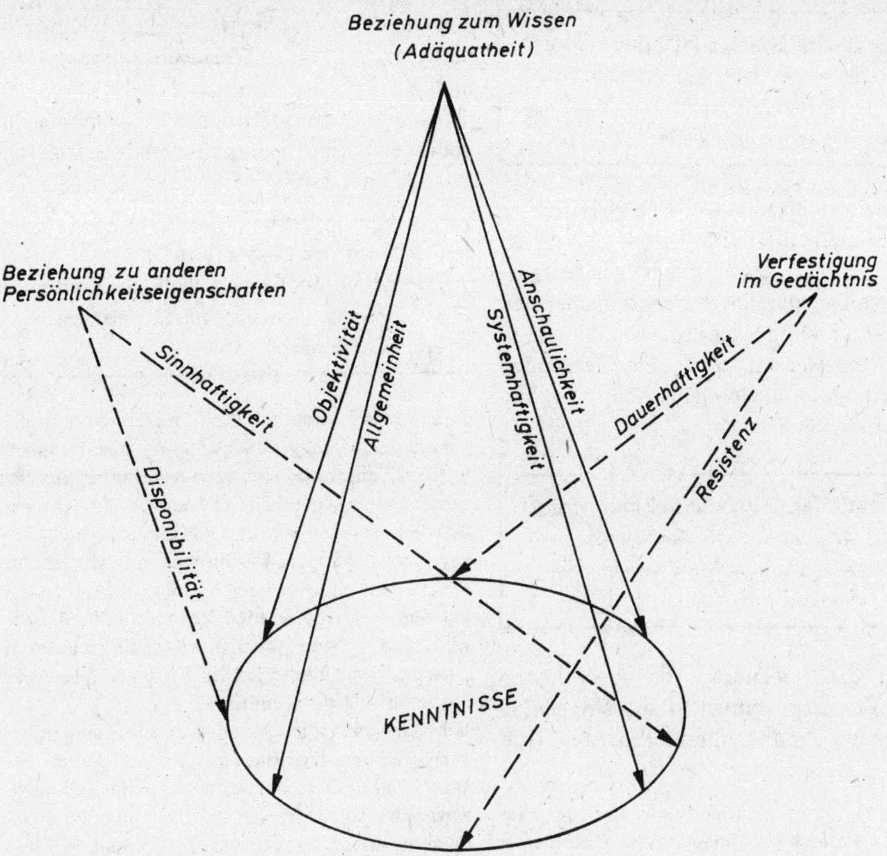

Abbildung 2.2: Parameter der Qualität von Kenntnissen (nach PIPPIG 1985, S. 34)

Nicht alle Schüler hatten die Aussagen unter d, k, l und p als Gleichung anerkannt. Sie hatten sich an sprachlichen Formulierungen oder am Wahrheitswert der Aussage orientiert, als sie entschieden: „d) Ergebnis einer Gleichung", „k) Formel", „l) und p) Ungleichung".

> *Der* **Grad der Allgemeinheit** *kennzeichnet das Verhältnis von Allgemeinem, Besonderem und Einzelnem in den Kenntnissen über einen Sachverhalt.*

Das höchste Niveau des Grades der Allgemeinheit hat ein Schüler dann erreicht, wenn er in einer konkreten Einzelerscheinung auch das Besondere und Allgemeine erkennt, indem er vom Allgemeinen her durch Konkretisieren das Besondere und Einzelne findet.

Wenn Schüler nur mit abstrakten Begriffen operieren und nicht in der Lage sind, sie auf konkrete Sachverhalte anzuwenden, so liegt das niedrigste Niveau der Allgemeinheit von Kenntnissen vor, das durch die fehlenden Übergänge zwischen Allgemeinem und Einzelnem markiert wird. Solche Kenntnisse werden gewöhnlich als formalistisch bezeichnet.

Diese Niveaustufe äußert sich auch in der entgegengesetzten Erscheinung, in dem ein Schüler zu einem allgemeinen Sachverhalt nur Einzelnes nennen, die Beziehung zwischen dem Einzelnen und dem Allgemeinen aber nicht herstellen kann. Ein dafür typisches Beispiel bildet die Antwort auf die Frage „Was ist das?" – „Das ist zum Beispiel, wenn ...".

> *Der* **Grad der Systemhaftigkeit** *spiegelt die Beziehungen von Kenntnissen innerhalb eines Kenntnisbereichs und zu solchen anderer Wissensgebiete wider.*

Die Niveaustufen bewegen sich zwischen einer vollständigen Abbildung von Beziehungen, bei der alle wesentlichen Zwischenglieder in Abhängigkeit von der Aufgabenstellung ohne bewußte Such- und Denkprozesse reproduziert werden, und einer fehlenden oder sachlogisch unrichtigen Abbildung solcher Beziehungen.

> *Im* **Grad der Anschaulichkeit** *drückt sich die Adäquatheit des Verhältnisses von sinnlichen und rationalen Komponenten in den Kenntnissen aus.*

Was für die Aneignung von Kenntnissen darüber ausgesagt worden ist, gilt sinngemäß auch für das Produkt dieses Prozesses (vgl. Abschn. 2.1.2.).

Als Beleg für einen niedrigen Grad der Anschaulichkeit, der durch das unangepaßte Überwiegen bildhafter Vorstellungen zustande kommt, wird an typische Rechenfehler mit der Zahl 0 erinnert. Die Aufgabe $5 \cdot 0$ wird meistens richtig gelöst, aber als Ergebnis von $0 \cdot 5$ wird häufig 5 genannt. Die Überlegungen könnten gelautet haben: „Null ist ‚nichts'. Fünfmal ‚nichts' bleibt ‚nichts', also Null. Aber wenn ich die Fünf mit ‚nichts' multipliziere, bleibt sie bestehen, also ist das Ergebnis ‚fünf'." Analog verhält es sich mit den Fehlern $5 : 0 = 5$ oder $5^0 = 5$.

Alle vier genannten *Qualitätsparameter gründen sich auf die Art und Weise der Speicherung der Kenntnisse im Gedächtnis.* Mängel im Grad der Objektivität und der Allgemeinheit weisen vorwiegend auf inadäquat strukturierte *innerbegriffliche*, solche im Grad der Systemhaftigkeit vor allem auf *zwischenbegriffliche Relationen* hin (vgl. Band I, Kap. 8.). Da diese Relationen durch die geistige Verarbeitung von Informationen entstehen, können Mängel in dieser Hinsicht auch nur auf diese Weise überwunden werden.
Zugleich verdeutlichen diese Beziehungen, daß die Qualitätsparameter von Kenntnissen auch untereinander verbunden sind.

> *Der* **Grad der Disponibilität** *gibt an, inwieweit Kenntnisse außerhalb des Kontextes verfügbar sind, in dem sie einst erworben worden sind.*

Jede Reproduktion von Kenntnissen stellt streng genommen schon eine Anwendung dar. Dennoch werden Kenntnisse erst dann als anwendungsbereit anerkannt, wenn sie im Rahmen einer Aufgabenstellung vom Schüler selbständig herangezogen werden können. Berührt die Aufgabe unmittelbar den Wissensbereich, dem die Kenntnis entstammt, reicht ein niedriges Niveau der Disponibilität zur Lösung aus. Je weiter sie sich davon entfernt, desto höher ist die Anforderung an die Disponibilität der Kenntnisse.
Die *Disponibilität von Kenntnissen hängt* wesentlich *vom Grad der Allgemeinheit und vom Grad der Systemhaftigkeit ab.* Das konnte experimentell nachgewiesen werden. Die Art der Speicherung im Gedächtnis erklärt auch diesen Sachverhalt. Mit den semantischen Merkmalen sind zugleich auch operative verknüpft, die Anwendungsbedingungen beinhalten. Je differenzierter und je umfangreicher die inner- und zwischenbegrifflichen semantischen Strukturen ausgebildet sind, desto leichter sind auch die Kenntnisse bei ungewohnten Anforderungen abrufbar. Allerdings wirkt dabei auch die *Beweglichkeit des Denkens und der Gedächtnisprozesse* mit, die allgemein den geistigen Fähigkeiten zugerechnet werden. Die Wechselbeziehungen, die zwischen Kenntnissen und Fähigkeiten bestehen, werden an diesem Sachverhalt nicht nur verdeutlicht, sie lassen auch pädagogische Schlußfolgerungen für die Verbesserung der Disponibilität von Kenntnissen und für die Schulung der Beweglichkeit des Denkens zu (vgl. Abschn. 2.2.2.).

> *Mit dem* **Grad der Sinnhaftigkeit** *wird die subjektive Bedeutsamkeit der Kenntnisse ausgedrückt.*

Sie ist an der gesellschaftlichen Bedeutung des jeweiligen Wissens orientiert, aber nicht mit ihr identisch. Sie ist auch von der Semantik der Begriffe und Aussagen zu unterscheiden. Sie spiegelt gewissermaßen die Einstellung zu den eigenen Kenntnissen eines Bereichs wider, die relativ unabhängig von der einzelnen Aufgabe ist, aus der sich die aktuelle Bedeutsamkeit der Kenntnisse ableitet. Die Beziehungen zum Inhalt der Motive und Einstellungen und ihre Bedeutsamkeit für den Kenntniserwerb wurden bereits erläutert (vgl. auch Abschn. 1.2.2.).

Die **Dauerhaftigkeit der Kenntnisse** *betrifft die Treue der Reproduktion, nachdem Kenntnisse fest eingeprägt worden sind, bezogen auf den jeweiligen Zeitpunkt.*

Sowohl der Umfang als auch die Qualität der reproduzierbaren Kenntnisse sind daher zu deren Charakteristik heranzuziehen. Unter welchen Bedingungen Kenntnisse fest und dauerhaft angeeignet werden, wird im Abschn. 2.1.2. erörtert.

Mit der Verfestigung im Gedächtnis ist auch das Merkmal der **Resistenz gegen äußere Einflüsse** verbunden. Damit ist zu beschreiben, *inwieweit sich ein Schüler seiner Kenntnisse sicher ist.*

Das hängt einerseits davon ab, inwieweit die betreffenden Kenntnisse mit Erfahrungen verknüpft sind, andererseits wirken auch Persönlichkeitseigenschaften wie Selbstbewußtsein und Selbstvertrauen darauf ein.

2.1.2. Bedingungen der Aneignung und Festigung von Kenntnissen

Kenntnisse sind das Ergebnis von Erkenntnisprozessen, die alle Tätigkeiten begleiten. Lernhandlungen haben das Ziel, sich Kenntnisse anzueignen. Dazu gehören sehr unterschiedliche Aktivitäten, wie aktives Zuhören bei einem Vortrag, das Analysieren eines Lehrbuchtextes, das Interpretieren eines Modells, Erörtern eines Sachverhaltes, das wörtliche Einprägen eines Textes oder Lösen eines Problems (vgl. Abschn. 1.2.2.). Nicht in allen Handlungen wird der Lernende darauf orientiert, sich etwas zu merken, d. h. willkürlich einzuprägen. Auch unwillkürliches Einprägen nimmt in den Lernhandlungen einen breiten Raum ein. *Willkürliches Einprägen* führt im allgemeinen zu besseren Behaltensleistungen als unwillkürliches.
Unter bestimmten Umständen kann auch unwillkürliches Einprägen zu besseren Lerneffekten führen.

Zwei vergleichbaren Schülergruppen wurden 15 Substantive vorgegeben. Die erste Gruppe hatte diese abzuschreiben und sich zu merken, die zweite sollte sie nach eigenem Gutdünken „richtig" klassifizieren und geordnet aufschreiben. Am nächsten Tag schrieben alle Schüler diese Wörter aus dem Gedächtnis nieder. Die Schüler der zweiten Gruppe hatten sich im Durchschnitt mehr Wörter gemerkt und weniger Rechtschreibfehler begangen als die der ersten. Bewirkt hatte das die intensivere geistige Auseinandersetzung, die neue ordnungsbildende Verknüpfungen zwischen den Begriffen erzeugte.

Psychische Inhalte von Erkenntnisprozessen verfestigen sich leichter im Gedächtnis, wenn sie *in der Handlungsstruktur eine exponierte Stellung* einnehmen, etwa das Ziel einer Handlung darstellen, oder als Entscheidungsstellen für ihren Verlauf erlebt werden. Sie gehen auch leichter in das Gedächtnis ein, wenn sie geordnet dargeboten werden und wenn sie sich vom Lernenden in ein bestehendes Kenntnissystem gut einordnen lassen oder auch beitragen, eine für ihn günstige Ordnung in einem Kenntnisbereich zu schaffen, als ohne diese Voraussetzungen.
Auch die *unmittelbare Verknüpfung* des anzueignenden Wissens *mit Motiven und Sinnbezügen*, die sich aus der Tätigkeit ergeben, in die die Handlung eingebettet ist, erzeugen diesen Effekt. Es gibt also einige allgemeine

Bedingungen, die in allen Arten von Lernhandlungen die Aneignung von Wissen wesentlich beeinflussen.
Solche Bedingungen sind der *Grad und die Gerichtetheit der Aktivität des Lernenden*, die *Häufigkeit der Wiederholungen* sowie die *subjektive Bedeutsamkeit* des Wissens. Sie sollen knapp erläutert werden.

Grad und Gerichtetheit der Aktivität des Lernenden. Das oben angeführte Beispiel und der Versuch von Sintschenko (vgl. auch Bd. I, Kap. 7.) zum unwillkürlichen Gedächtnis belegen, daß sowohl die Ausrichtung der Aktivität auf einen Gegenstand als auch ihre Stärke den Behaltenseffekt bestimmen.
Je präziser und je intensiver die Aktivität des Lernenden auf das zu erwerbende Wissen gerichtet ist, um so höher ist der Behaltenseffekt.
Das Ausrichten der Aktivität auf den Gegenstand der Erkenntnis erfolgt am besten durch das *Streben nach Einsicht.* Was einsichtig erfaßt worden ist, wird auch verstanden. *Das Verstehen erfordert das Einordnen des neu Erworbenen in das eigene Kenntnissystem.* Es ist jedoch noch nicht mit der Einsicht identisch. *Einsicht in einen Sachverhalt zu gewinnen bedeutet, seine Struktur zu erkennen*, das heißt, seine Elemente und die Wechselbeziehungen zwischen ihnen. Sie bezieht sich damit auf das *Wesen einer Erscheinung.*

Ein historisches Ereignis kann von einem Schüler bereits dann verstanden worden sein, wenn er die Abfolge von Ereignissen, die Situationsbedingungen und auch Wertungen darüber kennt. Die Einsicht besitzt er, wenn er seine Entstehung erklären, Gesetzmäßigkeiten aufdecken oder Beziehungen zu anderen Ereignissen oder Erscheinungen herstellen kann. Analoges gilt auch für die Verfahrenskenntnisse. Schüler, die einen Algorithmus anwenden können, z. B. die Regeln für das schriftliche Multiplizieren, haben diesen als zweckvoll erkannt und verstanden. Sie haben ihn einsichtig erfaßt, wenn sie begründen können, warum jeder einzelne Schritt nach der angegebenen Vorschrift so ausgeführt werden muß. Jüngere Schüler begnügen sich oft mit dem Erfassen von Beziehungen zwischen den Erscheinungen. Je älter sie werden, um so mehr wollen sie wissen, *warum* etwas so ist oder warum so zu handeln ist. Unter diesen Bedingungen prägen sie sich einen Sachverhalt dauerhafter ein.

Einsichten können im allgemeinen vom Lehrer nicht unmittelbar auf den Schüler übertragen werden. Der Lehrer kann aber die Lernhandlungen anregen und steuern, innerhalb derer beim Schüler durch seine eigenständige (und geführte) Auseinandersetzung mit dem Sachverhalt Einsichten entstehen.

Die eigene geistige Aktivität des Lernenden kann auch dann angeregt und gerichtet werden, wenn er im Unterricht Dargebotenes „einfach" zu rezipieren hat, z. B. beim Zuhören (eines Vortrages, einer Musikdarbietung), beim Beobachten (eines Experimentes oder der Demonstration einer sportlichen Übung), beim Abzeichnen oder Abschreiben (Skizzen, Wandtafeltexte). Der Lehrer erreicht das durch Aufgaben, die darauf zielen, das Aufzunehmende geistig zu verarbeiten. Solche Aufgabenstellungen können beinhalten, im Anschluß an die Darbietung eine bestimmte Frage zu beantworten, das Wesentliche (was ist unter welcher Fragestellung wesentlich?) hervorzuheben oder mit eigenen Worten zu formulieren, das Aufgenommene mit anderen Sachverhalten zu vergleichen, Erscheinungen zu erklären, abzuschreibende Schemata zu ergänzen oder anders zu ordnen oder ihren Aufbau zu begründen. Das dient sowohl dem Aufnehmen und Einordnen der Kenntnisse in das bereits gespeicherte Kenntnissystem als auch ihrer Festigung.

Im Aneignungsprozeß können *Störungen* auftreten, die durch Gesetzmäßigkeiten psychischer oder auch physiologischer Prozesse hervorgerufen werden. So kann ein Inhalt bei seiner Aneignung bereits dadurch verändert werden, daß ein vorher angeeigneter Inhalt sich mit ihm inadäquat vermischt. Diese *Interferenzerscheinung*, die durch *proaktive Hemmung* zustande kommt, kann auch durch *retroaktive Hemmung*, bei der bereits vorhandener Gedächtnisbesitz durch die neuen Kenntnisse verändert wird, ausgelöst werden.
In solchen Fällen ist es zweckmäßig, die *Dif-*

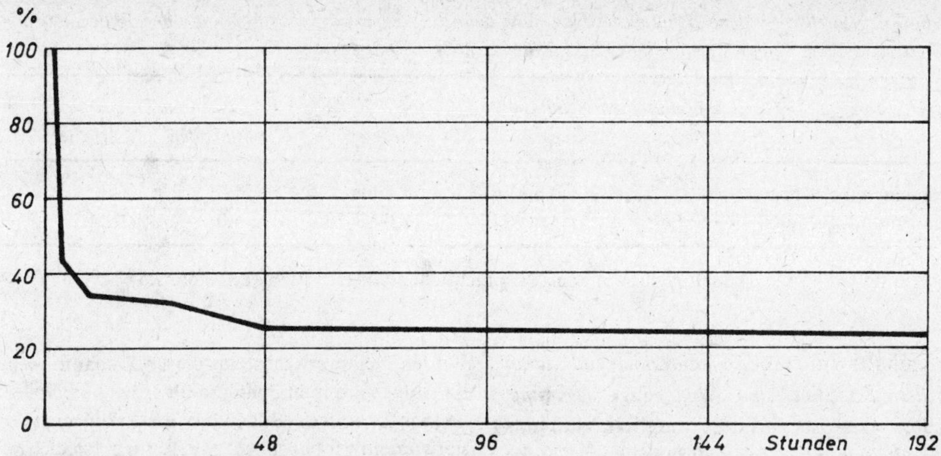

Abbildung 2.3: Behaltenskurve (nach EBBINGHAUS)

ferenzierung der Sachverhalte, die zur Interferenz führen, selbst *zum Gegenstand bewußten Lernens* zu machen.

So kann beispielsweise der Erwerb von Vokabeln einer zweiten Fremdsprache durch die Vokabeln der ersten gestört werden, wie auch die Kenntnis der ersten beeinträchtigt werden kann. Es ist daher zweckmäßig, zwischen dem Erlernen der Vokabeln von zwei Fremdsprachen sich mit einem völlig anderen Lerngegenstand zu beschäftigen. Stundenpläne der Schulen sollten das möglichst berücksichtigen. Treten dennoch Interferenzerscheinungen auf, so hilft im allgemeinen, sich auf das Unterscheiden der sprachlichen Formen zu konzentrieren, die zu den ungewollten Verwechslungen führten. Was hier am Beispiel zweier Fremdsprachen dargestellt worden ist, gilt auch analog für zwei sich ähnelnde Stoffgebiete aus einem beliebigen Unterrichtsfach.

Mitunter ist erforderlich, sich etwas nicht nur sinngemäß, sondern auch *wörtlich einzuprägen*. Dies gelingt besser, wenn das Anzueignende zum *Gegenstand des Denkens* und nicht nur des Merkens gemacht wird.

So wird mechanisches, auf äußere Erscheinungen und Zusammenhänge gerichtetes Einprägen mit dem logischen verknüpft, das auf Wesensbeziehungen zielt. Die ursprünglich *geistigen Operationen*, die auf Verstehen und Einsichtgewinn zielen, werden für den Prozeß des Einprägens genutzt und somit in *mnemische Operationen* verwandelt. Die folgenden, *auf Einprägen gerichteten geistigen Handlungen* haben sich dabei als effektiv erwiesen:

- das *Gliedern bzw. Neugliedern* des anzueignenden Stoffes,
- das *Herstellen von Beziehungen* im einzuprägenden Stoff und zu vorhandenen Kenntnissen, die zum Verständnis notwendig sind,
- das *zwischenzeitliche Reproduzieren* von neuen Kenntnissen und alten, mit denen sie verknüpft werden.

Häufigkeit und Wiederholung. Das Aufnehmen und Verfestigen von Kenntnissen hängt auch von der Anzahl und der Verteilung von Wiederholungen mnemischer Handlungen ab. Aus der sogenannten Behaltenskurve von EBBINGHAUS *(vgl. Abb. 2.3)* geht hervor, daß ein großer Teil aufgenommener Information unmittelbar nach der Aufnahme vergessen und mit zunehmender Behaltensdauer die Vergessensrate immer geringer wird. *Die Wiederholung des Stoffes kurz nach dem ersten Einprägen sowie eine Verteilung von Wiederholungen auf größere Zeitabstände sind effektiver als eine Vielzahl von Wiederholungen in einem engen Zeitraum.*

Einfaches Wiederholen festigt meistens nur äußere Beziehungen und birgt die Gefahr der Einbuße oder sogar des Verlustes des

Tabelle 2.1: Durchschnittliche Behaltensleistung nach dem Einprägen von je 15 Wörtern ohne Bilder und mit selbst ausgewählten Bildern (nach LEONTJEW 1964, S. 268)

Versuchsserien	*Vorschulalter*	*Schulalter* *jüngeres*	*mittleres*	*Erwachsene* *Studenten*	*Arbeiter*
Einprägen ohne Bilder	4,0	5,0 bis 6,7	7,5 bis 9,0	11,5	8,5
Einprägen mit Bildern	9,8	11,2 bis 12,7	11,0 bis 13,0	14,0	12,0

Analoge Feststellungen lassen sich zum Einsatz sprachlicher Mittel treffen (*vgl. Abb. 2.5*).

Sinngehalts in sich. *Wiederholen soll daher mit dem Schaffen neuer Sinnbezüge verknüpft* werden. Das ist dadurch möglich, daß das neue Wissen mit unterschiedlichen Kenntnissen in Verbindung gebracht, auf neue Sachverhalte bezogen oder mittels anderer Handlungen oder unter anderen Bedingungen angewendet wird.
Auf diese Art und Weise geht das Wiederholen in das *Üben* über (vgl. Abschn. 3.2.). Auch das Problemlösen leistet in diesem Zusammenhang einen Beitrag zur Festigung von Kenntnissen (vgl. Abschn. 2.2.4.).

Subjektive Bedeutsamkeit. Die für das Einprägen von Informationen notwendige Anzahl von Wiederholungen wird wesentlich vom Grad ihrer subjektiven Bedeutsamkeit bestimmt. Diese gründet sich auf *persönliche Wertvorstellungen*. Der *Grad der persönlichen Bedeutsamkeit* ergibt sich *aus unterschiedlichen Bedürfnissen*, die sich in den Einstellungen zu den Dingen und Erscheinungen der Umwelt und zu sich selbst sowie in den eigenen Wünschen und Zielsetzungen ausdrükken.

So kann anzueignendes Wissen bedeutsam sein, weil man es in seiner persönlichen Praxis anwenden, ein Interesse damit befriedigen, eine Kenntnislücke schließen, sich selbst bestätigen oder Ansehen erringen kann. Emotionales spielt für das, was als bedeutsam gilt, eine wesentliche Rolle. Der anzueignende Gegenstand des Wissens und die Art und Weise der Aneignung können als eindrucksvoll, als schön, als freudvoll oder aufregend erlebt werden.

Für den Lehrer erwächst aus diesen Erkenntnissen die Aufgabe, seinen Schülern derartige *Sinnbezüge erlebbar zu machen*. Stereotype Bemerkungen, die motivierend wirken sollen, wie „das wird später im Leben oder im Beruf gebraucht", erfüllen diese Funktion nicht.

Die persönliche Bedeutsamkeit erklärt die Dauerhaftigkeit von Kenntnissen, die *mit eigenen Erfahrungen* verknüpft sind. Viele dieser Kenntnisse und Erfahrungen werden auch bei Freizeitbeschäftigungen gewonnen. Auch diese sind in der Schule als *Vorkenntnisse* und als Anknüpfungspunkte für die systematische Kenntnisvermittlung und für die Verstärkung individueller Sinnbezüge vom Lehrer zu nutzen.

Sinnliches und Rationales beim Kenntniserwerb. Im Kenntniserwerb ist das **Verhältnis von Sinnlichem und Rationalem** bedeutsam. Kenntnisse werden im Gedächtnis als *semantische Einheiten* aufbewahrt (vgl. Bd. I, Kap. 7.). Grundlage sind die beiden *unterschiedlichen Stufen menschlicher Erkenntnisprozesse*, die *sinnliche* und die *rationale*. So ist auch der *Zugriff zum Gedächtnis* auf dem Wege über *bildhafte Vorstellungen* oder über die *Sprache* möglich. *Sinnliches und Rationales* bilden bei der Aneignung von Kenntnissen stets *eine dialektische Einheit*. Das Verhältnis zwischen beiden Komponenten hängt jedoch vom Objekt ab, das in den Kenntnissen adäquat abgebildet werden soll.

Der Begriff „Bahnhof" wird durch viele anschauliche Merkmale repräsentiert, während beim Begriff „Ehre" die abstrakt begrifflichen überwiegen und

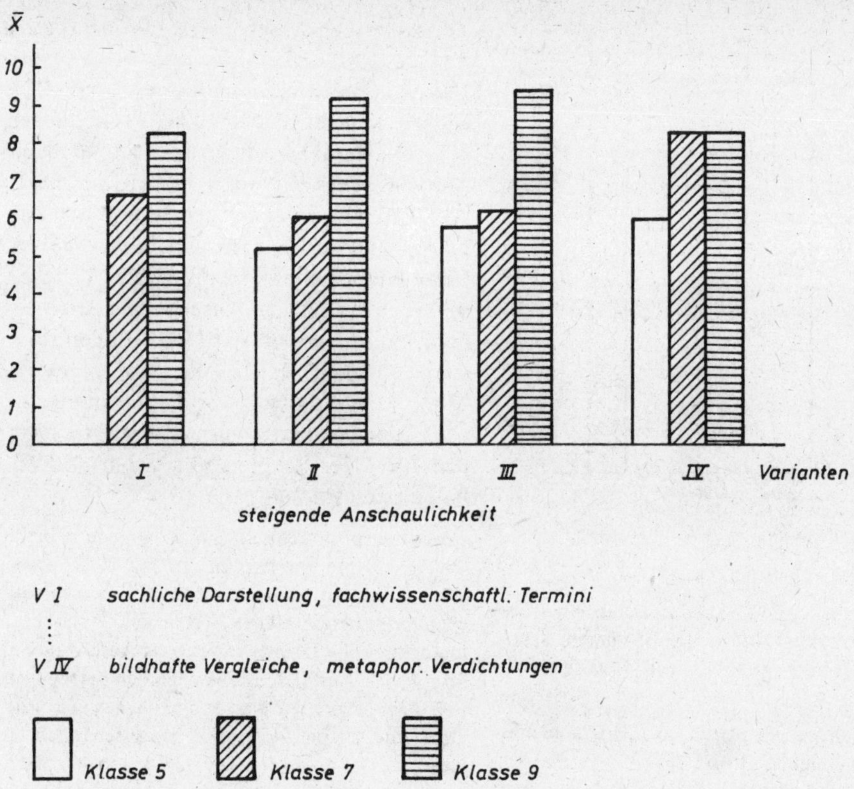

Abbildung 2.4: Beantwortung von Fragen in Abhängigkeit von der Lehrtextgestaltung zum Thema „Fleischfressende Pflanzen" (nach BAUMANN 1982, S. 184)

die Beziehungen zu den anschaulichen mehrfach vermittelt sind. Ist das Verhältnis zwischen beiden intern repräsentierten Merkmalen dem Sachverhalt inadäquat, entstehen „falsche Begriffe" oder auch „falsche Vorstellungen" von einer Sache. Als Beispiel dafür sei der Begriff „Kapital" genannt. Überwiegen anschauliche Merkmale, wird er mit einer Ansammlung von Geld oder Wertgegenständen identisch. Sein wesentlicher Inhalt, ein Produktionsverhältnis in Form eines „mehrwerthekkenden Wertes" zu sein und damit das Ausbeutungsverhältnis im Kapitalismus zu begründen, ginge dabei verloren. Dieser Begriff ist nur rational und nicht anschaulich richtig zu fassen.

Für die Gestaltung von Lernhandlungen zum Aneignen und Behalten von Kenntnissen werden die Beziehungen zwischen Wahrnehmen, Vorstellen, Denken und Sprache für die Gestaltung der Lernhandlungen relevant (vgl. Bd. I, Kap. 7.).

Experimentelle Untersuchungen ergaben, daß durch die Veranschaulichung die Behaltensleistung *(vgl. Tab. 2.1)* und der Inhalt von Kenntnissen verbessert werden *(vgl. Abb. 2.4).*

Die Analyse der dargestellten Ergebnisse und der Bedingungen ihres Zustandekommens führt zu pädagogisch verwertbaren Erkenntnissen. Die Differenzen in den Lerneffekten zwischen dem Einsatz visueller oder sprachlicher Mittel und den Leistungen ohne diese Mittel werden mit zunehmendem Alter und höherem Bildungsgrad geringer *(vgl. Tab. 2.1 und Abb. 2.4).* Es gibt für einzelne Alters- oder Bildungsstufen für den *Einsatz der Veranschaulichung auch ein Optimum.* Wird es überschritten, wirken sich diese Mittel hemmend aus. Das trifft besonders auf die Aneignung theoretischer Kenntnisse zu.

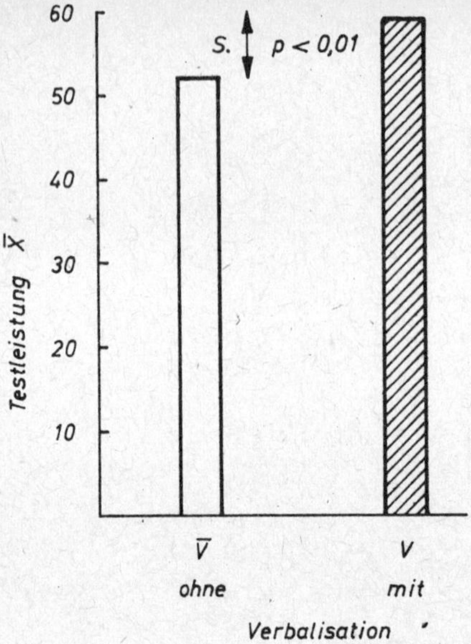

Abbildung 2.5: Schlußfolgerndes Denken bei unterschiedlichen Verbalisationsbedingungen; Schüler der Klassen 7 und 8 (nach CLAUSS 1977, S. 147)

Eine anschauliche Schilderung im Geographieunterricht von Ereignissen und dem Leben der Bewohner in einem fremden Land wird von den Schülern oft aufmerksam verfolgt und von ihnen auch gut gemerkt. Die anregende und motivierende Wirkung von Anschauung soll unbedingt genutzt werden. Zuweilen verstellt sie jedoch den Blick der Schüler auf das Wesentliche, weil sich bei den Schülern Emotionen an die dargestellten Erscheinungen knüpfen. Erst wenn die geschilderten Erscheinungen gedanklich durchdrungen (z. B. erklärt) wurden und das Wesentliche herausgearbeitet wird, entstehen theoretische Kenntnisse, die auch eine entsprechende emotionale Untermauerung besitzen.

Das *Verbalisieren*[7] ist Ausdruck des Reflektierens einzelner Momente des eigenen Denkprozesses. Er verleiht ihm Impulse, wirkt also motivierend und regulierend.

Für den Zweck des Einprägens ausgewählte Bilder, sprachlich erzeugte Vorstellungen oder das Verbalisieren müssen als *Mittel der geistigen Verarbeitung von Information fungieren,* in deren Ergebnis sich Kenntnisse ausbilden und im Gedächtnis fixieren sollen. Ohne Einbeziehung in die eigene Tätigkeit des Schülers bleiben Anschauungsmittel für den Kenntniserwerb steril und können sogar störend wirken. *Anschauungs- und sprachliche Mittel* sollten deshalb vom Lehrer immer *bewußt zum Organisieren der geistigen Auseinandersetzung* des Schülers mit einem Sachverhalt eingesetzt werden.

Anschauung ist nicht auf Sinnesdaten zu reduzieren. Durch ihre Verknüpfung mit der Sprache werden sie mit rationalen Elementen unterschiedlichen Abstraktionsgrades verbunden. Auch eine mathematische Formel kann etwas Anschauliches sein. Ist die Verbindung zwischen den perzeptiven und den rationalen Komponenten bewußt, wird auch eine solche Abstraktion als anschaulich erlebt.

Mittels der *Sinnesorgane* können nur *Erscheinungen widergespiegelt* werden. Das *Aufdecken des Wesens* erfordert *Abstraktionsprozesse.* Sollen Wesensbeziehungen veranschaulicht werden, müssen diese in eine Form gebracht werden, die sinnlichem Erfassen zugänglich ist oder mittels der Sprache adäquate Vorstellung erzeugt. Das geschieht durch das *Modellieren* (vgl. Abschn. 1.2.3.).

Modelle sind Ersatzobjekte, in denen Analogien genutzt werden, um einen komplizierten Gegenstand der Erkenntnis in vereinfachter Form darzustellen. An ihnen sollen *neue Erkenntnisse gewonnen werden,* die auch für das Original gültig sind, das sie abbilden. Mit anderen Worten, sie üben also eine heuristische Funktion aus. Die an ihnen gewonnenen Erkenntnisse tragen den Charakter von *Hypothesen,* die der Überprüfung und Bestätigung bedürfen. In diesem Sinne bilden sie ein Mittel der Aneignung von theoretischem Wissen.

---

7 Unter Verbalisieren wird eine lautsprachliche, nicht kommunikationsbezogene, bruchstückhafte Äußerung von Denkinhalten während des Aufgabenlösens verstanden. Die Äußerungen können sich auf Merkmale, Operationen, fördernde oder hemmende Faktoren, Prinzipien, Erwartungen, eigene Gefühle usw. beziehen (vgl. CLAUSS 1977, S. 143ff.).

Es gibt gegenständliche Modelle (z. B. ein aus Kugeln bestehendes Atommodell, das im Physik- und Chemieunterricht verwendet wird), grafische Modelle (z. B. Schemata, Zeichenmodelle, wie sie in Reihungen von Symbolen oder mathematischen Formeln gegeben sind) und auch sprachliche Modelle.

Diese Charakteristik ist für den Kenntniserwerb bedeutsam, denn das Modellverständnis muß bei den Schülern erst ausgebildet werden. Angeeignet wird es durch Lernhandlungen wie *Interpretieren* und *Konkretisieren von Modellen an unterschiedlichen Sachverhalten* sowie *Konstruieren eines Modells* zu einem Sachverhalt.

Erforderliches Können ist nicht ohne weiteres vorauszusetzen. Bekanntlich fällt es vielen Schülern schwer, zu einer mathematischen Sachaufgabe eine Zeichnung zu entwerfen und diese als Mittel zum Finden des Lösungsweges zu nutzen. Im Biologieunterricht der Klasse 5 konnte ein Schüler die farbige Darstellung eines Querschnittes durch einen Regenwurm nicht zur Erläuterung des anatomischen Aufbaus nutzen. Er mußte erst die Schritte ausführen, die die notwendigen Abstraktionen bewirken, in deren Ergebnis das Modell entsteht: Markieren der Schnittstelle und -richtung am Original, Festlegen der Blickrichtung auf den Querschnitt, Vergrößerung des Querschnitts beim Zeichnen, Vereinfachung (Schematisierung) in der Darstellung von Organen und Symbolisierung ihrer Funktion durch Farben.

Modelle oder Anschauungsmittel „an sich" erzeugen noch keine Erkenntnis, in deren Ergebnis Kenntnisse entstehen. Sie sind aber wichtige *Hilfsmittel zur geistigen Verarbeitung von Information.* In diesem instrumentellen Sinne sind sie für die Aneignung von wissenschaftlichen Kenntnissen unentbehrlich.

Art und Weise der Aneignung von Kenntnissen. Die *Qualität von Kenntnissen* hängt auch von der *Art ihrer Aneignung* ab.

Die Analyse allgemeiner Bedingungen, die die Effektivität von Lernhandlungen beeinflussen, läßt bereits vermuten, daß die Güte und die Festigkeit der Kenntnisse von der *Methode ihrer Aneignung* abhängen. Deshalb ist erforderlich, die in den Methoden realisierten Bedingungen für den individuellen Erkenntnisprozeß aufzudecken und in ihrer Auswirkung auf die Qualität von Kenntnissen zu untersuchen.

Tabelle 2.2: Verfahrenskenntnisse zum Argumentieren in Abhängigkeit von den Wegen der Aneignung (Anzahl der Schüler in %, nach Pippig *1980, S. 179)*

Inhalt der Kenntnisse	*Variante A*	*Variante B*	*Signifikanz*
Partnerbezug	34	92	0,01
Widersprüche aufdecken	14	82	0,01
Beweiskette aufbauen vollständige Angaben	0	26	0,05
unvollständige Angaben	46	35	n. s.

Variante A: Bewußtmachen des Verfahrens im Zuge des Aufgabenlösens anhand von Beispielen
Variante B: Schrittweises Aneignen einzelner Inhalte des Verfahrenswissens mittels Entscheidungsprozeduren (Lösen von Identifikationsproblemen)

Daß die Qualität von Kenntnissen in starkem Maße von der Art und Weise abhängt, in der sie erworben worden sind, ist in experimentellen Untersuchungen vielfach bestätigt worden.
Aus *Tab. 2.2* ist abzulesen, daß sich Schüler der Oberstufe Verfahrenskenntnisse über das Argumentieren je nach der Gestaltung des Weges des Erkenntnisgewinnens in unterschiedlichem Grade angeeignet hatten.

Neben den bereits genannten allgemeinen Bedingungen, die die Effektivität jeder Lernhandlung beeinflussen (vgl. Abschn. 1.2.2. und 2.1.2.) entscheidet der Prozeß der Aneignung von Wissen in *Abhängigkeit von den logischen Wegen der Erkenntnisgewinnung* darüber, welche Informationen im Gedächtnis verfestigt werden. Am *Begriffserwerb*, der den *Prototyp der Kenntnisaneignung* verkörpert, soll das erörtert werden (vgl. auch Band I, Kap. 8.).

Kenntnisse sind in Form von Begriffen und Aussagen im Gedächtnis gespeichert. Begriffe lassen sich in Aussagen überführen, was bereits bei jedem Definieren geschieht. Auch Aussagen lassen sich prinzipiell zu Begriffen verdichten. Das geschieht im allgemeinen dort, wo gesellschaftliche Bedürfnisse das als zweckmäßig erscheinen lassen. So wird beispielsweise der gesetzmäßige Zusammenhang zwischen Stromstärke, Spannung und Widerstand $I = \frac{U}{R}$ als „Ohmsches Gesetz" begrifflich fixiert.

Begriffe sind Ergebnisse von Klassifizierungsprozessen (vgl. Bd. I, Kap. 8.).

Das gilt für spontane Begriffsbildung wie auch für das Begriffslernen. Da sich der Lernende vom neuen Lerngegenstand „einen Begriff machen" muß, bildet das Begriffslernen in Wahrheit nur einen Spezialfall des allgemeinen Entstehungsprozesses von Begriffen.

Das *Klassifizieren*, das zum Begriff führt, wird durch fünf Momente gekennzeichnet:
- die *Zuwendung zum Gegenstand* in Abhängigkeit vom Orientierungsanlaß,
- das *Aufstellen von Hypothesen* über klassifizierungsrelevante Merkmale,
- die *Informationssuche* zum Zwecke des Entscheidens über die Hypothese,
- die *Entscheidung*,
- die *Rückmeldung* über die Richtigkeit der Entscheidung.

Der *Orientierungsanlaß* für die Kenntnisaneignung in der Lerntätigkeit ist durch die *aktuell wirksame Lernmotivation* gegeben. Sie beeinflußt das Bewerten von Merkmalen des Lerngegenstandes und damit den Prozeß der internen Formierung des Begriffs. Der Schüler gewinnt vom neuen Sachverhalt *durch Wahrnehmen des Gegenstandes* und vor allem durch sein gegenständliches Einwirken auf ihn und geistiges Handeln mit ihm sowie *durch Aufnehmen sprachlicher Informationen* erste *Hypothesen über die Merkmale*, die den Begriff konstituieren, indem er diese *Informationen* mit den im Gedächtnis gespeicherten *vergleicht* und *bewertet*. Das führt zur *Entscheidung* über das Zutreffen der Merkmale, die um so sicherer ist, je mehr der Schüler Einsicht in den Sachverhalt gewonnen hat. Unabhängig davon bedarf jede derartige Entscheidung der *Überprüfung*. Sie geschieht durch das Anwenden des so gewonnenen, noch hypothetischen Begriffs. Aus dem Ergebnis der Anwendung, wie etwa der richtigen oder falschen Beantwortung einer Frage oder Lösung einer Aufgabe, erhält der Lernende eine *Rückinformation*, die die Entscheidung über die Klassifizierungsrelevanz der Begriffsmerkmale bekräftigt oder verwirft. Im zweiten Falle beginnt die Prozedur der Merkmalssuche und -prüfung von neuem.

Dieser Klassifizierungsprozeß zur Aneignung eines Begriffs wird dem Schüler meistens nicht bewußt. So bleiben auftretende Mängel oft unerkannt.

Der Lehrer sollte diesen Vorgang jedoch genau kennen, da sich in ihm auftretende Mängel auf die Qualität der Kenntnisse auswirken. So sollte herausgefunden werden, auf welche Merkmale sich der Schüler bei Begriffsverwendung tatsächlich stützt. In manchen Fällen genügt es zu wissen, ob notwendige klassifizierungsrelevante Merkmale oder auch ein häufig damit verknüpftes unwesentliches Merkmal herangezogen werden. Man denke beispielsweise an das Fragewort beim Bestimmen einer grammatischen Erscheinung.

Mängel im Begriffsbildungsprozeß lassen sich vermeiden, wenn die *klassifizierungsrelevanten Merkmale zum Gegenstand bewußten Entscheidens* gemacht werden. Das ist durch das *Bewußtmachen von Entscheidungsstellen* und durch *Vergleiche mit analogen, widersprüchlichen oder gegensätzlichen Erscheinungen* möglich.

Die Art und Weise, mit der Hypothesen über Merkmale und ihre Verknüpfung gebildet und überprüft werden, kann man als **Strategie des Begriffsbildens** beschreiben. Schülern der Mittel- und Oberstufe, die zum Reflektieren über eigenes Denken fähig sind, sollten solche Verfahrenskenntnisse (Strategien) vermittelt werden.

Es gibt *zwei* voneinander unterscheidbare *typische Anforderungen für das Begriffslernen:*

• *Die Erscheinungsformen eines Sachverhalts bilden den Ausgangspunkt* des Begriffserwerbs. Die klassifizierungsrelevanten Merkmale sind aufzufinden.

• *Die den Begriff konstituierenden Merkmale* sind bekannt und *bilden den Ausgangspunkt* der Begriffsaneignung. Es sind die Sachverhalte aufzusuchen, die diesem Begriff zuzuordnen sind.

Im ersten Fall liegt ein *induktiver Weg des Erkenntnisgewinnens* vor, im zweiten ein *deduktiver.* Beide Wege soll ein Schüler kennen, denn das Denken bedarf beider. Auch die Aneignung neuer Erkenntnisse ist auf beide Wege in ihrer wechselseitigen Verknüpfung angewiesen. Der erste Weg führt im allgemeinen nicht über den Rahmen der wahrnehmbaren und unmittelbar erschließbaren Merkmale hinaus. Für außerschulisches und spontanes Lernen ist dieses Verfahren typisch. Die so erworbenen *Begriffe* sind *empirischer* Natur. Um sie erforderlichenfalls in *theoretische* zu überführen, sind sie in Begriffssysteme einzuordnen, die Wesensbeziehungen zu erklären vermögen (vgl. Abschn. 1.3.3.).

Im deduktiven Verfahren lassen sich zwar alle Bestimmungen vermitteln, die einen theoretischen Begriff umspannen, jedoch ist seine *Aneignung nicht auf Deduktion zu reduzieren. Sie besteht im Identifizieren der Vermittlungen zu den konkreten Erscheinungen,* in denen er sich äußert. (Man denke an das bereits genannte Beispiel des Begriffs „Kapital".) Dazu bedarf es des gegenständlichen Einwirkens auf den Sachverhalt, der dem Begriff zugrunde liegt oder der geistigen Auseinandersetzung mit ihm. Einfache Zuordnungen eines sprachlich gefaßten Begriffs zu einzelnen Erscheinungen verleihen ihm nur den Charakter eines empirischen Begriffs.

Die *Aneignung theoretischer Kenntnisse* verläuft dann *effektiv,* wenn dabei *deren Wesen berücksichtigt* wird.

Sie entstehen durch theoretisches Verallgemeinern, das gegenüber dem auf Klassifizieren gerichteten empirischen Verallgemeinern, auf das Aufdecken von Wesensbeziehungen zielt. Das ist durch einen *vollständigen Weg theoretischen Erkennens* möglich, der nach seinem letzten Schritt als *Methode des Aufsteigens vom Abstrakten zum Konkreten* bezeichnet wird (vgl. Abschn. 1.2.3.).

Zusammenfassung

Z • **Kenntnisse** sind *rationale Abbilder der objektiven Realität* und damit habitualisierte kognitive Strukturen, die aus der Verfestigung von Inhalten psychischer Prozesse entstanden sind. Sie werden in allen Phasen der Regulation bewußten Handelns wirksam.

• Mit ihrer Hilfe werden geistige Fähigkeiten realisiert und ausgebildet. Sie ermöglichen dem Menschen, sich seiner Beziehungen zu allen Erscheinungen der Welt bewußt zu werden und zu ihnen Stellung zu nehmen. Sie bestimmen maßgeblich alle Eigenschaften, die die Gerichtetheit der Persönlichkeit ausdrücken, wie Interessen, Einstellungen und Überzeugungen. Deshalb ist es bedeutsam, daß sich Schüler Kenntnisse in hoher Qualität aneignen.

• Die Qualitätsmerkmale von Kenntnissen lassen sich nach ihrem Verhältnis zur unmittelbaren Realität und zum Wissen als dem Abbild der Realität im gesellschaftlichen Bewußtsein und in anderen Eigenschaftskomplexen der Persönlichkeit bestimmen.

• In allen Tätigkeiten bilden sich Kenntnisse heraus, wenn *Bedingungen für die Verfestigung* von Inhalten psychischer Prozesse gegeben sind, insbesondere *die subjektive Bedeutsamkeit,* die *gerichtete geistige Aktivität* und die *Wiederholung* des Handlungsvollzugs.

• Eine zweckmäßige Gestaltung von Lernhandlungen ist möglich, wenn die denk- und gedächtnispsychologischen Gesetzmäßigkeiten der Aufnahme, Speicherung und Verarbeitung von Informationen in der Durchführung des Unterrichts beachtet werden.

• Ein Schüler kann sich bewußt Kenntnisse aneignen, wenn er dafür motiviert ist und *ge-*

genstandsadäquate Handlungen beherrscht. Deren Ausbildung dient zugleich der Entwicklung geistiger Fähigkeiten. Die Lernhandlungen müssen den logischen Wegen entsprechen, auf denen die Schüler ihre Erkenntnisse gewinnen. Sie bedürfen solcher Lernhandlungen, die ihnen ermöglichen, Informationen zu gewinnen, Erscheinungen zu ordnen, Erfahrungen zu verallgemeinern, allgemeine Aussagen zu konkretisieren oder auch materielle und geistige Produkte herzustellen.

• Zur Ausprägung *theoretischer Kenntnisse* ist *theoretisches Denken* erforderlich. Es läßt sich durch die *Erkenntnismethode des Aufsteigens vom Abstrakten zum Konkreten* ausbilden. Die Befähigung zum selbständigen Erwerb von Wissen wird zudem mittels Problemlösen gefördert.

2.2. Fähigkeiten

Die *Ausbildung von Fähigkeiten ist ein wesentlicher Bestandteil der Persönlichkeitsentwicklung.* Pädagogisch-psychologische Überlegungen richten sich auf Bedingungen zur Optimierung der Fähigkeitsentwicklung. Als pädagogische Zugriffsmöglichkeiten bieten sich an,
– allgemeine psychologische Voraussetzungen dafür zu schaffen,
– entsprechende Kenntnissysteme aufzubauen und zu nutzen,
– geistige Handlungen und Operationen auszubilden und
– zum Problemlösen zu befähigen.
Das soll nachfolgend im einzelnen dargestellt werden.

2.2.1. Allgemeine Bedingungen der Ausbildung von Fähigkeiten

Fähigkeiten bilden Bestandteile des Könnens, mit dem die Gesamtheit der Leistungsvoraussetzungen für eine spezifische Leistungsanforderung erfaßt wird. Durch die *planmäßige Ausbildung des Könnens* der Kinder und Jugendlichen in allen Tätigkeiten *wird zugleich die Entwicklung ihrer Fähigkeiten pädagogisch gesteuert.* Diese Entwicklung ist Bestandteil der Persönlichkeitsentwicklung insgesamt, so daß alles, was der Formung der Persönlichkeit dient, zugleich der Entwicklung ihrer Fähigkeiten zugute kommt.

Am Zustandekommen einer Leistung sind stets alle Komponenten des Könnens beteiligt, also Kenntnisse, Fähigkeiten, Fertigkeiten und Gewohnheiten, aber auch bestimmte Einstellungen und Willenseigenschaften. Zwei Schüler, die in gleicher Zeit eine gleiche Leistung vollbringen, verfügen sicherlich über gleiches Können. Aber der Anteil der Komponenten kann durchaus unterschiedlich sein. Der Schüler, der beim Lösen einer Sachaufgabe Gleichungen mit zwei Unbekannten aufstellt, muß Kenntnisse über das Verfahren besitzen. Beim zweiten, der dieses Verfahren nicht kennt und durch kluges Kombinieren ebenfalls einen Lösungsweg findet, ist der Anteil der Fähigkeiten am Zustandekommen der Leistung höher einzuschätzen. Der Volksmund sagt: „Er hat sich zu helfen gewußt." Dieses Beispiel verdeutlicht, daß eine einseitige Orientierung auf das Können, gemessen am Leistungseffekt, noch nichts über das Niveau der Fähigkeiten aussagt, die daran beteiligt sind. Außerdem wird ersichtlich, daß sich beim Ausbilden des Könnens die Fähigkeiten durchaus nicht wie erwartet in gleicher Weise entwickelt haben müssen.
Im Alltags- und manchmal auch im pädagogischen Sprachgebrauch wird für Können der Terminus Fähigkeiten verwendet. Das verwischt nur allzuleicht wesentliche Unterschiede, die psychologisch und auch pädagogisch bedeutsam sind.

> *Als* **Fähigkeiten** *werden die habitualisierten Komponenten der Handlungsregulation in unterschiedlichen Tätigkeitsbereichen bezeichnet,* mittels derer der Mensch in individualtypischer Weise den Verlauf seiner Tätigkeit steuert (vgl. LOMPSCHER 1975 und Bd. I, Kap. 8.).

Fähigkeiten äußern sich
– im relativ *leichten Vollzug von Handlungen,* die nicht automatisiert sind,

– im *Übertragen* von Kenntnissen und ausgebildeten Handlungsfolgen auf neue Sachverhalte,
– im *selbständigen Lernen* während des Handlungsablaufs.

Für die planmäßige Ausbildung von Fähigkeiten (speziell von kognitiven) sind die folgenden *Strukturkomponenten* bedeutsam:
– kognitive Operationen, z. B. das Analysieren, Abstrahieren, Differenzieren, Verallgemeinern, Klassifizieren, Konkretisieren; sie wirken im Bereich der sinnlichen und der rationalen Erkenntnis und bestimmen wesentlich das Niveau des Denkens;
– *Verlaufsqualitäten psychischer Prozesse*, wie z. B. die Beweglichkeit des Denkens, die Schnelligkeit, die Planmäßigkeit, die Antizipation des Denkverlaufs;
– Haltungen in der kognitiven Tätigkeit, wie z. B. Problemhaltung, kritische Haltung, Beobachtungshaltung, in denen sich der Einfluß von Eigenschaften der Gerichtetheit der Persönlichkeit auf die Fähigkeiten ausdrückt.

Die Strukturkomponenten von Fähigkeiten zu berücksichtigen heißt, das erreichte Niveau als Anknüpfungspunkt für pädagogische Maßnahmen zu nutzen und sie vor allem auch zum Gegenstand bewußt darauf gerichteten Handelns zu machen oder sie als Bedingungen für den Handlungsvollzug einzubringen.

Aus logischer Sicht ist bei der Analyse einer *Fähigkeit* zu beachten, daß sie als eine dreistellige Relation aufgefaßt werden muß.

Eine Person (A) ist fähig zu einer Handlung (B) bezüglich einer Anforderung (C). Fragen wie: „Kann ein Kind schon schlußfolgern?" vergessen den Bezug zu einer Anforderung, durch die das Niveau einer Fähigkeit überhaupt erst bestimmbar wird. Den Syllogismus a = b und b = c, folglich ist a = c löst sicherlich erst ein Schüler der Mittelstufe. Werden die Buchstabensymbole jedoch durch konkrete Gegenstände und die Relationszeichen durch sprachliche Formulierungen der Beziehungen ersetzt, so lösen bereits Vorschulkinder die Aufgabe richtig.

Fähigkeiten entwickeln sich vor allem durch die *Bewältigung von Anforderungen des Lebens.* Der Gegenstandsbereich, auf den sie sich richten, wird nicht nur das Bezugssystem für ihre Beschreibung und Niveaubestimmung, sondern vor allem auch das Mittel ihrer Ausbildung.

Die Verknüpfung psychischer Voraussetzungen mit Objekten bzw. Objektklassen begründet auch die Klassifizierung der Fähigkeiten nach allgemeinen und speziellen. Je übergreifender aber Objektklassen sind, auf die Fähigkeiten bezogen werden, desto allgemeiner sind diese. Dieser Zusammenhang erklärt, daß allgemeine Fähigkeiten über die Ausbildung spezieller, z. B. fachspezifischer Fähigkeiten weiterentwickelt werden. Da sich dabei jedoch leicht Fixierungen an bestimmte Objektbesonderheiten ergeben, ist es zweckmäßig, den Lernenden das Allgemeine und das Besondere in den Anforderungen auch bewußtzumachen.

Bei der Herausbildung von Fähigkeiten ist die kontinuierliche Steigerung der Anforderungen in bestimmten Tätigkeitsbereichen eine *grundlegende Bedingung.* Das ist vor allem mittels der Objekte, auf die sich die jeweilige Tätigkeit richtet, zu erreichen. Ein Objekt wird jedoch erst dann zu einer Anforderung, wenn eine Aufgabe damit verbunden wird, eine Lern- oder Arbeitsaufgabe, ein Auftrag für eine gesellschaftlich-politische Tätigkeit oder eine Zielstellung für eine künstlerische oder sportliche Aktivität. Durch die Aufgabe werden die objektiven und die subjektiven Komponenten der Tätigkeit miteinander verknüpft.

Um *Anforderungen* steigern zu können, müssen sie *nach ihrem Niveau bestimmbar* sein. Was dazu gehört, ist bereits im Abschn. 1.2.2. dargestellt worden.

Die kontinuierliche Steigerung der objektiven Anforderung gilt für jeden neuen Kenntnis- oder Tätigkeitsbereich. Sie muß sich jeweils in der Zone der nächsten Entwicklung der Schüler bewegen, wenn ihre Fähigkeiten weiterentwickelt werden sollen.

Die Ausbildung von Fähigkeiten ist stets ein Bestandteil der Entwicklung der Gesamtpersönlichkeit. Allgemeine Bedingungen für die Entwicklung psychischer Eigenschaften werden dann effektiv für die Fähigkeitsentwicklung genutzt, wenn vor allem folgende *Bedingungen* wirksam werden:

– eine hohe *eigene Aktivität*; bei der Erhöhung des Niveaus von Fähigkeiten ist sie auf die Komponenten zu richten, die mit einer Aufgabenstellung speziell angezielt werden sollen, z. B. auf eine Operation, eine Verlaufsqualität, auf selbständiges Entscheiden, auf parteiliches Werten, auf Verteidigen eines eigenen Standpunktes;

– die *Bewußtheit des Handelns*; sie hängt eng mit der Gerichtetheit der Aktivität zusammen; es festigen sich leicht die Fähigkeitskomponenten, die für den Handelnden als Ziel oder Entscheidungssachverhalt bewußt werden; bei Schülern der Mittel- bzw. Oberstufe bildet das Reflektieren über eigene Denkvorgänge, Einstellungen oder auch Emotionen, eine der Voraussetzungen, die eigene Fähigkeitsentwicklung bewußt anzustreben und zu steuern;

– die *persönliche Bedeutsamkeit*; Handlungsvollzüge und Methoden des Erschließens von Problemen, gerichtet auf übergreifende Objektklassen, von denen aus die einzelne Aufgabe als Spezialfall lösbar ist, charakterisieren ein hohes Niveau entwickelter geistiger Fähigkeiten; für deren Aneignung sind Motive und Einstellungen auszuprägen, um sie persönlich bedeutsam zu machen; das Erfolgserleben trägt dazu wesentlich bei (vgl. Abschn. 1.2.2.);

– *die Entwicklung leistungsstimulierender Persönlichkeitseigenschaften,* wie z. B. Selbstbewußtsein, Selbstvertrauen, Verantwortungsgefühl, Willenseigenschaften, Erkenntnisinteresse, Kooperationsfähigkeit und -bereitschaft.

Die Entwicklung von Fähigkeiten wurde und wird vorrangig am Beispiel der geistigen Fähigkeiten dargestellt, da sie als wesentliche Komponente auch in allen anders akzentuierten Fähigkeiten enthalten sind; denn jede *bewußte* Handlungsregulation ist an die willentliche Steuerung kognitiver Prozesse (z. B. solche des Wahrnehmens, des Gedächtnisses, des Denkens und der Sprache) gebunden. Ihren Kern bildet die Fähigkeit zum Denken.

In der Mittel- und Oberstufe erlangen die Schüler durch Unterricht zunehmend die Fähigkeit zum theoretischen Denken. Es hebt das bisher vorherrschende empirische Denken in sich dialektisch auf. Die höchstentwickelte Form bildet das dialektisch-materialistische Denken, das – als Denkweise verfestigt – vielen Tätigkeiten entscheidende Qualität verleiht, z. B. beim Planen einer Arbeit, in der Kommunikation mit anderen Menschen, im künstlerischen Gestalten, beim Erklären objektiver Zusammenhänge und eigener Erfahrungen. Auf die Entwicklung dieser Denkweise ist in allen Tätigkeiten Wert zu legen, denn sie entspricht objektiven Erfordernissen.

2.2.2. Theoretische Kenntnisse und Entwicklung geistiger Fähigkeiten

Zwischen Kenntniserwerb und Fähigkeitsentwicklung bestehen enge Beziehungen. Was im Abschn. 2.1. unter dem Aspekt der Kenntnisse dargestellt worden ist, soll nunmehr aus der Sicht der Fähigkeitsentwicklung ergänzt werden.

Kenntnisse sind als *semantische Einheiten* in vielfältiger Weise *im Gedächtnis gespeichert,* wobei eine jede Form der Verschlüsselung der Information mit jeder anderen verknüpft ist (vgl. Band I, Kap. 8.). *Ikonische Abbilder* sind zugleich mit rationalen verbunden. Die derartig fixierten Merkmale, Begriffe und Beziehungen zwischen ihnen bilden zunächst einmal die in der Wirklichkeit existierenden *Zustände ab.* Dabei sind die Beziehungen zwischen ihnen so gespeichert, daß *Übergänge zwischen* statischen *Merkmalscharakteristiken und operativen* vollzogen werden können.

Ein Schulkind kennt nicht nur die Merkmale eines Wortes (seine Bedeutung, seine Lautbestandteile, die Schriftzeichen, mit denen es darstellbar ist u. a.), es weiß auch mit ihm zu operieren (es mit anderen Wörtern zu verbinden, zu konjugieren oder zu deklinieren u. a.).

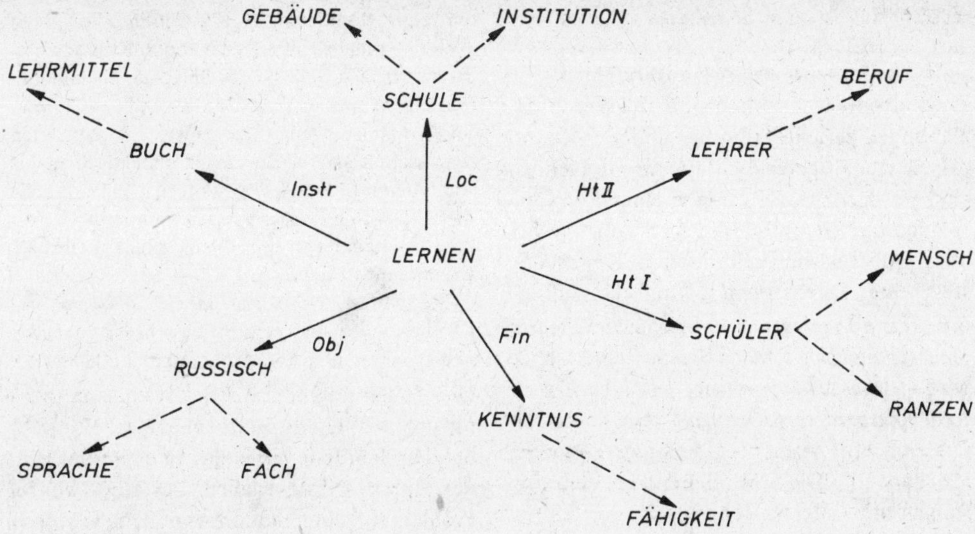

Bezeichnung der semantischen Relationen :

Ht Handlungsträger, Loc Location, Instr Instrument,
Obj Objekt, Fin Finalität
-----► Verknüpfung mit anderen semantischen Kernen

Abbildung 2.6: Struktur des Geschehenstyps „Lernen" (in Anlehnung an KLIX 1984, S. 21)

Der elementaren Beziehung zwischen Zustand und Operation entspricht die Wechselbeziehung, die zwischen geistigen Fähigkeiten und Kenntnissen auffindbar ist.

In diesem Zusammenhang sei auf *Inferenzprozesse* verwiesen. Das sind im Gedächtnis ablaufende, nicht willentlich gesteuerte Schlußprozesse, die nicht logischen Regeln folgen, sondern sich auf gespeicherte semantische Relationen in ihren strukturellen Verknüpfungen untereinander stützen.
Aus den Sätzen, daß Jens einen Stein geworfen hat und Martin die Nase blutet, wird meist gefolgert, daß der Steinwurf die Ursache des Nasenblutens war. Der Satz sagt jedoch nichts darüber aus. Der Stein kann auch in eine andere Richtung geworfen und das Nasenbluten ganz anders verursacht worden sein. Ebenso schließen wir aus dem Anblick eines kleinen Kindes, das einen Schulranzen trägt, daß es ein Schüler ist. Kann es nicht auch nur Schule spielen? In allen solchen Fällen sind also Informationen aus dem Gedächtnis erzeugt worden. Das ist möglich, weil die vermittelten Informationen jeweils einem bekannten Geschehenstyp angehören. Die in ihm vertretenen und im Gedächtnis fixierten Relationen zwischen Handlung, Handlungsträger, -objekt, -mittel, -ort, -zweck u. a. werden auch dann mit aktiviert, wenn nur einige von ihnen durch Informationen aus dem Gedächtnis abgerufen werden *(vgl. Abb. 2.6).* Es gibt noch andere bekannte Erscheinungen, an denen Inferenzprozesse beteiligt sind, z. B. das Verstehen von Metaphern, die schlagfertige Antwort in Form eines Witzes, das unbewußte analoge Schließen und vor allem die Intuition (der schöpferische Einfall). Besonders die letzten beiden werden allgemein als Merkmal geistiger Fähigkeiten angesehen. Die Gedächtnisstrukturen, aus denen sie hervorgehen, sind nicht auf die eines einfachen Geschehenstyps zu reduzieren. Sie beruhen auf Verkettungen von Kenntnissystemen. Ihre Ausbildung stellt somit eine der Bedingungen für das Wirksamwerden von Inferenzen für schöpferisches Denken (Analogiebildung, Intuition) dar. Die Tatsache, daß leistungsstarke Schüler aus dar-

gebotenem Wissen mehr Informationen entnehmen als leistungsschwächere, ist unter anderem auf solche Inferenzprozesse zurückzuführen.

Theoretische Kenntnisse sind auf Wesensbeziehungen gerichtet und mit anderen Kenntnissen vielfältig verflochten. Im Gedächtnis sind sie daher in sehr allgemeiner Form gespeichert, in Begriffen und Aussagen von hohem Abstraktionsgrad, deren *Anwendung* stets eine *Konkretisierung* und demzufolge ein *Rekonstruieren aus unterschiedlich kodierten Merkmalen erfordert.* Sie zu beherrschen wird *gleichbedeutend mit einem beweglichen anforderungsbezogenen Operieren* mit ihnen, was zugleich eine Äußerung geistiger Fähigkeiten darstellt. Die weitreichenden Verknüpfungen mit anderen Kenntnissen und ihr hoher Allgemeinheitsgrad bilden eine *Voraussetzung für den Transfer,* der ebenfalls als typisches Kennzeichen geistiger Fähigkeiten gilt. Die Ausprägung der für die Anwendung von Kenntnissen kritischen Merkmale drückt sich in den Qualitätsparametern zur Adäquatheit von Kenntnissen gegenüber dem Wissen aus. Somit bildet eine *hohe Qualität theoretischer Kenntnisse* eine *günstige Voraussetzung* für das Wirksamwerden und für das *Ausbilden geistiger Fähigkeiten.*

Die *Art und Weise des Kenntniserwerbs* wirkt sich nicht nur auf die Qualität der Kenntnisse, sondern zugleich auch *auf das Niveau der Fähigkeiten* aus, die dabei in Anspruch genommen werden und sich entwickeln.

Dafür gibt es viele Belege (vgl. auch Abschn. 1.2.3.). So konnten beispielsweise Schüler Problemaufgaben zum Sachgebiet, in dem sie sich Kenntnisse erworben hatten, besser lösen als andere Schüler mit gleichen Kenntnissen, wenn sie sich diese unter einer der folgenden Bedingungen angeeignet hatten:

– Sie hatten sich in unmittelbarem Zusammenhang mit dem Erwerb von Sachkenntnissen allgemeine *Kenntnisse über notwendige Verfahren und Handlungen angeeignet,* z. B. über das Klassifizieren vor dem Erlernen der Kongruenzsätze (Mathematik, Klasse 6).

– Sie hatten einen *vollständigen Weg theoretischen Erkennens* im Sinne des Aufsteigens vom Abstrakten zum Konkreten durchschritten. Auf diese Weise konnten sie ihre Gedanken in Russisch besser ausdrücken, weil sie das Sprechen als kommunikative Aufgabe betrachteten und aus dieser Sicht grammatische Kenntnisse aktualisierten (Russisch, Klasse 8). Sie gingen dialektisch an das Analysieren literarisch gestalteter Widersprüche heran (Deutsch, Klasse 9) oder konnten physikalische Erscheinungen selbständig erklären (Physik, Experiment in Klasse 5).

– Sie hatten selbständig *Identifikationsprobleme zu lösen* und dabei bewußt *Hypothesen* zu *bilden* und zu überprüfen (Staatsbürgerkunde, Klasse 8).

Die Aneignung oder auch Anwendung theoretischen Wissens hatte geistiges Handeln bei den Schülern verfestigt, da es immer wieder durch Erfolgserleben bestätigt wurde. Problemaufgaben hatten von den Schülern verlangt, sich intensiv mit dem Sachverhalt auseinanderzusetzen, präzise zwischen Erscheinungen und dem Wesen zu differenzieren und auftretende Widersprüche zu analysieren. Der Verlauf des Denkens wurde durch die in den Sachverhalten waltende objektive Dialektik determiniert. Das in diesem Sinne erfolgreiche Lernen formte *zugleich auch Haltungen und Gewohnheiten* aus, wie etwa, sich nicht mit Halbheiten zufriedenzugeben, etwas kritisch zu untersuchen und ganz genau zu erfassen, um damit sinnrichtig operieren zu können. Ein *Unterricht,* der die Schüler beim Aneignen und Anwenden von Kenntnissen zu *exaktem Denken und präzisem Formulieren von Aussagen* zwingt, leistet zugleich Wertvolles für die Entwicklung geistiger Fähigkeiten.

Diese Beziehungen zwischen Kenntnissen und geistigen Fähigkeiten und die gegenseitige Bedingtheit von Systemen anwendungsbereiter Kenntnisse findet auch im Konzept sozialistischer Allgemeinbildung Ausdruck, wie es für die kommunistische Erziehung der Schuljugend genutzt wird. Jede Vereinseitigung der Kenntnisvermittlung und der Fähigkeitsentwicklung wird in diesem Konzept vermieden. Die Herausarbeitung der Dialektik dieser beiden Komponenten liefert zugleich die psychologische Begründung gegen Vereinseitigungen, wie sie sich in einigen bürgerlichen pädagogischen Theorien der „formalen" und der „materialen“ Bildung oder ihren Spielarten (z. B. der „exemplarischen“ oder „kategorialen“ Bildung) finden. Daß diese Theorien in der bürgerlichen Gesellschaft im allgemeinen nur auf die Volks- oder Grundschulen, jedoch kaum auf die höheren Schulen bezogen worden sind, offenbart ihren Charakter als Mittel, die Klassenteilung in der kapitalistischen Gesellschaft mittels Bildung zu konsolidieren.

2.2.3. Ausbildung geistiger Handlungen und Operationen

Im täglichen Umgang mit Dingen und Erscheinungen eignet sich der heranwachsende Mensch die Handlungen an, mit deren Hilfe er die jeweiligen *Anforderungen bewältigen* und seine *Bedürfnisse befriedigen* kann. Das gilt auch für die geistigen Handlungen.

Das planmäßige Ausbilden geistiger Handlungen und Operationen stützt sich auf psychologische Erkenntnisse, die die wesentlichen Bedingungen ihrer Genese in Rechnung stellen:

– *Geistige Handlungen* entstehen durch *Interiorisation* (Verinnerlichung) aus äußeren *gegenständlichen Handlungen*. Mit der Entwicklung der Tätigkeit in der Ontogenese eröffnet sich die Möglichkeit, den Prozeß der Interiorisation bewußt zur Ausbildung geistiger Handlungen zu nutzen.

– Der Vorgang der Interiorisation ist mit dem der *Exteriorisation* (Entäußerung) von Fähigkeiten und Kenntnissen und damit zugleich mit der Eigenaktivität des Lernenden untrennbar verbunden.

– Die *Sprache* ist das wichtigste Mittel, mit dessen Hilfe sich die Interiorisation vollzieht.

– Jede *Regulation* einer Handlung ist an *Informationen* aus der Umgebung und aus dem Gedächtnis gebunden, deren Auswahl vor allem von der Aufgabenstellung abhängt.

– *Operationen* entstehen aus der *Verkürzung von Handlungen*, die in hohem Grade verallgemeinert sind.

– Handlungen werden in der *Kooperation* mit anderen Menschen initiiert und erlernt.

Unter Berücksichtigung dieser Sachverhalte arbeitete GALPERIN eine Theorie der *etappenweisen Ausbildung geistiger Handlungen* aus, die sich in ihrer praktischen Anwendung bewährt hat. Sie orientiert auf *zwei Abschnitte der Ausbildung*, auf das *Aneignen einer Orientierungsgrundlage* und auf das etappenweise *Verinnerlichen des Handlungsvollzugs*. Das Grundlegende dazu ist bereits in den Abschnitten 1.2.2. und 1.6. dargestellt worden. Es wird deshalb nur noch auf einige Besonderheiten verwiesen, die sich aus dem Aspekt der planmäßigen Ausbildung von Fähigkeiten ergeben.

Für das Ausbilden einer Handlung oder Operation, die auf unterschiedliche Kenntnisbereiche anwendbar ist, eignen sich Orientierungsgrundlagen, die sich auf das *Wissen über Handlungsverfahren beziehen*, und zwar in der Form von *Algorithmen* und *Heuristiken*.

Algorithmen stellen *Handlungsvorschriften* für eine *Klasse von Aufgaben dar, die Schrittfolgen unter Angabe von Prüf- und Entscheidungskriterien eindeutig festlegen*, so daß das Handlungsziel mit Sicherheit erreicht wird. Als Beispiel dafür wird auf die bekannten Regeln für das schriftliche Rechnen in den vier Grundrechenarten, das Lösen linearer Gleichungen oder das Bestimmen von Satzgliedern verwiesen. Für Aufgabenklassen, für die keine eindeutigen Entscheidungskriterien für die Ausführung eines Lösungsschrittes und die Prüfung von Zwischenzuständen existieren, lassen sich häufig **heuristische Regeln** angeben. Sie besitzen äußerlich die Form von Algorithmen, *erfordern* jedoch *wegen der unvollständigen Determination des Lösungsweges eigenes Entscheiden* an Stellen erlebter Ungewißheit im Lösungsvollzug. Heuristiken unterstützen das Auffinden einer Lösungsstrategie in Aufgaben mit Problemcharakter. Anweisungen für das Lösen von mathematischen Sachaufgaben, das Analysieren schöngeistiger Literatur, das Werten historischer Ereignisse oder das Argumentieren zu einem Sachverhalt sind von dieser Natur.

Die Aneignung eines Algorithmus führt zur Entstehung einer Fertigkeit (vgl. auch

Abschn. 2.3.). Die Anwendung von Heuristiken verlangt stets produktives Denken und dient somit insbesondere der Entwicklung geistiger Fähigkeiten.

Soll eine Operation ausgebildet werden, so wird sie zuerst als Handlung entfaltet. Im Zuge ihrer etappenweisen Interiorisation verkürzt sie sich zunehmend und wird automatisiert. Erst wenn sie *reversibel* ist, ist sie vollständig ausgebildet. Die Forderung nach Reversibilität gilt auch für die *Übergänge zwischen zwei Ebenen der Erkenntnis*. Sie bildet eine wesentliche Bedingung für produktives Denken.

Beim Problemlösen findet man mitunter den Lösungsweg dadurch, daß ein allgemeiner Sachverhalt konkretisiert, spezifiziert oder veranschaulicht wird. Man denke an das Anfertigen einer Skizze zu einem formulierten Problem. Aber auch das Umgekehrte kann die Lösung voranbringen, das Absehen von bestimmten Bedingungen und das Überführen in eine höhere Abstraktionsebene.

Eine Handlung bewußt steuern zu können schließt ein, sie kontrollieren zu können. Die *Kontrolle eines Resultats* stellt meistens eine eigene Handlung oder Teilhandlung dar. Besonders wichtig ist jedoch die *Kontrolle des Handlungsvollzugs* und die auf die Ausbildung eines Handlungsprogramms für eine spezifische Aufgabe gerichtete *antizipierende Kontrolle*. Die schrittweise Verinnerlichung der vorgegebenen Orientierungsgrundlage befähigt die Schüler auch dazu.

Mängel können trotzdem auftreten, wenn diese nicht allen bewußt geworden sind.

Deshalb muß die Handlungskontrolle ebenfalls ins Bewußtsein der Schüler gerückt werden. Das ist z. B. durch die *Kooperation* zwischen zwei Schülern möglich. Zuerst wird gelernt, die Handlung des Partners anhand der Orientierungsgrundlage zu kontrollieren. Die *Fremdkontrolle* erweist sich als begünstigende *Bedingung für das Reflektieren des eigenen Handlungsverlaufs* und damit für die Ausbildung der *Selbstkontrolle*, die später automatisiert als Aufmerksamkeit in Erscheinung tritt.

Experimentell wurde der Lerngewinn in der Kooperation ermittelt, indem ein Schüler darin die Funktion des Lösenden, die des Kontrolleurs oder auch die eines Opponenten ausübte. Der höchste Effekt wurde erzielt, wenn ein Schüler im ständigen Wechsel dieser Funktionen aktiv wurde, insbesondere im Wechsel zwischen Lösendem und Kontrolleur.

Des weiteren wird das *Niveau geistiger Fähigkeiten* maßgeblich von den *Verlaufsqualitäten der psychischen Handlungsregulation* mitbestimmt. Im Zusammenhang mit den neurophysiologischen Basisprozessen unterscheiden sich Schüler in den Voraussetzungen für die Herausbildung von Verlaufsqualitäten. Das erreichbare Niveau wird aber nicht allein dadurch bestimmt. So sind die *Geschwindigkeit* und *Beweglichkeit* der kognitiven Prozesse, die die Handlungen steuern, auch trainingsabhängig, so daß bei jedem Schüler ein Optimum erreicht werden kann. Die Methode der etappenweisen Ausbildung geistiger Handlungen eignet sich dazu.

Das ist an den Verlaufsqualitäten der Beweglichkeit und der Antizipation im geistigen Handeln experimentell untersucht worden (vgl. LOMPSCHER 1976). So wurden beispielsweise der Aspektwechsel, das Erfassen der Relativität von Erscheinungen und das Umkehren von Gedankengängen zum Gegenstand bewußten Handelns bei Aufgaben unterschiedlicher Anforderungen gemacht, um die Beweglichkeit des Denkens in einem bestimmten Bereich zu verbessern. Im zweiten Fall wurden Ziel-, Methoden- und Folgenantizipation von Sachanforderungen bewußtgemacht und geübt.

Die etappenweise Ausbildung geistiger Handlungen und Operationen wirkt sich über die spezielle Handlung hinausgehend förderlich auf die Entwicklung allgemeiner geistiger Fähigkeiten aus.

Verlaufsqualitäten von Handlungen werden durch Transferprozesse und durch Einstellungsbildung verbessert, man denke an die Gewöhnung zur Exaktheit. Handlungsvoraussetzungen und Handlungsspielräume erweitern sich damit.

2.2.4. Individuelles und kooperatives Problemlösen

> Unter einem **Problem** *ist eine Aufgabe*[8] *zu verstehen, für die der Bearbeiter kein aufbereitetes Lösungsverfahren aus seinem Gedächtnis abrufen kann*, um das gestellte Ziel zu erreichen. Es enthält also stets etwas Unbekanntes, das durch das Gewinnen neuer Informationen in Bekanntes überführt werden muß.

Es ist demnach objektiv und auch subjektiv determiniert. Was für den einen Menschen ein Problem darstellt, braucht für den anderen keines zu sein.

Bereits dieser Sachverhalt ist für den Unterricht bedeutsam. Nimmt ein Schüler eine Aufgabe nicht als Problem auf, entweder weil er ein Lösungsverfahren kennt oder weil er wegen mangelnder Leistungsvoraussetzungen oder Einstellungen zum Sachverhalt keinen Zugang zu ihr findet, entfallen die persönlichkeitsbildenden Potenzen des Problemlösens. Bei fehlenden subjektiven Voraussetzungen bilden sich leicht Aversionen bei den betreffenden Schülern aus, die sich hemmend auf die Entwicklung der Lerntätigkeit auswirken können. Die notwendigen Voraussetzungen lassen sich jedoch durch den Unterricht schaffen.

Persönlichkeitsbildende Potenzen des Problemlösens. Das Problemlösen verlangt, selbständig einen Lösungsweg zu suchen oder zu konstruieren und damit *schöpferisch tätig* zu sein. Gerade darin besteht seine Bedeutung für die Entwicklung der Persönlichkeit.

Es ist ein erklärtes Ziel sozialistischer Gesellschaftspolitik, das Schöpfertum der Massen voll zu entfalten. Das geht aus dem Wesen des Sozialismus hervor, alles für das Wohl des Menschen zu tun und jeden Menschen zu einer Persönlichkeit zu entwickeln, die bewußt ihre Kräfte in den Dienst dieser Gesellschaft stellt. Die sozialistische Gesellschaftsordnung bietet prinzipiell die Voraussetzungen dafür, dieses Ziel zu erreichen. Zu diesen Voraussetzungen zählt unter anderem auch die Möglichkeit, Schüler zu schöpferischen Leistungen zu befähigen (vgl. dazu auch Abschn. 4.1.). Die *Lernhandlung des Problemlösens* nimmt dabei eine *Schlüsselstellung* ein.

Der *Einfluß des Problemlösens auf die Persönlichkeitsentwicklung* besteht besonders in folgendem:

– Problemlösen verlangt eine *intensive geistige Auseinandersetzung* mit dem Sachverhalt, die Anwendung von Kenntnissen und Handlungsverfahren auf neue Bedingungen. Dadurch werden Kenntnisse gefestigt, erweitert und vertieft und somit in ihrer Qualität verbessert. Die *Handlungsverfahren* werden verallgemeinert und variabler einsetzbar, die Verlaufsqualitäten geistigen Handelns entwickeln sich weiter.
– Probleme erzeugen das *Erleben von kognitiven Widersprüchen*, die das *Bedürfnis nach Erkenntnis* aktualisieren und stimulieren.
– Problemlösen erfordert den Einsatz von *Willenskräften*, um die mit dem Problem notwendig verknüpften Schwierigkeiten überwinden zu können. Die Schüler werden durch das Erleben, die eigenen Kräfte erproben und *sich beweisen* zu können, für ihr Lernen motiviert. Stellen sich Erfolge ein, so verstärkt sich das *Selbstvertrauen* in die eigene Leistungsfähigkeit, und die Selbstsicherheit wächst.
– Kooperatives Problemlösen, das wegen der Komplexität von Problemen der Praxis zur objektiven Notwendigkeit wird, fördert zugleich die Entwicklung der individuellen kognitiven Leistungsvoraussetzungen und trägt darüber hinaus zur *Entwicklung sozialcharakterlicher Qualitäten* (z. B. *Kooperationsbereitschaft, Hilfsbereitschaft,* kollektives *Verantwortungsgefühl, Durchsetzungsvermögen)* bei. Die spezifischen wie die allgemeinen Potenzen des Problemlösens weisen auf wichtige pädagogische Aufgaben hin.

---

8 Aufgabe ist hier im weiten Sinne als Anforderung zu verstehen, die Menschen (Individuen, Gruppen, Menschheit) aus Erfordernissen der Praxis heraus zu bewältigen bestrebt sind.

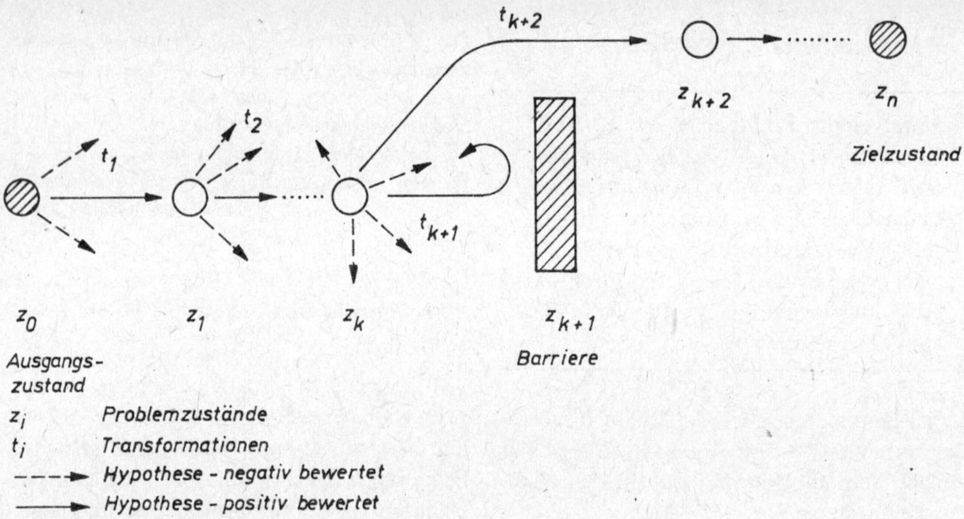

Abbildung 2.7: Problemlösen

Befähigung der Schüler zum selbständigen Problemlösen. Lernhandlungen des Problemlösens müssen ebenso wie andere angeeignet werden. Die Befähigung der Schüler kann auf zwei Wegen durch den Lehrer gefördert werden:

- Er kann den Aneignungsprozeß zweckmäßig steuern und Hilfestellung geben, wenn der Schüler eine Problemaufgabe löst, ohne selbst den Lösungsweg vorwegzunehmen und dadurch dem Schüler nur noch das Ausführen bekannter Handlungen zu überlassen.
- Er kann für das Problemlösen notwendige Handlungen planmäßig ausbilden und sie dem Schüler als Verfahrenskenntnisse bewußtmachen. Die in den Abschnitten 1.2.2. und 2.2.3. beschriebene Vorgehensweise eignet sich dazu.

Beim Problemlösen ist der durch eine Aufgabenstellung charakterisierte *Ausgangszustand* Z_0 eines Problems in einen *Zielzustand* Z_n zu überführen. Dieser ist mit der *Lösung des Problems* identisch. Die genannten Problemzustände stellen subjektive Widerspiegelungen der objektiven Anforderungsstruktur dar, die dem zu bearbeitenden Sachverhalt eigen sind. Das Überführen des Ausgangs- in den Endzustand gelingt nicht unmittelbar. Durch *Aufnahme neuer Informationen* und ihrer Verarbeitung mit solchen aus dem Gedächtnis sind *Operationen, Handlungen oder Handlungsfolgen* aufzufinden (die im folgenden auch als *Transformation* t_i bezeichnet werden), die Z_0 über Zwischenzustände Z_i des Problems in den Zielzustand Z_n überführen *(vgl. Abb. 2.7).*

Problemlösen ist somit auch als *Prozeß des Strukturerkennens* zu charakterisieren. Das bezieht sich auf den im Problem abgebildeten Sachverhalt und auf die darauf bezogenen Handlungen des Problemlösenden. Die Einsicht, die dabei erreicht wird, wirkt sich förderlich auf den Kenntniserwerb und die Entwicklung von Fähigkeiten aus.

Das Problemlösen beginnt mit dem *Erleben einer Problemsituation.* Es wird durch einen *Widerspruch* ausgelöst, der zwischen dem kognitiven Abbild der Aufgabe und den darauf bezogenen subjektiven Leistungsvoraussetzungen besteht. Je präziser dieser verstandesmäßig erfaßt, emotional bewertet und je mehr er als persönlich bedeutsam erlebt wird, desto stärker wird der Schüler motiviert, die Aufgabe zu lösen.

Bei einzelnen Schülern muß dieses Erleben erst herbeigeführt werden. Dazu wird der dafür relevante Widerspruch den Schülern bewußtgemacht und mit persönlich Bedeutsamem verknüpft, wie z. B. mit Interessen, Erwartungen, Neigungen zu Tätigkeiten, Streben nach Erkenntnis oder nach Erfolg.

Um den erlebten Ausgangszustand oder einen anderen *Problemzustand* in einen nächsten zu *überführen*, der dem Ziel näher liegt, bedarf der Schüler neuer Informationen. Er gewinnt sie durch *Analyse des Ziels*, der *Ausgangsbedingungen* und der *verfügbaren Mittel* sowie *des* jeweils *erreichten Problemzustandes* und der auftretenden *Schwierigkeiten im Lösungsvollzug*. Die Analyse schließt die *Suche nach Information*, und zwar zunehmend im eigenen Gedächtnis, ein. Die gewonnenen Informationen ermöglichen, *Hypothesen* über den nächsten Lösungsschritt und den dadurch zu erreichenden neuen Problemzustand zu *bilden*, sie gedanklich oder durch probeweises Handeln zu *überprüfen* und über das weitere Vorgehen zu entscheiden. In diesem Prozeß entsteht in einem Anfangsstadium die *Lösungsidee*, die die Grundlage für das Aufstellen des Lösungsplanes bildet.

Die Regel, nach der Hypothesen an Entscheidungsstellen gebildet und abgearbeitet werden, bezeichnet man als **Strategie.** Sie drückt sich im *Lösungsplan* und seiner Korrektur im Verlauf des Aufgabenlösens aus.

Zu den Etappen eines Problemlösungsprozesses gehören im einzelnen:

- das Entstehen bzw. *Bewußtmachen der Problemsituation*,
- die *Problemanalyse* (Ziel-, Material-, Situations-, Mittel-, Bedingungsanalyse),
- das Finden einer Lösungsidee und Aufstellen eines *Lösungsplanes*,
- das *Verwirklichen* des Lösungsplanes (gegebenenfalls unter Einschluß von Konfliktanalysen),
- das *Formulieren der Lösung*,
- *Kontrolle* des Ergebnisses und *Reflexion* des Lösungsweges (einschließlich von Fehleranalysen).

Diese Etappen charakterisieren das Problemlösen zugleich als *Lernhandlung*, die bekanntlich über das sachliche Ergebnis des Problemlösens hinausführend auf Lerneffekte zielt, durch die die Persönlichkeitsentwicklung stimuliert wird. Notwendige pädagogische Führungsmaßnahmen müssen berücksichtigen, in welcher Etappe des Problemlösens sich ein Schüler jeweils befindet.

Das *Finden der Lösungsidee* und des *Lösungsweges* bereitet oft Schwierigkeiten. Mitunter stellt sich diese Idee plötzlich ein. Eine solche *Intuition* tritt erst im Ergebnis intensiver Beschäftigung mit dem Gegenstand auf, mitunter auch zeitlich abgehoben von dieser. Der Weg des Erkenntnisgewinns wird jedoch dem Lösenden nicht bewußt. Dennoch ist er objektiv determiniert (vgl. Abschn. 2.2.2.).

Vor der Lösungsfindung oder wenn sich herausstellt, daß ein eingeschlagener Lösungsweg nicht zum Ziele führt, entsteht häufig ein *Problemzustand*, der als *Barriere* bezeichnet wird. Subjektiv entsteht das Erleben, daß die Aufgabe nicht lösbar ist. Häufig werden an dieser Stelle weitere Lösungsversuche abgebrochen. Sagen Lehrer oder Mitschüler die Lösung vor, so stellt sich leicht das Gefühl ein, unfähig zu sein. Gewöhnlich zieht dies ein Senken des Anspruchsniveaus oder gar Resignation nach sich. Deshalb ist es notwendig, alle Schüler mit Methoden der Lösungsfindung und des Überwindens von Barrieren auszurüsten.

Barrieren können auf unterschiedliche Weise entstehen. Einige häufige *Ursachen* seien genannt:

- Ein als richtig angesehener Lösungsweg führt nicht zum Ziel. Wegen der *Trägheit der Denkprozesse* (im physikalischen Sinne gesehen) gelingt es kaum, eine neue Denkrichtung einzuschlagen. Meist gelingt es erst, wenn der Schüler von der Aufgabe Abstand gewonnen hat. Das gilt auch zeitlich gesehen. (Man sollte eine Aufgabe einmal liegenlassen und erst ein paar Stunden oder auch Tage später wiederaufnehmen!)
- Bei der Verarbeitung sensorischer Informationen werden durch *abstraktes Verdichten* mitunter zusätzlich Bedingungen in das Problem eingeführt, die ihm nicht zukommen und seine Lösung erschweren.

Als Beispiel wird auf die Vierpunkteaufgabe verwiesen. Durch einen Streckenzug aus drei Gera-

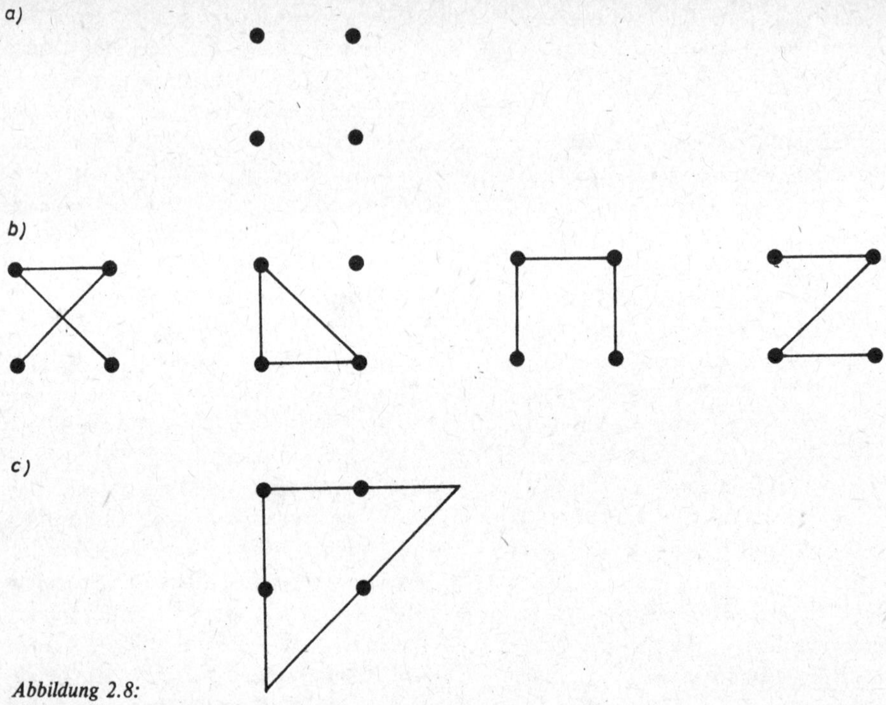

Abbildung 2.8:
a) Vierpunkteaufgabe
b) Lösungsversuche zur Vierpunkteaufgabe
c) Lösung der Vierpunkteaufgabe
(nach Pippig 1985, S.97)

den sollen vier Punkte einer Ebene in einem Zuge so miteinander verbunden werden, daß Anfangs- und Endpunkt aufeinanderfallen. *Abb. 2.8* zeigt die Lösungsversuche und die Lösung, die meistens nicht ohne Hilfe gelingt. Die vier Punkte werden unwillentlich als Eckpunkte eines Vierecks (oder Quadrats) aufgefaßt. Damit wird ein Problemraum abgesteckt, in dem keine Lösung existiert. Erst durch seine Erweiterung auf die Ebene ist die Lösung zu finden.

– *Sprachliche Information* regt durch ihre Semantik im Gedächtnis gespeicherte Beziehungen zu Sachverhalten an, darunter auch solche, die nicht lösungsrelevant sind und den Lösungsprozeß dadurch behindern, daß auf einen *inadäquaten Problemraum* gelenkt wird.

In experimentellen Untersuchungen ist nachgewiesen worden, daß ein und dasselbe Problem in Abhängigkeit von seiner semantischen Einbettung auch in unterschiedlicher Weise gelöst wird. Um störende Einflüsse auszuschalten, ist es zweckmäßig zu untersuchen, welche Bedingungen durch die sprachliche Belegung der Begriffe in das Problem eingefügt oder in ihm verdeckt wurden. So denkt man sehr oft bei einem Quadrat nicht daran, daß es zugleich auch ein Rechteck, ein Rhombus, ein Parallelogramm, ein Trapez oder allgemein ein Viereck sein kann. Mit jeder der Bezeichnungen werden spontan andere Kenntnisse reaktiviert.

Aus der Kenntnis dieser Gesetzmäßigkeiten sind die *Techniken des Überführens eines Problemzustands* in einen anderen, insbesondere beim Auftreten einer Barriere, erklärbar. Zu diesen Techniken gehören:

– das *Bilden und Überprüfen von Hypothesen,*
– das *Erweitern* oder auch das *Einschränken des Problemraumes,*
– das *Verallgemeinern* des Problems (bzw. Teilproblems, evtl. auch das Schematisieren) oder das *Konkretisieren,*
– das *Klassifizieren von Problemzuständen.*

Schüler sollten darüber Verfahrenskenntnisse besitzen, so daß sie bewußt solche Lösungsschritte einsetzen können. Werden sie vom Lehrer oder von Mitschülern nur ausgeführt, wird keine Einsicht erzeugt. Der bekannte Beweis, daß die Summe der Innenwinkel im Dreieck 180° beträgt, bildet dafür ein treffendes Beispiel. Das Einführen einer Hilfslinie durch den Lehrer bleibt für den Schüler meistens unmotiviert. Die Schüler erfahren nicht, daß der Problemraum erweitert worden ist und daß das eines der Mittel darstellt, Barrieren zu überwinden. Eine Gedankenfolge, die zur Einsicht führt, sollte folgende Aussagen aufnehmen:

„Ich muß den Satz $\alpha + \beta + \gamma = 180°$ auf eine bewiesene Aussage zurückführen. Ich analysiere dazu alle bekannten Aussagen über Beziehungen zwischen Winkeln (Sätze über Nebenwinkel, Scheitelwinkel, Winkel an geschnittenen Parallelen). Da keine dieser Beziehungen im Dreieck gegeben ist, versuche ich, solche Bedingungen herzustellen. Die geradlinige Verlängerung der Strecken stellt Neben- und Scheitelwinkel her. Das Problem läßt sich noch nicht lösen. Eine Hilfslinie als Parallele zu einer Dreiecksseite erzeugt Winkel an geschnittenen Parallelen." Dieser Denkweg ist dahingehend zu verallgemeinern, daß eine Veränderung des Problemraumes vorgenommen worden ist. In diesem Falle war es eine Erweiterung, in anderen Fällen ist eine Einschränkung erfolgversprechend *(Abb. 2.9).*

Für die anderen *Lösungstechniken* lassen sich Begründungen und auch Beispiele anführen. Es soll nur auf einige Schwerpunkte hingewiesen werden:

- *Hypothesen bilden:* Häufig ist ratsam, vor einer Entscheidung mehrere Hypothesen über den nächsten Lösungsschritt und den zu erreichenden Problemzustand zu bilden. Auch nicht zu bestätigende Hypothesen dienen der Einsichtgewinnung.
- Zum *Verallgemeinern oder zum Konkretisieren von Problemzuständen:* Das Verallgemeinern ermöglicht, übergreifende, allgemeine Gesichtspunkte besser zu berücksichtigen. Es befreit von störenden Nebenumständen und Fixierungen an einzelne Fakten. Das Konkretisieren hilft zu veranschaulichen und ermöglicht mitunter, im Einzelnen das Allgemeine aufzufinden.

Zum Klassifizieren von Problemzuständen: Es bildet eine besondere Art des Verallgemeinerns. In der Form des Schematisierens z. B. werden Zuordnungen zu Typen erleichtert, die Zugriffe zu zweckmäßigen Lösungsverfahren eröffnen. In Verbindung mit dem Verallgemeinern und Konkretisieren lassen sich leichter Analogien zu bekannten Sachverhalten auffinden. Das Entdecken von Analogiebeziehungen gehört zu den Grundprozessen für schöpferische kognitive Leistungen.

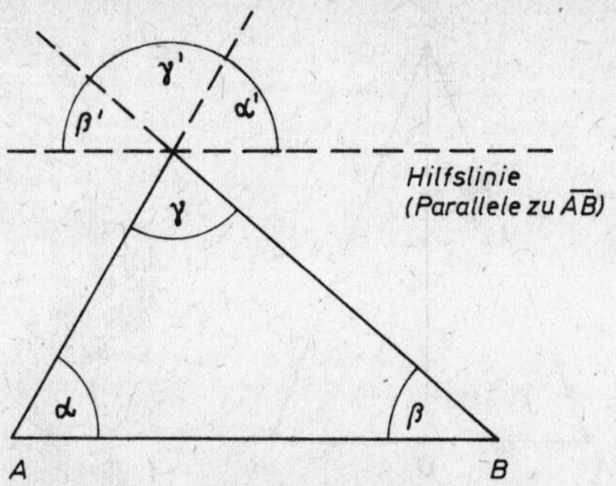

Abbildung 2.9. Erweitern des Problemraumes: Beweis des Innenwinkelsatzes für Dreiecke (nach Pippig 1985, S. 103)

Für jede einzelne Aufgabe oder günstigenfalls für eine Klasse von Problemaufgaben muß der Lösende eine konkrete Strategie ausbilden. Verfahrenskenntnisse über Lösungsstrategien können daher nur übergreifender Natur sein. Sie sind vom *Inhalt und vom Typ des Problems* abhängig.

Es gibt zwei Grundtypen von Problemlösungsstrategien. Bei der ersten, die *lokales Optimieren* genannt wird, sucht der Lösende den Ausgangszustand des Problems durch Informationsgewinn in einen zielnäheren zu überführen. Von diesem aus verfährt er in gleicher Weise, so daß er dem Ziel erneut näher kommt. Das wird fortgesetzt, bis das Ergebnis vorliegt. Treten Irrwege auf, so wird bis auf einen Zustand zurückgegangen, von dem der Lösende annimmt, daß er für den Lösungsweg entscheidend ist. Die zweite Strategie setzt am Zielzustand an. Sie wird als *Globalstrategie* bezeichnet. Vom Ziel aus wird der dem Ziel vorausgehende Zustand hypothetisch bestimmt und von ihm aus der diesem vorausgehende. Auch das wird fortgesetzt, bis die Verbindung zum Ausgangs-

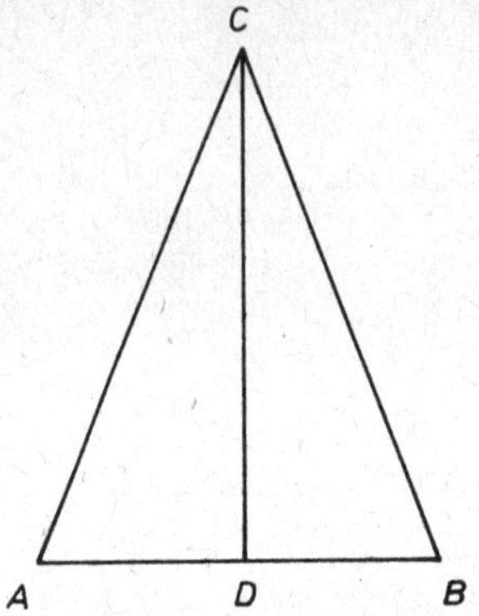

Abbildung 2.10: Umstrukturieren eines Problemraumes (Beispiel bezieht sich auf eine besondere Linie im gleichschenkligen Dreieck, Erläuterungen im Text)

zustand hergestellt worden ist. Auf diese Weise werden *Teilziele* festgelegt, die dann nacheinander abgearbeitet werden. Beide Strategien werden bei einer Aufgabe mitunter auch im Wechsel angewandt. Der Strategiewechsel erfolgt im allgemeinen nach erfolglosen Lösungsbemühungen in Barrieresituationen.

Auch Verfahrenskenntnisse über Problemlösungstechniken und -strategien, die stets Heuristiken darstellen, werden erst anwendbar, wenn sie *mit operativen Einheiten verknüpft* worden sind. Das Verknüpfen ist deshalb zum Gegenstand bewußt darauf gerichteten Handelns zu machen.

Ein Beispiel soll das verdeutlichen. Durch die Ziel- und Bedingungsanalyse soll erreicht werden, daß eine Lösungsidee gefunden wird. Das erfolgt mitunter erst, wenn der *Problemraum anders strukturiert* wird, als er im ersten Zugriff erlebt wird. Der Schüler soll nun erfahren, wie man dem Sachverhalt „eine neue Seite abgewinnen" kann. Die Aufgabenstellung könnte lauten: „Sieh dir in Abbildung 2.10 die Strecke $\overline{CD}$ an! Welche Namen kannst du ihr geben und welche Eigenschaften von Seiten oder Winkeln des $\triangle ABC$ lassen sich ableiten?" Lösung:

Name:	abgeleitete Eigenschaft:
a) Höhe	$\sphericalangle CDB = 90°$; $\sphericalangle ADC \cong \sphericalangle CDB$
b) Seitenhalbierende	$\overline{AD} = \overline{DB}$
c) Mittelsenkrechte	$\sphericalangle CDB = 90°$; $\overline{AD} \cong \overline{DB}$ u. a.

Derartige Übungen bilden einen Bestandteil des *problemhaften Unterrichts*. Er *ist nicht auf das Lösen von Problemaufgaben zu reduzieren.*

Auf diese Weise lassen sich bei Schülern zunehmend sicherer *allgemeinste* Verfahrenskenntnisse ausbilden, die dem Finden spezieller, aufgabenangepaßter Lösungsstrategien dienen. Sie lassen sich knapp als Handlungsanweisungen formulieren, stellen jedoch keine Schrittfolgen dar:

– *Analysiere das Ziel*, die Mittel und Bedingungen!

– Suche hypothetisch *Teilziele* und Schrittfolgen, indem du einmal von den Ausgangsbedingungen *vorwärts* und dann vom Ziel oder einem Teilziel aus *rückwärts* schreitest!

– Suche nach *analogen Sachverhalten* oder Lösungswegen, die du kennst, und vergleiche sie mit deiner Aufgabe!

– Probiere nicht ziellos, sondern *plane*, wie du vorgehen willst!

Die zur Lösung einer Aufgabe auszubildende Strategie hängt vor allem vom Aufgabentyp ab. In jedem Unterrichtsfach gibt es solche typischen Aufgaben, für die meistens auch spezielle Heuristiken entwickelt werden. Auch sie werden erst dann in verallgemeinerter Form angeeignet, wenn sie selbst zum Lerngegenstand gemacht und dann von den Schülern bewußt angewandt werden.

Solche Anforderungen sind beispielsweise das Charakterisieren literarischer Gestalten (Literaturunterricht), das Werten einer gesellschaftlichen Erscheinung (z. B. in Geschichte, Staatsbürgerkunde), das experimentelle Auffinden oder Bestätigen einer Gesetzmäßigkeit (Naturwissenschaften), das Beweisen einer Aussage oder Lösen einer Sachaufgabe (Mathematik), das Konstruieren (Polytechnik, Mathematik) oder auch das Argumentieren (Staatsbürgerkunde, Deutschunterricht, Fremdsprachen).

Selten wird jedoch das Gemeinsame in diesen Anforderungen den Schülern im Selbstlauf bewußt. Nicht alle Problemaufgaben sind so beschaffen, daß Zielzustände oder die Art und Anzahl der Handlungsschritte eindeutig bestimmbar sind (z. B. Aufgaben für das politische Argumentieren). Der Lösende besitzt für seine Entscheidungen viele Freiheitsgrade. An das Suchen nach relevanten Kenntnissen und Handlungen im Gedächtnis und an das Kombinieren werden hohe Anforderungen gestellt. Diese Aufgaben sind für die Entwicklung schöpferischer Fähigkeiten besonders wertvoll.

Allerdings ist dafür Bedingung, daß ein Lehrer eine Vielfalt von Lösungen, die den Kriterien für den Zielzustand genügen, als zutreffend anerkennt. Notwendig werdende Hilfen setzen voraus, den Gedankengang des jeweiligen Schülers zu verstehen, um ihm weder einen anderen Lösungsweg aufzuzwingen, noch die Lösung vorwegzunehmen. Das dialogische Argumentieren, das darauf zielt, den Partner von der eigenen Meinung zu überzeugen, gehört zu diesem Typ. Auch der Argumentierende muß die Einstellungen und Kenntnisse seines Gesprächspartners zum Sachverhalt berücksichtigen.

Das Können, Probleme unterschiedlicher Klassen von Anforderungen selbständig zu lösen, bildet sich pädagogisch geführt heraus, *indem der Grad der Selbständigkeit schrittweise erhöht wird.*

Es lassen sich dafür folgende *Stufen* angeben:

- Die Lösung wird vom Lehrer vorgeführt und so kommentiert, daß Schüler diese einsichtig erfassen und nachvollziehen können.
- Der Lehrer schafft eine Problemsituation. Unter seiner Leitung wird die Aufgabe von allen Schülern der Klasse gemeinsam gelöst.
- Der Lehrer stellt die Problemaufgabe. Die Schüler lösen sie individuell weitgehend selbständig. Nötigenfalls gibt der Lehrer Hilfe.
- Aus einem Sachverhalt schälen die Schüler selbständig Probleme heraus und formulieren diese. Danach werden sie weitgehend selbständig gelöst.

Kooperatives Problemlösen. Die *Befähigung der Schüler zum kooperativen Problemlösen* ist aus zweierlei Gründen erforderlich. Die moderne Produktion verlangt nicht nur beim Vollzug von Arbeiten ein arbeitsteiliges Herangehen, sondern vor allem auch beim Lösen dabei auftretender Probleme. Selbst in den Bereichen von Wissenschaft und Technik, in denen früher ausschließlich die individuelle schöpferische Leistung dominierte, ist heute ohne Kooperation kein wesentlicher Fortschritt zu erreichen. Häufig ist dazu eine interdisziplinäre Zusammenarbeit notwendig, die von jedem Beteiligten verlangt, aus einer gemeinsamen Ziel- und Problemstellung spezifische Problemstellungen abzuleiten. Individuelles und kooperatives Problemlösen durchdringen dabei einander. Zum anderen besitzt das kooperative Problemlösen *persönlichkeitsbildende Potenzen,* die über die des individuellen Problemlösens hinausreichen. Sie liegen *in den sozialen Beziehungen begründet,* die die Schüler bei dieser Anforderung untereinander eingehen, und in der damit verknüpften Art und Weise der Kommunikation (vgl. Abschn. 3.3.).

Kooperatives Problemlösen stellt an die Schüler zunächst einmal die gleichen psychischen Anforderungen wie das individuelle. Die objektive Problemstruktur ist hier wie dort zu erkennen, aber die Wege dahin unterscheiden sich im allgemeinen dadurch, daß die *Kommunikation beim kooperativen Problemlösen ermöglicht, Gedankengänge der Partner als Anregung für eigene aufzunehmen* und somit *neue Sichtweisen* mit eigenen zu verknüpfen. Kooperatives Problemlösen zeigte sich in einer Reihe von Experimenten dem individuellen überlegen.

Bei einem Licht-Schalter-Problem an verzweigten Stromkreisen lag der Schrittzahlverbrauch bei kooperativem Problemlösen signifikant niedriger als bei individuellem. Der Lösungsprozeß war effektiver *(vgl. Abb. 2.11).*

Nur bei Aufgaben von geringerem Schwierigkeitsgrad tritt dieser Effekt nicht auf.

Die Überlegenheit des kooperativen Problemlösens gegenüber dem individuellen wird darauf zurückgeführt, daß in der Kooperation

- *mehr* vermittelte oder erarbeitete *Informationen* behalten werden,
- *mehr Hypothesen* gebildet und geprüft werden,
- die Hypothesen *gründlicher diskutiert* und die Beziehungen zu den Lösungsstrategien durch Erklärungen und Begründungen *einsichtiger* gemacht werden,
- die Kommunikation neben gegenseitigen *Informationen zum Sachverhalt* und zum *Organisieren der*

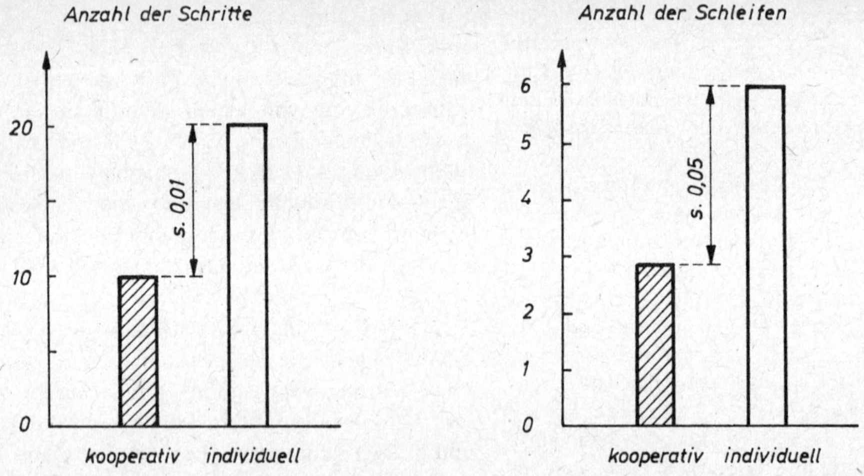

Abbildung 2.11: Schritte bei individuellem und kooperativem Problemlösen: Licht-Schalter-Problem (nach JANTOS 1984, S. 141)

gemeinsamen Arbeit tätigkeitsstimulierende Faktoren in Form von *Bewertungen* von Leistungen und Verhalten der Gruppenmitglieder, überzeugenden Argumenten und *Aufforderungen* zu sozialem Verhalten entsprechend der Gruppennorm und der Anforderungssituation beinhaltet.

In erster Linie sind die *Wirkungen auf den einzelnen Schüler* von Bedeutung und nicht so sehr hinsichtlich höherer Effektivität des Lösungsprozesses. Experimentell konnten Veränderungen nachgewiesen werden

- im *Können, individuell Probleme zu lösen,* insbesondere durch höhere Beweglichkeit im Denken,
- in der *Kooperationsbereitschaft* (Konstruktivität, Hilfsbereitschaft und Partnertoleranz),
- im *Selbstvertrauen*.

Diese Effekte sind an die Bedingungen geknüpft,

- daß alle Mitglieder der Problemlösungsgruppe sich gegenseitig ernst nehmen, *miteinander kommunizieren* und *aktiv* an der Lösungsfindung und am Lösungsvollzug beteiligt sind,
- daß sie über *Kenntnisse zum individuellen und zum kooperativen Problemlösen* verfügen und diese anwenden können.

Modifizierend auf den effektiven Weg kooperativen Problemlösens und damit auch auf die Befähigung zum individuellen Problemlösen wirken:

Die Zusammensetzung der Problemlösungsgruppe: Bezüglich der Intelligenz oder der persönlichen Beziehungen heterogen zusammengesetzte Gruppen erwiesen sich als leistungsstärker als homogene Gruppen. Emotional stark bewertete Beziehungen zwischen zwei Partnern können sich aber hemmend auswirken, was zumindest bei Schülern zwischen 12 und 14 Jahren festgestellt worden ist.

Die Funktionsverteilung innerhalb der Problemlösungsgruppe: Funktionen wie Leiter oder Kontrolleur weisen dem betreffenden Schüler eine besondere Verantwortung zu. Im allgemeinen ergeben sich bei diesen auch individuell höhere Lerneffekte. Jedoch ist das an die Bedingung geknüpft, daß eine echte Kommunikation beim Lösen von Aufgaben aufrechterhalten wird. Allein agierende Leiter erzielen keinen höheren Lerngewinn und keine höhere Effektivität des Lösungsprozesses. Auch in Zweiergruppen bleibt die Funktion des Leiters für den Lerngewinn wirkungslos.

Die Gruppenstärke: Eine absolute Größe läßt sich nicht angeben, da sie wesentlich mit von der Komplexität und Kompliziertheit des Problems abhängt. Jedes Gruppenmitglied muß sich aktiv an der Lösungsfindung beteiligen können. Bei schwierigeren Aufgaben können daher größere Gruppenstärken sinnvoll sein. Die obere Grenze wird durch die Überschaubarkeit und Beherrschbarkeit der Kommunikation in der Gruppe gesetzt. Sie wächst mit dem Alter und der Erfahrung der Schüler. Bei jüngeren Schülern erweist sich die Zweipersonengruppe am effektivsten. Die Anzahl von 4 Personen sollte auch bei älteren Schülern oder Erwachsenen nur in Ausnahmefällen überschritten werden, wenn nicht in Abhängigkeit von der Aufgabe Untergruppen gebildet werden können. Das geht aus sozialpsychologischen Untersuchungen in Lern- und Arbeitskollektiven hervor.

Die *Befähigung der Schüler zum kooperativen Problemlösen* unterliegt prinzipiell den gleichen psychologischen Gesetzmäßigkeiten, die bereits im Zusammenhang mit der Ausbildung geistiger Handlungen und dem individuellen Problemlösen erörtert worden sind. Die Aneignung von *Kenntnissen und Handlungen* zum Problemlösen, wie sie bereits dargestellt worden ist, muß jedoch noch durch solche ergänzt werden, die sich *auf die Kooperation beziehen*. Dabei ist zu beachten, daß diese nicht auf die formale Seite, gewissermaßen auf die „Technologie" eingeschränkt werden, sondern zugleich die *einstellungsbildenden Faktoren* wirksam gemacht werden. Die kooperative Tätigkeit soll zur *Entwicklung von Kollektiven* beitragen und die *Kollektivität* als Merkmal einer sozialistischen Persönlichkeit ausprägen helfen.

Damit grenzen wir uns bewußt von solchen bürgerlichen sozialpsychologischen Auffassungen ab, die „Sozialtechniken" ausgebildet wissen wollen. So wird ein Rollenverhalten trainiert, das relativ unabhängig vom Inhalt der zu bewältigenden Anforderung ist. Verfahren zur Ausbildung von Selbstbehauptung, Durchsetzungsfähigkeit und subjektiver Konfliktbewältigung stehen im Mittelpunkt des Interesses, in dem es letztlich um den Versuch der Anpassung des Menschen an kapitalistische Verhältnisse geht. Der Mensch „spielt" jedoch keine Rolle, wie das etwa vom Schauspieler verlangt wird, sondern er übt Funktionen aus und bewältigt objektive Anforderungen, wobei sich darin stets sein Wesen, seine Persönlichkeit in ihrer Individualität äußert. Aus der gesellschaftlichen Bedingtheit seiner Tätigkeit geht hervor, daß unter sozialistischen Verhältnissen sozialbezogene Handlungen auf konstruktive Zusammenarbeit, Verantwortlichkeit gegenüber dem Kollektiv und der Gesellschaft, Gleichberechtigung und Achtung vor dem anderen sowie gegenseitige Hilfe ausgerichtet sind. Das ist bei der Befähigung zur Kooperation zu beachten.

In die *Orientierungsgrundlagen für kooperatives Problemlösen* sollten daher Aussagen aufgenommen werden, die sich beziehen auf

– *gemeinsames Planen und Beraten,*

– *eigene Beiträge in der Kommunikation und Kooperation,*

wie Vorschläge einzubringen und zu begründen, sich dem Partner verständlich auszudrücken, eigene Fehler einzugestehen und zu korrigieren,

– *die Aktionen oder Reaktionen des Partners,*

zum Beispiel ihm aufmerksam zuzuhören und ihn aussprechen zu lassen, Aussagen zu ergänzen, gegebenenfalls mit ihm zu diskutieren, gemeinsam Lösungsschritte zu bewerten, ihn sachlich zu kritisieren, ihn anzuspornen und ihm zu helfen.

Die *Form der Orientierung* beeinflußt den *Lerngewinn* beim kooperativen Problemlösen. In Experimenten schnitten die Gruppen besser ab, die eine allgemeine Orientierungsgrundlage dafür erhalten hatten, als die ohne spezielle Orientierung. Hatten sich jedoch Schüler vor dem gemeinsamen Lösungsversuch individuell mit dem Problem befaßt, so resultierte auch daraus ein effektiverer Weg beim kooperativen Aufgabenlösen. Der *Wechsel zwischen kooperativem und individuellem Problemlösen* erweist sich als *fördernde Bedingung der Entwicklung geistiger Fähigkeiten.*

Die Befähigung zum kooperativen Problemlösen ist zweckmäßigerweise in *Etappen* zu vollziehen. Als wirksam haben sich die folgenden erwiesen:

– Ausbildung von *Kontrolle und Bewertung als Lernhandlung* in einer gemeinsamen Lerntätigkeit (vgl. dazu Abschn. 2.2.3.),

– *Anknüpfen an die Tätigkeit des Partners* und eigenes Fortführen der Handlungen im ständigen Wechsel zwischen den Partnern,

– koordiniertes, *gemeinsames Lösen* einer Problemaufgabe,

– *aufgabenteiliges Lösen* einer Problemaufgabe.

Da der *Anteil des einzelnen am Lösungsgeschehen von seiner Funktion in der Gruppe abhängt*, müssen auch Maßnahmen zur Befähigung dafür durchgeführt werden. Das wird durch spezifische Orientierungsgrundlagen und deren Aneignung erfüllt. Zum Problemlösen wurden am besten die Schüler befähigt, die jede *Funktion im Wechsel mit den Partnern* auszuüben hatten.

2.2.5. Ausbildung besonderer Fähigkeiten

In jedem Anforderungsbereich, mit dem Menschen konfrontiert werden, bilden sich bei ihnen *besondere Fähigkeiten* von mehr oder weniger hohem Verallgemeinerungsgrad heraus. Viele von ihnen sind den *geistigen* Fähigkeiten unterzuordnen, z. B. die *konstruktiv-technischen, sprachlichen, kommunikativen* oder *organisatorischen* Fähigkeiten. In anderen *dominieren Prozesse der Bewegungskoordination*, wie bei *handwerklichen* oder *sportlichen* Fähigkeiten. Bei *künstlerischen* Fähigkeiten *dominieren Sinnes- und emotionale Prozesse* im Handeln. Alle derartigen Fähigkeiten werden nicht nur in der Lerntätigkeit ausgebildet. Für deren zielgerichtete Entwicklung bestehen in anderen Tätigkeiten die gleichen Ansatzpunkte wie in der Lerntätigkeit, insbesondere durch das systematische Ausbilden der für diese Tätigkeiten typischen Handlungen und Operationen (vgl. Abschn. 2.2.3. und 2.2.4.). Für die gesellschaftlich-politische Tätigkeit sind Beispiele dafür dargestellt worden (vgl. Abschn. 1.4.). Im Bereich von kulturell-ästhetischen Tätigkeiten ist experimentell nachgewiesen worden, daß durch gezieltes Ausbilden von entsprechenden Handlungen selbst Kinder, die für hochgradig unmusikalisch gehalten wurden, Töne unterscheiden und singen lernten (vgl. Bd. I, Kap. 8.).

Für die Entwicklung künstlerischer Fähigkeiten bei Schülern ist kennzeichnend, daß sich die Emotionen ständig weiter differenzieren und auch in künstlerische oder sprachliche Ausdrucksformen umgesetzt werden können. Das verlangt außer dem Erlernen der dafür erforderlichen Techniken, auf eigene Gedanken und Gefühle reflektieren und diese mit der künstlerischen Aufgabe in Beziehung bringen zu können. Wird das zum Gegenstand bewußten Lernens gemacht, so wird dieser Prozeß kognitiv durchdrungen. Das trägt zur Differenzierung der Gefühle und zum sachadäquaten Einsatz von sprachlichen und künstlerischen Ausdrucksmitteln bei.

In einer experimentellen Untersuchung bei Schülern 9. Klassen konnte nachgewiesen werden, daß diese in ihren Urteilen über Literatur ihre Gefühle differenzierter darstellen konnten, nachdem sie gelernt hatten, literarisch gestaltete dialektische Widersprüche aufzusuchen und zu analysieren sowie eigene Lösungsvorschläge zu unterbreiten (vgl. Lahl 1984). Aus der Anlage des Versuchs ging hervor, daß das vor allem auf eine Differenzierung der emotionalen Erlebnisfähigkeit selbst und nicht vordergründig auf die bessere Verfügbarkeit sprachlicher Mittel zurückzuführen war. Damit wurde das Zusammenwirken von „Verstand" und „Gefühl" auf diesem Gebiet bestätigt. Wer etwas von Literatur „versteht", wird stärker durch sie ergriffen und genießt sie intensiver. Wenn zu Recht das „Zerreden" von Kunstwerken als hinderlich für die Entwicklung von künstlerischen Fähigkeiten angesehen wird, so nicht wegen des kognitiven Durchdringens – das sachadäquat erfolgen muß –, sondern wegen des oft damit verbundenen Einengens auf rationales Erkennen und auf möglicherweise vorbedachte normierte Werturteile, was einer Abkehr von der künstlerischen Aufgabe gleichkommt. Kunstwerke sind homomorphe Abbilder der Realität. Sie zu erschließen oder zu schaffen verlangt eigenes rationales und emotionales Stellungnehmen, wobei viele Freiheitsgrade des Handelns bestehen. Das Ausbilden von Fähigkeiten im kulturell-ästhetischen Bereich zielt vor allem darauf, daß der Schüler diese auch ausschöpfen kann und will. Neben dem Beherrschen der entsprechenden Techniken und geistigen Handlungen gehört vor allem das Aneignen von Wertvorstellungen und -maßstäben in diesem Bereich dazu.

Die Entwicklung von Fähigkeiten, in denen die Motorik eine dominierende Rolle spielt (handwerkliche, sportliche, tänzerische u. a.), wird vorwiegend über die Ausbildung von Bewegungsfertigkeiten stimuliert, wenn der Prozeß ihrer Aneignung kognitiv durchdrungen wird (vgl. Abschn. 2.3.). Um in der Entwicklung von besonderen Fähigkeiten ein hohes Niveau zu erreichen, bedarf es intensiver eigener Aktivität und Spielräume für eigenes Entscheiden in den betreffenden Tätigkeitsbereichen. Das wird gefördert, wenn sich der Heranwachsende aus eigenem Antrieb den entsprechenden Tätigkeiten zuwendet. Das Erzeugen von Bedürfnissen und Interessen dafür dient ebenfalls der Entwicklung von besonderen Fähigkeiten (vgl. auch Abschn. 1.5.). Die Begabungen eines jeden Schülers zu erkennen und weiterzuentwikkeln ist eine wichtige Aufgabe des Pädagogen (vgl. auch Abschn. 4.1.).

Zusammenfassung

Z • **Fähigkeiten** stellen *habitualisierte Komponenten der Handlungsregulation* der Persönlichkeit dar. In individualtypischer Weise sind sie *an der Steuerung der Tätigkeit bei der Bewältigung von Anforderungen* beteiligt. Sie entstehen in allen Tätigkeiten. Durch die planmäßige Ausbildung des Könnens wird die Entwicklung der Fähigkeiten der Heranwachsenden pädagogisch gesteuert.

• Allgemeine Bedingungen sind dabei die bewußte Berücksichtigung aller Strukturkomponenten von Fähigkeiten, die schrittweise Steigerung des Niveaus der Anforderungen und die Einbeziehung und Entwicklung aller subjektiven Leistungsvoraussetzungen der Schüler.

• Für die Herausbildung und Weiterentwicklung geistiger Fähigkeiten im Unterricht bestehen folgende Ansatzpunkte:

– *Der Erwerb und die Anwendung von Kenntnissen* (einschließlich theoretischer):
Die Art und Weise der Speicherung von Kenntnissen im Gedächtnis (die Qualität von Kenntnissen) bildet eine wesentliche Voraussetzung für ihren Einsatz im Denken. Die Art des Kenntniserwerbs hat Einfluß auf das Niveau geistiger Fähigkeiten.

– *Die Ausbildung und Optimierung geistiger Handlungen und Operationen*:
Die Schüler eignen sich Orientierungsgrundlagen des Handelns in Form von Verfahrenskenntnissen (Algorithmen, Heuristiken) an. Die Aneignung der Handlung oder der Operation erfolgt etappenweise, wobei eine materielle oder materialisierte Handlung interiorisiert wird.

– *Das individuelle und kooperative Problemlösen*:
Es verlangt, selbständig Lösungswege zu suchen, schöpferisch tätig zu sein. Schüler dazu zu befähigen schließt ein, ihnen Verfahrenskenntnisse über Strategien und Techniken sowie über die Gestaltung der Kooperation zu vermitteln und entsprechende Lernhandlungen auszubilden.

2.3. Fertigkeiten und Gewohnheiten

Nicht alle Schritte unseres Handlungsvollzuges steuern wir bewußt.

Wenn wir ein Wort schreiben, brauchen wir nicht zu überlegen, wie der Stift zu führen ist. Die notwendigen geordneten Bewegungen unserer Hand laufen „von allein" ab. Es ist uns jedoch möglich, jede einzelne Handbewegung auch bewußt zu regulieren. Die Bewegung verläuft dann jedoch gewöhnlich nicht mehr so rasch und so flüssig. Auch im geistigen Handeln existieren solche Handlungsschritte, die nicht bewußt gelenkt werden müssen.

Derartig automatisierte Komponenten des Handlungsvollzugs werden als **Fertigkeiten** *bezeichnet.*

Der Handlungsvollzug läuft ohne bewußte Steuerung ab, kann jedoch – wenn notwendig – bewußt werden. Fertigkeiten entlasten das Bewußtsein und ermöglichen somit, sich beim Denken und Handeln auf die für die jeweiligen Entscheidungen notwendigen Sachverhalte zu konzentrieren. Sie gehören daher zu den unerläßlichen Bestandteilen eines Könnens.

> Auch **Gewohnheiten** erleichtern den Handlungsvollzug. Ihnen liegen *Bedürfnisse* zugrunde, die gewissermaßen automatisch bestimmte Handlungen in Gang setzen. Die Befriedigung von Bedürfnissen, die den Gewohnheiten zugrunde liegen, wird daher auch emotional stark reflektiert.

Wer gewohnt ist zu rauchen, ist mißgestimmt, wenn er keine Zigarette bekommt. Wer gewohnt ist, sich vor der Mahlzeit die Hände zu waschen, fühlt sich erst wohl, wenn er sich gewaschen hat. Wer nur die Fertigkeit dazu besitzt, wird emotional kaum davon berührt.

In enger Verknüpfung mit den Bedürfnissen tragen die Gewohnheiten dazu bei, die *Aktivität* eines Menschen *auszurichten.* Sie sind in Verhaltens- und Charaktereigenschaften enthalten. Die Ausbildung von Gewohnheiten ist wichtiges Anliegen der kommunistischen Erziehung.

Vor allem sind es Gewohnheiten des Arbeitens, Lernens und Denkens, gewohnheitsmäßige Formen des Zusammenlebens der Menschen, hygienische oder auch interessenbedingte Gewohnheiten der Tätigkeit und Lebensgestaltung. Das Vermeiden schädlicher oder unerwünschter Verhaltensgewohnheiten bzw. deren Veränderung ist im Erziehungsauftrag zur Gewohnheitsbildung inbegriffen.

2.3.1. Gesetzmäßigkeiten und Bedingungen der Ausbildung von Fertigkeiten und Gewohnheiten

Fertigkeiten und Gewohnheiten bilden sich wie auch andere Persönlichkeitseigenschaften des Menschen in der Tätigkeit heraus. Die Grundbedingung dafür, daß bestimmte Abschnitte der Handlungen automatisiert werden, ist die häufige, *gleichartige Wiederholung* dieser Handlungssequenzen. Der Gegenstand und auch die Aufeinanderfolge unterschiedlicher Handlungen können sich verändern, jedoch die Schrittfolge innerhalb einer Handlung muß konstant bleiben, um eine Verfestigung zur Fertigkeit zu erreichen. Diese Konstanz wird verwirklicht, wenn eine Handlung den angezielten Effekt hervorbringt und über Rückkopplungsmechanismen die Angemessenheit des internen Handlungsprogramms gegenüber der objektiven Anforderung bestätigt wird. Diese *Bekräftigung* einer erfolgreichen Handlung fördert ihre Habitualisierung. Bei neuen Anforderungen fällt die Entscheidung über mögliche Handlungsalternativen zugunsten des im Gedächtnis gespeicherten Programms einer erfolgreichen Handlung aus. Hinter dieser Bevorzugung verbirgt sich zugleich eine motivationale Komponente des Handelns. Sie bewirkt die Wiederholung einer Handlung in Schrittfolgen. Wird darüber hinaus die Handlung als persönlich bedeutsam erlebt, so erhöht sich die Wahrscheinlichkeit, daß Lösungsschritte assoziativ verknüpft und bis aufs Äußerste verkürzt im Gedächtnis gespeichert werden. Damit ist eine Fertigkeit ausgebildet.

Dieses grob skizzierte Bedingungsgefüge bildet die Voraussetzung für die Entwicklung jeder Fertigkeit. *Sensorische Fertigkeiten* wie etwa das als Augenmaß bezeichnete Differenzieren von Längenunterschieden eines Metallarbeiters, *intellektuelle Fertigkeiten,* die sich beispielsweise im automatisierten Schlußfolgern nach dem Satz der Drittengleichheit äußern, oder *motorische Fertigkeiten* wie der Bewegungsablauf beim Gebrauch eines Eßbestecks oder beim Sporttreiben entstehen also auch ohne bewußtes Einprägen in allen Tätigkeiten. Man kann sich allerdings auch bewußt Fertigkeiten aneignen. Zum Beispiel führen entsprechende *Übungen* im Anwenden von Handlungen dazu. Die Merkmale der Unbewußtheit und der Automatisierung, die eine Fertigkeit kennzeichnen, beziehen sich auf die Steuerung des Handlungsvollzugs. Das Anwenden einer Fertigkeit beim Lösen einer Aufgabe wird dem Handelnden durchaus bewußt. Stößt er auf eine Schwierigkeit, wie das beispielsweise beim Niederschreiben eines wenig geläufigen Fremdwortes erlebt wird, kann er den automatischen Handlungsablauf willkürlich unterbrechen und danach wieder in Gang setzen oder durch eine bewußt gesteuerte Handlung ersetzen.

Geht eine bewußt gesteuerte Handlung in eine Fertigkeit über, so verändern sich einige Parameter ihres Verlaufs. Das ist an den Lernkurven für das Entstehen einer Fertigkeit gut abzulesen *(vgl. Abb. 2.12).*
Der Lerngewinn zeigt sich in der Zunahme der durchschnittlichen Laufgeschwindigkeit. Die Lernkurven spiegeln prinzipiell gleiche Lernverläufe wider, unabhängig von den Übungsvarianten (VR I kontinuierliches Training ——— VR II Intervalltraining – – – –, beide bei gleicher Übungszeit), vom Geschlecht und vom allgemeinen sportlichen Trainingszustand (trainierte und nichttrainierte Schüler).
Die Kurven zeigen Typisches: Nach raschem Lerngewinn *stagniert* der Leistungszuwachs trotz der Übung. Das erscheint in der Kurve als *Plateau* (z. B. zwischen 3. und 8. Versuch). Sogar ein geringfügiger Leistungsabfall ist möglich, ehe sich das Leistungsniveau verbessert, was mitunter sprunghaft geschieht (9. Versuch).
Die *Handlung* wird zunehmend *sicherer* ausgeführt. Sie läuft zügiger und rascher ab. Der Lernende erlebt, daß sie für ihn leichter wird. Eine Fertigkeit ist voll ausgebildet, wenn die daraus resultierende Handlung fehlerfrei und mit einem Minimum an Zeitaufwand, das jedoch interindividuell variiert, automatisch abläuft.
In den Phasen der *Plateaubildung*, die äußerlich als eine Stagnation in der Ausbildung der Fertigkeiten erscheinen, laufen dennoch Entwicklungsprozesse ab, die erst später im raschen Anheben des Leistungsniveaus sichtbar werden. Es finden *Umstrukturierungen in den internen Handlungsprogrammen* statt, die durch verbesserte Koordination von intellektuellen, sensorischen und motorischen Komponenten der Handlungsregula-

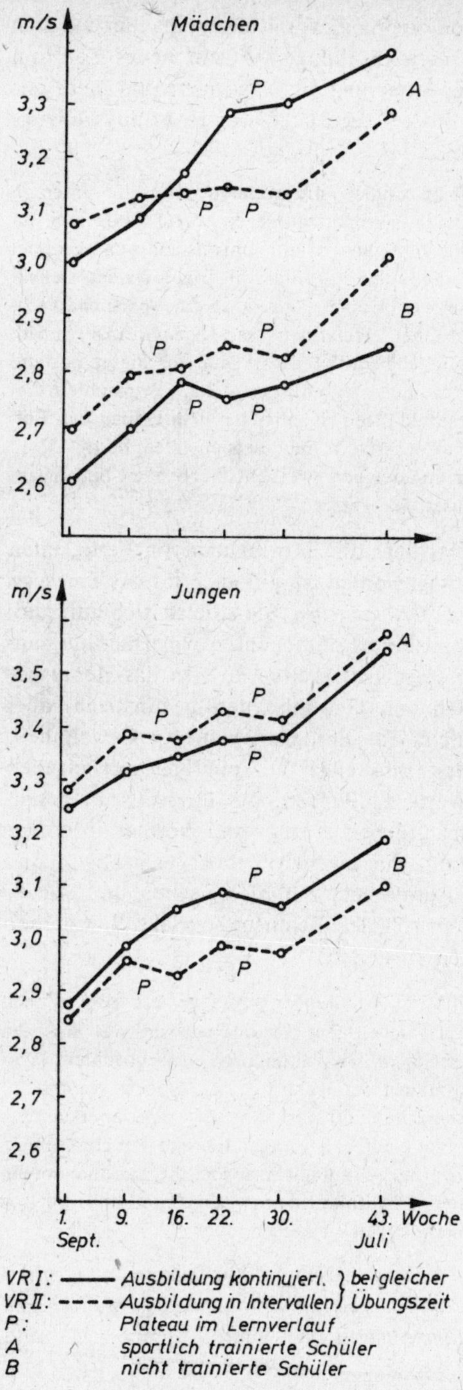

Abbildung 2.12: Entstehung einer Bewegungsfertigkeit: 2000-m-Ausdauerlauf bei Schülern der Klasse 4 (nach STROBELT 1986, S. 130)

tion zueinander und untereinander möglich werden. Es bildet sich ein neues Zentrum der Steuerung aus, das mehr und mehr das bewußte Regulieren des Handlungsvollzugs ablöst.

Nicht immer strukturieren sich die internen Handlungsvoraussetzungen zweckmäßig um, so daß Fertigkeiten nur unvollständig ausgebildet werden oder auf einem niedrigen Niveau stehenbleiben. (Man denke z. B. an eine sportliche Technik einer leichtathletischen Disziplin.) Durch pädagogische Einflußnahme läßt sich dieser Zustand überwinden (vgl. Abschn. 2.3.2.). Beobachtete Plateaubildungen signalisieren dem Lehrer, den Entwicklungsstand einer entstehenden Fertigkeit zu analysieren und zweckentsprechende Übungen anzusetzen.

Was über die Entwicklung von Fertigkeiten gesagt worden ist, gilt auch für das *Entstehen von Gewohnheiten.* Sie stützen sich auf automatisierte Komponenten von Handlungsantrieben. Fertigkeiten können das Herausbilden von Gewohnheiten begünstigen, aber nicht jede Fertigkeit wird zur Gewohnheit. Erst ihre enge Verknüpfung mit eigenen Wertvorstellungen, die ihrerseits an gesellschaftlichen Werten und Normen orientiert sind, mit eigenen Lebensperspektiven und Erwartungen, mit biologischen und vor allem sozialen Bedürfnissen läßt Gewohnheiten entstehen.

Jüngere Schulkinder besitzen die Fertigkeit, sich zu waschen. Zur Gewohnheit wird das Waschen erst, wenn sie sich dadurch erfrischt fühlen, wenn es ihnen ein Bedürfnis ist, „saubere Kinder" zu sein, die damit verbundene soziale Anerkennung zu erhalten u. ä. Fertigkeiten müssen eine subjektive Bedeutsamkeit erlangen, die aus übergreifenden Bedürfnisstrukturen abgeleitet sind, um zur Gewohnheit zu werden.

Der Weg gezielter Gewohnheitsbildung führt demnach über die Ausbildung von Motiven und Einstellungen (vgl. auch Abschn. 1.2.2. und 2.4.).
Dies ist der *prinzipielle Ansatz* für pädagogische Einflußnahme auf die Ausbildung von Gewohnheiten.

2.3.2. Gestaltung von Übungen

Fertigkeiten und Gewohnheiten bilden sich bei Kindern in vielen Fällen spontan heraus. Häufig ahmen die Kinder das Verhalten von Erwachsenen nach. Wir beobachten auch, daß Kinder sich das Ziel setzen, sich bewußt eine bestimmte Fertigkeit anzueignen, wie etwa den Gebrauch von Werkzeugen oder Geräten. Erwachsene unterstützen sie gern dabei, indem sie die Handlungen vorführen. Die Kinder vollziehen diese nach und wiederholen sie, bis sie sie beherrschen. Das ist die einfachste Form pädagogischer Steuerung der Entwicklung von Fertigkeiten. Sie kann jedoch nicht generell angewandt werden.

Da sich die Schüler in diesen Fällen nur auf die beobachtbare Form des Handlungsverlaufs stützen können, bleibt die Orientierungsgrundlage ihres Handelns unvollständig. Es schleichen sich Fehler ein, die erst nach und nach korrigiert werden müssen. So ist auch der Weg der Aneignung wenig effektiv. Sportlehrer oder Werklehrer beobachten in solchen Fällen fehlerhafte Handgriffe, unnütze Bewegungen oder Störungen im Bewegungsrhythmus, die sich bei manchen Schülern verfestigen und dann hartnäckig leistungsmindernd wirken.

Solche Mängel lassen sich von vornherein vermeiden, wenn die *Handlung,* die zu einer Fertigkeit ausgebildet werden soll, von den Schülern *mit Hilfe einer vollständigen Orientierungsgrundlage angeeignet* wird. Dabei werden ihnen Algorithmen oder Heuristiken vermittelt und mit Handlungseinheiten verknüpft (vgl. dazu Abschn. 2.2.3.). So verbinden sich sensorische, intellektuelle oder motorische Komponenten der Handlung anforderungsadäquat miteinander. Es ist dabei streng auf die richtige Ausführung der Handlung zu achten, denn ist ein Automatismus erst einmal eingeschliffen, so ist er nur schwer zu verändern. Gewöhnen ist leichter als Um- oder Abgewöhnen.
Zur *Automatisierung des Handlungsverlaufs* sind *Übungen* erforderlich. Sie zeichnen sich

gegenüber einfachen Wiederholungen des Handlungsvollzugs durch folgende Merkmale aus:

Der Lernende *vergleicht bewußt seinen Handlungsablauf mit dem unter pädagogischer Anleitung erarbeiteten internen Handlungsprogramm,* um ihn zunehmend besser mit dem Programm in Übereinstimmung zu bringen.

Die Einbettung der auszubildenden Fertigkeit wird variiert, und zwar hinsichtlich

- des *Inhalts* der Aufgabe (auf ihre Semantik),
- des *Grades der Komplexität* oder Kompliziertheit der Aufgabe (der von den Schülern als *Schwierigkeitsgrad* erlebt wird),
- der Bedingungen des Aufgabenlösens (wie z. B. die Motivierung, die Sinngebung, die Kooperation oder auch raumzeitliche Situationsbedingungen wie etwa Zeitdruck, begrenztes Arbeitsfeld),
- der *Art der Tätigkeiten.*

Auf alle diese Faktoren kann der Lehrer – durch entsprechende Aufgabenstellungen und auch individuelle Hilfen – bei der Aufgabenbewältigung Einfluß nehmen und somit die Aneignung einer Fertigkeit durch den Schüler pädagogisch steuern. Werden sie berücksichtigt, automatisiert sich nicht nur der Handlungsvollzug, sondern er wird auch zunehmend von unwesentlichen Merkmalen und Bedingungen losgelöst, die mit einem Aufgabentyp oder einer Situation stets gegeben sind. Die Fertigkeit erlangt einen hohen Allgemeinheitsgrad und wird leicht übertragbar.

Die *Übertragbarkeit einer Fertigkeit* kann sich fördernd auf die Ausbildung einer neuen Fertigkeit auswirken.

Wer eine Bewegungsfolge in einer sportlichen Disziplin beherrscht, erlernt die in einer anderen leichter. Analoges gilt für das Spielen eines Saiteninstruments oder für den Umgang mit einem Handwerkszeug.

Mitunter *hemmt* jedoch auch eine ausgebildete Fertigkeit das Formieren einer neuen, oder diese beeinträchtigt die bestehende Fertigkeit. Dieser negative Transfer wird als *Interferenz* bezeichnet. Sie tritt vorwiegend dann auf, wenn die neue Fertigkeit Abweichungen in einer automatisierten Schrittfolge verlangt.

Einige Schüler, die die schriftliche Multiplikation nur mechanisch beherrschen, erleben große Schwierigkeiten, wenn sie das schriftliche Dividieren erlernen. Bekanntlich müssen dabei zwischenschrittlich Multiplikationen ausgeführt werden. Manche Schüler sind unsicher, mit welcher Zahl sie beginnen sollen oder welche sie „herunterziehen“ müssen. Mitunter labilisiert dieses Lernen sogar retroaktiv die vorher erlernte Fertigkeit des Multiplizierens. Plötzlich können auch hier wieder Unsicherheiten auftreten.

Interferenzerscheinungen kann man *entgegenwirken,* indem der *Unterschied* in den Handlungsschritten, in denen zwei sonst analoge Folgen voneinander abweichen, *zum Gegenstand bewußt darauf gerichteten Lernens* gemacht wird.

Die *kognitive Durchdringung eines Handlungsvollzugs* fördert auch die Ausbildung von motorischen Fertigkeiten. Wird ein Handlungsablauf vor seiner Ausführung in Gedanken durchgespielt, so werden praktische Übungen eingespart. Die Fertigkeit bildet sich rascher und zuverlässiger aus *(vgl. auch Abb. 2.13).*

Drei Gruppen von Sportlern wurden unterschiedlich im Korbballwurf (Basketball) trainiert. Die Gruppe 1 führte nach einem praktischen Training zusätzlich ein gedankliches durch, die Gruppe 2 nur ein gedankliches und Gruppe 3 nur ein praktisches. In Gruppe 1 war die Fertigkeit am besten ausgebildet. Analoges wurde beim Erwerb von Fertigkeiten im Schreiben und im Führen eines Kraftfahrzeuges oder Flugzeuges registriert.

Der Erfolg eines derartigen *ideomotorischen Lernens* ist an die Bedingung geknüpft, daß der Lernende Vorerfahrungen in dem Bewegungsablauf besitzt, ihn also vorher einmal oder wenige Male praktisch ausgeführt hat. Die bewußte kognitive Durchdringung von Handlungsvollzügen – etwa eine Analyse einer Schrittfolge – hilft, diese zweckmäßig zu organisieren. Sie unterstützt daher auch den Erwerb einer Fertigkeit.

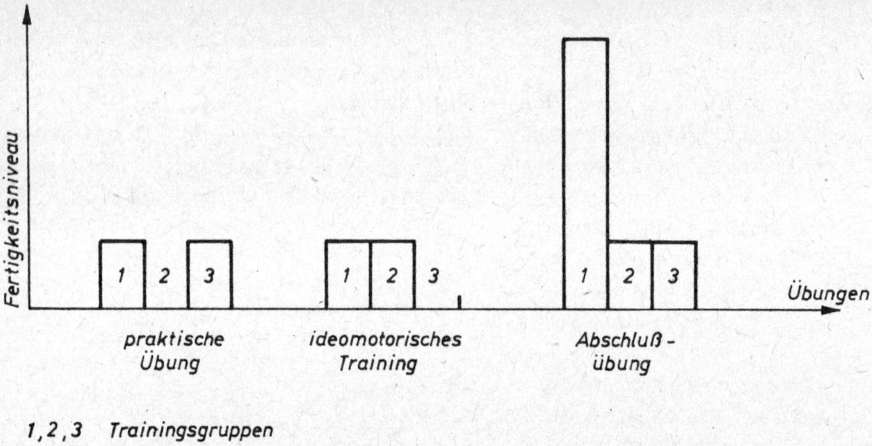

Abbildung 2.13: Ideomotorisches Training und Fertigkeitsentwicklung (nach KOSSAKOWSKI/KÜHN/LOMPSCHER/ROSENFELD 1982, S. 261)

Demjenigen, der weiß, warum ein Algorithmus gerade so und nicht anders aufgestellt worden ist, erscheint jeder Handlungsschritt begründet und sinnvoll. Daraus erwächst die Motivation, beim Üben die Ausführung der Handlung exakt mit dem Handlungsprogramm zu vergleichen. Das hilft, auftretende Schwierigkeiten zu überwinden und notwendige Korrekturen selbständig richtig vorzunehmen.
Man denke an das Erlernen der schriftlichen Verfahren bei Grundrechenarten.
Diese Vorgehensweise dient über den Fertigkeitserwerb hinausreichend zugleich der Herausbildung geistiger *Fähigkeiten* (vgl. Abschn. 2.2.3.).
Wird diese Bedingung nicht beachtet, wird beim Übergang von der bewußten Handlungsregulation über die mechanische Verknüpfung der Handlungsschritte zur automatisierten Handlung leicht vergessen, warum eine Schrittfolge in der vorgeschriebenen Art zu durchlaufen ist. An die Stelle von Kausalzusammenhängen rücken günstigstenfalls nur noch Zweckzusammenhänge in das Bewußtsein. Dieser mit dem Begriff der *Sinnentleerung* bezeichnete Vorgang bewirkt, daß der Lernende auftretende Schwierigkeiten nicht selbständig überwinden kann. Die Fertigkeitsausbildung wird dann leicht durch Interferenzprozesse gestört.
Bei Schülern, denen es schwerfällt, Einsichten in ein Verfahren zu gewinnen, begnügen sich manche Lehrer damit, von ihnen nur den mechanischen Handlungsvollzug zu fordern. Sie behindern damit nicht nur die Fähigkeitsentwicklung, sondern schränken zugleich auch die kognitiven Komponenten der Fertigkeit ein. Sie wird nur unvollständig ausgebildet.

Mitunter geraten Schüler beim Üben in den psychischen Zustand der *Sättigung*, und zwar dann, wenn sie beim Üben keinen Sinn mehr sehen. Das geschieht meistens *infolge von einförmigen* Wiederholungen. Die betreffenden Schüler meinen dann von sich, die Handlungen bereits zu beherrschen oder aber auch, sie nicht oder nicht in der durch die Übung angestrebten erforderlichen Qualität zu brauchen, so daß sich weitere Anstrengungen nicht lohnen. In diesem Zustand bringen Übungen *keinen* Lerngewinn. Werden sie trotzdem erzwungen, rufen sie eine *Leistungsverschlechterung* hervor. Der Schüler versucht, die Situation zu verändern oder sich ihr zu entziehen. Er stört oder beschäftigt sich anderweitig.

Disziplinlosigkeiten einzelner Schüler haben mitunter darin ihre Ursache.

Der Zustand der *Sättigung* ist von dem der *Ermüdung* zu unterscheiden. Ein *Wechsel der Tätigkeit* offenbart, daß nur im Zustand der Ermüdung die allgemeine Leistungsfähigkeit eingeschränkt ist, im Zustand der Sättigung jedoch für andere Tätigkeiten voll erhalten geblieben ist.

Durch einen *Wechsel der Tätigkeit* läßt sich die Sättigung überwinden. Zu vermeiden ist sie durch *neue Sinngebungen.* Sie erfolgen, wenn *Übungen* auch für *Schüler* deutlich nach unterschiedlichen Aspekten *variiert* werden. Ein Schüler, der sich rascher als andere die angezielte Fertigkeit angeeignet hat, kann Übungen beispielsweise dann einen neuen Sinn abgewinnen, wenn ihm die Funktion übertragen wird, einem schwerfällig lernenden Mitschüler zu helfen. Das kommt auch der Entwicklung seiner eigenen Fertigkeiten und Fähigkeiten zugute.

Zusammenfassung

Z • **Fertigkeiten** sind *automatisierte Komponenten des Handlungsvollzugs,* die nicht bewußt gesteuert zu werden brauchen. **Gewohnheiten** sind automatisierte Komponenten des Handlungsantriebs. *Ihnen liegt ein Bedürfnis zugrunde,* das zum Handeln anregt.

• Fertigkeiten bilden sich heraus, wenn Handlungssequenzen in gleicher Weise wiederholt und bekräftigt werden; Gewohnheiten werden gefestigt, indem sie Bedürfnischarakter erreichen.

• Das bewußte *Aneignen* einer Fertigkeit oder Gewohnheit geschieht *durch Übungen.* Die erforderlichen Wiederholungen des Handlungsvollzugs erfolgen auf einer dafür vollständigen Orientierungsgrundlage unter *Variation der Handlungsbedingungen.* Bei der gleichzeitigen Ausbildung sich ähnelnder Fertigkeiten treten leicht *Interferenzerscheinungen* auf und bei der Monotonie von Wiederholungen der Zustand der Sättigung und der Ermüdung.

• Die *kognitive Durchdringung des Handlungsvollzuges* kann helfen, solche Erscheinungen abzubauen oder zu verhindern sowie einen hohen Grad der Allgemeinheit als Voraussetzung für die Übertragbarkeit der Fertigkeit auf neue Anforderungen auszubilden.

• Die Aneignung einer motorischen Fertigkeit wird durch ideomotorisches Lernen beschleunigt.

2.4. Einstellungen, Überzeugungen und Charaktereigenschaften

Zu den habituellen Basiskomponenten der psychischen Tätigkeitsregulation gehören neben den genannten Eigenschaften des Leistungsverhaltens auch solche, die Beziehungen des Menschen ausdrücken, die sich aus seiner Sozialität und damit auch aus den gesellschaftlichen Verhältnissen ergeben. Das sind seine Einstellungen zu den natürlichen und gesellschaftlichen Dingen und Erscheinungen der Welt, zu anderen Menschen und zu sich selbst. Sie sind wechselseitig mit den Eigenschaften des Leistungsverhaltens verbunden, sie durchdringen sich gegenseitig. Je nachdem, worauf sie sich beziehen, werden sie als (besondere) *Einstellungen* (z. B. Lern-, Arbeits-, politisch-ideologische, soziale u. a. Einstellungen), als *Überzeugungen,* als *Interessen,* als *Ideale* oder als *Charaktereigenschaften* bezeichnet.

Die kommunistische Erziehung zielt darauf, bei den Kindern und Jugendlichen diese Eigenschaften in einer solchen Qualität herauszubilden und zu entwickeln, daß sie entsprechend den Werten und Normen der sozialistischen Gesellschaft verhaltenswirksam werden. Um den Prozeß zielgerichtet führen zu können, sind die psychologischen Bedingungen der Entwicklung von Einstellungen, von Überzeugungen und Charaktereigenschaften zu berücksichtigen, die nachfolgend dargestellt werden.

2.4.1. Entstehung und Veränderung von Einstellungen

Einstellungen gehören zu den *Eigenschaften der „Gerichtetheit“* der Persönlichkeit (vgl. Band I, Kap. 8.).

Einstellungen *sind jene psychischen Eigenschaften, in denen die Beziehungen des Menschen zu den Zielen, Gegenständen, Be-*

dingungen, Mitteln, zum Verlauf und Resultat seiner Tätigkeit sowie zu sich und anderen Menschen, zur Gesellschaft insgesamt und deren Normen und Werten sowie zur Natur widergespiegelt werden.

Sie treten als *Richtungsdispositionen* sowie als *Aktions-* und *Reaktionsbereitschaften* der Persönlichkeit in Erscheinung und erzeugen Erwartungshaltungen. Sie sind zugleich Wertbeziehungen und besitzen stets auch eine emotionale Komponente.

Als *Richtungsdispositionen* werden sie bezeichnet, weil sie die Auswahl von Handlungszielen beeinflussen und das Handeln auf diese Ziele ausrichten. *Aktions- und Reaktionsbereitschaften* sind sie, weil sie zu einem bestimmten Handeln aktivieren. Hierin äußert sich die dynamische Komponente einer Einstellung. Einstellungen – sofern sie dem Bewußtsein zugänglich sind[9] – haben immer eine *rational-inhaltliche* und eine *emotionale* Seite. Sie stellen eine Einheit von rationaler Position (einer Meinung, Ansicht, eines Urteils) und einer emotionalen Beziehung dar, die mit der Bewertung des Sachverhaltes verbunden ist. So wirken sie in allen komplexen Regulationseinheiten des Handelns als eine ihrer motivationalen Komponenten mit.

Unter politisch-ideologischen Einstellungen werden solche gefaßt, die sich auf wesentliche Inhalte der sozialistischen Ideologie beziehen und diese als bewußtes Erleben umfassen.

Eine positive Einstellung zur Arbeit der Pioniergruppe z. B. wird dann eine politisch-ideologische Einstellung, wenn die positive Beziehung mit gesellschaftlichen Begründungen und Motiven verbunden ist. In der positiven emotionalen Beziehung zur Pionierarbeit existiert stets eine günstige Voraussetzung, um die vorhandenen Motive durch gesellschaftliche zu bereichern (vgl. Abschn. 1.4.2.).

Einstellungen entstehen durch die Verfestigung motivationaler Komponenten in der Tätigkeit.

Was zur Entstehung und Entwicklung von Motiven gesagt worden ist, gilt somit auch für die Einstellungen (vgl. Abschn. 1.2.2.). Durch die Tätigkeit befriedigt der Mensch seine vielfältigen Bedürfnisse. Die Objekte, auf die sich die Tätigkeit richtet und die Bedingungen, unter denen sie erfolgreich verläuft, gewinnen in diesem Sinne für ihn einen *persönlichen Wert*. Neben situativen, raum-zeitlichen Bedingungen kommen vor allem personale zur Wirkung. Erweist sich die jeweilige Tätigkeit auch bei ihrer Wiederholung als erfolgreich, verfestigen sich ihre motivationalen Komponenten zu Einstellungen gegenüber Objekten, Situationen, Personen (einschließlich der eigenen) und ihren Handlungen. Die entscheidende Bedingung dafür bildet die *subjektive Bedeutsamkeit*, unabhängig davon, ob sie dem Individuum bewußt wird oder nicht.

Unabhängig davon, ob sich die Einstellungsbildung gewissermaßen in einem Augenblick vollzieht oder sich über einen längeren Zeitraum erstreckt, umfaßt sie folgende Komponenten:

Die *Aneignung von Wissen und Erfahrungen*, die sich durch *Nachahmung, Belehrung und Unterweisung* vollziehen.

Durch *Nachahmung* werden Verhaltensweisen und mit denen unmittelbar verbundene Einstellungen übernommen. Die Nachahmung geschieht weitgehend unbewußt. Als *Belehrung* wird die Informationsübermittlung bezeichnet, die Unwissenheit oder Irrtümer (fehlende oder fehlerhafte Kenntnisse) beseitigt. Werden dabei zusätzlich bestimmte Verhaltensweisen abgefordert (geübt), spricht man von *Unterweisung* (vgl. Abschn. 3.1.).

Das *Evidenzerleben*. Es drückt das Erkennen oder Erleben aus, daß ein Sachverhalt und seine objektive Bedeutung *zutreffend, wichtig oder wahr sind*. Es entsteht durch Einsicht infolge kognitiver Informationsverarbeitung oder auch durch das Erleben von Erfolg bzw. Mißerfolg.

9 Der Einstellungsbegriff wird auch für nicht bewußt werdende stabile Reaktionsbereitschaften verwendet (vgl. Wörterbuch der Psychologie 1985, S. 139ff.).

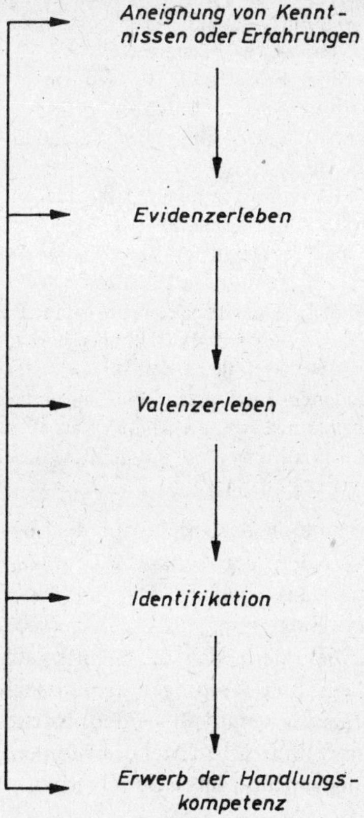

Abbildung 2.14: Entstehung von Einstellungen

Das Valenzerleben. Es beruht auf dem Erkennen oder Erfahren der *persönlichen Bedeutsamkeit* des jeweiligen Sachverhalts. In ihm kommen Wertbeziehungen zum Ausdruck, die in positiver oder auch in negativer Färbung emotional widergespiegelt werden.

Die *Identifikationsbereitschaft*, mit einem Vorbild oder mit Normen, bringt zum Ausdruck, ob und inwieweit die Persönlichkeit sich einer solchen Einstellung entsprechend verhalten und handeln *will*, sie erwächst aus dem Erleben der Evidenz und der Valenz, führt jedoch über diese hinaus.

Durch die *Identifikation* wird demnach eine bewußte Einstellung handlungswirksam. Gegenstand der Identifikation können Personen mit Vorbildcharakter sein. Übernommen werden vor allem die ihnen zugrunde liegenden Einstellungen und Eigenschaften. Die Identifikation bezieht sich auch auf Verhaltensnormen, Werte und Forderungen.

Der *Erwerb der Handlungskompetenz*. Sie beinhaltet die Fähigkeiten und Fertigkeiten, der Einstellung gemäß auch handeln zu können. Ohne Handlungskompetenz labilisieren sich Einstellungen sehr leicht.

Im Bewußtmachen dieser Komponenten besteht eine der Möglichkeiten, die Einstellungsbildung pädagogisch zu beeinflussen *(vgl. Abb. 2.14)*.

Das ist insbesondere bei Schülern der Oberstufe bei der Ausbildung politisch-ideologischer und moralischer Einstellungen erforderlich. Im Abschn. 2.3.2. wird darauf näher eingegangen. Wertorientierungen zu vermitteln, emotionale Beziehungen zu erzeugen und Erfolgserlebnisse zu schaffen, sind weitere Möglichkeiten pädagogischer Einflußnahme zur Ausbildung von Einstellungen.

Zur Entstehung einer Einstellung tragen viele Tätigkeiten unter unterschiedlichen Bedingungen bei, auch solche, die nicht pädagogisch beeinflußt werden. Bereits vorhandene Einstellungen (Wertorientierungen) des Kindes und Jugendlichen modifizieren die Einstellungen und den Prozeß deren Entwicklung. Da sich in ihnen stets die subjektiven Beziehungen des Heranwachsenden zu allen Gegebenheiten widerspiegeln, mit denen er Kontakt hat, muß der Lehrer einerseits mit erheblichen interindividuellen Unterschieden bei der Herausbildung von Einstellungen rechnen und andererseits mit vielen, zum Teil auch entgegengesetzt wirkenden Einflußfaktoren.

Aus diesem Grunde soll die pädagogische Führung darauf zielen, die *Aktivität der Heranwachsenden auf das bewußte Ausbilden von Einstellungen* zu richten. Dazu dient vor allem das *eigenständige bewußte Werten*.

Neue Erkenntnisse werden in das subjektive Wertsystem durch den *Prozeß des Wertens* eingeordnet. In seiner ursprünglichen, unreflektierten Form ist das *ein emotionales Geschehen*. Da es die situationsbedingte Position des Individuums zu einem Sachverhalt widerspiegelt, ist diese Form für die

Ausbildung von Einstellungen und Überzeugungen auf der Grundlage angeeigneten Wissens nicht ausreichend. Erforderlich ist dazu ein bewußtes Werten anhand von Maßstäben, die sozialistischen Werten und Normen des Verhaltens entsprechen. Jedoch auch sie müssen emotional verankert werden, wenn aus dem Wissen Einstellungen entstehen sollen. Dazu dient vor allem das Verknüpfen von Wertungen mit den eigenen Erfahrungen.

Die hohe Bedeutung der persönlichen Erfahrungen für die Entwicklung von Einstellungen liegt in deren hoher subjektiver Bedeutsamkeit und den damit verbundenen emotionalen Wertungen begründet. Daher sind sowohl die positiven als auch die negativen Erfahrungen in die Analyse und Wertung einzubeziehen.

Einstellungsbildung darf nicht auf den Bereich des Verbalen, der Äußerung von Meinungen, beschränkt bleiben. Die Stabilisierung einer Einstellung ist pädagogisch dadurch zu befördern, daß die Schüler auf der Grundlage ihrer Wertungen zu *Entscheidungen im Handeln* veranlaßt werden. Nur so wird die Einstellung integrierendes Moment der Persönlichkeit und ihrer Gerichtetheit.

Möglichkeiten dafür bieten öffentliches Verteidigen eigener Positionen. Auch die Aufgabe, jemand zu überzeugen, eine notwendige Arbeit auszuführen, an einer Veranstaltung aktiv teilzunehmen, können zu *Bewährungssituationen* werden. Anforderungen und Bewährungssituationen bilden wesentliche pädagogische Mittel zur Herausbildung moralischer und politisch-ideologischer Einstellungen.

Wesentlichen Einfluß auf die Ausbildung von Einstellungen, Überzeugungen und Charaktereigenschaften üben die *sozialen Bedingungen* aus, unter denen sich die Heranwachsenden mit ihrer sozialen und gegenständlichen Umwelt auseinandersetzen. In den *Kollektiven*, in denen sie leben und tätig sind – z. B. der Familie, der Schule, der sozialistischen Kinder- und Jugendorganisation – *erleben* sie die Anforderungen, vor allem aber auch *die Wertung* ihrer Tätigkeit und ihres Verhaltens. Sie erfahren, was als Wert zählt und eignen sich *Wertmaßstäbe* an (vgl. Kap. 3.). *Die kollektiven Beziehungen fungieren dabei selbst als Werte.*

ROSENFELD unterscheidet folgende *Wertkategorien:* „Wert der *Zusammengehörigkeit* (der Unwert des Ausgeschlossenseins),
Wert der *Geborgenheit* (Unwert der Unsicherheit),
Wert der *Gebundenheit* (Unwert der Beziehungslosigkeit),
Wert der *Anerkennung* (Unwert der Mißachtung),
Wert des *Gefordertseins* (Unwert der Zurückstellung)"
(vgl. KOSSAKOWSKI/KÜHN/LOMPSCHER/ROSENFELD u. a. 1987, S. 312). Die Kinder, die diese Werte in Kollektiven erleben, fühlen sich wohl und identifizieren sich mit den dort herrschenden Normen. Bestehen in einem Kollektiv diese notwendigen Voraussetzungen für ein Kind nicht, entstehen psychische Belastungen, und schließlich können sich auch Lern- und Verhaltensstörungen (vgl. Abschn. 4.2.) herausbilden.

Bei erheblichen Differenzen von individuellen zu kollektiven Normen und Werten geraten die betreffenden Schüler leicht in eine Rand- oder Außenseiterstellung. Die Stellung des einzelnen im Kollektiv, die Anerkennung und Bestätigung, die er erlebt, wirken sich auf die Entwicklung von Einstellungen und Charaktereigenschaften aus. Gleiches gilt für die Auseinandersetzung mit negativen Normen, die auch innerhalb von Gruppen entstehen können. Auch so kann sich mitunter eine positive individuelle Einstellung stabilisieren.

Häufig ist es notwendig, fehlerhafte Einstellungen oder Überzeugungen zu korrigieren. Im Prinzip vollzieht sich das nach vergleichbaren Gesetzmäßigkeiten wie die Ausbildung von Einstellungen. Jedoch: *„Umerziehen ist schwieriger als erziehen."* Woran liegt das? *Erstens:* Die Korrektur von Fehleinstellungen bedarf der *Korrektur des ihr zugrunde liegenden fehlerhaften Kenntnissystems.*

Da die Informationsaufnahme und -verarbeitung des Menschen in Abhängigkeit von seinem Vorwissen und seinen Einstellungen erfolgt, werden vor allem solche Wissensfakten aufgenommen, die sich in das vorhandene Kenntnissystem integrieren lassen, und es werden vor allem solche Sachverhalte registriert, die die eigene Einstellung festigen. Die notwendige Umstrukturierung und

Korrektur des fehlerhaften Kenntnissystems erweist sich als schwierig, weil zunächst die falschen Kenntnisse in Frage gestellt und aufgegeben werden müssen.

Zweitens: Jede Einstellung schließt eine *Wertbeziehung*, eine Position *persönlicher Bedeutsamkeit* für das Handeln ein. So kann ein Schüler sein Bedürfnis nach sozialer Beachtung auch durch beständiges Stören des Unterrichts befriedigen. Eine Einstellungsveränderung wird dem Lehrer gelingen, wenn er die der Fehleinstellung zugrunde liegende *Bedürfnisstruktur erkannt hat* und im pädagogischen Handeln beachtet. Der Schüler soll den *Einstellungswechsel möglichst ohne Prestigeverlust* vollziehen können.
Der Lehrer muß deshalb bestrebt sein, dem Schüler auf positive Weise zur Befriedigung seines Bedürfnisses zu verhelfen und die sozialen Beziehungen sorgsam beachten.
Drittens: Fehleinstellungen sind oft mit entsprechenden Verhaltensgewohnheiten verbunden. Beide müssen labilisiert werden. Dies geschieht, indem Widersprüche gesetzt werden. Das „Ausschleifen" solcher Gewohnheiten erfordert eine besondere *Verhaltenskontrolle*, eine *bewußte Verhaltenssteuerung* und ein *bewußtes Neulernen*. Ohne Selbstkontrolle brechen alte Verhaltensgewohnheiten immer wieder durch.
Damit sind die wesentlichen Bedingungen gekennzeichnet, die der Lehrer in seinen Führungsmaßnahmen berücksichtigen muß, wenn er Einstellungen seiner Schüler verändern will.

In einer Untersuchung (vgl. Abb. 2.15) wies SCHWIERCZ zweckmäßiges pädagogisches Vorgehen bei der Einstellungsänderung experimentell nach. Er zielte bei Schülern der Klassenstufe 7 auf die Umwandlung einer „kumpanenhaften" zu einer „echten" Freundeinstellung. Er bildete mehrere Versuchsgruppen aus kumpanenhaft eingestellten Schülern, mit denen er pädagogisch unterschiedlich arbeitete. In allen wurden die Schüler mittels Tonbandaufzeichnungen mit altersgerechten Erzählungen von Kinder- und Jugendschriftstellern über kumpanenhaftes und echt freundschaftliches Verhalten in Konfliktsituationen sowie über die Wandlung in ein echtes Freundverhalten vertraut gemacht. Die pädagogische Einwirkung wurde wie folgt variiert: Gruppe A hörte nur die Erzählungen. In Gruppe B wurden zusätzlich mit den Schülern individuelle Gespräche geführt, die eine Freundeinstellung erreichen und stabilisieren sollten. In den Gruppen C wurden Gruppendiskussionen mit dem gleichen Ziel geführt, wobei jedoch die Führungsformen durch den Versuchsleiter in den einzelnen Gruppen unterschiedlich waren (o „oktroyierend", a „aktivierend", s „situationsreagierend"). *Abb. 2.15* stellt die Ergebnisse dar.
Ein bleibender Erfolg war nur in Gruppe C zu verzeichnen. Als wirksame Bedingungen hatten sich erwiesen, wenn sich die Schüler mit den eigenen Einstellungen und denen der Mitschüler kritisch auseinandersetzen mußten und wenn sie sich in Gegenwart der Gruppenmitglieder mit der positiven Einstellung identifizieren konnten, weil ihnen die Diskussion „Brücken baute", den Einstellungswechsel ohne Prestigeverlust zu vollziehen. Sie hatten sich vor der Gruppe festgelegt, ihre negative Einstellung aufzugeben. Sie mußten das auch einhalten, wenn sie die Anerkennung der Gruppe behalten wollten.

Was bereits über die Entstehung und Veränderung von Einstellungen gesagt worden ist, gilt sinngemäß auch für deren besondere Formen wie Interessen und Überzeugungen.

2.4.2. Ausbildung von Überzeugungen

Die Gerichtetheit der Persönlichkeit wird maßgeblich von ihren Überzeugungen bestimmt.

Überzeugungen *sind besondere Einstellungen, die sich durch einen hohen Grad von Evidenz- und Valenzerleben* (Wahrhaftigkeits- und Werterleben) *sowie von Identifikationsbereitschaft auszeichnen.* **Im Sinne ihres Inhalts wirken sie als** Persönlichkeitseigenschaft *handlungsanregend und -steuernd.*

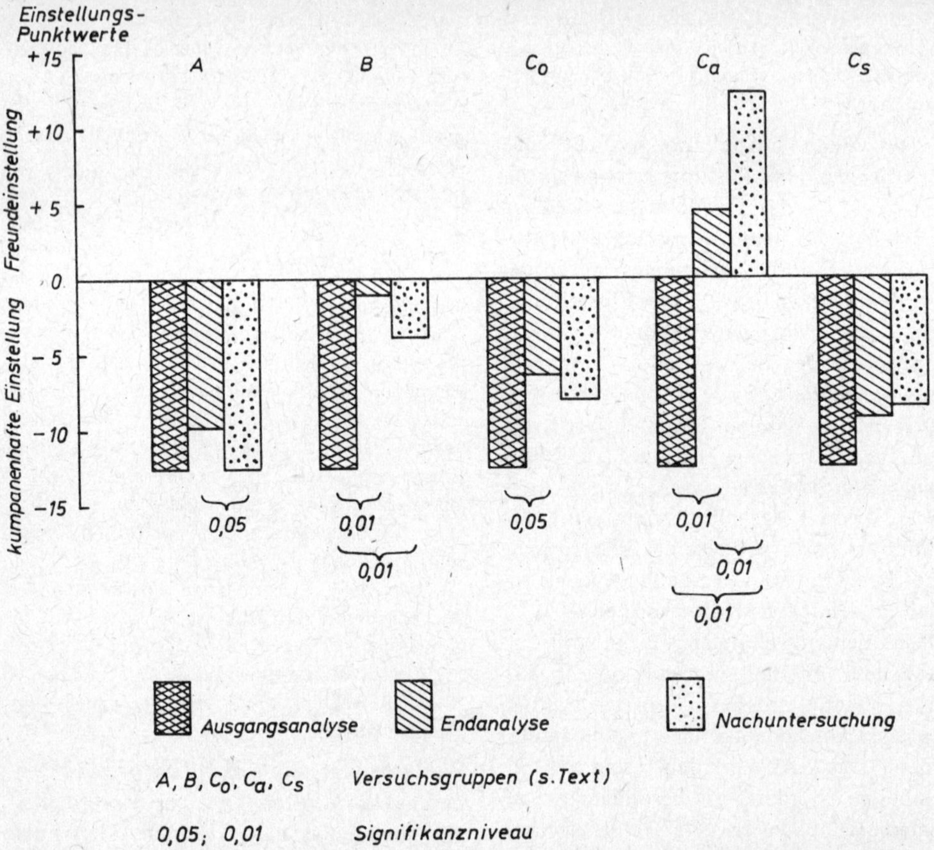

Abbildung 2.15: Wirkung unterrichtlicher Führungsformen auf die Einstellungsentwicklung (nach SCHWIERCZ, zit. bei KOSSAKOWSKI, 1978, S. 130)

Wer davon überzeugt ist, daß gesellschaftlich-politische Tätigkeit für die Entwicklung unserer sozialistischen Gesellschaft notwendig ist, leistet sie auch. Wer überzeugt ist, daß Abschreibenlassen von Hausaufgaben dem Mitschüler nicht hilft, sondern schadet, verweigert ihm diese „Hilfe".

Überzeugungen drücken sich in der Übereinstimmung von „Wort und Tat" und von „Wissen und Gefühl" gegenüber einem Sachverhalt aus, wie es umgangssprachlich formuliert wird. Die kommunistische Erziehung ist daher darauf gerichtet, *grundlegende Überzeugungen* bei Kindern und Jugendlichen herauszubilden, aus denen dann wiederum Einstellungen zu Einzelsachverhalten und vor allem Antriebe und Bereitschaften erwachsen, im Sinne der Weltanschauung der Arbeiterklasse zu handeln und sich den daraus resultierenden moralischen Normen entsprechend zu verhalten sowie die eigene Lebensweise danach einzurichten.

Die Überzeugungen von der Notwendigkeit und Möglichkeit der Sicherung des Friedens, von der Sieghaftigkeit des Sozialismus, von der historischen Mission der Arbeiterklasse sind von dieser Art. Überzeugungen werden von einem Menschen in seiner praktischen und geistigen Auseinandersetzung mit den Gegebenheiten seiner Umwelt – also in seiner Tätigkeit – gewonnen. Sie können nicht von einem Menschen auf einen anderen übertragen und somit auch Kindern und Jugendlichen nicht in fertiger Form übermittelt werden.

Zwar übernehmen Schulkinder noch relativ leicht und unkritisch Meinungen von Erwachsenen (vor allem Unterstufenschüler) oder Mitschülern (vorwiegend Schüler der Mittelstufe) und geben sie als ihre Überzeugungen aus, aber spätestens bei Schuljugendlichen wird deutlich, daß sie Wert darauf legen, eigene Meinungen und Überzeugungen zu haben. Wird versucht, ihnen eine solche aufzuzwingen, so bildet das bei einzelnen leicht den Anlaß, gegenüber dem Erwachsenen in Opposition zu gehen, die Person sowie die von ihr vertretene Überzeugung ohne stichhaltige Gründe abzulehnen.

Um die pädagogisch beeinflußbaren Bedingungen kenntlich zu machen, unter denen Überzeugungen entstehen, lenken wir den Blick auf ihre Komponenten. Sie sind kognitiver, emotional-motivationaler und volitiver Natur. Sie bestehen in *Kenntnissen, Wertbeziehungen* und *Handlungsbereitschaften*. Wir wenden uns ihnen und ihrer Ausbildung im pädagogischen Prozeß im einzelnen zu.

Die Herausbildung von Überzeugungen ist zunächst an die Aneignung von Wissen gebunden. Auf die erreichbare Stabilität einer Überzeugung haben die Art der Kenntnisse und ihre Qualität Einfluß.

Die Menschheit war über Jahrtausende hinweg davon überzeugt, daß sich die Sonne um die Erde bewegt, denn diese Erscheinung war von jedermann zu beobachten. Heute gründet kein Mensch, der über elementare naturwissenschaftliche Kenntnisse verfügt, darauf ein geozentrisches Weltbild und daraus ableitbare Überzeugungen. Im Gegenteil, wir sind trotz unserer Erfahrungen über die scheinbare Bewegung der Sonne davon überzeugt, daß alle Gestirne sich bewegen und die Erde dabei um die Sonne kreist. Die Überzeugung stützt sich auf theoretisches Wissen.

Solide, d. h. systematisch geordnete und anwendungsbereite Kenntnisse als Bestandteil einer hohen sozialistischen Allgemeinbildung – theoretische Kenntnisse eingeschlossen – bilden auch die Grundlage vieler stabiler und starker Überzeugungen eines wissenschaftlichen Weltbildes. Diese notwendige Grundlage für das Entstehen von Überzeugungen – insbesondere auch für politisch-ideologische – ist jedoch noch keine hinreichende Bedingung.

Mit den Kenntnissen verknüpft werden *Wertbeziehungen*. Das sind emotionale Beziehungen, in denen sich die subjektive Bedeutsamkeit (einer Norm, eines Sachverhalts) ausdrückt. Dieses *Valenzerleben* führt dann zur Überzeugung, wenn es so stark ist, daß sich der Betreffende mit dem entsprechenden Wissen identifiziert. Es gründet sich auf das Erkennen und *Erleben der Wahrhaftigkeit (Evidenz)*.

Das Für-wahr-halten ist nicht identisch mit der Wahrheit. (Es sei an das genannte Beispiel von der scheinbaren Bewegung der Sonne um die Erde erinnert.) Die Techniken der Manipulation von Meinungen, wie sie in der imperialistischen Propaganda zu politischen Zwecken und in der Reklame angewendet (und mißbraucht) werden, stützen sich auf ein empirisch erzeugtes Wahrhaftigkeitserleben. Sie knüpfen an ausgewählte Erscheinungen an, die zutreffend erscheinen, und umgehen geflissentlich Wesentliches, das sich erst aus den Wechselbeziehungen mit anderen Erscheinungen und aus deren Genese ergibt.

Damit sich das für die Überzeugungsbildung notwendige *Evidenzerleben* auf hohem Niveau einstellt, muß der *Nachweis der Wahrheit* des vermittelten Wissens und der daraus abgeleiteten Auffassungen und Schlußfolgerungen erbracht und vom Schüler einsichtig erfaßt werden. Dazu dienen Verfahren des Beweisens, des Erörterns und Argumentierens. Wenn die Schüler diese Verfahren beherrschen und selbst die Richtigkeit von Aussagen nachweisen können, verfestigen sich die im Prozeß eigener geistiger Aktivität vertretenen (und gewonnenen) Einsichten. Dabei erhöht sich der Grad der subjektiven Bedeutsamkeit (Valenz), was wiederum der Ausbildung von Überzeugungen förderlich ist. Überzeugungsbildung erfordert demnach auch, ein entsprechendes Können, die Handlungskompetenz auszubilden.

Das Evidenzerleben ist an eigene *Erfahrung*

gebunden. Erfahrungen sind in starkem Maße an Einstellungsbildung und Verhaltensorientierung beteiligt. Da politisch-ideologische Überzeugungen auf der Basis theoretischer Kenntnisse ausgebildet werden, ist es unerläßlich, sowohl die positiven als auch die negativen Erfahrungen theoretisch zu durchdringen.

Die kritische Haltung gegenüber bestimmten gesellschaftlichen Erscheinungen prägt sich bei Schülern der Oberstufe deutlich aus. Sie drückt ihr Bestreben aus, eigene Positionen gegenüber den Dingen des Lebens zu gewinnen und bedeutet in der Regel keine Abkehr von früher vertretenen Überzeugungen. Allerdings verändert und erweitert sich die Basis, auf der sich die Überzeugungen nun stützen. In diesem Sinne enthalten auch solche Erfahrungen der Heranwachsenden Potenzen für die Entwicklung ihrer Überzeugungen, die Widersprüche zwischen Ideal und Wirklichkeit verdeutlichen. (Beispielsweise beobachten mitunter Jugendliche in einem Betrieb Erscheinungen, die im Widerspruch zu einer sozialistischen Arbeitseinstellung stehen.) Solche Widersprüche weisen auf revolutionäre Aufgaben hin, die ihrerseits motivierend wirken und zur Überzeugungsarbeit bei Jugendlichen beitragen können. Auch dabei wird die Notwendigkeit erkennbar, eine entsprechende Handlungskompetenz zu erwerben. Den Schülern wird dabei in richtiger Weise geholfen, wenn sie angeregt werden, Widersprüche zu erkennen, Konsequenzen aus ihren Auffassungen oder Verhaltensweisen zu durchdenken und sich eine begründete Meinung zu bilden.

Zur emotionalen Verankerung rational erfaßter Werte und damit auch von Einstellungen und Überzeugungen trägt wesentlich das *ästhetische Erleben* bei, das durch den Einsatz künstlerischer Mittel erzeugt wird.

Das erfrischende Jugendlied zu Beginn einer FDJ-Mitgliederversammlung, das Musikstück oder Gedicht in einer Feierstunde, ein erregender Film oder eine eindrucksvolle Spielszene im Unterricht oder in einer Veranstaltung, aber auch ein ansprechend geschmückter Raum und vieles andere tragen zu diesem Erleben bei.

Überzeugungen liegen erst dann vor, wenn sie und ihre Prinzipien im Handeln und Verhalten zum Ausdruck kommen. Die *Handlungsbereitschaft* setzt nicht nur die Identifikation mit dem Überzeugungsinhalt und das *Wollen* voraus, entsprechend zu handeln, sondern auch das erforderliche *Können.* Die *Befähigung* der Schüler zum selbständigen Handeln, die Ausbildung der erforderlichen Fähigkeiten und Fertigkeiten sind deshalb auch unter dem Aspekt der Überzeugungsbildung ein bedeutsames pädagogisches Anliegen.

Die Handlungswirksamkeit von Überzeugungen wird wesentlich durch die Herausbildung von *Verhaltensgewohnheiten* gestützt (vgl. Abschn. 2.3.1. u. 2.4.1.).

Ein gewohntes Handeln, das erfolgreich verläuft, fördert die Herausbildung von Wertbeziehungen und wirkt auf den Inhalt der zugrunde liegenden Überzeugungen im Sinne seiner Stabilisierung zurück. Das betrifft sowohl positiv wie auch negativ zu wertende Überzeugungsinhalte.

2.4.3. Ausbildung von Charaktereigenschaften

> *Charaktereigenschaften* können als besondere, für den einzelnen Menschen typische und relativ stabile Einstellungen aufgefaßt werden. In ihrer Gesamtheit und Verflochtenheit prägen sie in *individualtypischer Weise* (entsprechend den von ihm angeeigneten gesellschaftlichen Werten und Normen) sein Verhalten. Charaktereigenschaften beziehen sich auf die *zwischenmenschlichen Beziehungen* der Persönlichkeit, auf die Erfüllung *gesellschaftlich bedeutsamer Anforderungen* und den dafür notwendigen *Umgang mit materiellen und ideellen Gegenständen* sowie auf *Einstellungen zu sich selbst* (vgl. Bd. I, Kap. 8.).

Charaktereigenschaften entstehen unter konkreten gesellschaftlichen Bedingungen des Zusammenlebens in Auseinandersetzung

mit Werten und *Moralnormen.* Solche Moralnormen sind im gesellschaftlichen Bewußtsein verankert. In ihrem Inhalt sind sie von der sozialökonomischen Struktur der Gesellschaft abhängig. Sie sind also historisch bedingt und tragen Klassencharakter.
Dem einzelnen Menschen treten sie gewöhnlich als *Anforderungen und Erwartungen an sein Verhalten* in unterschiedlichen Lebenssituationen gegenüber. In seinen (Bezugs-)-Gruppen und Kollektiven erfährt er die *Bewertung seines Verhaltens* durch Zuwendung und Anerkennung oder durch Abwendung und Tadel. Dabei erlebt er auch Widersprüche und Konflikte. Sie entstehen zum Teil aus konkurrierenden Anforderungen (z. B. aus dem Verlangen der Eltern, häuslichen Pflichten nachzukommen und dem Drängen der Freunde, zur gleichen Zeit mit ihnen zu spielen). Auch Werte und Normen der einzelnen Gruppen und Kollektive, denen er zugehört, sind gegenüber einem Sachverhalt oft unterschiedlich ausgeprägt. Das zwingt ihn zu *Entscheidungen,* deren Konsequenz er erlebt. Auf diese Weise festigt sich im allgemeinen normgerechtes Verhalten.

Zu normwidrigem Verhalten und zum Aneignen von Wertorientierungen, die den in der Gesellschaft geprägten Werten und Normen widersprechen, kann es kommen, wenn der Heranwachsende einer Gruppe mit negativer Wertorientierung angehört oder wenn er Außenseiter in einem Kollektiv ist und bestimmte gesellschaftlich anerkannte Werte nicht realisieren kann.

Die Art der Auseinandersetzung des Menschen mit Anforderungen an sein Verhalten wird von seinen bisher gewonnenen Erfahrungen geprägt, von seinen Eigenschaften – Kenntnisse und Fähigkeiten eingeschlossen – sowie von aktuellen objektiven Bedingungen und psychischen Zuständen beeinflußt. In dieser Auseinandersetzung äußert sich die Persönlichkeit in ihrer Ganzheit, und *ihre Charaktereigenschaften* entwickeln sich dabei nicht nur *in ihrem Inhalt und Generalisierungsgrad, sondern auch in ihrer funktionellen Qualität.* Sie werden

– relativ *konstant* im Sinne ihrer *Zeitdimension,*
– relativ *resistent* im Sinne ihrer *Belastbarkeit* (z. B. gegenüber inneren und äußeren Barrieren)
– *disponibel* im Sinne ihrer *Verfügbarkeit* in unterschiedlichen, moralisch relevanten Anforderungssituationen.

Der Inhalt der Charaktereigenschaften wird von den generalisierten Motiven des Verhaltens bestimmt. (Nicht nur das, was der Mensch und wie er es tut, drückt seinen Charakter aus, sondern vor allem, warum er es tut und warum in dieser Weise.)
Mit diesem allgemeinen Überblick über die Entwicklung von Charaktereigenschaften in der Tätigkeit sind zugleich Möglichkeiten der pädagogischen Beeinflussung dieses Prozesses angedeutet worden; denn zu den Anforderungen, denen Kinder und Jugendliche gegenüberstehen, gehören vor allem die, die aus dem pädagogischen Handeln resultieren. *Sollen Charaktereigenschaften herausgebildet, verändert oder stabilisiert werden, so muß die pädagogische Führung darauf zielen, daß sich die Heranwachsenden die sozialistischen Normen des Verhaltens aneignen und danach handeln.*
Die *Aneignung von verhaltenswirksamen Normen* wird gefördert, wenn diese bekannt sind, klar sind *(Kenntnisaspekt),* sie vom Subjekt anerkannt werden *(Einstellungsaspekt),* befolgt werden *wollen (Motivationsaspekt)* und befolgt werden *können (Fähigkeitsaspekt)* (vgl. KOSSSAKOWSKI 1969). Für die pädagogisch geführte Ausbildung von Charaktereigenschaften gilt demnach, was zur Entwicklung von Kenntnissen, von Einstellungen, von Motiven und von Fähigkeiten bereits dargestellt worden ist.
Normen können auf zwei Wegen angeeignet werden. Der erste führt über die *situationsangepaßte Steuerung vieler Verhaltensweisen, die dann verallgemeinert und gesellschaftlichen Normen zugeordnet werden.* Beim zweiten bildet eine *Norm oder eine erstrebte Charaktereigenschaft* den *Ausgangspunkt für die Aneig-*

nung einer Verhaltensweise (bzw. einer Klasse von Verhaltensweisen). Beide Wege sind miteinander verbunden.

Der erste Weg ist für Kleinkinder typisch. Erwachsene bestätigen ihnen, daß sie entweder „artig" oder „böse" waren. Zu beiden Bewertungen erleben sie unterschiedliches Verhalten der Erwachsenen als Konsequenz ihres eigenen Tuns. Da diese trotz unterschiedlicher Situationen relativ gleichförmig sind – die Eltern sind traurig, tadeln oder sind freundlich, freuen sich und loben –, generalisieren und festigen sich Beziehungen zwischen Verhaltensweisen und Normen. Beziehungen zu Personen und Gegenständen, aber auch die entsprechenden Handlungen gewinnen einen persönlichen Wert, der einstellungsbildend wirkt. Im Vorschul- sowie jüngeren und mittleren Schulalter zeitigt die Verhaltenssteuerung gute Effekte, wenn sich die Kinder eine moralisch begründete Orientierungsgrundlage des Handelns aneignen.
Je älter Schüler sind, desto bedeutungsvoller wird neben dem ersten der zweite Weg. Kenntnisse über Normen des sozialistischen Verhaltens oder über Charaktereigenschaften können von den Schülern unter bestimmten Bedingungen der pädagogischen Führung bewußt in Verhaltensweisen umgesetzt werden. Für die Charakterentwicklung ist besonders wertvoll, wenn *Bemühungen um Selbsterziehung* ausgelöst werden. Inwieweit ihnen dies gelingt, ist vom erreichten Niveau in der psychischen Entwicklung und in der eigenständigen Handlungsregulation abhängig.
Ein Beispiel soll das verdeutlichen: Ein Schüler der Klasse 6 stieg auf einen 90 m hohen Schornstein und mußte von dort wieder heruntergeholt werden. Als Begründung für seine Tat gab er an, daß er sich und anderen beweisen wollte, daß er mutig sei. Mut hatte er sich nur als ein Risikoverhalten in außergewöhnlichen Situationen vorgestellt, verbunden mit körperlicher Anstrengung. Seine Fähigkeiten reichten noch nicht aus, um den Inhalt dieser Eigenschaft in ihrer Allgemeinheit zu erfassen und für eine spezifische Handlung im Alltagsgeschehen situationsangepaßt zu konkretisieren.

Beide Wege der Aneignung von Normen und damit auch der Ausbildung von Charaktereigenschaften besitzen Gemeinsamkeiten, die Eingriffsstellen für pädagogisches Handeln sind.

- *Kenntnisse* über Normen des Verhaltens oder über Charaktereigenschaften können durch Erfahrung oder durch Unterricht erworben werden (z. B. Literatur, Film, Vorstellen von Vorbildern, ethische Gespräche u. a.). Damit sie auch verhaltenswirksam werden, müssen sie
– einen *hohen Allgemeinheitsgrad* aufweisen, der sich darin ausdrückt, daß sie mit Kenntnissen über ihre Realisierung in unterschiedlichen Tätigkeiten und Situationen bei unterschiedlichen Klassen von Anforderungen und mit entsprechenden Handlungsdispositionen verknüpft sind (s. obiges Beispiel!), und
– in das eigene *Wertsystem* integriert sein.
- Die erforderlichen Einstellungen zu den anzueignenden Normen oder Charaktereigenschaften müssen als persönlich bedeutsam erlebt werden, damit aus ihnen das Bestreben erwächst, sie befolgen zu wollen. Das Werten von fremden und eigenen Verhaltensweisen und das Erfolgserleben, das mit der Befriedigung sozialer Bedürfnisse verknüpft ist, tragen wesentlich dazu bei (vgl. Abschn. 2.4.1.).

Um die Ausbildung von Charaktereigenschaften zu fördern, sind vor allem die folgenden Bedingungen wesentlich:
– *Orientierungsgrundlagen* des Handelns werden von Schülern der Mittel- und Oberstufe akzeptiert und wirksam realisiert, wenn sie ihnen *Freiheitsgrade für eigene Entscheidungen einräumen.* Für Unterstufenschüler sind Schrittvorgaben im Vergleich dazu in kürzeren Abständen zweckmäßiger.
– Die Schüler sind zu veranlassen und zu befähigen, auf die Motive ihres Handelns und die Gründe für ihre Handlungsentscheidungen zu reflektieren und sie *mit den notwendigen Werten und Moralnormen* in Beziehung zu setzen.
– Auch nach der Ausbildung der Handlung ist ihre Anwendung zu kontrollieren, damit sich Verhaltensgewohnheiten festigen. *Die Kontrolle* durch Mitglieder des Kollektivs ist oft wirkungsvoller als durch Lehrer oder

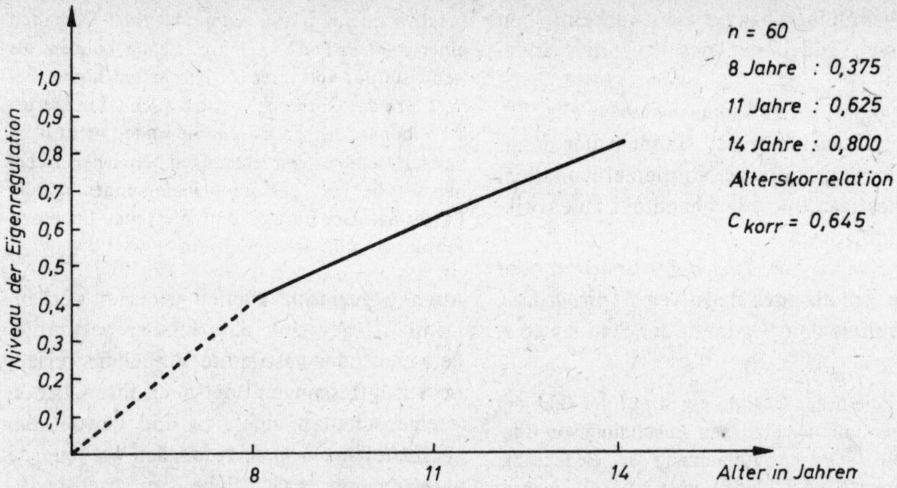

Abbildung 2.16: Entwicklung der Eigenregulation (nach SONNENSCHEIN, aus KOSSAKOWSKI/KÜHN/LOMPSCHER/ROSENFELD u. a. 1982, S. 335)

Eltern, sofern die einzuhaltenden Normen zu den im Kollektiv herrschenden gehören (vgl. Abschn. 3.3.). Die moralischen Aspekte des Handelns sind in die Kontrollen und in die kollektiven Beratungen darüber einzubeziehen.

Bei einem derartigen Vorgehen bildeten sich beispielsweise bei Schülern der Klasse 8, die Mitglieder der FDJ-Leitung ihrer Gruppe waren, nicht nur Fähigkeiten zur Ausübung ihrer Funktion aus, sondern auch solche Charaktereigenschaften wie politisches Verantwortungsbewußtsein und eine darauf gegründete Hilfsbereitschaft gegenüber den Mitgliedern der FDJ-Gruppe sowie Zuverlässigkeit bei der Erfüllung von Aufgaben im Jugendverband (vgl. das Beispiel im Abschn. 3.3.).

Außerdem sind für die Formung von Charaktereigenschaften Anforderungs- und Lebenssituationen bedeutsam, in denen sich Kinder und Jugendliche *moralisch entscheiden* müssen. Der Lehrer wird derartige Situationen im pädagogischen Prozeß nutzen.
Das Bewußtmachen der in der Situation enthaltenen Widerspruchslage, ihre Wertung durch die Schüler (vgl. Abschn. 2.4.1.) und ihr Handeln bieten Möglichkeiten der pädagogischen Steuerung bei der Auseinandersetzung der Schüler mit moralischen Anforderungen.

Darüber hinaus ist zweckmäßig, *Bewährungssituationen* für die Schüler absichtlich herbeizuführen. Sie zeichnen sich gegenüber anderen Anforderungen dadurch aus, daß sich der Handelnde in einer *Widerspruchslage* befindet, die *emotional* auch *als Entscheidungssituation* erlebt wird.

Wer zu entscheiden hat, ob er eine Tanzveranstaltung oder Mitgliederversammlung besucht, das Fehlverhalten eines Freundes decken oder kritisieren soll, sich leicht erreichbare, aber unbedeutende Ziele oder anspruchsvolle, mit Anstrengung verbundene stellen soll, befindet sich in einer solchen Situation. Er muß zwischen Vergnügen und Pflicht, Zuneigung und Prinzipienfestigkeit, Bequemlichkeit und Willenseinsatz wählen. Dabei kommen seine Einstellungen und Charaktereigenschaften zum Ausdruck. Das Niveau eigenständiger Bewältigung derartiger moralischer Konfliktsituationen nimmt vom mittleren Schulalter an erheblich zu *(vgl. Abb. 2.16)*.

Für die Gestaltung pädagogischer Situationen zur Ausbildung von Charaktereigenschaften der Schüler ist von besonderer Bedeutung:
– *das Erkennen oder Erleben eines produktiven Widerspruchs oder Konflikts,* z. B. zwischen persönlichen Einstellungen bzw. verschiede-

nen persönlichen bzw. zwischenpersönlichen Interessen und denen des Kollektivs andererseits,

– *das Gewähren eines angemessenen Entscheidungsspielraumes* für das Handeln der Schüler, in dem moralische Normen einzuhalten, zu verfestigen und gegebenenfalls zu entwikkeln sind,

– *das Erleben bzw. Tragen* der positiven oder gegebenenfalls auch negativen *Konsequenzen*, die sich aus dem Handeln der Schüler ergeben.

Bei Schülern der Oberstufe gewinnt der Weg der bewußten und vorsätzlichen Ausbildung von Charaktereigenschaften zunehmend an Bedeutung. Aus ihrem Streben nach Selbständigkeit in ihrer Lebensführung und ihrer davon abhängigen Zukunftsorientiertheit erwachsen auch das Nachdenken über sich selbst, wie man ist und wie man sein möchte, und das Bemühen, sich selbst zu einer Persönlichkeit zu formen, wie sie den eigenen Vorstellungen entspricht.

Aus diesem Grunde kommt den Idealen für die Selbsterziehung eine Schlüsselfunktion zu. Als selbstgewählte *Leitbilder für das Handeln* können sie sich auf bekannte Menschen der näheren Umgebung, hervorragende Persönlichkeiten des öffentlichen Lebens (Politiker, Wissenschaftler, Sportler, Schauspieler u. a.), historische Persönlichkeiten, literarische Figuren, aber auch abstrakte Eigenschaftskomplexe („ich will prinzipienfest und willensstark werden") oder Handlungsmaximen („erst die Arbeit, dann das Vergnügen") beziehen, die letzteren vor allem bei Schülern der Oberstufe. Ihre Wirksamkeit für die Selbsterziehung ist an die Bedingung geknüpft, daß Schüler ihre Motive des Handelns, ihre Einstellungen und Überzeugungen reflektieren und sich in ihren Handlungsvoraussetzungen gegenüber Anforderungen real einschätzen können.

Die Möglichkeit, daß von den Pädagogen vorgestellte Ideale von den Heranwachsenden auch als solche angenommen werden, ist an deren geistige Voraussetzungen geknüpft. Schülern der Mittelstufe wird eine Persönlichkeit eher zum Ideal, wenn sie in Spielhandlungen das Verhalten einer solchen Person nachvollziehen können, als wenn sie nur von ihren Eigenschaften hören. Bei Schülern der Oberstufe erfüllen auch Charakterbeschreibungen diesen Zweck. Sie sollten nicht idealisieren, sondern den lebendigen Menschen erkennen lassen, der auch seine kleine Eigenart oder Fehler hat. Der Bezug zu ihren eigenen Lebenserfahrungen muß erkennbar sein.

Auch *Gegenideale* können wirksam werden. Damit ist gemeint, daß Schüler bestimmte Personen oder bestimmte Verhaltensweisen, Lebensauffassungen oder auch ihre Charaktereigenschaften ablehnen und bewußt danach streben, *nicht* so zu werden wie jene. Je nachdem, ob es sich dabei um gesellschaftlich negativ oder positiv bewertete Verhaltensweisen, Einstellungen oder Charaktereigenschaften handelt, wirkt sich das fördernd oder hemmend auf die Entwicklung des Schülers zu einer sozialistischen Persönlichkeit aus. Das Streben oder Widerstreben des Schülers, das durch die Ideal- oder Gegenidealbildung ausgelöst wird, ist mit der Tendenz verbunden, *alle* Verhaltensweisen oder Einstellungen der Bezugsperson als übernehmens- oder ablehnungswert anzusehen. Das kann die Persönlichkeitsentwicklung negativ beeinflussen, wenn auf diese Weise negative Züge übernommen oder positive generell abgelehnt werden.

Selbstverständlich ist für das Realisieren von Idealvorstellungen auch eine entsprechende *Handlungskompetenz* notwendig. Zu ihr gehört vor allem:

– *von situationsbedingten Handlungen von Personen*, die als Vorbild dienen, *auf deren Charaktereigenschaften schließen* zu können,

– *aus Eigenschaftsbegriffen* selbständig im eigenen Lebensbereich *Handlungen* abzuleiten, die den erstrebten Eigenschaften angemessen sind,

– *Handlungen anderer Menschen und insbesondere auch die eigenen unter moralischen Aspekten analysieren und* nach objektiven Maßstäben *werten* zu können,

– *sich selbst als Persönlichkeit,* auch das Verhältnis zu den Menschen, zu denen ein unmittelbarer Kontakt besteht, *real einschätzen* zu können.

Diese Handlungskompetenz auszubilden, ist Ziel der Lehrer bei der Befähigung der Schüler der Oberstufe zur Selbsterziehung. Sich selbst zu erziehen, setzt auch ein notwendiges *Selbstvertrauen* voraus. Es ist der *Selbsterziehung* dienlich, wenn ein Schüler sich und andere real einschätzen kann. Diese Bedingung ist jedoch nicht von vornherein gegeben. Unter Beachtung von Alters- und individuellen Besonderheiten – denn gerade in diesem Bereich treten erhebliche interindividuelle Unterschiede auf – ist die Entwicklung der Handlungskompetenz immer wieder Gegenstand pädagogischer Einflußnahme.

Das *Können*, Normen oder erstrebte Persönlichkeitseigenschaften im eigenen Handeln auch zu verwirklichen, wird vor allem erworben

– durch das *Aneignen und Üben von Handlungen*, insbesondere von solchen, die sich auf Menschen richten oder die Kooperation als Handlungsbedingung erfordern, unter Nutzung entsprechender Orientierungsgrundlagen,

– durch das *Gewöhnen* an ein Verhalten,

– durch das Aneignen von Verfahrenskenntnissen und Verhaltensmustern infolge von *Nachahmung* und *Identifikation*.

Vor allem Schüler der Oberstufe brauchen für ihr Bestreben, sich selbst als Persönlichkeit zu formen, *Verhaltensmuster*, in denen sich die von ihnen erwünschten Charaktereigenschaften ausdrücken. Sie sollen *Verfahren kennenlernen*, wie man selbst seinen Willen stärken oder sein *Temperament in die Hand bekommen* oder – kurz gesagt – sein Handeln zugleich auf die Ausbildung seiner Eigenschaften ausrichten kann. Auch hier ist nicht das Wissen darum entscheidend, sondern der Handlungsvollzug.

Die pädagogische Steuerung der Entwicklung von Charaktereigenschaften erfordert vom Lehrer Vorüberlegungen, um mindestens auf die folgenden Fragen Antworten geben zu können:

– Mit welchen Eigenschaften ist die auszubildende Charaktereigenschaft unabdingbar verknüpft
(z. B. Verantwortungsbewußtsein und gesellschaftsbezogene Überzeugungen, Kollektivität, Selbstbewußtsein, Selbstvertrauen, Zuverlässigkeit, Prinzipienfestigkeit, Entscheidungsfreudigkeit, Willensstärke, Sachkenntnis, Fähigkeit zum Reflektieren über alle Handlungskomponenten u. a.)?

– In welchen Handlungen oder Verhaltensweisen in Abhängigkeit von unterschiedlichen Anforderungen äußern (objektivieren) sich diese?

– Über welche Voraussetzungen verfügt der Schüler dazu?

– Wie sind die Handlungen auszubilden oder weiterzuentwickeln, und wie ist dabei dem Schüler die Beziehung zur betreffenden Charaktereigenschaft bewußtzumachen?

– Wie müssen Bewährungssituationen bezüglich der Ausbildung dieser Eigenschaft beschaffen sein, und wie sind diese herbeizuführen?

Zusammenfassung

Z • Die Persönlichkeit entwickelt sich, indem sie sich Eigenschaften des Leistungsverhaltens und *Einstellungen* aneignet (*grundlegende Überzeugungen*, z. B. die *ideologische Gerichtetheit und Charaktereigenschaften*). Diese Eigenschaften bilden in ihrer Einheit habituelle Basiskomponenten der psychischen Tätigkeitsregulation der Persönlichkeit.

• *Einstellungen entstehen durch die Verfestigung motivationaler Komponenten der handelnden Persönlichkeit.* Die *subjektive Bedeutsamkeit* der jeweiligen Tätigkeit, der Objekte, auf die sie gerichtet ist, und der mitwirkenden sachlichen und personalen Bedingungen ist für die Verfestigung von Bedeutung.

• Der Prozeß der Entstehung von Einstellungen und Überzeugungen umfaßt folgende, sich wechselseitig bedingende Komponenten: *den Erwerb von Wissen oder Erfahrungen, das Erleben der Valenz und der Evidenz der Sachverhalte, die Identifikation mit ihnen und den Erwerb der Handlungskompetenz.* Die pädagogische Führung richtet sich daher vor allem auf die Vermittlung und Bekräftigung von *Wertorientierungen*, die *Befähigung zum Werten und zur Ableitung von Handlungsentscheidungen* sowie auf deren *Überprüfung in Bewährungssituationen.*

• Die *Veränderung von Einstellungen* verlangt, die ihnen zugrunde liegenden Kenntnis-, Wert- und automatisierten Handlungssteuerungssysteme zu labilisieren und neu auszubilden.

• Für die *Entwicklung von Charaktereigenschaften* und ihre pädagogische Beeinflussung sind die Vermittlung bzw. Aneignung *sozialistischer Normen des Verhaltens und die Befähigung der Schüler* wesentlich, auf ihrer Grundlage zu *handeln*. Dazu sind *Bewährungssituationen* erforderlich, in denen sich die Schüler *moralisch entscheiden* können und müssen. Die Erziehung und *Selbsterziehung zu erstrebten Charaktereigenschaften bedarf Leitbilder (Ideale)* und einer bestimmten *Handlungskompetenz*, die durch die pädagogische Einflußnahme herausgebildet werden muß.

Zur Selbstkontrolle und Übung

Ü 1. Welche Lernhandlungen muß ein Schüler ausführen, damit er über theoretische Kenntnisse (zu einer Gesetzmäßigkeit, die im Unterricht vermittelt wird) verfügt?
– Beschreiben Sie an einem Beispiel aus einem Ihrer Unterrichtsfächer, wie Sie solche planmäßig ausbilden können!
– Wie erreichen Sie ein hohes Niveau der Qualität der zu vermittelnden Kenntnisse bezüglich aller ihrer Parameter?
Begründen Sie Ihre Aussagen psychologisch!

2. Beobachten Sie im Unterricht, wie ein Lehrer seine Schüler zum selbständigen Problemlösen befähigt! Analysieren Sie das Beobachtete unter der Fragestellung, wie er erreicht hat oder erreichen will, daß die Schüler
– eine Problemsituation erleben,
– selbständig eine Lösungsstrategie für eine Aufgabe erarbeiten,
– die Lösungsidee selbständig finden,
– über allgemeine Verfahrenskenntnisse zum Problemlösen verfügen!
Wie hat er dabei das alterstypische Entwicklungsniveau oder auch individuelle Besonderheiten seiner Schüler beachtet?
Unterbreiten Sie Vorschläge, wie Sie verfahren würden!
Begründen Sie diese!

3. Wie gestalten Sie eine Übung, so daß sie effektiv ist im Sinne
– der Ausbildung einer Fertigkeit oder des Könnens,
– der Festigung der Einsicht in das Handlungsverfahren,
– der Vermeidung von Sättigung?
Stellen Sie das an einem Beispiel dar und begründen Sie Ihre Meinung psychologisch!

4. Werten Sie unter Verwendung des Lehrbuchtextes die Abbildung 2.15 unter folgender Fragestellung aus: „Welche Potenzen für die Einstellungsbildung besitzen die in den einzelnen Versuchsgruppen praktizierten Formen der pädagogischen Führung?"
Beachten Sie dabei, auf welche Komponenten der Ausbildung bzw. Veränderung von Einstellungen diese nachweisbar gewirkt haben! (Zur Interpretation sind alle als signifikant ausgewiesenen Veränderungen heranzuziehen.) Begründen Sie Ihre Meinung!

5. Sie wollen bei Ihren Schülern ein politisch motiviertes Verantwortungsbewußtsein für ihr Kollektiv und dessen Tätigkeit herausbilden.
Geben Sie einen Überblick:
– Welche Charaktereigenschaften und Überzeugungen sind notwendig damit verbunden und demzufolge mit auszubilden?
– In welchen Handlungs- und Verhaltensweisen äußern sich diese?
– Welche Bewährungssituationen lassen sich zu deren Ausbildung schaffen?
– Was gehört zur Befähigung der Schüler, sich selbst in diesem Sinne zu erziehen?

3. Soziale Beziehungen und Persönlichkeitsentwicklung

„Erst in der Gemeinschaft mit andern hat jedes Individuum die Mittel, seine Anlagen nach allen Seiten hin auszubilden."

KARL MARX/FRIEDRICH ENGELS:
DIE DEUTSCHE IDEOLOGIE.
(WERKE, BAND 3, S. 74)

Kapitelinhalte:

Charakteristik der sozialen Wechselbeziehungen im pädagogischen Prozeß und Bedeutung sozialpersonaler Determinanten für erfolgreiche Bildung und Erziehung

Sozialpsychologische und entwicklungspsychologische Gesetzmäßigkeiten zu Grundvorgängen der Aneignung und Ausbildung sozialer Beziehungen und Verhaltensweisen

Psychologische Charakteristik der sozialen Beziehungen zwischen Lehrern und Schülern, der Heranwachsenden untereinander in ihren Kollektiven und zwischen Eltern und ihren Kindern

Pädagogisch-psychologische Gesetzmäßigkeiten für zielgerichtete Ausbildung, Stabilisierung und notwendige Veränderung von sozialen Beziehungen

A Die Persönlichkeitsentwicklung der Schüler hängt wesentlich von den sozialen Beziehungen ab, in die sie einbezogen sind. Das ergibt sich aus folgenden Sachverhalten (vgl. Bd. I, Kap. 6.):

– Soziale Gruppen bzw. Kollektive[10], in denen die Mitglieder unmittelbar miteinander kooperieren und kommunizieren, stellen den bedeutendsten Lebens- und Aktionsraum des Menschen dar. In ihnen erfährt er die gesellschaftlichen Anforderungen an seine Tätigkeit und an sein Verhalten, in denen sich zugleich die Anschauungen der Gesellschaft widerspiegeln. Die Bewertung seines Verhaltens durch die Gruppen und die damit verbundenen Konsequenzen bewirken, daß er sich gesellschaftliche Werte und Normen aneignet.

– Beziehungen zu Objekten und zu anderen Menschen sind immer auch durch gesellschaftliche Normen sozial vermittelt. Eigene Intentionen zu realisieren erfordert, diese zu beachten.

– Die gesellschaftliche Determiniertheit der Persönlichkeitsentwicklung bewirkt die Gerichtetheit der Persönlichkeit. Die Individualität der Persönlichkeit drückt dabei das in individueller Weise gebrochene gesellschaftlich Bedeutsame aus. Es bewegt sich im Rahmen historisch entstandener Individualitätsformen (sozialer Typen), die ihrerseits von den Makrogruppen der Gesellschaft (Klassen, Schichten, Geschlechts- und Altersgruppen u. a.) und ihrer Beziehungen zueinander geprägt sind. So vollzieht sich die Persönlichkeitsentwicklung im Schulalter unter der Bedingung der gesellschaftlichen Position und damit des sozialen Status, Schüler zu sein.

Aus diesem Bedingungsgefüge resultiert, daß die Persönlichkeitsentwicklung untrennbar mit den sozialen Beziehungen in den Kollektiven und deren Entwicklung verbunden ist. Die pädagogische Tätigkeit von Lehrern und Erziehern ist daher auch auf die Gestaltung der sozialen Beziehungen im Kollektiv zu richten. Die Kollektiverziehung wird zum unverzichtbaren Mittel der Herausbildung der Individualität der Persönlichkeit. Dazu ist die Kenntnis von sozialen Prozessen und Entwicklungsbedingungen, die in Kollektiven wirksam werden, erforderlich. Wir wenden uns nun grundlegendem Wissen zum Einfluß und zur Ausbildung sozialer Beziehungen zu.

10 Gruppen mit sozialistischer Wertorientierung werden als Kollektive bezeichnet.

3.1. Grundlagen der Aneignung und Ausbildung sozialer Beziehungen

3.1.1. Soziale Wechselbeziehungen und Persönlichkeitsentwicklung

Die Schüler treten inner- und außerhalb des Unterrichts in vielfältige soziale Wechselbeziehungen zu anderen Personen, sowohl zu gleichaltrigen, jüngeren oder älteren, einschließlich Erwachsenen. Gemeinsam mit diesen lernen und spielen sie, lösen zusammen Aufgaben oder realisieren gemeinsam mit ihnen bestimmte Vorhaben. *Alle gegenständlichen Aktivitäten der Schüler sind durch Beziehungen zu anderen Menschen vermittelt*, denn jede menschliche Tätigkeit setzt sowohl Objekte voraus, an und mit denen **Aktionen** ausgeführt werden, als auch Subjekte, mit denen durch **Interaktionen** die materielle und geistige Umwelt gestaltet und verändert wird. Jede gegenständliche Tätigkeit erfolgt im Kontext sozialer Wechselwirkungen. Die Menschen *kooperieren* miteinander, treten zueinander in Beziehungen, tauschen Erfahrungen aus und wirken wechselseitig aufeinander ein. Dabei bilden sich Verhaltensweisen und die ihnen zugrunde liegenden Persönlichkeitseigenschaften aus, die ihrerseits das gesellschaftliche Zusammenleben bestimmen.

Dieses Interaktionsgeschehen ist vielfältig gesellschaftlich determiniert. Es kann nicht linear aus den Eigenschaften einzelner Personen abgeleitet werden. Zum einen wird sein Inhalt durch die Gegenstände bestimmt, die den Bezugspunkt für Interaktionen bilden. Das können die Arbeits- oder Lernaufgaben sein, die eine Kooperation erfordern, auch Sport und Spiele oder das Thema für eine gesellige Unterhaltung. Bereits diese sind gesellschaftlich determiniert. Zum anderen richten sich die beteiligten Personen nach moralischen Normen und Regeln, wenn sie miteinander in Beziehung treten. Ihr Inhalt leitet sich letztlich aus den gesellschaftlichen Verhältnissen ab, unter denen die Menschen leben. Die Klassenteilung der Gesellschaft, die infolge der Arbeitsteilung entstand, schlägt sich in den Normen nieder. Gesellschaftlich tradierte Auffassungen darüber, wie sich der Angehörige einer gesellschaftlichen Klasse oder Schicht, einer politischen Organisation, einer bestimmten Berufs-, Geschlechts- oder Altersgruppe verhalten soll, prägen daher seine Auffassungen über sein Verhalten gegenüber anderen Menschen mit aus. Der einzelne erlebt diese Art von gesellschaftlichen Anforderungen auch in den Kollektiven, denen er angehört, und durch sie (vgl. Abschn. 3.3.2.). Deren Normen werden zu einer entscheidenden Bestimmungsgröße für die Gestaltung der sozialen Wechselbeziehungen.

Das gilt auch für Kinder und Jugendliche in unserem sozialistischen Staat. Sie erleben z. B. die Klassen- und Berufszugehörigkeit ihrer Eltern durch deren Art, mit anderen Menschen umzugehen, das eigene Verhalten zu bewerten und über das von anderen Menschen zu urteilen. Je nachdem, in welchem Elternhaus sie aufwachsen, entwickeln sich bei ihnen unterschiedliche Wertvorstellungen gegenüber Dingen und Menschen. Die mitunter zu beobachtende unterschiedliche Wertschätzung von körperlicher und geistiger Arbeit und der Menschen, die sie verrichten, durch Kinder von Produktionsarbeitern und denen von Angehörigen der Intelligenz hat eine ihrer Wurzeln in der sozialen Herkunft. Es gibt jedoch bei den Heranwachsenden viele gemeinsame Wertorientierungen, deren Gemeinsamkeit auf typische Werte des Sozialismus zurückgeht. Die hohe Wertschätzung des Kollektivs und das Erleben der sozialen Sicherheit drücken sich in der Art und Weise der Schüler aus, miteinander umzugehen. Die Achtung der Persönlichkeit, die man auch ihnen gegenüber entgegenbringt, läßt sie selbstsicher auch gegen Erwachsene auftreten. Das kann mitunter dort, wo sie die dafür entsprechenden Formen des Umgangs nicht beherrschen oder auch absichtlich verletzen, zu Konflikten führen. Eine erforderliche erzieherische Einflußnahme sollte dabei den positiven Kern in dem Fehlverhalten aufdecken und ihn nutzen.
In wesentlichen Zügen unterscheiden sich die sozialen Beziehungen unserer Kinder und Jugendlichen von denen, die die Heranwachsenden in der kapitalistischen Gesellschaft als normal ansehen, die jedoch durch Individualismus, Konkurrenzkampf, merkantiles Denken und Furcht vor Arbeitslosigkeit beeinflußt werden. Das einheitliche sozialistische Bildungssystem trägt wesentlich dazu bei, die Gemeinsamkeiten in den Wertorientierungen unserer Schüler auszubilden, die ihr Sozialverhalten mitbestimmen.
Die Vielschichtigkeit der gesellschaftlichen Determination des Interaktionsgeschehens ist pädagogisch bedeutsam. Zählebige typische Züge im Umgang der Schüler mit anderen Kindern oder Erwachsenen sind mitunter auf Normen oder Anschauungen zurückzuführen, die in den Makrogruppen (Klasse, Berufs-, Alters-, Geschlechtergruppe u. a.) verwurzelt sind. Sie lassen sich – falls sie negative Züge tragen – gewöhnlich nur verändern, wenn sie öffentlich „in breiter Front" angegangen werden. Unerwünschte Verhaltensweisen, die sich in einzelnen Kollektiven zeigen, lassen sich ebenfalls nicht durch individuelles Einwirken auf einzelne Schüler korrigieren, sondern nur über die Veränderung der Normen und der „öffentlichen Meinung" des Kollektivs (vgl. dazu Abschn. 2.4.1. und 3.3.2.).

Im *Interaktionsgeschehen*, beim Zusammenwirken der Personen in der gemeinsamen Tätigkeit bestehen zwischen den Handlungen und Verhaltensweisen der miteinander Kooperierenden *Zusammenhänge* und *Abhängigkeiten*, weil

– die Handlungen **aufeinander gerichtet** sind.

Eine Person wendet sich direkt an eine (oder mehrere) andere bzw. bezieht diese mehr

oder weniger in die eigene Handlung ein. Die Partner nehmen wechselseitig ihre Handlungen wahr und handeln deshalb (meist) personen- und situationsgemäß;
– die Handlungen (überwiegend) **miteinander abgestimmt** sind. So fordert ein geordneter Interaktionsverlauf zumindest eine zeitliche Abstimmung (zeitliches Nacheinander) der einzelnen Handlungen. Darüber hinaus sind in gemeinsamen Tätigkeiten auch inhaltliche, arbeitsteilige u. a. Abstimmungen möglich und häufig unumgänglich;
– die Handlungen **voneinander abhängig** sind.

Die Handlung einer Person im Interaktionsgeschehen ist häufig die Antwort auf eine vorausgegangene des Partners und gleichzeitig Auslöser für dessen nachfolgende. Die Abhängigkeit der Handlungen der verschiedenen Personen ist in Art und Stärke unterschiedlich und wird von der sozialen Stellung der Personen im Handlungsverlauf sowie von anderen subjektiven und objektiven Bedingungen des Interaktionsgeschehens beeinflußt.

Im Zusammenwirken mit anderen Personen wird die *Individualität des Schülers* geformt. Die gesellschaftliche Gruppe, in der er lebt, lernt und handelt, bestimmt weitgehend Form und Sphäre, Bedingungen und Voraussetzungen seiner individuellen Tätigkeit. In ihr wird sich der Schüler aber auch seiner Individualität bewußt, indem er in der Zusammenarbeit seine individuellen Eigenschaften zur Geltung bringt, sie mit anderen vergleicht und dadurch auch deren Individualität erfaßt.

Ein Zusammenwirken in gemeinsamer Tätigkeit ist ohne *Kommunikation* nicht möglich. Sie ist eine spezifische Form der Wechselwirkung der Menschen, durch die sie interagieren und soziale Beziehungen aufnehmen.

In der Kommunikation teilen sich die Partner wechselseitig ihre Gedanken zum *Inhalt und Verlauf des Geschehens* mit, drücken darin aber auch ihre *eigenen Zustandsbefindlichkeiten* aus. Durch stellungnehmende Äußerungen (Wertungen, Forderungen etc.) *beeinflussen sie Handlungs- und Verhaltensweisen ihrer Partner.* Die Kommunikation ist jenes Mittel, das die äußeren sozialen Beziehungen auf die innere Struktur der Persönlichkeit transformiert (vgl. SCHOROCHOWA 1976). Der Prozeß sozialer Wechselwirkungen in der gegenständlichen Tätigkeit führt zum Entstehen einer Vielfalt von sozialen Beziehungen der Menschen, die beim Schüler vor allem in Beziehungen zu ihren Lehrern, zu Mitschülern, zum Kollektiv und zu ihren Eltern ihren Ausdruck finden.

3.1.2. Grundprozesse der Aneignung sozialer Beziehungen

Die sozialen Beziehungen werden von den Zielen und Bedingungen der gemeinsamen Tätigkeiten und von den Normen und Werten der Gesellschaft determiniert sowie von den individuellen Besonderheiten der zusammenwirkenden Personen beeinflußt. Dabei werden solche sozialen **Handlungsmuster und Verhaltensweisen** ausgebildet, die ihre Persönlichkeit und ihre weitere Entwicklung in entscheidendem Maße bedingen.

Sie entstehen in unterschiedlichen sozialen Prozessen, hängen vom Inhalt und Niveau der bestehenden sozialen Beziehungen und von deren emotionaler Intensität ab und realisieren sich in Form der *Nachahmung*, der bewußten *Orientierung am Vorbild* und der *Identifikation.*

Klein- und Vorschulkinder eignen sich soziale Handlungen und Verhaltensweisen vor allem durch **Nachahmung** an. Durch ihre *starke emotionale Bindung an die Bezugspersonen orientieren sie sich an deren Handlungen und Verhaltensweisen und übernehmen diese*, indem sie sie kopieren.

Auch jüngere Schüler lernen durch das Nachvollziehen von Handlungen, auf einen Partner einzugehen. Auf solche Weise angeeignete Handlungen sind von den Kindern meist wenig geistig durch-

drungen und deshalb nur sehr begrenzt anwendbar.
Schüler der Mittel- und Oberstufe orientieren sich darüber hinaus *bewußt* am Handeln und Verhalten von ihnen bevorzugter Personen, die zum Vorbild für das eigene Handeln werden. Diese Vorbildwirkung führt über das Nachahmen einzelner Handlungen und Verhaltensweisen zur Aneignung von *Persönlichkeitsqualitäten und komplexen Verhaltensweisen* dieser Personen. Das eröffnet dem Jugendlichen ein breites Spektrum von Handlungsmöglichkeiten, um dem Vorbild nachzueifern. Die Jugendlichen haben zu diesen Personen meist enge und starke emotionale Beziehungen, durch die das Handeln und Erleben der Schüler häufig ohne direktes Zutun dieser Personen stark beeinflußt wird.
Es werden Werte angestrebt, die das Vorbild besitzt, deren Nichtvorhandensein subjektiv als Mangel erlebt wird und deshalb durch entsprechendes Handeln überwunden werden soll. Mitunter beziehen sich solche Werte auch auf Äußerlichkeiten, wie Kleidung, Körperhaltung u. a. m.

Der Lehrer muß viele Möglichkeiten zur Entwicklung von Vorbildern bei den Jugendlichen nutzen. Er kann sie z. B. dadurch stimulieren, daß er ein *vertrauensvolles Verhältnis* auf der Basis eines hohen *fachlichen und politischen Engagements* zu ihnen schafft, um *selbst zum Vorbild für seine Schüler zu werden.* Andererseits kann er sie *mit Leben und Wirken von Persönlichkeiten* aus Gegenwart und Vergangenheit *bekanntmachen*, die ihnen als Vorbilder dienen können.

Ausdruck der höchsten Übereinstimmung mit einem Vorbild ist die **Identifikation** mit diesem. Schüler, die sich mit Personen (mit ihren Meinungen, Normen, Standpunkten u. a.) identifizieren, entwickeln *hohe subjektive Aktivität*, um sich deren Haltungen und Auffassungen anzueignen und dabei auch Hemmnisse und Schwierigkeiten zu überwinden bzw. sie gegenüber andersartigen durchzusetzen oder zu verteidigen. Immer wird durch die angestrebte Übereinstimmung der eigenen Ansichten, Haltungen etc. mit denen des Vorbildes eine Bereicherung der eigenen Persönlichkeit bewirkt. Deshalb muß der Entwicklung der Identifikationsbereitschaft der Schüler vom Lehrer große Aufmerksamkeit geschenkt werden (vgl. Abschn. 2.4.1.).

3.1.3. Zur zielgerichteten Ausbildung sozialer Beziehungen

Die interpersonelle Wahrnehmung. Von grundsätzlicher Bedeutung für das Entstehen und die Entwicklung der sozialen Beziehungen ist die sogenannte **interpersonelle Wahrnehmung.**[11] Es handelt sich dabei um *gegenseitiges Beachten und Einschätzen im kooperativen Handlungsgeschehen.*

Die Partner werden nicht an sich wahrgenommen, sondern immer *im Kontext der sozialen Situation*, bei der gemeinsamen gegenständlichen Tätigkeit. Die Einschätzungen beziehen sich auf die wahrnehmbaren Merkmale der Partner, also auch auf Äußerungsformen von Kenntnissen, Fähigkeiten, Einstellungen usw.
Die wahrgenommenen Handlungs- und Verhaltensweisen werden beurteilt und emotional bewertet. Das geschieht meistens unbewußt. Sie werden auf bestimmte Dispositionen des anderen zurückgeführt (attribuiert), und sie werden in bereits vorhandene Erscheinungsbilder eingeordnet. Die interpersonelle Wahrnehmung beruht also sowohl auf perzeptiven als auch auf kognitiven Operationen, wie Vergleichen, Klassifizieren, Attribuieren, Interpretieren.
Die interpersonelle Wahrnehmung führt *über Schlußprozesse zu Urteilen über den Partner*, in die im Gedächtnis gespeicherte Informationen, aber auch Einstellungen und Motive eingehen und zu einer spezifischen Beziehung zum Partner führen.
Dieses Urteil ist wie jedes Ergebnis eines Informationsverarbeitungsprozesses subjektiver Natur und lediglich Ausdruck persönlicher Bewertungen (oder Wertschätzungen)

11 Dieser Begriff ist in der Sozialpsychologie geprägt worden. Er ist nicht mit dem allgemeinpsychologischen Begriff der Wahrnehmung als eines Prozesses der sinnlichen Erkenntnis identisch.

des anderen. Es wird diesem in der Regel nicht direkt mitgeteilt, sondern im sozialen Verhalten kodiert. Durch die interpersonelle Wahrnehmung wird die Sensibilität der Schüler für gemeinsame Interessen erhöht, und Differenzen in der Wertorientierung in den Schülergruppen minimieren sich.
Natürlich hängen die Prozesse der interpersonellen Wahrnehmung vom erreichten Entwicklungsstand, vor allem *vom Umfang und Inhalt der sozialen Erfahrungen der Schüler ab.*
So stützen sich jüngere Schüler bei ihren sozialen Beziehungen zu den Mitschülern auf bestimmte äußere Merkmale, die in der sozialen Situation wahrgenommen und verarbeitet werden, z. B. Körperkraft, Aussehen, Besitz attraktiver Dinge u. ä. In Untersuchungen wurde jedoch festgestellt, *daß bei den Schülern die Orientierungen an äußeren Merkmalen des Partners abnahmen und die an Persönlichkeitsqualitäten anstiegen, wenn sich der Umfang und das Niveau kooperativer Tätigkeiten erhöhten* und den Charakter *echter kollektiver Tätigkeiten* annahmen.

Durch die interpersonellen Wahrnehmungen wird es möglich, daß die Schüler die unterschiedlichen *sozialen Situationen kognitiv durchdringen und verallgemeinern* und dadurch, trotz der variablen sozialen Bedingungen, die entwickelten Beziehungen zu anderen Personen *relativ konstant halten.* Der pädagogische Einfluß ist darauf zu richten, daß die Schüler lernen,
– ihre Einschätzungen des Partners an objektiven Maßstäben zu überprüfen und sich nicht von ersten emotionalen Eindrücken leiten zu lassen,
– anstelle unreflektierter Eigenschafts- oder Kausalattribuierungen Analysen des Verhaltens des Partners treten zu lassen,
– bei der daraus resultierenden bewußten Urteilsbildung auch die jeweiligen Situationsbedingungen und das eigene Verhältnis zum Partner in Rechnung zu stellen.
Diese Anforderungen gelten selbstverständlich auch für Lehrer, wenn sie sich von einem Schüler „ein Bild machen".

Soziale Einstellungen. Sie *spiegeln habitualisierte Beziehungen des Schülers zu Partnern gemeinsamer Tätigkeit wider.*

In ihnen kommt die subjektive Bedeutung zum Ausdruck, die der Partner und dessen Handeln und Verhalten für die eigene Person und das eigene Handeln in der entsprechenden sozialen Situation hat. Als habitualisierte Richtungsdispositionen bestimmen sie das Wahrnehmen, Denken, Urteilen und das Verhalten gegenüber dem Partner mit.
Die sozialen Einstellungen entstehen durch *Erfahrungen des Schülers im Umgang mit dem Partner* in gleichen oder ähnlichen sozialen Situationen und zugleich durch bewußte *Orientierung an gesellschaftlichen Normen und Werten.* Soziale Einstellungen entwickeln sich im Prozeß der gemeinsamen Tätigkeit durch die Auseinandersetzung mit dem Partner über einen objektiven Inhalt.
Beruhen die sozialen Einstellungen nur auf emotionalen Anmutungen der Schüler, dann führt das häufig zu ungenügend begründeten sachlichen Entscheidungen und mitunter zu inadäquaten Handlungen oder zu mangelnder Handlungsbereitschaft.
Aus diesen Gründen ist es notwendig, *durch die Vermittlung gesellschaftlicher Wertmaßstäbe und die Aneignung kollektiv bezogener sozialistischer Normen eine Übereinstimmung von rationalen und emotionalen Komponenten sozialer Einstellungen zu erreichen* (vgl. Abschn. 2.4.).
Soziale Einstellungen sind *Persönlichkeitsdispositionen von hoher Beständigkeit.* Haben die Schüler bestimmte soziale Einstellungen zu ihren Mitschülern ausgebildet, so ist die Form ihres Reagierens in einer bestimmten Situation gewissermaßen vorausbestimmt. Das verleiht den sozialen Beziehungen eine gewisse Stabilität, so daß diese durch neue, evtl. auch andersgeartete Informationen, nicht so schnell zu erschüttern sind.
Die sozialen Einstellungen äußern sich z. B. in den Schüler-Schüler-Beziehungen in einem ganzen *Komplex von Merkmalen sozialen Verhaltens,* wie
– in der *Bereitschaft zur Zusammenarbeit* mit dem anderen,
– in der *Verbundenheit mit dem anderen* bzw. der Gruppe,

– in der *Achtung und Wertschätzung* dem anderen gegenüber,
– in der *Hilfe und Unterstützung,*
– in der *Einsatzbereitschaft und Verantwortung* für andere,
– in der *Bereitschaft, die eigenen Ziele und Interessen zurückzustellen,*
– in der *Toleranz* dem Partner gegenüber,
– in der *Einstellung zu Kritik und Selbstkritik.*

Soziale Fähigkeiten. Soziale Anforderungssituationen zu meistern (z. B. kooperative Lernhandlungen, gemeinsame Tätigkeiten im Rahmen der FDJ-Gruppe u. a.), erfordert neben sozialen Einstellungen auch entsprechende soziale Fähigkeiten.

Soziale Spannungen und Konflikte treten nicht selten deshalb auf, weil die Schüler nicht genügend in der Lage sind, sich in den Partner hineinzuversetzen, weil sie die eigenen Gefühle und Meinungen in unangemessener Form zum Ausdruck bringen bzw. sich auf die vorgefundenen Bedingungen nicht einzustellen vermögen. Dazu ist ein ganzer Komplex von *sozialen Fähigkeiten* erforderlich, der in der Literatur auch als *soziale Kompetenz* bezeichnet wird.

– *Die Fähigkeit, eine soziale Situation sicher zu erfassen,* verlangt vom Schüler, Fähigkeiten, Reaktionen und Verhaltensweisen der Partner mit den Anforderungssituationen in Beziehung zu setzen und daraus auf deren kognitive Voraussetzung, soziale Einstellungen und situative Bedingungen zu schließen, die dann beim eigenen Handeln zu berücksichtigen sind.

– *Die Fähigkeit, sich in den anderen hineinzuversetzen,* seine Standpunkte, Meinungen und Gefühlsäußerungen zu verstehen und zu werten, also die sozialen Situationen vom Standpunkt eines anderen zu sehen und zu beurteilen, erfordert vom Schüler reflexives Denken, das Erfassen der Gedankenwelt des Partners. („Warum handelt der Partner gerade so und nicht anders?“)
Durch Reflexion wird es möglich, die Relativität des eigenen Handelns zu erkennen und auf den Partner adäquat einzugehen.

– *Die Fähigkeit, die eigenen Erkenntnisse, Gefühle und Zustandsbefindlichkeiten* verbal und nonverbal entsprechend der sozialen Situation *ausdrücken zu können,* ist *Sprach- und Ausdruckskompetenz.* Wie die Schüler Mimik und Gestik im Interaktionsprozeß gebrauchen, welche sprachlichen Ausdrücke und Formulierungen sie hier verwenden, davon werden weitgehend die Reaktionen der Partner bestimmt.

– *Die Fähigkeit,* einerseits *seine eigenen Auffassungen,* Meinungen etc. *zugunsten anderer zurückzustellen oder sie in Übereinstimmung mit diesen zu bringen,* wenn sie als besser und angemessener erkannt wurden, andererseits die *eigene Überzeugung gegenüber anderen durchzusetzen und zu verteidigen,* wenn andere Meinungen als falsch, schädlich oder unangemessen für die Zielerreichung angesehen werden, erfordert Fähigkeiten zur gründlichen Analyse der fremden und eigenen Auffassungen und zur Kritik und Selbstkritik.

– *Die Fähigkeit, anderen Hilfe zu geben, sie zu aktivieren* und anzuspornen bzw. sie zu ermutigen, schließt ein, in Widerspruchssituationen Entscheidungen fällen zu können, die die Entwicklung der Gruppe voranbringen, ihre sozialen Beziehungen stärken und festigen.

– *Die Fähigkeit, Konflikte* während der Zusammenarbeit rechtzeitig *zu erkennen* und sie nach Möglichkeit *zu verhindern,* aber, – falls erforderlich – solche auch zu ertragen und sie nach Möglichkeit produktiv umzugestalten, d. h., sie für die weitere Gestaltung der sozialen Beziehungen zu nutzen, erfordert eine *Sensibilisierung gegenüber sozialen Konflikten.*

– Die Fähigkeit, kooperative Tätigkeiten zu organisieren und zu leiten sowie soziale Aktivitäten zu koordinieren, bedarf des Selbstbewußtseins und des Selbstvertrauens, aber auch der Risikobereitschaft und Übersicht, um Ansehen und Vertrauen bei den Mitschülern zu erwerben. Das schließt ein, sich gegebenenfalls selbst anderen unterzuordnen und Anweisungen entgegenzunehmen.

Die *Ausbildung und Entwicklung der sozialen Kompetenz* erfolgt in der kooperativen Tätigkeit. Durch die unmittelbare Rückmeldung auf die eigenen Handlungen und Verhaltensweisen von seinen Mitschülern sammelt der Schüler Erfahrungen im Umgang mit diesen, lernt er, wie er in dieser oder jener Weise zu reagieren hat, um positive Beziehungen zu ihnen aufzubauen und zu festigen.

Der Lehrer kann diesen Prozeß im Unterricht durch entsprechende Ziel- und Aufgabenstellungen fördern. Darüber hinaus gilt, was zur Ausbildung von Fähigkeiten gesagt worden ist (vgl. Abschn. 2.2.). So tragen Hinweise und Orientierungsgrundlagen für das Handeln beim kooperativen Lernen, bei gemeinsamen Veranstaltungen (z. B. Wandertage) oder unmittelbare verhaltenssteuernde Einflußnahmen auf einzelne Gruppen oder einzelne ihrer Mitglieder zur Entwicklung sozialer Beziehungen bei.

Zusammenfassung

Z • Alle Tätigkeiten sind immer durch Beziehungen zu anderen Menschen bestimmt. Die *Kommunikation und Kooperation* der Schüler untereinander und mit den Erwachsenen bildet daher eine *wesentliche Determinante der Persönlichkeitsentwicklung*.

• Im Prozeß sozialer Wechselwirkungen im Zusammenhang mit Tätigkeiten entstehen vielfältige *soziale Beziehungen* zu anderen Schülern, zum Schülerkollektiv, zu ihren Lehrern und zu ihren Eltern, die für ihre Persönlichkeitsentwicklung wesentliche Bedingungen darstellen.

• Soziale Handlungsmuster und Verhaltensweisen der Schüler entstehen in unterschiedlichen sozialen Prozessen. Dazu zählen die *Nachahmung*, das *bewußte Orientieren an selbstgewählten Vorbildern* und die bewußte *Identifikation.*

Unter anderem erwächst daraus die *Verantwortung des Lehrers für sein Verhalten als Vorbild* seiner Schüler.

• Der Herausbildung der sozialen Beziehungen dient die *interpersonelle Wahrnehmung*. Sie hängt vom Inhalt und Umfang der sozialen Erfahrungen der Schüler ab. Durch sie entstehen *soziale Einstellungen*, die die Beziehungen der Schüler mitbestimmen. Für kooperatives Handeln sind *soziale Fähigkeiten erforderlich*, die sich ebenfalls in der Kooperation und Kommunikation herausbilden.

3.2. Beziehungen zwischen Lehrern und Schülern

3.2.1. Lehrer-Schüler-Beziehungen und soziales Bedingungsgefüge

Der Erfolg von Bildung und Erziehung in der Schule wird wesentlich von der Art und Weise der sozialen Beziehungen zwischen Lehrern und Schülern beeinflußt.

Wie sich diese Beziehungen gestalten und wandeln, hängt von außerordentlich vielen Faktoren und Bedingungen ab.

– Wie alle zwischenmenschlichen Beziehungen werden auch *die Lehrer-Schüler-Beziehungen grundlegend von den gesellschaftlichen Verhältnissen determiniert.* Die Art und Weise, wie die Menschen produzieren, bestimmt letztlich auch ihre soziale Daseinsweise.

So vertritt jeder einzelne Lehrer gegenüber seinen Schülern die ihm von der Gesellschaft übertragene Funktion, sie zu sozialistischen Persönlichkeiten zu erziehen. Das wird von den Schülern und ihren Eltern auch erwartet und unabhängig vom Grad der Sympathie, die sie dem einzelnen Lehrer entgegenbringen oder auch versagen, in ihren Einstellungen und Verhaltensweisen sowohl ihm als auch verallgemeinert gegenüber dem Lehrer schlechthin (als Träger dieser sozialen Funktion) so reflektiert. In dieser Hinsicht unterscheiden sich die Lehrer-Schüler-Beziehungen in unserem Lande grundsätzlich von den Sozialbeziehungen in der bürgerlichen Schule. Das schließt natürlich nicht aus, daß diese Beziehungen auch in unseren Schulen qualitative Unterschiede aufweisen können.

– *Auf den Charakter der sozialen Beziehungen in den Schulklassen übt der Lehrer den entschei-*

denden Einfluß aus. Seine Persönlichkeits- und Verhaltensbesonderheiten, die sich in seinem pädagogischen Führungsstil äußern, können sich günstig oder ungünstig auf das soziale Verhältnis zwischen Lehrern und Schülern auswirken.

Von seinem Wissen und Können, seinen didaktisch-methodischen Fähigkeiten, von seinen Einstellungen und Überzeugungen, von der Art und Weise, wie er die Schüler fordert und achtet, wie er ihre Leistungen und ihr Verhalten bewertet, hängt in erster Linie ab, welche Beziehungen die Schüler zur ihrem Lehrer herstellen. Es ist letztlich das Insgesamt der Persönlichkeit des Lehrers, das diesen sozialen Beziehungen das Gepräge gibt.

– Wie sich diese sozialen Beziehungen in der Schulklasse gestalten, ist immer auch von den *Beziehungen der Schüler untereinander, vom Niveau des Schülerkollektivs*, abhängig (vgl. Abschn. 3.3.2.).

Zwischen den Lehrer-Schüler-Beziehungen und dem Kollektivniveau der Schulklasse bestehen dialektische Wechselbeziehungen.

So wirken sich einerseits positive Sozialbeziehungen zwischen Lehrern und Schülern günstig auf die Kollektiventwicklung in der Schulklasse aus, andererseits sind die kollektiven Beziehungen eine entscheidende Bedingung für eine erziehungseffektive Gestaltung der Lehrer-Schüler-Beziehungen.

In verschiedenen Untersuchungen konnten hohe Korrelationen zwischen der Qualität der Lehrer-Schüler-Beziehungen und dem Niveau der Kollektiventwicklung nachgewiesen werden. Interessant ist in diesem Zusammenhang, *daß mit den unterschiedlichen Gruppennormen in den Schulklassen auch unterschiedliche Erwartungen an den Lehrer zusammenhängen.* Entwickelte Schülerkollektive haben höhere Erwartungen und Ansprüche, insbesondere an das Leistungsverhalten ihrer Lehrer. Sie erwarten, daß diese hohe Forderungen stellen, auf gute Disziplin achten, sich um die Arbeit der Pioniergruppe kümmern, die Schüler an die politische Arbeit heranführen u. a. Somit beeinflußt auch das Entwicklungsniveau des Kollektivs, das sich im Laufe der Schulzeit herausgebildet hat, die Qualität der Lehrer-Schüler-Beziehungen. Auch aus diesem Grunde trägt der Lehrer eine hohe Verantwortung für die Entwicklung des Schülerkollektivs.

In den einzelnen Schulklassen existieren *vielgestaltige zwischenmenschliche Beziehungen* zwischen dem Lehrer und jedem einzelnen Schüler, die auch von den gruppenspezifischen Beziehungen abhängen.

So wie jeder Lehrer ein jeweils spezifisches Verhältnis zum einzelnen Schüler hat, hat auch der Schüler zu den in der Klasse unterrichtenden Lehrern einen jeweils unterschiedlichen Sozialbezug. Während er den einen Lehrer besonders mag, sich mit ihm identifiziert, ihn als Vorbild erlebt, hat er vielleicht zu einem anderen Lehrer ein weniger günstiges Verhältnis, ja es kann auch sein, daß er ihn emotional ablehnt.

Die Gründe für den unterschiedlichen Sozialbezug des einzelnen Schülers zu seinem Lehrer können zu suchen sein

- in der Einstellung zu dem Unterrichtsfach, das der betreffende Lehrer unterrichtet,
- in den Erfolgen oder Mißerfolgen, die er im Unterricht erlebt hat,
- in den Leistungs- und Verhalteneigenschaften des Lehrers, die von den einzelnen Schülern unterschiedlich erlebt und bewertet werden,
- in den unterschiedlichen Einstellungen der Lehrer zu einzelnen Schülern.

Ähnlich verhält es sich mit den Beziehungen des Lehrers zu seinen Schülern. Neben der generellen Einstellung, die er gegenüber bestimmten Schulklassen hat (gern in manchen Klassen unterrichtet, in anderen weniger gern), sind auch seine Beziehungen zu den Schülern innerhalb der Schulklasse nicht alle von der gleichen Art. Es ist verständlich, daß Leistungen und Verhalten der Schüler auch seine Beziehungen zu ihnen beeinflussen.

Die Einstellung des Lehrers zu einem Schüler erfüllt eine handlungsorientierende Funktion. Das gilt unabhängig davon, ob ein „Bild vom Schüler" zutreffend ist oder nicht. Je nachdem, ob er dem Schüler die Eigenschaften „intelligent" oder „dumm", „aufgeschlossen" oder „widerspenstig"

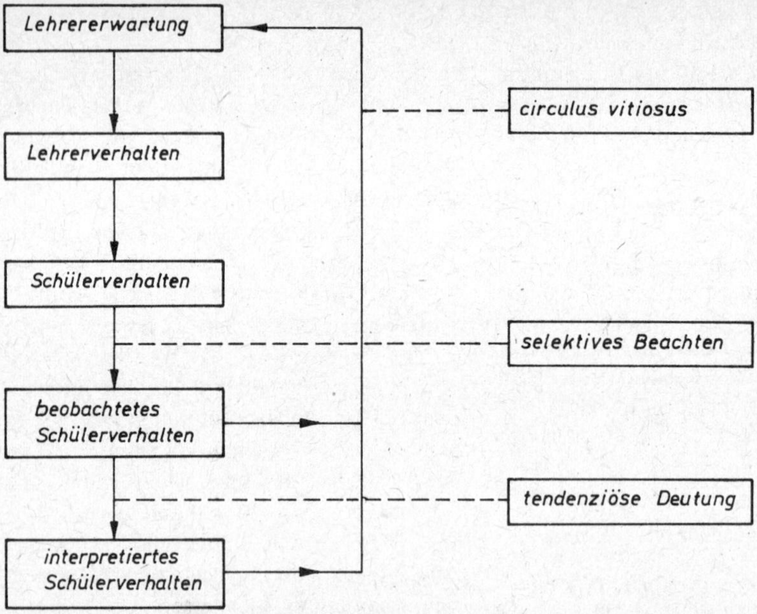

Abbildung 3.1: Erwartungsbedingte Kreisprozesse bei der Lehrer-Schüler-Interaktion (nach CLAUSS 1986, S. 320)

zuerkennt (attribuiert), ihn als „entwicklungsfähig“ oder als „hoffnungslosen Fall“ einstuft, erwartet er ein jeweils anderes Verhalten von ihm. Ungewollt nimmt er an seinen Schülern vor allem das wahr, was mit seinen Vorstellungen über ihn übereinstimmt, und vernachlässigt gegenteilige Informationen oder bewertet sie in Richtung des Erwarteten um. Das wiederum bekräftigt seine Einstellungen zu diesen Schülern. Er stellt an sie unterschiedliche Anforderungen, verlangt von dem einen selbständige Denkleistungen – er traut ihm etwas zu, dem anderen jedoch nicht. Der soll nur sein Gedächtnis anstrengen, obwohl gerade sein Denken geschult werden müßte. So wird der eine in seiner Entwicklung gefördert, der andere nicht. Das wird mitunter dadurch verstärkt, daß die Schüler die Einstellungen ihrer Lehrer, die sie ja spüren, reflektieren. Mancher von ihnen reflektiert sogar eine ungünstige Einstellung zu ihm in gleichem Sinne und verhält sich entsprechend. So entsteht bei manchem Schüler der sogenannte Pygmalioneffekt. Er besagt, daß sich bei Schülern die Entwicklungstendenz zeigt, die der Einstellung des Lehrers zu ihm entspricht. Er ist aus dem beschriebenen Kreisprozeß erklärbar *(vgl. Abb. 3.1)*.

Die Möglichkeit eines solchen Effektes verweist auf die Notwendigkeit, daß der Lehrer seine Einstellungen zum Schüler selbstkritisch überprüfen und gegebenenfalls ändern muß.

Wenn sich ein Lehrer nicht um *hohe Objektivität* im Verhalten gegenüber seinen Schülern müht, kann das leicht zur Quelle von Störungen in den Beziehungen zwischen Lehrern und Schülern werden. Jeder Schüler muß erleben, daß sein Lehrer ihn achtet und ihm Vertrauen entgegenbringt. Besonders Schüler mit Lern- und Verhaltensstörungen, deren Auffälligkeiten oft Ausdruck mangelnder sozialer Zuwendung sind, brauchen dieses Vertrauensverhältnis. Die Merkmale „Gerechtigkeit“ und „Vertrauen“ werden in allen Befragungen über gewünschte Eigenschaften des Lehrers auch von Schülern der Mittel- und Oberstufe sehr hoch bewertet.

– Es gibt eine Reihe weiterer Bedingungen zu nennen, die auf die Qualität der Beziehungen zwischen Lehrern und Schülern Einfluß nehmen. Dazu gehören das gesamte *Schulklima*, der Leitungsstil der Schulleitung und das Niveau des Lehrerkollektivs. So wirken sich Normen, Traditionen, Disziplin und Ordnung an der gesamten Schule stets auch auf das einzelne Schülerkollektiv aus. Dazu gehören auch die *Beziehungen der Eltern zur Schule*.

In Untersuchungen ließ sich nachweisen, daß die sozialen Beziehungen der Schüler zu ihren Lehrern positiv mit den Beziehungen der Eltern zur Schule und zu den Lehrern korrelieren. Günstige Einstellungen der Eltern zum Lernen, zur Qualifizierung und zu unserer sozialistischen Schule wirken sich nachweisbar günstig auf die Beziehungen zwischen Lehrern und Schülern aus. Das sind Wechselbeziehungen; denn günstige oder ungünstige Beziehungen zwischen Lehrern und Schülern bleiben den Eltern nicht verborgen, sondern beeinflussen auch deren Einstellungen (vgl. Abschn. 3.4.).

– Schließlich sollen die *Beziehungen der Schule zu den Patenbetrieben* nicht unerwähnt bleiben. Dort, wo zwischen Schülern und Mitgliedern von Patenbrigaden unmittelbare Kontakte bestehen, lassen sich zumeist auch positive Entwicklungstendenzen in den zwischenmenschlichen Beziehungen in den Schulklassen feststellen.

Die Beziehungen zwischen Lehrern und Schülern sind außerordentlich vielfältig determiniert. Daraus resultieren *ständige Dynamik und Entwicklung*, aber auch mögliche *Widersprüche und Konflikte*.

Das produktive Wechselverhältnis von Persönlichkeit und Kollektiv ist kein konfliktloser Zustand. Es entspräche nicht der Wirklichkeit, würden wir diese Beziehungen als einen harmonischen Prozeß auffassen, in dem es keine Rückschläge, Schwierigkeiten und Hemmnisse gäbe. Solche Konflikte und Widersprüche können sehr unterschiedlich bedingt sein. Sie können durch Mängel im pädagogischen Verhalten der Lehrer ebenso hervorgerufen sein wie durch einzelne Schüler, die einen ungünstigen Einfluß auf die Schulklasse ausüben. In vielen Fällen sind sie auch das Resultat uneinheitlichen Handelns der Lehrer oder ungenügender Beachtung der Entwicklungsbesonderheiten. Bei aller Vielfalt der Bedingungen und Ursachen für unterschiedliche Sozialbeziehungen in der Schulklasse sollte der Lehrer jedoch stets zunächst *sein eigenes pädagogisches Handeln kritisch unter die Lupe nehmen*, wenn dieses Verhältnis Störungen oder Spannungen aufweist. Handelt der Lehrer nach einem *sozialistischen Führungsstil*, begünstigt das die Herausbildung positiver sozialer Beziehungen (vgl. dazu Abschn. 3.2.3.).

3.2.2. Lehrer-Schüler-Beziehungen und Persönlichkeitsentwicklung

Lehrer-Schüler-Beziehungen und Lernerfolg. *Die Einstellungen des Schülers zum Lehrer beeinflussen unmittelbar die Lerneinstellung und die Leistungsbereitschaft des Schülers sowie den Leistungserfolg.* In empirischen Untersuchungen konnte wiederholt die alte pädagogische Weisheit bestätigt werden, daß die „Liebe zum Lehrer dem Stoff goldene Brücken baut". Mit der positiven Einstellung zum Lehrer ist in der Regel auch eine positive Einstellung zu dem vom Lehrer erteilten Unterrichtsfach verbunden. Diese günstige Einstellung zum Fach wirkt sich aktivierend auf den Lernverlauf aus, fördert den Prozeß der Aufmerksamkeit und begünstigt den Lerneffekt. Das damit verbundene Erfolgserleben der Schüler stimuliert seinerseits die Lernmotivation (vgl. Abschn. 1.2.2.).

In empirischen Untersuchungen konnte festgestellt werden, daß Schüler mit positiven Sozialbeziehungen zu 51 % gesellschaftlich wertvolle Begründungen und nur zu 7 % nicht wünschenswerte Begründungen abgaben, hingegen nannten Schüler mit ungünstigem Sozialbezug 49 % Begründungen negativer und nur 32 % Begründungen positiver Art. Dabei handelt es sich um Wechselwirkungen, denn gesellschaftlich positive Lernmotive wirken sich auch günstig auf die Sozialbeziehungen aus.

Bei einer korrelationsstatistischen Analyse zwischen der Qualität des Führungsverhaltens der Lehrer und der Struktur der Lernmotivation (Deutsch und Mathematik) zeigte sich gleichfalls, daß je *günstiger der Führungsstil des Lehrers ist, um so positiver auch die Lernmotive in dem betreffenden Fach* sind.

Zu beachten sind dabei altersspezifische Besonderheiten. Je jünger die Schüler sind, um so stärker wirken sich die sozialen Beziehungen auf den Lernprozeß aus. Bei älteren Schülern determinieren die Lernbereitschaft und damit den Lernerfolg auch die Berufszielsetzungen, die Freizeitinteressen, die erlebten Erfolge und Mißerfolge im jeweiligen Fach. Auch bei älteren Schülern, ja selbst bei Studenten sind die Sozialbeziehungen eine fördernde Bedingung für den Leistungserfolg.

Der Führungsstil drückt sich unter anderem in den Bewertungen von Leistung und Verhalten der Schüler aus, die dadurch positiv oder negativ bekräftigt werden. Somit beeinflussen die Lehrer-Schüler-Beziehungen auch auf diesem Wege den Lerneffekt und die Lernmotivation. Umgekehrt üben, wie ANANJEW (1984, S. 161 ff.) zeigen konnte, die vielfältigen Formen der Bewertung, ob durch den Tonfall, durch Mimik und Gestik des Lehrers oder durch die Art und Weise, wie er Fragen stellt und Leistungen und Verhalten sanktioniert, einen nachhaltigen Einfluß auf die Beziehungen der Schüler zum Lehrer aus. Darüber hinaus beeinflussen seine Bewertungen auch die Beziehungen der Schüler untereinander, wirken auf das Anspruchsniveau der Schüler und ihre gesamte Motivation. Außerdem sollte nicht übersehen werden, daß die zwischenmenschlichen Beziehungen das emotionale Klima einer Klasse beeinflussen. *Bei positiv emotionalem Klima sind die Lernaktivität und auch der Behaltenseffekt höher* als bei einer negativ getönten Atmosphäre.

Lehrer-Schüler-Beziehungen und politisch-ideologische Einstellungen und Überzeugungen. Inwieweit sich Schüler sozialistische Grundüberzeugungen aneignen und im Leben verwirklichen, hängt in starkem Maße vom Verhältnis der Jugend zu den überzeugungsvermittelnden Erziehern ab. (Auf weitere wesentliche Bedingungen ist in Abschn. 2.4. eingegangen worden.)

Mit Recht nennt FRIEDRICH in diesem Zusammenhang die „Sympathie eine Brücke für die Ideologie“ (1966, S. 174). Damit sich die politisch-moralischen Überzeugungen des Lehrers auch beim Schüler herausbilden, bedarf es „vorgelebter“ sozialistischer Verhaltensweisen des Erziehers in Verbindung mit entsprechendem pädagogischen Verhalten.

Nur wenn beides in untrennbarer Einheit verwirklicht wird, ist die Basis für persönlichkeitsfördernde Sozialbeziehungen und damit zugleich für die bewußte und bereitwillige Übernahme der vom Lehrer vertretenen und vorgelebten politisch-moralischen Wertsysteme gegeben. In der politisch-ideologischen Erziehungsarbeit sind Prestige und Vertrauen mindestens ebenso bedeutsam wie die Logik der Argumente.

Schüler haben ein feines Gespür dafür, ob der Lehrer hinter seinen Worten steht, ob er selbst von dem überzeugt ist, was er sagt. In Befragungen älterer Schüler über Erwartungen zum Verhalten ihrer Lehrer nimmt die Antwort, daß bei ihnen Wort und Tat übereinstimmen sollen, einen vorderen Rangplatz ein. Genießt der Lehrer hohe Autorität bei seinen Schülern, spüren sie, daß sie geachtet und gefordert werden, daß sie als heranwachsende Staatsbürger ernst genommen werden, dann fördert dies den Prozeß der Herausbildung ideologischer und moralischer Positionen in entscheidendem Maße.

Vielfach liegen Schwierigkeiten und Widerstände mancher Jugendlicher bei der Übernahme gesellschaftlich wertvoller Einstellungen und Anforderungen zumeist gar nicht in Antihaltungen gegenüber den Sachgegebenheiten begründet, sondern resultieren aus Spannungen und Konflikten in den Sozialbeziehungen.

Lehrer-Schüler-Beziehungen und Disziplinverhalten. Die bewußte und freiwillige Erfüllung der schulischen Normen durch die

Schüler ist sowohl Voraussetzung als auch Ergebnis erfolgreicher pädagogischer Arbeit. Die Beziehungen zwischen Lehrern und Schülern beeinflussen auch diesen Prozeß. Die Aneignung gesellschaftlich wertvoller Normen und die Auseinandersetzung mit ihnen sind stets soziale Prozesse. *So erfordert bewußt diszipliniertes Verhalten die Bereitschaft, die geforderten Normen auch einhalten zu wollen.* Die notwendige positive Einstellung zu den Normen und Anforderungen wird wesentlich davon mitbestimmt, *welche Beziehungen die Schüler zur normvermittelnden Person haben.*

Gewiß ist dies nicht die einzige Komponente für die Einstellung zur geforderten Norm, sondern auch die Zweckmäßigkeit, ihre persönliche Bedeutsamkeit sowie die angemessene Begründung der Forderungen u. a. spielen dabei eine beachtliche Rolle. Tatsache aber ist, daß bei einem vom Schüler geschätzten und geachteten Lehrer eine bessere innere Bereitschaft zur Normaneignung besteht als bei einem vom Schüler abgelehnten Lehrer. Mit der Ablehnung des Lehrers erfolgt nicht selten auch eine Ablehnung der von ihm vertretenen Forderungen und Ansprüche.
Auch hier belegen empirische Untersuchungen die signifikanten *Wechselbeziehungen zwischen dem Disziplinverhalten im Unterricht und den sozialen Beziehungen zwischen Schülern und Lehrern.* Es gilt jedoch – wie in anderem Zusammenhang bereits hervorgehoben –, die Wechselseitigkeit der Beziehungen zu beachten, weil natürlich diszipliniertes Verhalten der Schüler den Prozeß der Herausbildung positiver Lehrer-Schüler-Beziehungen fördert.

Empirische Untersuchungen belegen den Zusammenhang zwischen verschiedenen *Persönlichkeits- und Verhaltensmerkmalen der Lehrer und dem Disziplinniveau im Unterricht.* So korrelieren positiv mit der Unterrichtsdisziplin solche Verhaltensbesonderheiten der Lehrer wie Gerechtigkeit, Freundlichkeit, Respektierung der Schülermeinung, aber auch Konsequenz im Durchsetzen von Forderungen, pädagogischer Takt, Ausgeglichenheit, Verständnis und Hilfsbereitschaft.
Nicht minder bedeutsam für ein hohes Niveau der Unterrichtsdisziplin ist die *didaktisch-methodische Gestaltung des Unterrichts.*

Tabelle 3.1: Didaktisch-methodisches Niveau des Unterrichts und Disziplin der Schüler

Disziplin ist	*Didaktisch-methodisches Niveau ist* hoch	*mittel*	*niedrig*
gut	78,2	64,5	38,5
mäßig	17,2	24,6	25,6
schlecht	4,6	10,9	36,0

In einer empirischen Studie wurde das didaktisch-methodische Niveau der Unterrichtsgestaltung mit dem Disziplinniveau der Schüler im Unterricht verglichen *(vgl. Tab. 3.1).*
Dieser augenscheinliche Zusammenhang wird natürlich auch dadurch bewirkt, daß sich mit der unterrichtsmethodischen Qualität auch die Einstellungen der Schüler zu den Unterrichtsfächern entsprechend herausbilden und sich auf die Unterrichtsdisziplin auswirken.

Selbstverständlich lassen sich die Ursachen für Disziplinschwierigkeiten nicht auf Störungen im Verhältnis zwischen Lehrern und Schülern reduzieren. Quellen dafür liegen auch in der Entwicklung von Kollektiven (vgl. Abschn. 3.3.) und in Fehlentwicklungen bei einzelnen Schülern (vgl. Abschn. 4.2.).

3.2.3. Führungsstil und Lehrer-Schüler-Beziehungen

Die Art und Weise der pädagogischen Führung durch den Lehrer fördert die Herausbildung von sozialistischen Lehrer-Schüler-Beziehungen, wenn sie entsprechend den Verhaltensnormen in der sozialistischen Gesellschaft gestaltet wird. Die Schüler und ihre Eltern erwarten aufgrund der vorherrschenden öffentlichen Meinung ein Verhalten ihres Lehrers, das diesen Normen gemäß ist. Daher sollen einige wesentliche Grundzüge hervorgehoben werden, die den *sozialistischen Führungsstil* kennzeichnen:

– *Die Einheit von hoher Forderung und hoher Achtung gegenüber den Heranwachsenden verwirklichen.*

Darin drückt sich eine *Wertschätzung der Persönlichkeit* aus, die dem sozialen Bedürfnis entspricht, im Kollektiv und in der Gesellschaft eine angesehene Stellung einzunehmen. Das wirkt motivierend auf die Schüler, sich selbst zu erziehen. Hohe Anforderungen sind solche, die in der Zone der nächsten Entwicklung liegen.

– *Auf das Positive orientieren.*

Das wirkt einstellungsbildend, da es *positive Züge im Selbstbild des Schülers* bekräftigt und so als sozialer Erfolg erlebt wird. Vom Erzieher erfordert das eine optimistische Grundhaltung, auch bei Enttäuschungen des Alltags stets das Gute im Menschen aufzuspüren und zu fördern.

– *Die Schüler aktiv in den Prozeß ihrer Erziehung einbeziehen.* Das verlangt, ihnen genügend *Freiräume für eigene Entscheidungen und Handlungen* zu gewähren, damit sie in vielfältiger Weise ihr Leben *mitgestalten.* Gerade Jugendliche haben ein starkes Bedürfnis, *Verantwortung zu übernehmen* und *selbständig zu entscheiden.*

– *Das Schülerkollektiv als Miterzieher gewinnen.*

Da sich die Schüler in ihrem Verhalten nach den *im Kollektiv ausgeprägten Normen* richten, muß der Lehrer Einfluß auf deren Entwicklung nehmen. Alles, was das Schülerkollektiv in die eigenen Hände nehmen kann, sollte der Lehrer dem Kollektiv übertragen. Das fördert zugleich die *kollektive Verantwortung.*

– *Sozialistische Einstellungen und Verhaltensweisen als Erzieher vorleben.*

Dazu gehören eine klare sozialistische Grundhaltung, eine positive *Einstellung zum Beruf, zur Jugend* und zu sich selbst sowie solche *Eigenschaften und Verhaltensweisen* wie Geduld, Konsequenz, Freundlichkeit, Frohsinn und Optimismus, aber auch Strenge und Disziplin, Verständnis und Hilfsbereitschaft. *Letztlich ist es die Gesamtheit seines politisch-pädagogischen Handelns, das das Verhältnis zwischen Lehrern und Schülern prägt.*

Zusammenfassung

Z • Der Erfolg von Bildung und Erziehung in der Schulklasse hängt wesentlich von den *sozialen Beziehungen zwischen Lehrern und Schülern* ab. Diese sind grundlegend von den gesellschaftlichen Verhältnissen bestimmt, sie unterliegen den gesellschaftlichen Normen.

• Der Charakter der sozialen Beziehungen zwischen Lehrern und Schülern einer Schulklasse wird vorrangig durch die *Persönlichkeit des Lehrers* geprägt, aber auch durch das *Niveau des Schülerkollektivs* und die Beziehungen *zwischen einzelnen Schülern.* Auch das *Schulklima* sowie die Beziehungen der Schüler *zu ihren Eltern* oder auch *zu ihren Patenbrigaden* aus sozialistischen Betrieben haben darauf Einfluß.

• Das Verhältnis zwischen Lehrern und Schülern beeinflußt im Prozeß von Bildung und Erziehung die *Einstellungen der Schüler zum Lernen,* deren *Aktivität* und den *Lerneffekt.* Ein positives Verhältnis fördert die *Herausbildung sozialistischer politischer und moralischer Überzeugungen* bei den Schülern.

• Für die Gestaltung positiver Lehrer-Schüler-Beziehungen ist letztlich die *Qualität der pädagogischen Führung* ausschlaggebend, die sich vor allem in einem *sozialistischen Führungsstil* ausdrückt.

3.3. Beziehungen zwischen den Schülern

3.3.1. Kooperation und Kommunikation als Bedingungen der Ausbildung von Sozialbeziehungen

Soziale Beziehungen zwischen den Schülern bestehen objektiv, d. h. zunächst unabhängig von den pädagogischen Einflüssen des Leh-

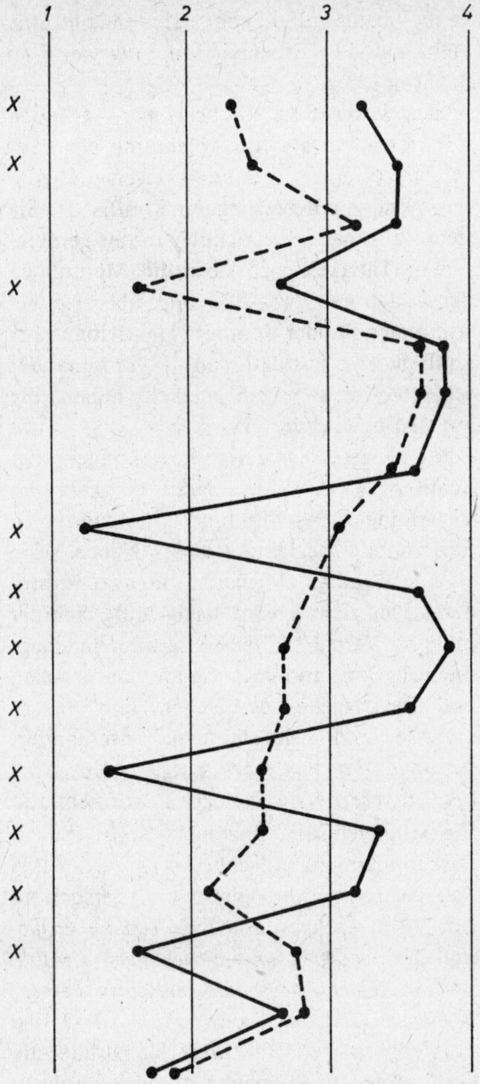

Reihenfolge der Merkmale:
hohe Forderungen stellen
uns an politische Arbeit heranführen
sich um unsere Probleme kümmern
streng zensieren
freundlich sein
sich um schwache Schüler kümmern
Geduld haben, ausgeglichen sein
öfter einmal krank sein
sich um die Pionierarbeit kümmern
auf gute Disziplin achten
guten Kontakt zu den Eltern haben
im Unterricht machen lassen, was wir wollen
politisch aktiv tätig sein
angestrengtes Lernen verlangen
bei Wanderungen machen lassen, was wir wollen
auch einmal etwas durchgehen lassen
hart durchgreifen, auch kleine Vergehen bestrafen

Es bedeuten:

———— *gut entwickeltes Schülerkollektiv*
– – – – *wenig entwickeltes Schülerkollektiv*
X signifikanter Unterschied

Stufe 1 diese Verhaltensw. sollte der Lehrer nicht haben,
Stufe 2 nach Möglichkeit nicht haben,
Stufe 3 nach Möglichkeit haben,
Stufe 4 unbedingt haben

Abbildung 3.2: Erwartungen von Schülern aus 7. Klassen an das Verhalten des Lehrers in Abhängigkeit vom Entwicklungsniveau des Schülerkollektivs

rers. Die sozialen Beziehungen zwischen den Schülern sind im Inhalt und im Charakter sehr unterschiedlich, und sie stellen sich in einer Klasse als ein außerordentlich komplexes, vielfältig determiniertes und in sich reich strukturiertes System dar (vgl. Kessel 1975).

Grundlage der sozialen Beziehungen der Schüler sind die Kooperation und Kommunikation mit anderen bei verschiedenen Tätigkeiten. Dabei tauschen sie wechselseitig Erfahrungen und Erkenntnisse aus und nehmen zu den Objekten, Personen und Beziehungen Stellung, indem sie sie bewerten. Schüler-Schüler-Beziehungen basieren auf solchen bewertenden Stellungnahmen, durch die sie Gefühle, Strebungen und soziale Einstellungen den anderen gegenüber zum Ausdruck bringen und damit Einfluß auf sie ausüben. Dieser Prozeß der Herausbildung sozialer Beziehungen zwischen den Schülern wird *durch gesellschaftliche Normen und Werte* bzw. durch solche *der sozialen Gruppe*, in die der Schüler integriert ist, *determiniert.* Deshalb hängt das Niveau der sozialen Beziehungen einer Klasse *eng mit dem Stand der Kollektiventwicklung* zusammen.

Die sozialen Beziehungen der Schüler werden durch eine Vielzahl von Faktoren beeinflußt, jedoch hat *für ihre Entwicklung ihre kooperative bzw. kollektive Tätigkeit besondere Bedeutung.* In der unmittelbaren Kooperation ergeben sich notwendigerweise Zusammenhänge und Abhängigkeiten zwischen den Handlungen der beteiligten Schüler.

So werden sich die Schüler einer Lerngruppe hinsichtlich der gemeinsam zu lösenden Lernaufgabe in unterschiedlicher Weise dazu äußern. Jeder muß dabei auf die geäußerten Meinungen der anderen Bezug nehmen und sie in die eigenen Handlungen einbeziehen, sie ergänzen oder auch korrigieren. In diesem Prozeß lernen sie am besten, die eigenen Bemühungen mit den Handlungen der Partner zu verbinden, also bewußt auf die Partner einzugehen. Sie erkennen die Stärken und Schwächen ihrer Mitschüler und erleben deren Reaktionen auf das eigene Handeln und Verhalten. Es entwickeln sich soziale Einstellungen zum Partner, die in den sozialen Beziehungen ihren Ausdruck finden. Durch die gemeinsamen Tätigkeiten der Schüler entstehen Zuneigung und Sympathie, Achtung, Verständnis und Verbundenheit, aber auch Ablehnung und Abneigung.

HEILHECKER (1980) klassifizierte die Schüler-Schüler-Beziehungen in Beziehungen des Füreinander, des Miteinander, des Nebeneinander und des Gegeneinander.

– *Beziehungen des Füreinander* sind vom Bemühen jedes einzelnen gekennzeichnet, in einer gemeinsamen Tätigkeit das zu tun, was dem Partner und der gemeinsamen Zielerreichung dient. Jeder übernimmt wechselseitig für den anderen die Verantwortung, bringt ihm Vertrauen und Verständnis entgegen und hilft sofort, wenn es notwendig oder erforderlich ist.

– *Beziehungen des Miteinander* zeigen sich im Bestreben, gemeinsam mit einem Partner ein gestelltes Ziel zu erreichen. Sie zeichnen sich aus in einem gleichberechtigten Verhalten der wechselseitigen Über- und Unterordnung. Sie zeigen sich aber auch in Forderungen an den Partner, im kritischen und selbstkritischen Herangehen an alle Handlungen und Verhaltensweisen.

– *Beziehungen des Nebeneinander* kommen dadurch zum Ausdruck, daß die Partner kaum Bezug aufeinander nehmen und eine mehr individualistische Handlungsweise an den Tag legen.

– *Beziehungen des Gegeneinander* gründen sich vor allem auf die Ablehnung des Partners bzw. seiner Handlungsweisen und führen nicht selten zu sozialen Konflikten. Sie treten auf, wenn ein Schüler in der gemeinsamen Tätigkeit sich über die Meinungen der anderen hinwegsetzt und über sie bestimmen will oder wenn die Handelnden bei ähnlichen Situationen miteinander schlechte Erfahrungen gemacht haben, die zur Antipathie führten.

Diese Klassen sozialer Beziehungen der Schüler weisen auf die Notwendigkeit hin, Beziehungen des Für- und Miteinander zu fördern und Beziehungen des Neben- und Gegeneinanders abzubauen oder zu verhindern. Der Lehrer wird dazu seine Schüler mit den Verhaltensweisen vertraut machen, die das Für- und Miteinander ausdrücken und die Ursachen des Neben- und Gegeneinander zum Gegenstand von Auseinandersetzungen im Kollektiv machen. Das trägt bei, entsprechende kollektive Normen und Einstellungen der einzelnen Schüler dazu auszubilden (vgl. Abschn. 2.4.1. und 3.3.2.).

Pädagogisch-psychologische Untersuchungen haben nachgewiesen, daß *eine hohe Qualität der Schüler-Schüler-Beziehungen die Entwicklung einer Atmosphäre intensiven Lernens begünstigt und zu einem hohen Niveau der Lerntätigkeit der Schüler führt.* Sie ist über die Gestaltung von Kooperation und Kommunikation herauszubilden.

Pädagogische Einflußnahme ist z. B. möglich, wenn der Lehrer seinen Schülern *Aufgaben stellt, die ein kooperatives Arbeiten verlangen.* Durch entsprechende Zusammensetzung der Gruppen, pädagogische Hilfe während der Gruppenarbeit und durch sein eigenes Vorbild beim Umgang mit den Schülern gewinnt er Einfluß auf die Herausbildung positiver Beziehungen zwischen den Schülern.

Er kann davon ausgehen, daß die Schüler im

mittleren und späten Schulalter *Bedürfnisse zu sozialen Kontakten mit Gleichaltrigen* entwickeln, also bestrebt sind, gemeinsam mit den Mitschülern etwas zu unternehmen oder gemeinsam Aufgaben zu lösen. Die *kooperativ-kommunikative Tätigkeit wird* für die Kinder in diesem Alter *zu einem erstrebten Wert.*

3.3.2. Soziale Beziehungen im Schülerkollektiv

Schüler-Schüler-Beziehungen sind stets wechselseitig, sie sind Bedingung für die Bereicherung der Persönlichkeit. In diesem Wechselwirkungsprozeß erwerben die Schüler soziale Erfahrungen im Umgang mit ihren Mitschülern und nehmen einzelne Handlungs- und Verhaltensweisen in ihr Verhaltensrepertoire auf. Welchen Inhalt diese Prozesse haben und wie sie sich vollziehen, hängt von den jeweiligen Kollektiven ab, denen die Kinder oder Jugendlichen angehören.

> **Kollektive** *sind Gruppen von Menschen, die unmittelbar miteinander kooperieren und kommunizieren, deren gemeinsame Tätigkeit gesellschaftlich wertvollen, sozialistischen Zielstellungen entspricht, und die ihre zwischenmenschlichen Beziehungen nach Wertvorstellungen gestalten, die der sozialistischen Gesellschaft eigen sind.*

Die Beziehungen der Kollektivmitglieder untereinander entstehen, verändern und entwickeln sich in der Kooperation und Kommunikation. Damit entwickeln sich auch die Kollektive selbst.

– Das Kollektiv *vermittelt dem einzelnen die Anforderungen an seine Leistungen und sein Verhalten,* die die Gesellschaft oder das Kollektiv selbst an ihn stellen. Zugleich bewertet es deren Erfüllung. Von dieser Bewertung, die auf den einzelnen motivierend und verhaltenssteuernd wirkt, hängen Ansehen und seine Stellung ab, die er in dem betreffenden Kollektiv einnimmt. Daraus leitet sich der *persönlichkeitsbildende Effekt* ab, der jedem Kollektiv eigen ist. Umgekehrt trägt auch jedes einzelne Mitglied des Kollektivs zu dessen Entwicklung bei.

– Kollektive sind lebendige soziale Organismen, die sich verändern und entwickeln. Sie weisen eine *innere Struktur* auf, die sich in der Organisation und ihrer Leitung ausdrückt, die sich ein Kollektiv schafft, sowie in den Beziehungen der Kollektivmitglieder untereinander.

– Außerdem bestehen *Beziehungen zu übergreifenden sozialen Gemeinschaften* – so gliedert sich z. B. eine Pioniergruppe in die Pionierfreundschaft einer Schule ein – und zu anderen Kollektiven, denn jeder Schüler ist zugleich Mitglied mehrerer Kollektive oder Gruppen (z. B. der Familie, einer Sportgruppe, einer Arbeitsgemeinschaft). Sie alle *beeinflussen die interpersonellen Beziehungen* und auf diesem Wege die *Ausbildung von Persönlichkeitseigenschaften bei einzelnen Schülern.*

– Die Stärke der Wirkung des einzelnen Kollektivs auf die Persönlichkeitsentwicklung hängt wesentlich davon ab, *wie der einzelne in das Kollektiv integriert ist* und welchen Einfluß das jeweilige Kollektiv *auf die individuelle Lebensgestaltung* ausübt. Den größten Einfluß hat jenes Kollektiv, in dem die dominierende Tätigkeit ausgeführt wird. Beim Erwachsenen ist es sein Arbeitskollektiv, beim Schüler das Kollektiv der Schulklasse.

Die Beziehungen der Mitglieder eines Kollektivs untereinander werden grundlegend von der Tätigkeit des Kollektivs determiniert. Die erforderliche Kooperation und Kommunikation seiner Mitglieder bedarf einer Koordinierung ihrer Aktivitäten und Verhaltensweisen. Diese regulierende Funktion üben neben den sachbezogenen Anforderungen der zu lösenden Aufgaben vor allem die Gruppennormen aus. *Gruppennormen sind Einstellungen der Gruppe zu bestimmten Werten, die für die einzelnen Mitglieder als Verhaltensnormative fungieren.*

In ihnen spiegeln sich das jeweilige *Anspruchsniveau wider*, das sich die Gruppe bezüglich der zu erfüllenden Aufgaben stellt, und die *Erwartungen an das Verhalten der Schüler untereinander* oder gegenüber anderen, auch in Abhängigkeit von bestimmten Situationen. Auf diese Weise beeinflussen sie die Handlungsmotivation und -regulation der einzelnen Kollektivmitglieder, denn jedes Kollektiv setzt die Einhaltung dieser Normen mittels positiver oder negativer Sanktionen auch durch.

So wird erklärbar, warum in manchen Klassen fast alle Schüler nach hohen Leistungen streben oder in der gesellschaftlich-politischen Tätigkeit eigene Initiativen entwickeln und in anderen fast alle keine Hausaufgaben anfertigen oder einige davon sogar verschweigen, daß sie sie angefertigt haben, weil es zur „Ehrensache" gemacht worden ist, die Forderungen eines bestimmten Lehrers nicht zu befolgen. Wer die Forderungen des Kollektivs erfüllt, der wird anerkannt. Mit ihm spricht man, er hat im Kollektiv eine „Position". Wer dagegen verstößt, wird von den anderen befehdet, gemieden oder sogar aus dem Kollektiv ausgeschlossen. Die Formen solcher negativen Sanktionen können dabei sehr vielfältig sein (z. B.: Vorhaltung, Verleumdung, Verweigerung von Hilfe u. a.), wobei die Schüler des mittleren Schulalters spontaner und unnachsichtiger agieren als die des älteren Schulalters.

Das Beispiel verdeutlicht zugleich, daß so mancher Schüler in Konflikte gebracht wird, wenn in Gruppennormen negative Züge enthalten sind, die zu den gesellschaftlichen Normen in Widerspruch stehen. Es spricht dann für Charakterstärke, wenn sich der Schüler dem geforderten Verhalten widersetzt. Ein Nichtbefolgen positiv zu wertender Gruppennormen ist dagegen nicht gutzuheißen.

Die in einigen bürgerlichen sozialpsychologischen Auffassungen vorzufindende Klassifizierung von Gruppenmitgliedern nach Konformisten und Nonkonformisten, wobei die letzteren als selbständiger und schöpferischer angesehen und höher gewertet werden, sagt in Wahrheit nichts über die Persönlichkeit aus, da hierbei vom Inhalt der Wertorientierung der Gruppe oder des einzelnen Mitgliedes abstrahiert wird.

Die Gruppennormen *bilden sich in der Tätigkeit der Gruppe oder des Kollektivs heraus.* Sie sind an den gesellschaftlichen Normen orientiert, entsprechen ihnen aber nicht vollständig, da vor allem die in dieser Tätigkeit erworbenen Erfahrungen, wie z. B. das Erleben von Erfolg und Mißerfolg, das auch an individuelle Handlungsvoraussetzungen und Wertorientierungen geknüpft ist, modifizierend darauf einwirken. *Träger der Gruppennormen sind die Mitglieder, die Ansehen genießen* (sogenannte Prestigepersonen). Ansehen genießt, wer die Normen am besten erfüllt und sie weiterentwickeln kann. Es besteht also eine echte dialektische Wechselbeziehung zwischen Gruppennorm und Prestigeschülern. Deren Persönlichkeitseigenschaften, die nicht nur aus der Tätigkeit des betreffenden Kollektivs erklärbar sind, gewinnen auf diese Weise für die Entstehung von Gruppennormen Bedeutung.

Im ersten und zweiten Schuljahr gelangen vorwiegend die Schüler zu Ansehen, die von den Erwachsenen besonders hervorgehoben werden. Danach gewinnen vor allem solche Einfluß, die Ideen für gemeinsame Unternehmungen entfalten und diese auch durchsetzen können. Das müssen nicht immer Schüler mit den besten Leistungen oder gutem Disziplinverhalten sein. Erst bei Schülern der Oberstufe wird darüber hinaus die Leistung zunehmend zum Kriterium für das Erringen von Ansehen, vor allem dann, wenn sie in irgendeiner Weise auch dem Kollektiv zugute kommt. Es ist dabei nicht nur an Leistungen auf schulischem Gebiet zu denken, sondern auch an solche in den Interessengebieten, in der gesellschaftlich-politischen Tätigkeit oder im sozialen Bereich. Stehen jedoch bei den betreffenden Schülern egoistische Motive im Vordergrund, erringen diese kein Ansehen. Im Gegenteil, „Streber", „Angeber" oder „Individualisten" werden gewöhnlich von Mitschülern abgelehnt. Entscheidend für die Kollektiventwicklung ist auch hier die Wertorientierung. Der Cliquen- und Bandenbildung bei einzelnen Gruppen von Jugendlichen liegen – formal gesehen – die gleichen Prozesse der Entstehung und Entwicklung von Gruppennormen zugrunde.

Die dialektische Wechselbeziehung zwischen Prestigeträgern und Gruppen- oder Kollektivnor-

men ist pädagogisch bedeutsam. Lehrer lenken die Entwicklung oder Korrektur von Gruppennormen dadurch, daß sie besonders auf jene Schüler Einfluß nehmen, nach deren Verhalten sich auch alle anderen richten. Mitunter können das Schüler sein, die Ansehen wegen negativ zu beurteilender Einstellungen oder Verhaltensweisen genießen. In solchen Fällen ist zu berücksichtigen, daß diese Schüler zu einer Einstellungsänderung nur dann bereit sein werden, wenn sie diese *ohne Prestigeverlust* vollziehen können. Der Lehrer wird ihnen „Brücken bauen" und auch denen, die sich an ihnen orientieren.

Der *Inhalt positiver* Normen ist dazu zweckmäßigerweise zum *Gegenstand kollektiver Beratungen* und Auseinandersetzungen zu machen. Das sollte vorwiegend in Zusammenhang mit Aufgaben geschehen, die von den Kollektivmitgliedern auch ein bestimmtes moralisches Verhalten verlangen. Die dafür erforderliche *Einsicht in die moralischen Anforderungen und die Möglichkeiten ihrer Realisierung* bedarf vor allem bei Schülern der Mittel- und Oberstufe einer überzeugenden *Begründung der gesellschaftlichen Normen*.

Wie dabei verfahren werden kann und welche Bedingungen dafür wirksam sind, ist in einem Beispiel zur Veränderung von Einstellungen bereits dargelegt worden (vgl. Abschn. 2.4.1. und Abb. 2.15).

Selbstverständlich muß das Einhalten der neuen Gruppennorm auch durchgesetzt und kontrolliert werden, was ebenfalls zur Aufgabe des Kollektivs gemacht werden muß. Die Herausbildung einer neuen Gruppennorm und vor allem die Veränderung einer negativ zu bewertenden ist oft ein Prozeß, der sich über lange Zeiträume erstreckt, weil vorhandene Einstellungen erst *labilisiert* werden müssen, ehe sich neue *stabilisieren*. Dazu bedarf es auch der entsprechenden praktischen Erfahrungen der Schüler. Rückschläge in diesem Prozeß sind nicht ausgeschlossen. Der Lehrer ist gut beraten, wenn er Geduld und Konsequenz aufbringt und entsprechende *Bewährungssituationen* nutzt oder schafft.

Die Gruppen- oder Kollektivnormen stellen Richtgrößen für das Verhalten der Kollektivmitglieder dar. *Ihre Beziehungen untereinander werden jedoch darüber hinaus von ihren individuellen Persönlichkeitseigenschaften mitbestimmt.* Neben den formellen Beziehungen, die sich aus der Zugehörigkeit zum Kollektiv ergeben, bestehen auch informelle, die auf Sympathien und Freundschaften der Schüler zu einzelnen ihrer Mitschüler beruhen. Auch diese wirken sich nachhaltig auf die Persönlichkeitsentwicklung aus.

Die Vielfalt der sozialen Wechselbeziehungen zwischen den Schülern sowie deren unterschiedliche Leistungsvoraussetzungen und Charaktereigenschaften verschaffen jedem einzelnen in Abhängigkeit von seinem Beitrag zur Tätigkeit des Kollektivs und der Einhaltung seiner Normen ein bestimmtes Ansehen. Er erringt damit eine entsprechende Stellung in der jeweiligen Gruppe oder dem Kollektiv.

Gruppenstrukturen und Rangfolgen ihrer Mitglieder können anforderungsabhängig stark variieren. Der in einer Schulklasse wegen seines Fußballspielens hoch angesehene Mitschüler kann wegen seiner mangelnden Bereitschaft zu gemeinsamen Arbeitseinsätzen nur wenig geschätzt sein. Daß Schüler tatsächlich um Ansehen im Kollektiv ringen, wird in der Zeit der Entstehung solcher Kollektive, z. B. zu Beginn der Mittelstufe mitunter an Wortgefechten oder handgreiflichen Auseinandersetzungen sichtbar.

Mit der jeweiligen *Stellung im Schülerkollektiv verknüpfen* sich Erwartungen der Mitschüler an die Leistungen des einzelnen und vor allem an sein Verhalten, das auf diese Weise relativ stabilisiert wird. Dem Schüler wird dadurch eine *soziale Funktion* zugewiesen, die sich charakteristisch auf sein Verhalten in der jeweiligen Gruppe auswirkt.

Wird diese Funktion vorwiegend unter dem Aspekt der Handlungen betrachtet, so wird mitunter auch von *Sozialrollen* gesprochen. Bei der Verwendung dieses Begriffs distanzieren wir uns jedoch von bürgerlichen, sozialbehavioristischen Auffassungen über die Sozialrolle, wonach diese als ein von der Gesellschaft aufgezwungenes

Fremdes dem eigenen Ich gegenübersteht. Der Mensch „spielt“ jedoch im Leben keine Rolle wie ein Schauspieler (z. B. die Rolle des Meisters, des Vaters, des Sportfreundes), sondern er übt diese Funktionen aus, wobei sich in allem, auch bei unterschiedlichem und erwartungsgerechtem Verhalten, sein Wesen, sein Ich, äußert.

In diesem Sinne wirken in jeder Gruppe oder jedem Kollektiv soziale Funktionen auch verhaltensprägend. Neben den offiziellen (formalen) Funktionen, wie z. B. Gruppenratsvorsitzender, Sportfunktionär oder Brigadeleiter, werden auch zeitweilige, an die Erfüllung einer kooperativ zu lösenden Aufgabe gekoppelte Funktionen verhaltenswirksam, wie z. B. die des Leiters, des Beraters, des Kontrolleurs oder des Protokollanten. Des weiteren ergeben sich Verhaltensweisen eines Schülers im Sinne einer Sozialrolle aus der Spezifik des Ansehens, das er in der Gruppe genießt. Von einem als leistungsstark eingeschätzten Schüler erwarten seine Mitschüler beim gemeinsamen Problemlösen lösungsrelevantere Vorschläge als von einem Schüler, der von ihnen als leistungsschwach bewertet wird. Das Verhalten des leistungsstarken Schülers in der Gemeinschaft wird möglicherweise davon bestimmt, sich nicht zu blamieren, andere Vorschläge kritisch zu bewerten oder anderen unbedingt zu helfen. Im analogen Sinne spielen in einem Klassenkollektiv der „Spaßmacher (Klassenkasper)“, der „Stärkste“, seine „Adjutanten“, das „Küken“ und andere eine Rolle. Entspricht das Verhalten wiederholt nicht den in die Rolle gesetzten Erwartungen, verliert der Schüler mehr und mehr an Ansehen in der Gruppe. Er wird in eine andere Sozialrolle gedrängt. So erweisen sich auch solche Rollen und Rollenerwartungen als einstellungsbildend.

Eine positive Entwicklung der sozialen Beziehungen sowie die Entwicklung der sozialen Kompetenz jedes Schülers wird besonders in jenen Kollektiven gefördert, in denen die Beziehungen auf wechselseitiger Über- bzw. Unterordnung beruhen. MAKARENKO erhob das zu einem Prinzip der Kollektiverziehung und praktizierte es erfolgreich (vgl. auch Abschn. 1.4.3.).

Die Gesamtheit der inneren und äußeren Beziehungen der Gruppenmitglieder, die Einstellungen der Gruppenmitglieder zueinander, Stil und Ton in der Gruppe und die herrschenden Gruppennormen umfassen, kennzeichnen das *Gruppenklima*.

Aus der Wirkung der genannten Faktoren entsteht in der Gruppe eine Atmosphäre, die zu *Erlebnisqualitäten* bei den Mitgliedern führt, die sich in Zufriedenheit, in Freude und Interesse, aber auch in Verärgerung, Verbitterung und Unzufriedenheit ausdrükken können.

Ein günstiges Gruppenklima fördert die *kollektive Selbstbestimmung*, die sich in der *Einheitlichkeit der Wertorientierung* der Kollektivmitglieder zeigt und zur *emotionalen Identifikation* mit dem Kollektiv führt. Bei den Heranwachsenden entsteht als psychische Neubildung die *Kollektivität*. Sie ist eine Persönlichkeitseigenschaft, die sich in einem hohen Grad der Verbundenheit des Schülers mit den anderen Mitgliedern des Kollektivs, in der Bereitschaft, mit ihnen zusammenzuarbeiten, um Nutzen für die Gesellschaft zu erarbeiten, ausdrückt.

Die Kollektivität der Schülerpersönlichkeit zeigt sich in der Einsatzbereitschaft und Aktivität für das Kollektiv. Die eigenen Interessen werden zugunsten der kollektiven zurückgestellt. Kollektivität kommt aber auch in einer im wesentlichen konfliktlosen Einordnung in die Gemeinschaft zum Ausdruck, bei der die Meinung des Kollektivs geachtet und stets im Sinne kollektiver Verantwortung gehandelt wird. Gründet sich das entsprechende Verantwortungsbewußtsein zugleich auf Zugehörigkeit zum Jugendverband bzw. zur Pionierorganisation, entsteht das Erleben der politischen Organisiertheit. Dieses ist ein wichtiges Bindeglied zwischen persönlichen Interessen und politisch einsichtigem Verhalten. Deshalb zielt die pädagogische Einflußnahme auf dessen Ausbildung.

Gruppen und soziale Beziehungen zwischen ihren Mitgliedern entstehen relativ schnell und spontan, wenn Menschen aufgaben- oder situationsbedingt miteinander kooperieren und kommunizieren müssen.

Im Ferienlager bilden sich bei Kindern, die sich vorher nicht gekannt haben, Gruppennormen, Gruppenklima oder Gruppenstruktur heraus. In der gemeinsamen Tätigkeit entwickeln sich die sozialen Beziehungen in den Gruppen, und sie zerfallen, wenn Kooperation und Kommunikation nicht mehr möglich oder erforderlich sind oder wenn sie ihren Sinn verloren haben.

Damit sich jedoch Gruppen zu Kollektiven entwickeln, bedarf es einer Wertorientierung ihrer Mitglieder im Sinne der sozialistischen Moralnormen.

PETROWSKI (1983) macht deutlich, daß der Übergang von der Gruppe zum Kollektiv *durch das Niveau der interpersonellen Beziehungen* in diesem sozialen Organismus *bestimmt* wird, und gibt dafür drei Stufen an:

- Es bestehen unmittelbare, jedoch unspezifische Wechselbeziehungen zwischen den Gruppenmitgliedern (diffuse Gruppen).
- Die Beziehungen der Gruppenmitglieder sind überwiegend an gesellschaftlichen Normen und Werten orientiert (die Lerngruppe, Sportgruppe u. a.).
- Die Beziehungen der Mitglieder sind durch den gesellschaftlich wertvollen und persönlich bedeutsamen Inhalt der gemeinsamen Tätigkeit vermittelt und durch verantwortungsvolle gegenseitige Abhängigkeiten und Freundschaft sowie das Streben aller nach Übereinstimmung in den Anschauungen (sozialistische Ideologie) und Bewertungen charakterisiert.

Der Lehrer fördert und unterstützt die Kollektiventwicklung durch die *sinnvolle und zweckmäßige Organisierung von gemeinsamen Tätigkeiten* in der Schule, in deren Verlauf jedes Gruppenmitglied *angemessene kollektivbezogene Aufgaben* erhält. Er arbeitet dabei mit dem Jugendverband und der Pionierorganisation zusammen und hilft, ihre Funktionäre zu befähigen, die *gesellschaftlich-politische Tätigkeit* ihrer Mitglieder *zu leiten*, die durch ihre politische Zielsetzung und Motivierung in besonderem Maße *Wertorientierungen vermittelt*, die für die Entwicklung eines Kollektivs unerläßlich sind (vgl. Abschn. 1.4.). Das in diesen Prozeß gemeinsamer Tätigkeit eingebrachte Wissen und Können der Kinder und Jugendlichen, ihre kollektiven Erlebnisse und die damit verknüpften Emotionen lassen kollektive Meinungen und kollektive Verbundenheit entstehen.

3.3.3. Soziale Beziehungen in Freizeitgruppen

Einen Teil ihrer sozialen Erfahrungen erwerben die Schüler durch Freundschaften und soziale Kontakte in Freizeitgruppen (vgl. Abschn. 1.5.). Bereits in der Mittelstufe entstehen relativ dauerhafte *Freundschaftsbeziehungen.*

Aus Untersuchungen geht hervor, daß 76 % der älteren Schüler an Schultagen ihre Freizeit mit dem Freund oder der Freundin verbringen und dafür wöchentlich durchschnittlich bis zu 10 Stunden aufbringen (vgl. FRIEDRICH/MÜLLER 1983, S. 141).

Freundschaftsbeziehungen haben auf die Entwicklung der Persönlichkeit und die Formung ihres Charakters einen nicht unerheblichen Einfluß, weil sie meistens stark emotional gefärbt sind (bei Mädchen noch mehr als bei Jungen) und *weil durch sie* oft die *Freizeittätigkeiten der Jugendlichen ihr Gepräge erhalten.*

Die Freundschaft kann dazu beitragen, daß sich geistige, kulturelle oder sportliche Interessen entwickeln, die zu gesellschaftlich nützlichen und wertvollen Tätigkeiten in der Freizeit führen. Genauso ist es aber auch möglich, daß durch eine Freundschaft mit einer labilen oder wenig gefestigten Persönlichkeit negativer Einfluß ausgeübt und die Freizeit wenig sinnvoll genutzt wird. In der Regel zählt in diesem Alter die Meinung des Freundes mehr als die der Eltern oder des Lehrers.

Mit Freundschaft verbinden die Jugendlichen immer bestimmte (häufig sehr unterschiedliche) *Wertvorstellungen.* Im späten Schulalter, bedingt durch die geschlechtliche Reife, entwickeln sich auch erste *Liebesbeziehungen* zwischen Jungen und Mädchen. Deren starke Emotionalität kann die Jugendlichen *aktivieren*, sie zu hohen Leistungen beflügeln. Sie können aber auch Heranwachsende hemmen, ihre *Entscheidungsfähigkeit einschränken* und die Kollektivbeziehungen belasten.

In dieser Altersstufe sind die Freundschaftsbeziehungen im allgemeinen beständiger und stabiler als die Liebesbeziehungen. In den Freizeitgruppen befriedigen die Kinder und Jugendlichen ihr Bedürfnis nach sozialer Kommunikation und gehen mit anderen gemeinsamen Interessen nach. Deshalb ist der Jugendliche häufig *Mitglied verschiedener Freizeitgruppen*, je nach der von ihm gerade bevorzugten Tätigkeit (z. B. Fußball spielen, Beschäftigung mit Natur und Technik, Musikhören, Diskussionen führen). Sie *beeinflussen die Lebensweise* des Jugendlichen und tragen zur *Bereicherung der Persönlichkeit* bei, wenn die in den Freizeitgruppen *herrschenden Normen und Werte* im wesentlichen *an denen der sozialistischen Gesellschaft orientiert* sind.

Obwohl der Einfluß des Lehrers auf die Freizeitbeziehungen der Schüler sehr eingeschränkt ist, sollte jeder Lehrer *Freundschaften und Freizeitgruppen seiner Schüler kennen.* Dadurch wird es ihm möglich, den Schülern einfühlsam und behutsam *Anregungen* und *Hilfen für ihre Freizeitgestaltung*, für ihren Umgang und ihr *Freizeitverhalten* zu geben (vgl. Abschn. 1.5.).

Zusammenfassung

Z • *Soziale Beziehungen zwischen den Schülern entstehen, wenn sie miteinander kooperieren und kommunizieren.* Sie entsprechen den Werten und Normen des Zusammenlebens der Menschen im Sozialismus, wenn auch die Tätigkeit, in der sie entstehen, diesen Normen folgt.

• Welche Beziehungen die Schüler untereinander eingehen und wie sie handeln, wird wesentlich von den jeweiligen *Gruppen und Kollektiven* geprägt, denen sie angehören. Diese vermitteln dem einzelnen die Anforderungen der Gesellschaft und bewerten seine Leistungen und sein Verhalten.

• Daraus leitet sich der persönlichkeitsbildende Effekt des Kollektivs ab. Die *Gruppen- oder Kollektivnormen* fungieren für die einzelnen Mitglieder als Verhaltensnormative. Zu deren Entwicklung trägt bei, wer Ansehen im Kollektiv genießt. Der Grad des Beitrages für die kollektive Tätigkeit und zur Erfüllung kollektiver Normen sichert dem Schüler eine bestimmte *Stellung im Kollektiv.* Er übernimmt eine davon abhängige soziale Funktion.

• Wie der einzelne ins Kollektiv integriert, hängt auch vom *Gruppenklima* ab. In der *kollektiven Selbstbestimmung* entsteht die emotionale Identifikation mit dem Kollektiv. Durch Einheitlichkeit der Wertorientierung der Kollektivmitglieder prägt sich die Persönlichkeitseigenschaft der *Kollektivität* aus.

• Damit sich *Gruppen zu Kollektiven entwikkeln, bedarf es einer Wertorientierung* ihrer Mitglieder *im Sinne der Werte des Sozialismus* und der sozialistischen Moralnormen.

• Die Heranwachsenden erwerben einen Teil ihrer *sozialen Erfahrungen in Freizeitgruppen.* In ihnen gehen sie gemeinsamen Interessen nach und befriedigen ihr Bedürfnis nach sozialer Kommunikation. Dabei entstehen bereits in der Mittelstufe relativ stabile Freundschaften.

• Die *Entwicklung sozialer Beziehungen* der Schüler untereinander ist vorwiegend durch das Organisieren und Anregen *kooperativ gestalteter Tätigkeiten*, das Vermitteln von *Wertorientierungen* pädagogisch zu steuern.

3.4. Beziehungen zwischen Schülern und Eltern

Die Beziehungen von Kindern und Jugendlichen zu ihren Eltern und umgekehrt wirken sich in zweierlei Hinsicht auf die schulische Erziehung aus. Zum einen erziehen beide –

Elternhaus und Schule – die gleichen Kinder, regen ihre Tätigkeit an und steuern diese. Daher bedarf es gegenseitiger Abstimmungen. Zum anderen sind Eigenschaften des Sozialverhaltens der Kinder bereits im Elternhaus herausgebildet worden, bevor sie die Schule betreten haben. Beides geht als soziale Bedingung in die Gestaltung des pädagogischen Prozesses durch den Lehrer und die Entwicklung der Persönlichkeit der Schüler ein.

3.4.1. Familienerziehung und Sozialverhalten der Kinder

Die Familie umspannt einen bedeutenden Teil der Lebensbedingungen der Kinder und Jugendlichen. Die Beziehungen zwischen den Eltern und den Heranwachsenden tragen wesentlich zum *Erwerb sozialer Erfahrungen* und zur *Entwicklung sozialer Verhaltensweisen* der Kinder und Jugendlichen bei.

Die Beziehungen zwischen den Eltern und ihren Kindern basieren auf einer wechselseitigen *intensiven emotionalen Zuwendung* und sind normalerweise von Liebe und *Fürsorge der Eltern* um das körperliche und psychische *Wohlbefinden der Kinder* bzw. vom Bedürfnis der Kinder nach Liebe und Geborgenheit gekennzeichnet. Ist das nicht der Fall, können Verhaltensstörungen entstehen (vgl. Absch. 4.2.).

Die Beziehungen zwischen den Eltern, den Eltern und dem Kind sowie dem Kind und seinen Geschwistern formen sich durch die *Art und Weise der Gestaltung des gesamten Familienlebens* aus und sind in den zwischen ihnen bestehenden Gemeinsamkeiten (den Anschauungen, Interessen, sozialen Bedürfnissen, der gemeinsamen Wohnung u. a.) sowie in den in der Familie herrschenden *Wertorientierungen und Normen* begründet.

Die Werte und Normen der sozialistischen Gesellschaft nimmt der Heranwachsende vorwiegend durch den Filter seiner Eltern auf. Das Leben in der Familie wird damit gleichzeitig zum breiten Übungsfeld sozialer Verhaltensweisen der Heranwachsenden. Die gesamte *Familienatmosphäre*, die wesentlich vom Erziehungsverhalten der Eltern mitbestimmt wird, und nicht etwa die Größe und Struktur der Familie oder der soziale Status der Eltern, bildet die ausschlaggebende Bedingung für die Entwicklung von Charaktereigenschaften.

Als wesentlich für die Herausbildung sozialer Verhaltensweisen in der Familie sind, beginnend in der frühen Kindheit, folgende Prozesse anzusehen:

– **Gewöhnen:**
Es beginnt von den ersten Lebenstagen an und vollzieht sich zum großen Teil *auf bedingt-reflektorischem Weg*, und somit sehr oft unbewußt. Die Gewöhnung an Sauberkeit und Ordnung, aber auch an Formen des Umgangs mit Erwachsenen und Kindern (Eltern, Geschwistern, Spielgefährten u. a.) geschieht auf diese Weise. Wichtig sind dabei ein *geregeltes Tagesregime* (Tagesrhythmus, regelmäßige Zeiten für hygienische Verrichtungen, Mahlzeiten, Schlaf u. a.) – denn der Zeitabstand wird dann zum bedingenden Reiz –, die *Übernahme von Pflichten und ihre konsequente Erfüllung, das Einhalten von Normen des Verhaltens* (gegenseitige Hilfe, Rücksichtnahme, Höflichkeit, Bescheidenheit u. a.), das einerseits von den Eltern *mittels positiver und negativer Sanktionen* durchgesetzt, andererseits dem Heranwachsenden auch als solches *bewußt und zunehmend einsichtig gemacht* werden muß.

– **Nachahmen und Identifizieren:**
Säuglinge und Kleinkinder brauchen die Hilfe der Erwachsenen. Deshalb werden die Eltern von Beginn des Lebens an zu *Bezugspersonen.* Die starke *emotionale Bindung* an sie bewirkt, daß Kinder ihre Eltern *nachahmen* (die Art, sich zu geben, aber auch in ihren Spielen und ihren Handlungen) und sich später bewußt mit ihnen *identifizieren.* Auf diese Weise *übernehmen sie auch deren Wertorientierungen.*

Etwa vom 12. Lebensjahr an lösen sich die

Tabelle 3.2: Eltern als Vorbild oder gute Ratgeber im Blick von Jugendlichen (Zahlenangaben aus KABAT VEL JOB/PINTHER *1981)*

Verhaltensbereich	*%*
– Politisch-gesellschaftliche Aktivität	76
– Arbeitsmoral	90
– Bestreben, das Beste zu leisten	91–94
– Verantwortungsbewußtsein	90–95
– Erziehung zur Pflichterfüllung	84
– Berufliche Ausbildung und Entwicklung	80
– Bemühen um eigene Bildung	80–83
– Unternehmungsgeist	77–83
– Partnerbeziehungen, Liebe	70

Kinder allmählich von der Familie und wenden sich gleichaltrigen Gefährten zu. Die Bindung an die Eltern stützt sich dann nicht mehr so sehr auf deren Überlegenheit in allen Lebensbereichen, sondern zunehmend auf angeeignete Werte, die den Heranwachsenden bedeutungsvoll geworden sind. Eltern, die die Veränderung der Basis der Eltern-Kind-Beziehung und die ständig *wachsende Selbständigkeit* ihrer Kinder erkennen und anerkennen und ihnen zunehmend *eigenes Entscheiden zugestehen*, behalten das Vertrauen und die Zuneigung ihrer Kinder auch über das Jugendalter hinaus.

90 % befragter Jugendlicher zwischen 12 und 23 Jahren bekunden , daß sie ein positives emotionales Verhältnis zu ihren Eltern haben (vgl. KABAT VEL JOB / PINTHER 1981, S. 33).
In repräsentativen Untersuchungen des Zentralinstituts für Jugendforschung der DDR wurde ermittelt, daß Jugendliche ihre Eltern als Vorbild für bedeutsame Bereiche ihrer Lebensgestaltung anerkennen *(vgl. Tabelle 3.2).*

In einigen Bereichen gibt es jedoch nur geringe Übereinstimmungen in den Auffassungen zwischen Eltern und Jugendlichen *(vgl. Tab. 3.3).* Jugendliche sehen Eltern dafür häufig nur als wenig kompetent an. Verständnislosigkeit bei Eltern in diesen Fragen führt dann leicht zu Konflikten.

Entscheidend für eine positive Beziehung zwischen dem Jugendlichen und seinen Eltern ist eine harmonische Familienatmosphäre. Sie ist dadurch gekennzeichnet, daß sich die Eltern genügend Zeit für den Jugendlichen nehmen, ihn mit seinen persönlichen Sorgen und Problemen ernst nehmen und zu verstehen versuchen, ihm Mitspracherecht bei Entscheidungen in Dingen einräumen, die ihn betreffen, und ihn nicht gängeln.

Tabelle 3.3: Übereinstimmungen in den Auffassungen zu ausgewählten Fragen der Freizeitgestaltung zwischen Jugendlichen und Eltern (Zahlenangaben aus KABAT VEL JOB/PINTHER *1981)*

Bereich	*Übereinstimmung*	*Konflikte (%)*
– Musik	10	19
– Mode (Kleidung)	24	9
– Auswahl der Freunde	32	7
– Freundschaften der Jugendlichen untereinander	25	9

Die sich verändernden Positionen und Handlungsmöglichkeiten des Jugendlichen erweitern seine Tätigkeitsbereiche und bringen auch mit sich, daß er *Fehler* begeht. Sehr wichtig ist dann, wie die Eltern darauf reagieren, wie sie *helfen, Ursachen aufzudecken. Probleme zu meistern und Fehler zu vermeiden.* Gelingt das, festigt sich das Vertrauensverhältnis zwischen dem Jugendlichen und seinen Eltern. In den Familien, in denen die Eltern in den Heranwachsenden echte Partner sehen, entwickeln die Jugendlichen nicht nur positive Einstellungen zu ihnen, sie überzeugen sich auch von ihrer Ideologie und identifizieren sich damit.

Eine ähnliche Wirkung geht von einer *aktiven gesellschaftlichen Tätigkeit der Eltern* aus. Sie stimuliert die Aktivität der Kinder und Jugendlichen z. B. für gesellschaftsnützliche Tätigkeit, für die Wahrnehmung von Aufgaben bzw. Funktionen in der Pionier- oder FDJ-Gruppe. Je mehr sich die Eltern für die gesellschaftliche Arbeit ihrer Kinder interessieren, desto erfolgreicher *bilden sich bei ihnen politische Standpunkte heraus.*

3.4.2. Einfluß der Beziehungen von Eltern und Kindern auf Leistungs- und Sozialverhalten in der Schule

Der Charakter der Beziehungen zwischen den Eltern und ihren Kindern beeinflußt auch das Verhältnis der Schüler zur Schule, zum Lernen, zu den Lehrern und zu den Mitschülern. Die im Familienleben und auch im Kindergarten erworbenen *sozialen Verhaltensweisen* werden von jüngeren Schulkindern zunächst in der Schule *praktiziert* und hier durch die schulischen Anforderungen und Normen *korrigiert* und *modifiziert.* Auf jeden Fall bilden sie eine der *Voraussetzungen für das Entstehen kollektiver Beziehungen* und für die Eingliederung in das Kollektiv (vgl. Abschn. 3.3.3.).

Das gilt prinzipiell auch für Schüler der Mittel- und Oberstufe. Die Eingliederung ins Kollektiv wird begünstigt, wenn bei den Schülern bereits im Elternhaus solche Eigenschaften auf alterstypischem Niveau ausgebildet worden sind, die sich unmittelbar auf das Sozialverhalten auswirken, wie z. B. soziale Sensibilität und Kontaktbereitschaft, Kooperativität, Differenzierung und Beherrschung der Gefühle und eine differenzierende soziale Kognition. Sind solche Eigenschaften nicht ausgebildet, können Lern- und Verhaltensstörungen entstehen (vgl. Abschn. 4.2.).

Den nachhaltigsten Einfluß auf das Verhalten ihrer Kinder in der Schule üben die Eltern dadurch aus, daß sie durch ihre *Wertvorstellungen* über alles, was mit Bildung und Schule zusammenhängt, und durch ihre *Bewertungen* des schulischen Verhaltens ihrer Kinder wesentlich zur *Herausbildung von Einstellungen* ihrer Kinder zu schulischen Leistungsanforderungen, zum Lernen, zu Lehrern, zur Schule, zur sozialistischen Kinder- und Jugendorganisation sowie zu Mitschülern und ihren Kollektiven beitragen.
Wichtig ist dabei, daß die Eltern Anteil nehmen an der Haupttätigkeit ihrer Kinder, am Lernen, indem sie sich mit ihnen über ihre Leistungen freuen und sie ermuntern bzw. ihre Kinder mit ihren Sorgen und ihren möglichen sozialen Konflikten ernst nehmen und ihnen Wege zeigen, mit ihnen fertig zu werden oder aus Mißerfolgen zu lernen, um sie zu überwinden oder künftig zu vermeiden. Das gilt prinzipiell für alle Altersstufen. Vorauszusetzen ist, daß die Eltern ihre Kinder in ihren Leistungsvoraussetzungen und ihrem Sozialverhalten *real einschätzen.* Anderenfalls entstehen inadäquate Erwartungen und Forderungen, die leicht zur Quelle von Spannungen und Konflikten werden (vgl. Abschn. 4.2.).

Lehrer sollten gerade zu diesen Fragen die Eltern ihrer Schüler helfend beraten. Mitunter bedürfen einzelne Kinder auch der unmittelbaren Hilfe ihrer Eltern bei der Erfüllung von schulischen Anforderungen (Lesen üben, Vokabeln abfragen, Unverstandenes verdeutlichen u. a.). Sie wird dann richtig gewährt, wenn sie darauf zielt, daß die Kinder die Aufgaben zunehmend selbständiger bewältigen. Die Eltern sollen zwar die Hilfe organisieren (zur unmittelbaren Hilfe fehlen ihnen mitunter auch die fachlichen Voraussetzungen), den Kindern aber nicht die Mühe des Aufgabenlösens abnehmen. Auch auf diese Situation trifft zu, daß der erzielte *einstellungsbildende Effekt* wertvoller ist als die Bewältigung der jeweiligen Anforderung.

Die gemeinsame Verantwortung der Eltern und der Lehrer für eine allseitige Persönlichkeitsentwicklung der Kinder im Sinne unserer bildungspolitischen Aufgaben erfordert, daß Lehrer und Eltern vertrauensvoll zusammenarbeiten.
Zu den Aufgaben des Lehrers gehört u. a., die Eltern *sachkundig* über alle Fragen der Erziehung zu *beraten* und sich auch über Eigenschaften und Verhalten der Kinder außerhalb der Schule zu informieren.

Zusammenfassung

Z • Die sozialen Beziehungen innerhalb der Familie basieren auf einer wechselseitigen intensiven *emotionalen Zuwendung* und tragen wesentlich zum Erwerb *sozialer Erfahrungen* und zur Entwicklung sozialer Verhaltensweisen der Kinder und Jugendlichen bei. Die Art und Weise der *Gestaltung des gesamten Familienlebens*, die in der Familie herrschenden *Wertorientierungen* und *Normen* sind dafür maßgebend.

- Die sozialen Verhaltensweisen der Heranwachsenden bilden sich innerhalb der Familie vorwiegend in Prozessen des *Gewöhnens*, des *Nachahmens* und der *Identifikation* heraus. Auf diese Weise übernehmen Kinder die in der Familie vorherrschenden Wertorientierungen, die über das Jugendalter hinaus in vielen bedeutsamen Lebensbereichen nachwirken.
- Die innerfamiliären sozialen Beziehungen beeinflussen die *Einstellungen* der Kinder und Jugendlichen zur Schule, zum Lernen, zu Lehrern und zu Mitschülern. Die erworbenen sozialen Verhaltensweisen werden in der Schule erprobt und anforderungsabhängig modifiziert. Sie bilden eine der *Voraussetzungen für das Entstehen kollektiver Beziehungen.*
- Der nachhaltigste *Einfluß der Eltern* auf das Verhalten ihrer Kinder in der Schule wird *durch ihre Wertvorstellungen und Bewertungen* über alles, was mit Bildung und Schule zusammenhängt, erreicht. Hilfen der Eltern zur Erfüllung schulischer Anforderungen sind dann zweckvoll, wenn sie darauf abzielen, daß die Kinder die Aufgaben selbständig lösen. Vor allem der damit verbundene *einstellungsbildende Effekt* ist für die Erziehung wesentlich.
- *Lehrer müssen mit den Eltern vertrauensvoll zusammenarbeiten* und sie in Fragen der Erziehung ihrer Kinder und der zu erwartenden psychischen Entwicklung sachkundig beraten können.

Zur Selbstkontrolle und Übung

Ü 1. Wie können Sie als Lehrer die Kooperation der Schüler so anregen und gestalten, daß sich durch sie positive Sozialbeziehungen zwischen ihnen ausprägen? Begründen Sie das psychologisch!

2. Beobachten Sie einen erfolgreichen Lehrer unter dem Aspekt, wie er ein positives, sozialistisches Lehrer-Schüler-Verhältnis in seiner Klasse realisiert! Unterhalten Sie sich möglichst auch mit einigen seiner Schüler darüber. Welche psychologischen Gesetzmäßigkeiten hat er beachtet?

3. Welche Beziehungen bestehen zwischen den Tätigkeiten des Kollektivs und den in ihm ausgeprägten Gruppennormen? Wie sind diese Beziehungen zu nutzen, um positive Normen herauszubilden?

4. Erarbeiten Sie eine Rededisposition für einen Elternabend zum Thema „Die Beziehungen zwischen Eltern und ihren Kindern und ihre Auswirkungen auf den Lernerfolg in der Schule“!
Geben Sie die psychologischen Begründungen für Ihre Aussagen an!

4. Individuelle Besonderheiten und optimale Persönlichkeitsentwicklung

„Jeden einzelnen entsprechend seinen individuellen Anlagen und Fähigkeiten so zu entwickeln, daß auch seine individuellen Stärken voll zum Tragen kommen, denn wir sehen den Menschen nicht als genormten Typ – diese Aufgabe ist unseren Lehrern, unserer Schule gestellt."

M. HONECKER (1986, S. 657)

Kapitelinhalte:

Marxistische Grundpositionen der Psychologie zur Entstehung, Bedeutung und pädagogischen Beeinflussung individueller Besonderheiten

Grundlagen der Erfassung von Begabungen und psychologische Aspekte der optimalen Entwicklung und Förderung Begabter

Zur Entstehung wesentlicher, relativ verfestigter Lern- und Verhaltensstörungen und Möglichkeiten pädagogischer Einflußnahme

A Die schulpolitische Forderung, *jeden* Schüler in seiner Entwicklung optimal zu fördern, entspricht dem Wesenszug der sozialistischen Gesellschaft, alles zum Wohle des Menschen zu tun. Als allseitig entwickelte Persönlichkeiten sollen alle am Leben der Gesellschaft teilhaben und verantwortungsbewußt an ihrer Gestaltung mitwirken.

Dafür besteht ein objektives gesellschaftliches Erfordernis. Mit der weiteren Ausgestaltung des Sozialismus, der Meisterung des wissenschaftlich-technischen Fortschritts zum Nutzen aller Mitglieder der Gesellschaft, der Verwirklichung der Einheit von Wirtschafts- und Sozialpolitik, der weiteren Entwicklung der sozialistischen Demokratie u. a. wächst die Bedeutung des subjektiven Faktors. Letztlich entscheiden nicht die Maschinen, sondern die Menschen mit ihrem Wissen und Können und ihrem engagierten Handeln über die Entwicklung aller Bereiche unserer sozialistischen Gesellschaft und damit über die Verwirklichung der Gesellschaftsstrategie unseres sozialistischen Staates.

Der Persönlichkeitsentwicklung aller Kinder liegen zwar gleiche Gesetzmäßigkeiten zugrunde, der Prozeß verläuft jedoch interindividuell unterschiedlich und führt zu unterschiedlichen Effekten.

Begründet ist dies u. a. darin,

– daß durch gesellschaftliche Strukturen (Klassen, Schichten, berufliche, ethische und kulturelle Gruppierungen, geschlechts- und altersspezifische Positionen u. a.) bedingt, auf jeden einzelnen Menschen jeweils unterschiedliche konkrete Umweltbedingungen wirken, die eine wesentliche Determinante der Ontogenese darstellen,

– daß die biologischen Voraussetzungen der Entwicklung interindividuell variieren und dadurch bei jedem Menschen unterschiedliche Anlagen für die Entwicklung der psychischen Eigenschaften vorhanden sind, die ebenfalls spezifische Entwicklungsbedingungen sind,

– daß die Anforderungen an die Tätigkeit des einzelnen Menschen in Abhängigkeit von den Arbeits- und Lebensweisen der Gruppen bzw. Kollektive, denen er angehört, unterschiedliche Qualität aufweisen und

– daß die Tätigkeiten entsprechend dem jeweils erreichten Niveau der Persönlichkeitsentwicklung unterschiedlich verlaufen (vgl. Bd. I, Kap. 5.).

Gleiche Anforderungen oder pädagogische Maßnahmen für alle Schüler einer Klasse werden subjektiv als unterschiedlich erlebt, da sie auf interindividuelle psychische Voraussetzungen treffen. Die Kinder und Jugendlichen optimal zu fördern verlangt demzufolge, ihre Individualität und ihre alterstypischen und interindividuellen Besonderheiten zu beachten, die Zone der nächsten Entwicklung zu erkunden und daraus Schlußfolgerungen für das pädagogische Handeln zu ziehen.

In allen vorausgegangenen Kapiteln ist bereits darauf eingegangen worden. In diesem Kapitel werden zwei spezielle Aspekte dieser generellen Aufgabe in den Mittelpunkt gerückt: das Fördern von Begabungen und das Verhindern oder Überwinden von mehr oder weniger dauerhaften Lern- und Verhaltensstörungen bei einigen Kindern.

4.1. Förderung von Begabungen

4.1.1. Aspekte zur Einschätzung der Begabung

> *Die individuelle Struktur von Fähigkeiten, die eine erfolgreiche Tätigkeit in einem bestimmten Bereich ermöglicht, wird als* **Begabung** *bezeichnet.*

Sie wird im individuellen Entwicklungsprozeß *herausgebildet.* Spezialbegabungen entwickeln sich auf der Grundlage *günstiger biologischer Voraussetzungen* (Anlagen) für die Bewältigung von Anforderungen in einem bestimmten Bereich (z. B. im musischen, sportlichen, mathematischen, sprachlichen). In unmittelbarem Zusammenhang damit zählen gesellschaftliche Notwendigkeiten und entsprechende erzieherisch gestaltete Entwicklungsmöglichkeiten in der Tätigkeit zu wesentlichen Voraussetzungen.

Begabungsförderung ist eine mehrschichtige Aufgabe. Sie umfaßt

– das Auffinden von begabten Schülern (besonders durch Bestimmung der Strukturiertheit und des Niveaus der Fähigkeiten) und

– die pädagogische Einflußnahme auf die Ausbildung von Begabungen (besonders das Verknüpfen von Fähigkeiten).

Eine wesentliche Voraussetzung zur Gestaltung individueller Bedingungen für die Begabungsförderung ist, daß der Lehrer seine Schüler gut kennt. Jeder Schüler hat *seine* Begabung. Die Kenntnis der Leistungseigenschaften allein reicht nicht aus, der Lehrer muß die Persönlichkeit des Schülers in ihrer Komplexität aller Eigenschaften erfassen.

Für die *Einschätzung der Begabungsrichtung und -qualität* gelten folgende Regeln:

– Es ist festzustellen, auf welchen Gebieten (vor allem beim schulischen Lernen) und in welchen Tätigkeiten sich der Schüler *Kenntnisse, Fertigkeiten und Fähigkeiten leicht und schnell aneignet.*

– Es ist zu ermitteln, *worauf sich* vor allem *große Aktivität* des Schülers *richtet.*

Es wird nicht erwartet, daß sich der Schüler allen Fächern und Gegenständen mit gleich hoher Aktivität zuwendet. Indikatoren für Begabungen sind besonders solche Verhaltensweisen wie geistige Neugier, Bedarf an anspruchsvollen Informationen und Suchen nach Ursachen und Zusammenhängen, bezogen auf einen spezifischen Gegenstand.

– *Der Zeitpunkt des Auftretens bestimmter Fähigkeiten* ist festzustellen.

Jeder Unterricht, aber vor allem außerunterrichtliche Tätigkeiten bieten Möglichkeiten, den Schülern Aufgaben vorzulegen, die erst zu weit späteren Zeitpunkten bearbeitet werden müssen. Die Art und Weise des Herangehens und der Bewältigung solcher Anforderungen geben Aufschluß über ein frühes Auftreten besonderer Fähigkeiten.

– Von besonderer Bedeutung für die Einschätzung sind solche *Persönlichkeitseigenschaften* wie Originalität bei der Lösung von Aufgaben, Produktion von Ideen bei Problemen und deren Lösung, geistige Bedürfnisse (Neugier), bewußtes Herangehen an komplizierte Fragen und Aufgaben, Bewältigung von rationellen Zeiteinteilungen, Ausdauer.

Diese wesentlichen Aspekte der Analyse geben Einblick in die inneren Voraussetzungen eines Schülers. Die vorgefundenen Eigenschaften haben immer Bezug zu bestimmten Tätigkeiten bzw. Inhalten, in denen sie sichtbar wurden. Damit kann die Begabungsrichtung angenähert bestimmt werden.

Für den Lehrer ist die Aufgabe, Begabungen zu diagnostizieren, immanenter Bestandteil seiner pädagogischen Arbeit. Indem er im pädagogischen Prozeß alle Möglichkeiten nutzt und ausschöpft, Anforderungen in der vermuteten Begabungsrichtung individuell zu bemessen, fördert er Begabungen und nutzt diese pädagogische Einflußnahme zugleich als Mittel der Diagnose. Die Bestimmung der Begabungsrichtung ist ein fortlaufender Prozeß, weil im Verlaufe der Entwicklung einer Begabung ihre Merkmale erst hervortreten.

Unbegründete Aussagen über eine Begabungsrichtung sollten vermieden werden, weil dadurch Mißerfolge organisiert werden können. Schätzurteile können an kollektiven Urteilen (z. B. von Eltern, Fachlehrern und Schülern selbst) überprüft werden. Durch die beginnende Förderung werden neue Einsichten gewonnen und damit die Schätzurteile präzisiert.

Begabungsförderung richtet sich auf:

– die Entwicklung von *spezifischen Eigenschaften der Persönlichkeit* des Schülers,

– die Herausbildung eines hohen Niveaus *allgemeiner geistiger Fähigkeiten* und

– die Entwicklung spezifischer Fähigkeiten auf einem bestimmten Gebiet,

die als Einheit zu betrachten sind.

4.1.2. Ausbildung von Persönlichkeitseigenschaften

Eine hohe Allgemeinbildung ist die entscheidende Grundlage für jede Begabungsförderung. Eigenes Bemühen, hohe und differenzierte Anforderungen *bewältigen zu wollen*, kann Indikator für eine Begabung sein; es ist zugleich eine wichtige Bedingung für die Entwicklung einer Begabung.

Die Förderung zielt vor allem auf die Ausbildung von Eigenschaften bzw. Merkmalen der Persönlichkeit wie geistige Bedürfnisse und Interessen, ein hohes Anspruchsniveau, Emotionalität und Phantasie, Arbeitsfähigkeit in Abhängigkeit vom Zeitfaktor, Kooperationsfähigkeiten.

- **Ausbildung geistiger Bedürfnisse und Interessen:**

Geistige Bedürfnisse sind die Quelle für geistige Anstrengung und Befriedigung von Ansprüchen. Die *Interessen* sind eine Erscheinungsform dieser geistigen Bedürfnisse. Das Informations- bzw. Erkenntnisbedürfnis, die kognitive Neugier, das Bedürfnis nach geistiger bzw. schöpferischer Tätigkeit bilden eine der Grundlagen für die Herausbildung differenzierter Interessen. Das frühzeitige Auftreten *beständiger Interessen* ist ein wichtiges Anzeichen für spezifische Fähigkeiten auf einem Gebiet. Interessen stimulieren die Ausbildung von Fähigkeiten. Deshalb ist immer zu unterstützen, wenn Schüler ihren Interessen gemäß tätig sein wollen, auch, wenn deutliche Fähigkeiten für das Gebiet nicht vorhanden sind. Die Aufgabe, *Begabungen zu „schaffen", beginnt bei der Entwicklung von Interessen* für bestimmte Gebiete.

Herausragende Schüler, die bei Messen und Wissenolympiaden mitwirken, haben ihr Gebiet gefunden. Es gibt aber Schüler, die sehr gute Schulleistungen zeigen und keine eindeutige Richtung der Verknüpfung ihrer Fähigkeiten ausgebildet haben. Sie sind noch für unterschiedliche Begabungsrichtungen offen.

Geistige Bedürfnisse, die einer allgemeinen Aufgeschlossenheit für Eindrücke und Fakten des täglichen Lebens sowie von Wissenschaft und Technik als Grundlage dienen, und spezifische Interessen bilden meist eine Einheit. Die geistige Vielfalt fördert Ideen auf dem Begabungsgebiet, hält die Aufnahme von Neuem offen und beinhaltet auch die Potenzen, Begabungen zu entwickeln, die besondere Bedürfnisse der Gesellschaft berücksichtigen. *Einseitigkeit und Vielseitigkeit* sind als widersprüchliche entwicklungsfördernde Einheit zu betrachten.

Möglichkeiten zur Herausbildung geistiger Bedürfnisse im pädagogischen Prozeß bieten u. a.

- die Inhalte des Unterrichts und die Art ihrer Vermittlung (die Aufbereitung des Stoffes durch den Lehrer) und auch
- die Organisation der geistigen Tätigkeit der Schüler.

Das Erschließen des Neuen im Inhalt, die Darstellung der Geschichte der Vorgänge und Erscheinungen, die Umstrukturierung von Wissen, die Demonstration von produktiven Erkenntniswegen bei bedeutenden wissenschaftlichen Leistungen sowie die produktive Anwendung von Wissen in der Praxis sind für die individuelle Förderung zu nutzen.

Neben dem Unterricht, der für individuelle Arbeit mit einzelnen Schülern bestimmte Grenzen hat, bieten der fakultative Unterricht und andere Formen interessengebundener Betätigung – auch außerhalb der Schule – schon durch andersartige Rahmenbedingungen viele Potenzen für individuelle Anleitung und Anregung.

- **Förderung des Anspruchsniveaus im Leistungs- und Sozialbereich:**

Interessen bewirken, daß ein Schüler im Interessengebiet auch etwas leisten will. Er stellt eigene Leistungsansprüche, die oft höher liegen als die schulischen Anforderungen. Das gilt besonders für das *Anspruchsniveau* auf dem Gebiet, für das eine günstige Kombination von Fähigkeiten vorliegt. Ein gesunder Ehrgeiz, um noch bessere Leistungen zu erreichen oder noch höheren Ansprüchen zu genügen, fördert die Ausbildung der *Selbstachtung* beim jungen Menschen, die für die Begabungsentwicklung unerläßlich ist.

Die Ausbildung des Anspruchsniveaus ist abhängig vom bereits erreichten Leistungsniveau und vom Streben, durch die eigene Leistung eine anerkannte Stellung im Kollektiv und in der Gesellschaft einzunehmen. Dies wird besonders gefördert, wenn die Schüler Erfolge erleben. *Erfolgserlebnisse* stellen eine Bestätigung der Persönlichkeit dar und sind die Grundlage für *höhere Leistungserwartung* bei kommenden Aufgaben (vgl. Abschn. 1.2.2.). Das Anspruchsniveau ist gleichzeitig ein Merkmal der *Individualität* des Schülers, das insbesondere bei Hochbegabungen deutlich in Erscheinung tritt. Es stellt sich das Gefühl der Zufriedenheit und Glückserleben ein, wenn ein Schüler auf seinem „Spitzengebiet" voll zur Wirkung kommen kann. Dabei entwickeln sich ein entsprechendes *Selbstbild*, das *Selbstverständnis*, das *Selbstbewußtsein* und das *Selbstvertrauen*.

• **Ausformung von Emotionalität und Phantasie:**

Emotionale Prozesse bzw. Zustände, etwa als Begeisterung oder Leidenschaft, sind meist eine Quelle für hohe Leistungen. Das gilt auch für ihren Einfluß auf die Entwicklung geistiger Fähigkeiten und für die Ausbildung von Begabungen. Alle Funktionen der Emotionen, z. B. ihr Einfluß auf den Antrieb bzw. auf Aktivierung, ihr Beitrag für den Erkenntnisgewinn und für die Bewertung von Informationen bzw. Hemmung störender Einflüsse, werden bei der Ausbildung von Begabungen als Einheit wirksam. Sie sind von besonderer Bedeutung, wenn gezielt auf die Ausbildung der Begabungsrichtung Einfluß genommen wird. Sich konzentrieren und abgrenzen zu können, ist eine wesentliche Voraussetzung für ein hohes Niveau auf *einem Gebiet*. Die Anspannung aller inneren Kräfte, konzentrierte Gerichtetheit (z. B. der Wahrnehmung, des Denkens, der Phantasie) sensibilisiert für neue Informationen, für Probleme und Aufgaben.

Auch das Risiko, unbekannte Wege zu wagen, ist emotional getragen, der Zweifel an der Allgemeingültigkeit einer Erkenntnis gleichermaßen, ehe kognitive Prozesse einsetzen. In jeder Entwicklungsstufe gibt es sensitive Phasen, in denen vielfältige Motive und geistige Bedürfnisse ausgebildet werden. Emotionale Wertungen sind nicht bewußtgewordene Übertragungen vorangegangener Erfahrungen auf neue, nicht sofort kognitiv faßbare Situationen und Ereignisse. Die Wertung ist daher von den Bedürfnissen abhängig, die als Interessen, Wünsche, Ziele und Perspektiven erlebt werden, und geht von der Annahme aus, daß durch diese Bedürfnisse die neuen Objekte befriedigt werden. Das bewirkt dann einen Zustand höchster Anspannung, der positiv erlebt wird, Kräfte mobilisiert und nicht zum Streßerleben führt.

Pädagogische Einflußnahme zielt auf Ausbildung der emotionalen Bereitschaft, *sich mühen zu wollen*. Die Befriedigungsobjekte sind vielfach *Phantasieprodukte*, weil *originelle Lösungen gewollt sind*. Es ist sehr wichtig, die „Techniken" der Phantasie (vgl. Bd. I, Kap. 7.) zu vermitteln und anwenden zu lassen, weil geistige Regsamkeit „Vergnügen" bereitet und Flexibilität anbahnt, die zur Bewältigung hoher Anforderungen notwendig ist.

Begabungsförderung bedeutet also unter dieser Sicht

– *Ausprägung geistiger Ansprüche* und Leidenschaftlichkeit bei ihrer Realisierung,
– *Schaffung eigener Zielvorstellungen*, die engagiert verfolgt werden,
– *Ausbildung innerer Wertsysteme*,
– *Nutzung sensibler Phasen* in der Entwicklung für die Bindung an solche Ziele und Werte.

• **Ausformung von Arbeitsfähigkeit und Meisterung der Ökonomie der Zeit:**

Die Ausbildung von Beharrlichkeit und Neigung für geistige Tätigkeit bzw. zur angestrengten Arbeit ist wesentliches Ziel der Begabungsförderung.

EDINSONS Aussage „Genie ist Fleiß" ist an Beispielen aus dem Leben und Wirken hervorragender Talente immer wieder zu beweisen. Zuweilen wird zwischen „Naturtalenten" und „Talenten aus eigener Kraft" unterschieden. Ersteren gelingt alles mit Leichtigkeit, ohne willentliche Anspannung, solches Talent setzt sich durch. In den wenigsten Fällen trifft diese Aussage zu. Die Fähigkeit, angestrengt und konzentriert arbeiten zu können (und zu wollen), ist eine wesentliche Bedingungen für die Entwicklung einer Begabung.

Allerdings kommt es nicht nur auf den Grad der Anstrengung allein an, wichtig ist auch die dabei erreichte Effektivität, d. h. das Verhältnis von aufgewandter Anstrengung und erzieltem Resultat.
Begabte Schüler „verschenken" im allgemeinen keine Zeit. Arbeit und Lernen vollziehen sich in der Grenzzone ihrer Leistungsfähigkeit. Die Schüler finden besonders an der Bewältigung von Schwierigkeiten großen Gefallen.
Ein bewährtes pädagogisches Vorgehen besteht deshalb darin, daß ein zu fördernder Schüler im Unterricht die vorgegebene Zeit für das Lösen von Aufgaben nicht ausschöpfen soll, damit er darüber hinaus noch anspruchsvollere Zusatzaufgaben erledigen kann.

• **Ausbildung der Kooperationsfähigkeit:** Schöpferische Leistungen, die zu neuen Erkenntnissen (Erfindungen, neuen technologischen Lösungen u. a.) führen, entstehen unter den heutigen gesellschaftlichen Bedingungen (vor allem der arbeitsteiligen Produktion) hauptsächlich in kollektiver Zusammenarbeit.
Deshalb bedarf heute die Ausprägung von Begabungen vor allem der kollektiven Tätigkeit und kollektiver Beziehungen. Sie können sowohl die Begabungsrichtung als auch die Begabungshöhe fördern. Das Kollektiv bietet dann Potenzen für Leistung und Entwicklung schöpferischer Tätigkeit, wenn jedes Mitglied ein *Mindestmaß an Kompetenz* für eine gemeinsame Aufgabe hat und *seinen Beitrag zum gemeinsamen Vorhaben* leisten kann. Diese Kompetenz ist Grundbedingung und gewissermaßen der Rahmen für die eigene individuelle Entwicklung im Kollektiv.

Kooperationsfähig ist der Schüler, wenn er entwicklungsgemäß
– über entsprechende *Fähigkeiten*, solide *Kenntnisse* auf dem Gebiet und ausgeprägte *Phantasie* sowie Ideen verfügt,
– Willenseigenschaften besitzt (wie Selbstbeherrschung, Zuverlässigkeit und Ausdauer),
– moralische Qualitäten ausgebildet hat (wie Bescheidenheit, Hilfsbereitschaft und Achtung vor der Leistung anderer),
– eine unserer Gesellschaft angepaßte Lebensweise und Einstellung (z. B. Optimismus, Abneigung gegen Karrierismus und Egoismus, Geborgenheit im Kollektiv, politisch-ideologisches Stellungnehmen für den Sozialismus) besitzt.
Auch die vielfältigen sozialen Beziehungen im Kollektiv (Beziehungen zwischen Lehrern und Schülern und der Schüler untereinander) sind solche Rahmenbedingungen für die Ausbildung der Kooperationsfähigkeit (vgl. Abschn. 3.2. und 3.3.).

Soziale Beziehungen bilden einen wesentlichen Aspekt der Motivation des Lernens aus eigenem Antrieb, insbesondere auch durch ihren emotionalen Gehalt. Setzt der Lehrer Vertrauen in die Kraft der Erkenntnis eines Kollektivs und des einzelnen Schülers, stimuliert dies ebenso wie das Wetteifern der Schüler untereinander. Besonders wirksam ist dies, wenn dabei Erfolgserlebnisse möglich werden. Im Rahmen gemeinsamer Aufgaben sollte jeder Schüler nicht eine, sondern *seine* Aufgabe erhalten, damit seine Aktivität voll entfaltet wird.

Für die *Ausprägung besonderer Begabungen* (wie des Mathematikers, Musikers, Sportlers oder des Technikers) sind jeweils *spezifische Eigenschaften* der Persönlichkeit notwendige Bedingungen. Doch auch sie entstehen auf der Basis der genannten allgemeinen Eigenschaften.
Jeder Pädagoge trägt für die Ausbildung der für die Begabungsentwicklung wichtigen Eigenschaften große Verantwortung. Für diese Bildungs- und Erziehungsarbeit ist die Zusammenarbeit aller Erziehungsträger notwendig.

4.1.3. Förderung der Begabungsrichtung

Ein weiterer Schwerpunkt der Begabungsförderung liegt in der *Ausbildung der Struktur von Fähigkeiten,* wobei der Zusammenhang aller Seiten der Persönlichkeit im Prozeß der Förderung immer berücksichtigt wird.
Ein hohes Niveau der allgemeinen geistigen Fähigkeiten ist eine entscheidende Grundlage für die Ausbildung spezieller Fähigkeiten.

● **Ausbildung allgemeiner geistiger Fähigkeiten:**
Die Struktur der Begabung für ein Gebiet schließt die allgemeinen geistigen Fähigkeiten ein. Ihre Ausbildung ist Bestandteil jeder Begabungsentwicklung (vgl. auch Abschn. 2.2.).
Dabei geht es besonders um
– die Befähigung zur Konstruktion von Abbildungen (Begriffen, Aussagen, Modellen) der Außenwelt, die ständig durch Lernen vervollkommnet werden, flexibel und für Neues erweiterungsfähig gehalten und hemmende Fixierungen vermieden werden,
– die Befähigung zur flexiblen Verwendung geistiger Handlungen und Operationen, die dem Lernenden ermöglichen, Informationen zweckmäßig auszuwählen (auf Wesentliches gerichtet), zu verarbeiten, geordnet und vielfältig mit anderen Kenntnissen verflochten im Gedächtnis zu speichern sowie anforderungsbezogen zu reproduzieren, wobei ein Zugriff zu einem bestimmten Gedächtnisbesitz unter unterschiedlichen Aspekten möglich sein muß,
– die Befähigung zum selbständigen Problemlösen, insbesondere zum eigenständigen Ausbilden rationeller Lösungsstrategien und zum Finden origineller Lösungen,
– die Befähigung zum Antizipieren künftiger Ereignisse, zum „geistigen Durchspielen" und zum Vorausdenken von Folgen und ihren Verkettungen.

Diese Aufgaben schließen ein, Fähigkeiten zum schöpferischen Lernen auszubilden. Als schöpferisch betrachten wir, wenn Schüler lernen, aus dem Bekannten, Angeeigneten, Gespeicherten neue Erkenntnisse abzuleiten.
Den Prozeß der Ausbildung schöpferischer Fähigkeiten in allen Fächern fördert der Lehrer u. a. folgendermaßen:
– Bei Antworten der Schüler regt er durch *Impulse zum Weiterdenken* an, damit er über eine Verbesserung der Lösung nachdenkt. (Nicht schon die erste Antwort wird bewertet und verbessert.)
– Auftretende Fehler müssen von den Schülern als „törichte" oder „gute" Fehler eingeordnet werden. Letztere geben die *Ansatzpunkte,* wie es besser gemacht werden kann. Der Schüler lernt aus Fehlern, wenn er Einsicht in ihre Entstehung gewonnen hat.
– Ideen der Schüler sind auf den positiven Gehalt hin zu prüfen. Erste Ideen sind meist mit Unbrauchbarem verknüpft. Deshalb müssen solche Ideen vom Schüler begründet, weitergedacht, geprüft werden.
– Neues Wissen ist in die Bearbeitung einer Aufgabe durch die Erhöhung der Problemsicht oder die Einführung neuer Aspekte in die Betrachtung einer Sache, d. h. durch ständiges Umstrukturieren des Problemraums, einzubeziehen.
– Die Schüler sollen eigene, neue Beispiele (Fälle) für ein allgemeines Prinzip suchen und die Vielfalt der Bestimmungen im Konkreten erfassen.
Ein solches Vorgehen im Unterricht macht „kluge Köpfe" und macht sie auch sichtbar.

● **Ausbildung des Gedächtnisses:**
Für die Begabungsentwicklung ist die Ausbildung von spezifischen Gedächtnisstrukturen wesentlich. Einige der Gedächtnisoperationen entstehen aus Denkoperationen. Sie können für die Erzeugung von Informationen aus dem Gedächtnis genutzt werden (vgl. Abschn. 2.2.2. und Bd. I, Kap. 7).
Für die Begabungsförderung ist wichtig, daß
– *Gedächtnisstrukturen* entstehen, die eine **Wesentlich-Unwesentlich-Differenzierung** auf dem jeweils spezifischen Gebiet ermöglichen;
– *Vereinfachungen komplexer Zusammen-*

hänge ausgebildet werden, um größere Zusammenhänge beim Aufgabenlösen überschaubar werden zu lassen; diese vereinfachten Repräsentationen (z. B. Modelle, Begriffe) schließen die Möglichkeit ein, benötigte Details aus dem Gedächtnis abzurufen;
– die Fähigkeit ausgebildet wird, vom Anschaulichen zum Begrifflichen überzugehen und umgekehrt; dabei geht es um die Fähigkeit, aus dem Gedächtnis *Neues zu konstruieren* (Phantasie).

Zielgerichtete pädagogische Einflußnahme richtet sich also auf Ausbildung von Qualitäten der Denk- und Gedächtnisoperationen sowie der gedächtnismäßigen Repräsentationen. Die vielfache Vernetzung von Kenntnissen bewirkt, daß sie fest eingeprägt und abrufbar werden, auch bei unterschiedlichen Anforderungen (vgl. Abschn. 2.1.).

• **Steigende Anforderungen gestalten:**
Begabungsförderung erfolgt maßgeblich durch *hohe Forderungen*. Aus der Widerspruchslage von Wollen (oder Müssen) und Können entstehen die Triebkräfte für immer höhere Leistungen.

Aber nicht steigende Anforderungen an sich sind zu konzipieren, sondern solche, die im gegebenen Entwicklungsstand für die Begabung besonders günstig sind. Der nächste Entwicklungsschritt (neue Aufgabentypen, Ausbildung bestimmter Arbeitsweisen, Änderung von Lernbedingungen, wie der Besuch von Vorlesungen für 14jährige Schüler oder ein Spezialschulbesuch), kann nur *individuell* unter Berücksichtigung der *Begabungsrichtung* und des *Alters* des Schülers entschieden werden.

• **Den individuellen Entwicklungsweg formen:**
Jede Begabungsentwicklung verläuft individuell. Für den unterschiedlichen Verlauf sind die Hauptaspekte des Hervortretens einer Begabungsrichtung das Tempo der Entwicklung, der Differenzierungsprozeß, die Förderbedingungen, die Persönlichkeitseigenschaften und vor allem der Gegenstand der Begabung.

Philosophische Begabung wird im Kindergarten weder erwartet noch sichtbar, wohl aber sportliche, sprachliche oder musikalische. Daraus ist abzuleiten, daß der Beginn einer sinnvollen Förderung zu unterschiedlichen Zeitpunkten einsetzen muß. Die jeweilige Begabungsrichtung erfordert entsprechend gestaltetes Training. So ist der Übungsaufwand bei Sportlern und beim Erlernen eines Musikinstruments oder einer Sprache möglicherweise zeitlich gleich hoch, jedoch erheblich anders in der Beanspruchung.

Insbesondere bei hochbegabten Schülern (aber nicht nur bei diesen) empfiehlt es sich, sobald das Begabungsgebiet erkennbar ist, eine gewisse „Einseitigkeit" zu fördern.

Die Konzentration auf eine Sache und die damit verbundene Anspannung aller Kräfte bis zum „Vergessen der Umwelt" ist eine besondere Fähigkeit, die Kreativität fördert. Zur Herausbildung dieser „Einseitigkeit" tragen alle Bedingungen der Einstellungsbildung bei wie Motiviertheit, Begeisterung, Erfolgserleben, Selbstkontrolle, Konzentration und die davon ausgehende Generalisierung der Beziehungen zum Gegenstand.

„Einseitigkeit" steht immer im Zusammenhang mit einer soliden Allgemeinbildung. Bei Schülern ist zu überlegen, wann der Kurs auf Betonung der Einseitigkeit eingeschlagen wird. Das ist individuell verschieden und außerdem vom Gegenstand der Begabung abhängig. Für die Mehrzahl der Schüler (etwa 80 %) ist mit dem 12. bis 13. Lebensjahr eine Entscheidung möglich. Einseitigkeit schließt die Aufgeschlossenheit für das Leben und für die Gesellschaft nicht aus. Wer aber alles macht, wird kaum Höchstleistungen erreichen.

Für die Gestaltung der individuellen Förderung sollte der Pädagoge folgende Grundsätze beachten:
– Die Potenzen elementarer Fähigkeiten des Kindes sind voll nutzbar zu machen (vgl. Bd. I, Kap. 8.).

Elementare Fähigkeiten treten ohne besondere pädagogische Einflußnahme hervor, sie sind Resultat des Lebensprozesses des Menschen in der Gesellschaft. Ein höheres intellektuelles Niveau ist u. a. nicht nur durch einen höheren Grad an Aufmerksamkeit und

Produktivität ausgewiesen, sondern auch durch geringeren Energieaufwand für den Prozeß der geistigen Tätigkeit. Zu den *natürlichen Voraussetzungen* solcher Fähigkeiten gehören u. a. die *Stärke, Beweglichkeit, Ausgeglichenheit und Plastizität der Nervenprozesse.* Auf der Grundlage elementarer Fähigkeiten eignen sich die Schüler spezielle Fähigkeiten an. Sie sind Neubildungen, deren organische Grundlage funktionelle Hirnsysteme sind.

– Es sind gezielt Denk- und Arbeitsweisen auf dem festgestellten Begabungsgebiet auszubilden.

KRUTEZKI (1968) hat für die mathematischen Begabungen bei Schülern der Klassen 6 bis 8 einzelne Fähigkeiten gekennzeichnet, u. a.:
- die Fähigkeit zum formalisierten Wahrnehmen mathematischer Gegebenheiten, zum Erfassen formaler Aufgabenstrukturen,
- Fähigkeiten zum schnellen und weiten Verallgemeinern mathematischer Objekte, Beziehungen und Operationen,
- Fähigkeiten zum Reduzieren der mathematischen Überlegungen und Handlungssysteme sowie zum Denken in reduzierten Strukturen,
- Beweglichkeit der Denkprozesse im mathematischen Bereich.

Es kann nicht erwartet werden, daß solche Fähigkeiten bei jedem Begabten gleichmäßig entwickelt sind. In der Struktur der Fähigkeiten mathematisch Begabter sind Qualitätsmerkmale und Verknüpfungen individuell unterschiedlich.
Gezielte Förderung bedeutet dann, die hervorstechenden Züge der Fähigkeiten zu entwickeln und andere Fähigkeiten angemessen zu fördern.

Am Beispiel der mathematischen Fähigkeiten wurde das Prinzip verdeutlicht. Nur durch die differenzierte Vermittlung und das Training der Denk- und Arbeitsweisen auf dem Begabungsgebiet ist die Begabung für einen bestimmten Bereich auszubilden. Für die Begabungsgebiete Sport, Musik, Sprache, Technik usw. liegen Erfahrungen vor, wie spezifisch, konkret und individuell vorgegangen werden muß.

– Das individuelle Entwicklungstempo muß gemeistert werden.

Individuelle Förderung wird realisiert, indem durch Anforderungen in der Grenzzone der Leistungsfähigkeit die Leistungsmöglichkeiten ausgeschöpft werden. Es ist also beabsichtigt, daß der Schüler auf seinem Gebiet die Mitschüler und auch Erwachsene überflügelt. Der Lehrer hat Einfluß auf Gestaltung aller Umgebungsbedingungen (Kontakt zu bestimmten Personen, Dingen). Er schafft die notwendigen Bedingungen, ein individuell optimales Entwicklungstempo zu realisieren.

Es gehört viel Verantwortung dazu, um zu entscheiden, ob der Schüler eine Spezialschule besuchen soll oder ob neben der Oberschule ein zusätzlicher Unterricht (z. B. in der Volksmusikschule) ermöglicht wird, ob der Bezirksmathematikklub geeignet oder ein fakultativer Kursus hinreichend ist. Ob der Schüler zu Hause wohnt oder im Internat, kann sich sowohl fördernd als auch hemmend auswirken. Wesentlich ist auch, ob bei deutlich gewordener Begabung der richtige Berater oder Übungsleiter gefunden wird.

– Der individuell zu fördernde Schüler muß regelmäßig in *Bewährungssituationen* gebracht werden, die ihn herausfordern und den Einsatz seines gesamten Könnens verlangen.

Die Erfüllung der schulischen Pflichten darf dabei nicht vernachlässigt werden, wohl aber sollte eine Verlagerung der Pflichten oder eine zeitweilige Konzentration auf einen Teil von ihnen ermöglicht werden.

Bewährungssituationen können dem Streß ähnlich sein, werden jedoch anders erlebt, wenn durch die Anspannung aller Kräfte ein Erfolg möglich ist. Insofern liegt in solchen Situationen auch stets ein pädagogisches Risiko. Andererseits können ohne solche Erprobungen weder Potenzen erkannt noch effektiv gefördert werden.
Die genannten Grundsätze sind nicht nur Orientierungen für sogenannte Hochbegabungen, sie gelten für jeden Schüler. Die unterschiedlich ausgeprägten elementaren Fähigkeiten, die spezifischen Denk- und Arbeitsweisen, das differenzierte Entwick-

lungstempo und die Vielfalt der Bewährungssituationen sind für jeden Schüler individuell zu berücksichtigende Förderungsbedingungen.
Begabungsförderung verlangt das Zusammenwirken von Lehrern, Eltern, Betreuern sowie die Einbeziehung des Jugendverbandes und der Pionierorganisation.

Zusammenfassung

Z

- Der gesellschaftspolitische Auftrag der Schule, *die Persönlichkeitsentwicklung aller Schüler optimal zu fördern*, schließt ein, die *Begabung* eines jeden Schülers *zu erkennen* und *zu entwickeln.*
- Dazu gehört, die Struktur von Fähigkeiten und die Richtung der Begabung zu ermitteln.
- Begabungsförderung richtet sich auf die Entwicklung von *Persönlichkeitseigenschaften*, auf die Herausbildung eines hohen Niveaus *allgemeiner geistiger Fähigkeiten* und auf die Entwicklung *spezifischer Fähigkeiten.*
- Kriterien für das Einschätzen der Begabungsrichtung sind die *Schnelligkeit und Leichtigkeit der Aneignungsprozesse* sowie *das eigene Bemühen*, im Begabungsbereich *Höchstleistungen zu erreichen*, und *frühes Auftreten von leistungsfördernden Persönlichkeitseigenschaften.*
- Die entscheidende Grundlage für die Begabungsförderung ist *eine solide Allgemeinbildung.*
- Die Förderung richtet sich auf die Ausprägung *geistiger Bedürfnisse* und *Interessen*, eines hohen *Anspruchsniveaus*, von *Emotionalität* und *Phantasie*, von spezifischen *Arbeitsfähigkeiten* und *kooperativen Fähigkeiten.*
- Zur Förderung der Begabungsrichtung sind *allgemeine geistige Fähigkeiten*, die *Fähigkeit* zum *schöpferischen Lernen* und zur Konzentration auf eine Begabungsrichtung (Einseitigkeit) zu entwickeln.

Die *Anforderungen* an die Schüler sind *ständig zu steigern* und entsprechend individuellen Bedingungen *zu gestalten.*

4.2. Lern- und Verhaltensstörungen

4.2.1. Zur Entstehung von Lern- und Verhaltensstörungen

Zum Begriff „Lern- und Verhaltensstörungen“. Im Prozeß der Persönlichkeitsentwicklung des Schülers können *zeitweilige Auffälligkeiten* im Verhaltens- oder Leistungsbereich auftreten. Sie sind in den meisten Fällen Ausdruck vorübergehender Entwicklungsprobleme oder aktuell ungünstiger Bedingungen und werden nicht dem Begriff „Lern- und Verhaltensstörungen“ zugeordnet.

Im Schuljugendalter kommt es beispielsweise zu wesentlichen Fortschritten in der Entwicklung des abstrakten Denkens, das mit erhöhter Kritikfähigkeit verbunden ist. Die mangelnde Fähigkeit zum adäquaten Einsatz der Kritik bewirkt jedoch gelegentlich soziale Spannungen mit Erziehern oder Gleichaltrigen bzw. innere Spannungszustände bei Schülern selbst.
Außerdem treten dadurch mehr oder weniger ausgeprägte Schwankungen zwischen unangemessener Zurückhaltung oder Schüchternheit und mehr bestimmendem, schroffem, überheblich wirkendem Verhalten auf.
Solche und ähnliche Auffälligkeiten im Verhaltens- oder Leistungsbereich einzelner Schüler sind meist nicht von langer Dauer. Sie signalisieren aber dem Lehrer, daß er dem betreffenden Schüler verstärkte Aufmerksamkeit schenken und ihn durch verständnisvolle, ruhige Zuwendung, Beratung und kameradschaftliche Hilfe schrittweise zur Bewältigung seiner Probleme befähigen muß.

Mit solchen zeitweiligen Auffälligkeiten beschäftigen wir uns nicht. Gegenstand dieses Teilkapitels sind *dauerhafte, mehr oder weniger schwerwiegende Lern- und Verhaltensstörungen.*
Sie sind Ausdruck der erheblich eingeschränkten Fähigkeit zu adäquater Handlungsregulation und damit verbundener verfestigter Abweichungen oder Störungen in der Persönlichkeitsentwicklung, die sowohl vorwiegend *endogen* als auch *exogen* determiniert sein können.

Unter **endogenen psychischen Störungen** *werden vor allem körperlich determinierte verstanden, d. h. solche, die durch anatomisch-physiologische Disharmonien oder Störungen z. B. des Nervensystems, des Systems der Drüsen mit innerer Sekretion, des Stoffwechsels bedingt sind.*

Die bekannteste endogene psychische Störung im Kindesalter ist der *Schwachsinn (Oligophrenie).*

Schwachsinnige Kinder werden in der Unterstufe durch ein spezielles Aufnahmeverfahren der Hilfsschule zugeführt, wenn sie nicht bereits im Vorschulalter in einen Vorschulteil an einer Hilfsschule übernommen worden sind. Auch *Anfallsleiden* (Epilepsie, Pyknolepsie usw.) gehören zu den endogenen Störungen, die bereits im Kindesalter auftreten. Andere bilden sich erst im Jugend- oder Erwachsenenalter heraus. Das gilt z. B. für echte Geisteskrankheiten (Psychosen).
Schüler mit endogenen psychischen Störungen bedürfen der Behandlung durch den Psychiater bzw. bei Schwachsinn der sonderpädagogischen Betreuung.

Die vorwiegend exogen determinierten Lern- und Verhaltensstörungen werden auch als **exogene psychische Fehlentwicklungen** bezeichnet. Diese dauerhaften bzw. langzeitigen Lern- und Verhaltensstörungen entstehen durch *Disharmonien im System der äußeren und inneren Entwicklungsbedingungen, wobei ungünstige äußere Bedingungen dominieren.*

Da körperliche (endogene) Faktoren eine untergeordnete Rolle spielen, sind diese Störungen pädagogisch oder psychotherapeutisch korrigierbar, durch Reharmonisierung des Systems äußerer und innerer Bedingungen rückbildbar (reversibel).

Prozeß der Entstehung von Lern- und Verhaltensstörungen. Jede Persönlichkeit wird danach bewertet, in welchem Grade sie die gesellschaftlichen Normen des Verhaltens, die Leistungsanforderungen und andere daraus abgeleitete Erwartungen erfüllt. Als psychisch *gestört oder fehlentwickelt* bezeichnen wir Persönlichkeiten, bei denen *tiefgreifende und dauerhafte Störungen* im Leistungs- oder Verhaltensbereich auftreten. Lern- und Verhaltensstörungen sollten bzw. können meist nicht streng voneinander abgehoben werden. So ist es beispielsweise berechtigt, Lernstörungen als einen speziellen Bereich von Verhaltensauffälligkeiten zu betrachten. Den Verhaltensstörungen liegen Störungen im Prozeß der Aneignung normgerechten Verhaltens zugrunde. Übergreifend ist dabei die Beziehung *Persönlichkeit – Umwelt gestört.* Häufig wird die Meinung vertreten, psychischen Störungen lägen massive Erziehungsmängel zugrunde. In sehr vielen Fällen sind jedoch bei den betroffenen Kindern und Jugendlichen derartige Mängel nicht nachweisbar. Lern- und Verhaltensstörungen entstehen auch nicht vorwiegend durch gravierende, stark belastende Einzelerlebnisse (Schockerlebnisse) oder intensive Konflikte. Meist sind sie das *Ergebnis eines zeitlich ausgedehnten Entwicklungsprozesses,* der sich in zwei Phasen gliedern läßt, in die Vorbereitungs- oder Einleitungsphase und in die Phase der psychischen Fehlentwicklung im engeren Sinne.
Die Vorbereitungsphase erstreckt sich über einen längeren Zeitraum, mitunter bis zu mehreren Jahren. Selbst bei älteren Jugendlichen und Erwachsenen kann teilweise festgestellt werden, daß die Vorbereitungsphase ihrer Störung bereits im Vorschulalter begonnen haben muß.
In der Vorbereitungsphase sind psychische Störungen oft noch nicht nachweisbar; es werden lediglich die Voraussetzungen dafür geschaffen. Die Persönlichkeitsentwicklung ist ein komplizierter Prozeß der Aneignung gesellschaftlicher Erfahrungen, Fähigkeiten, Fertigkeiten usw., in dem Interiorisations- und Exteriorisationsvorgänge in dialektischer Wechselbeziehung ablaufen.

Der Prozeß der Aneignung liegt sowohl der harmonischen als auch der gestörten psychischen Entwicklung zugrunde, und er verläuft nicht ohne Widersprüche. Nicht immer sind die zu bewältigenden Anforderungen, zu denen auch die Anforderungen zählen, die durch die Erziehung von Eltern, Lehrern und anderen gesetzt werden, den psychischen Voraussetzungen des Kindes adäquat. Manche von ihnen stellen sich bezüglich einiger psychischer Voraussetzungen oder ihrer künftigen Entwicklung als unangepaßt heraus. Sie erweisen sich mitunter erst im nachhinein als Mängel oder Fehler.
Einzelnen unangepaßten Anforderungen kommt meist eine geringe Bedeutung zu, zumal sich die Erzieher häufig der jeweiligen Mängel bewußt werden und sie zur Korrektur ihres pädagogischen Verhaltens fähig und bereit sind.
Manche pädagogische Mängel werden zunächst völlig verdeckt oder kompensiert. Eine verwöhnende Erziehungshaltung der Eltern z. B. erleben die Kinder als eine für sie angenehme starke Zuwendung. Die Eltern nehmen andererseits gern alle Anstrengungen für ihr Kind auf sich und sind stolz auf dessen Entwicklungsfortschritte. Bei oberflächlicher Betrachtung kann also der Eindruck ausgeprägter Harmonie in der Eltern-Kind-Beziehung entstehen. Probleme treten erst auf, wenn diese Kinder die entwicklungsspezifischen Anforderungen im Verhaltens- und Leistungsbereich nicht erfüllen können, weil sie notwendige Kenntnisse, Fähigkeiten, Fertigkeiten, Gewohnheiten, Einstellungen, Willenseigenschaften usw. nicht rechtzeitig bzw. nur lückenhaft oder fehlerhaft angeeignet haben.
Die pädagogische Führung des Aneignungsprozesses ist auf die Orientierung, Auslösung, Steuerung und Kontrolle des Handlungsgeschehens der Kinder und Jugendlichen gerichtet. Sie reicht von der Vermittlung angemessener Handlungsziele und Handlungsstrategien über die Stimulierung bestimmter, entwicklungsfördernder Handlungsformen bis zur Verlaufsregulierung und Bewertung (Sanktionierung).
Dabei treten leicht die folgenden *Fehler* auf:
– Fehler in der *Vermittlung von Handlungszielen*:
Handlungsziele werden unterschätzt und dadurch nur lückenhaft, widersprüchlich oder in falscher Richtung vermittelt. Der Schüler gewinnt keine klaren Zielvorstellungen für sein Handeln im Bereich des Lernens, des Arbeitens sowie der gesellschaftlichen und kollektiven Tätigkeit.
– Fehler in der *Vermittlung von Handlungsstrategien*:
Oft werden von den Erziehern lediglich Forderungen oder Ziele gestellt, ohne den Kindern ausreichende Hinweise auf Methoden, Mittel und Verfahrensweisen zur Erfüllung der Forderungen zu geben, bzw. die Hinweise entsprechen nicht dem Entwicklungsniveau der kindlichen Persönlichkeit. Dadurch wird die Aneignung verallgemeinerungsfähiger Lösungs- oder Handlungsanweisungen behindert.
– Fehler in der *Einstellungsbildung*:
Der Aneignungsprozeß kann auch beeinträchtigt werden, wenn keine adäquate oder hinreichend emotional fundierte Motivierung erfolgt. Dadurch können unerwünschte bzw. fehlerhafte Einstellungen herausgebildet werden.
– Fehler in der *Gestaltung der Forderungen*:
Sie äußern sich in Über- oder Unterforderungen im Leistungs- und Verhaltensbereich sowie auch in wechselhaften und sich widersprechenden Forderungen. Sie erschweren die Aneignung von Normen und beeinträchtigen somit das Verarbeiten von Erlebnissen.
– Fehler in der *pädagogischen Regulation des kindlichen Handelns*: Sie können in der gängelnden, die Selbständigkeit hemmenden Steuerung bestehen, aber auch in der ungenügenden oder fehlenden Steuerung. In diesen Fällen wird die adäquate Orientierung während des Handelns und die damit verbundene Entwicklung der Selbstkontrolle behindert.

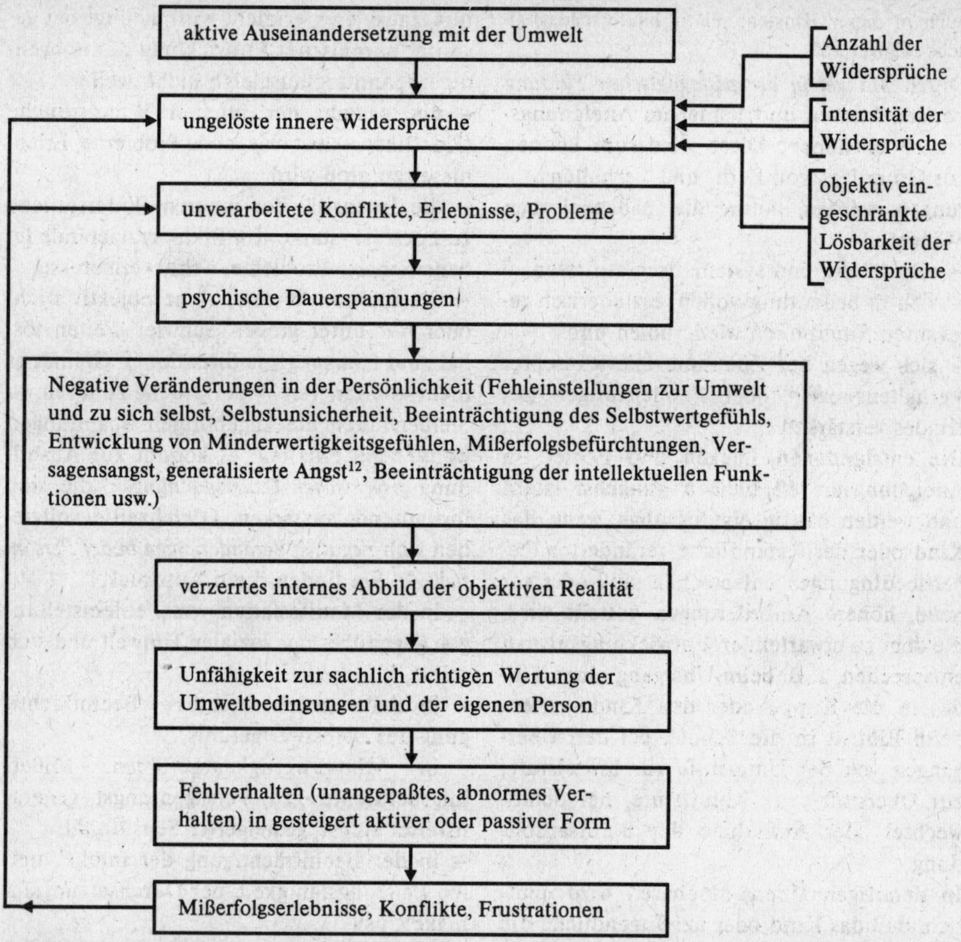

Abbildung 4.1: Vereinfachte schematische Darstellung des Prozesses exogener psychischer Fehlentwicklungen (nach BORYS/KRÜGER 1978, S. 60)

– Fehler in der *Sanktionierung*:
Unangemessene positive Sanktionen können ebenso schädlich sein wie zu häufige negative oder abwertende Sanktionen. Das gilt auch für extrem häufige wie zu seltene oder fehlende Sanktionen. Auf diese Weise wird der Schüler nicht in ausreichendem Maße über den erreichten Entwicklungsstand informiert. Er eignet sich notwendige Wertmaßstäbe für sein eigenes Verhalten nur unvollkommen an.

Bei der Gestaltung ihrer Tätigkeit sind Kinder des Vorschulalters und des jüngeren Schulalters in besonderem Maße von der pädagogischen Führung abhängig. Mit der wachsenden Befähigung zur eigenständigen Handlungsregulation werden die Schüler in ihren Entscheidungen unabhängiger. Das bedeutet jedoch nicht, daß auf die Vermittlung von Handlungszielen und -strategien bei den ständig steigenden Anforderungen verzichtet werden kann. Allerdings muß die pädagogische Führung dem jeweiligen Entwicklungsniveau der Schülerpersönlichkeit entsprechen. Leider treten

12 Angstzustände werden durch eine nicht mehr überschaubare Anzahl von Bedingungen hervorgerufen, so daß die auslösenden Bedingungen nicht bewußt werden.

auch in dieser Hinsicht relativ häufig pädagogische Mängel auf.

Durch *Mängel in der pädagogischen Führung* können Lücken und Fehler im Aneignungsprozeß entstehen. Diese wiederum können zur Grundlage von Lern- und Verhaltensstörungen werden, wenn die pädagogischen Mängel

- sehr häufig und systematisch auftreten,
- sich in bedeutungsvollen, erzieherisch relevanten Situationen wiederholen und
- sich wegen der Zunahme unerwünschter Verhaltensweisen oder Fehlleistungen des Kindes verstärken.

Die entstandenen Lücken und Fehler im Aneignungsprozeß bleiben zunächst latent und werden häufig erst sichtbar, wenn das Kind oder der Jugendliche veränderten Lebensbedingungen entsprechen muß oder vor neue, höhere Anforderungen gestellt wird, die dem zu erwartenden Entwicklungsniveau entsprechen, z. B. beim Übergang eines Kindes in die Krippe oder den Kindergarten, beim Eintritt in die Schule, bei den Übergängen von der Unterstufe zur Mittelstufe, zur Oberstufe, zur Abiturstufe, bei Schulwechsel oder Aufnahme der Berufsausbildung.

In derartigen Übergangsphasen wird deutlich, daß das Kind oder der Jugendliche die jeweils neuen, höheren Anforderungen nicht erfüllen kann. Es kommt zur Häufung von Mißerfolgserlebnissen, Konflikten, Frustrationen[13], sozialen Spannungen usw. Damit wird die zweite Phase psychischer Fehlentwicklung eingeleitet *(vgl. Abb. 4.1).*

Auf der Grundlage ungeeigneter Systeme der Verhaltensregulation treten innere Widersprüche auf, die überwiegend nicht gelöst werden können. Während bei normaler Persönlichkeitsentwicklung die daraus resultierenden psychischen Spannungen abgebaut werden und damit ständig ein relativer Spannungsausgleich erreicht wird, gelingt bei gestörter psychischer Entwicklung der notwendige Spannungsausgleich nicht, weil

- die Anzahl der inneren Widersprüche (Konflikte, schwerwiegende Probleme, Erlebnisse) zu groß wird,
- die Intensität der inneren Widersprüche zu hoch ist (starke Konflikte, gravierende lebenswichtige Probleme, Schockerlebnisse),
- die inneren Widersprüche objektiv nicht oder nur unter großen Schwierigkeiten lösbar sind („ausweglose Situation"). Gelingt es nicht, die inneren Widersprüche zu lösen, so bleiben auch die zugehörigen Spannungen weitgehend erhalten; es kommt zur Ausbildung *psychischer Dauerspannungen*, die sich fortlaufend verstärken. Gleichzeitig vollziehen sich *negative Veränderungen in der Persönlichkeit.* Sie finden ihren Ausdruck

- in der Manifestation von Fehleinstellungen gegenüber der sozialen Umwelt und sich selbst,[14]
- in Selbstunsicherheit bzw. Beeinträchtigung des Selbstwertgefühls,
- in Minderwertigkeitsgefühlen, Mißerfolgsbefürchtungen, Versagensangst, generalisierter Angst, gesteigerter Sensibilität,
- in der Beeinträchtigung der intellektuellen Leistungsfähigkeit, der Durchsetzungsfähigkeit usw.

Wesentliche Merkmale psychischer Störungen sind die *Labilität der Persönlichkeit* und die *mangelnde persönliche Steuerungsfähigkeit,* woraus sich die häufig zu beobachtende starke Beeinflußbarkeit ergibt.

Auf der Grundlage dieser und anderer Veränderungen in der Persönlichkeitsstruktur *verzerrt sich das interne Abbild der objektiven Realität,* so daß die kindliche Persönlichkeit mehr oder weniger unfähig wird, die Umwelt und die eigene Person sachlich richtig zu beurteilen bzw. rational oder emotional zu be-

13 Unangenehmes (subjektiv belastendes) Erleben der Behinderung bei der Befriedigung wesentlicher Bedürfnisse.

14 In diesem Zusammenhang wird mitunter mit dem Begriff der Neurose gearbeitet. Da er jedoch unterschiedlich interpretiert wird, vermeiden wir ihn weitgehend.

werten. Dadurch wird eine adäquate eigenständige Handlungsregulierung zunehmend behindert und *ständig neues Fehlverhalten* hervorgerufen.
Es entsteht ein circulus vitiosus (ein Teufelskreis der Fehlentwicklung), dem sich das Kind aus eigener Kraft nicht entziehen kann. Es bedarf dazu verständnisvoller und helfender Zuwendung durch Eltern, Lehrer, Freunde oder Partner bzw. pädagogischer oder psychotherapeutischer Beeinflussung.

Bedingungen für das Entstehen von Lern- und Verhaltensstörungen. In den vorangegangenen Abschnitten ist bereits mehrfach immanent auf einige Bedingungen der Entwicklung psychischer Störungen hingewiesen worden. Deshalb soll im folgenden lediglich ein *Überblick* gegeben werden, der keinen Anspruch auf Vollständigkeit erhebt: Die Ursachen und Bedingungen für exogene psychische Störungen können in allen Lebensbereichen liegen, auch in mehreren gleichzeitig. Im Vordergrund stehen dabei unterschiedlich geartete Disharmonien in den sozialen Beziehungen sowie das Erleben persönlicher Unzulänglichkeiten, Schwächen und Leistungsbeeinträchtigungen (vgl. Kap. 3.).

• *Familiäre Bedingungen:*

– *gestörte Beziehungen der Familie zur Gesellschaft* hinsichtlich der Ziele und Aufgaben der sozialistischen Gesellschaft sowie zur Arbeit, zum Betrieb, zum Arbeitskollektiv, zu Verwandten, Bekannten, Nachbarn;

– *verminderte Qualität der innerfamiliären Beziehungen* (der Eltern-Kind-Beziehung, der Geschwisterbeziehung usw.);

– *Mängel in der pädagogischen Grundhaltung der Eltern*, d. h. in der Gesamtheit der Einstellungen zu Erziehungsfragen, insbesondere ungenügendes Erleben der Verantwortung für die Entwicklungsrichtung und das Entwicklungsniveau des eigenen Kindes, mangelndes Vertrauen in die Wirksamkeit von Erziehungsmaßnahmen, Zweifel an der eigenen Erziehungstüchtigkeit oder -fähigkeit, Fehleinschätzung der Rolle der Schule und der Lehrer im Entwicklungsprozeß des eigenen Kindes sowie Unterschätzung der pädagogischen Wirksamkeit des Kollektivs Gleichaltriger und der freundschaftlichen Beziehungen des Kindes;

– *Mängel im Erziehungsstil und in den Erziehungsmaßnahmen* der Eltern, z. B. unangemessene Strenge oder Härte in der Erziehung, Überforderung (Tempoüberforderung, Leistungsüberforderung, emotionale Überbelastungen), Unterforderung, Verwöhnung, Überbesorgtheit, Verzärtelung, mangelnde Variabilität und Adäquatheit der Erziehungsmaßnahmen sowie Pendelerziehung durch zu starke Emotionalität bzw. Launenhaftigkeit eines Elternteils, ausgeprägte Widersprüchlichkeit im realen pädagogischen Verhalten beider Eltern, Großeltern oder anderer an der Erziehung beteiligter Personen.

Ungünstige familiäre Bedingungen werden wesentlich durch *Besonderheiten der Persönlichkeit der Eltern* hervorgerufen. Untersuchungsergebnisse weisen darauf hin, daß bei Eltern negativ auffälliger bzw. fehlentwickelter Schüler folgende Persönlichkeitsbereiche nicht in wünschenswerter Weise entwickelt bzw. beeinträchtigt sind:

– Die *weltanschauliche und moralische Grundhaltung* hinsichtlich des Inhalts, der Richtung und der Stabilität. Daraus ergeben sich Fehleinstellungen zur Gesellschaft und zum Leben allgemein.

– Das *Bildungsniveau*, das Streben nach Bildung und beruflicher Qualifizierung sind gegenüber dem Durchschnitt häufig verringert.

– Die *emotionale Ansprechbarkeit* und Resonanzfähigkeit sind in zahlreichen Fällen nicht genügend entwickelt. Starke Gefühlsschwankungen bewirken teilweise Launenhaftigkeit, die zu Erscheinungen mangelnder Kontinuität und Inkonsequenz in der Erziehung führen.

• *Schulische Bedingungen:*

Auch in der Schule wirken objektive und subjektive Bedingungen, die Lern- und Verhaltensstörungen fördern oder auslösen können. Dazu gehören:

– Ungünstige *Lehrer-Schüler-Beziehungen*, die nicht genügend von wechselseitiger Achtung, wechselseitigem Verständnis und Vertrauen getragen sind. Hier gelten die für die Familie genannten Probleme in transformierter Form.

– *Ungenügende Entwicklung des sozialistischen Schülerkollektivs*, so daß es zur Abwertung, Beeinträchtigung oder Unterdrückung einzelner Schüler sowie zur Entwicklung negativer Formen des Denkens und Handelns hinsichtlich der Schule, des Lernens und der sozialen Beziehungen kommen kann.

– Eine wesentliche Rolle spielen auch die *Bedingungen des Unterrichts*. Der Lehrer orientiert sich z. B. hinsichtlich der Gestaltung des Anforderungsniveaus und der Zeitvorgabe bzw. des Arbeitstempos im allgemeinen am mittleren Leistungsniveau und Arbeitstempo der jeweiligen Klasse. Diese Tatsache führt objektiv zur ständigen *Über-* bzw. *Unterforderung* bestimmter Schüler. Überforderte Schüler erleben häufig Mißerfolg, die zur Entwicklung von Mißerfolgsbefürchtungen, Selbstunsicherheit oder Versagensangst führen können. Ein sehr erfolgreicher Weg zur Überwindung dieser Probleme ist eine geschickte und vielgestaltige *Differenzierung des Unterrichts*. Auf diese Weise kann gleichzeitig verhindert werden, daß die Disziplin der über- oder unterforderten Schüler nachläßt oder sich Erscheinungen der Überheblichkeit, der Selbstüberschätzung und des Absinkens der Anstrengungsbereitschaft herausbilden.

- *Weitere Bedingungen:*

Weitere Bedingungen können im Bereich des Berufes, der beruflichen Anforderungen, des Arbeitskollektivs, der Partnerbeziehungen, der Ehe, der eigenen Familie usw. liegen. Auch körperliche Auffälligkeiten, die durch Verletzung, schwerwiegende Erkrankungen usw. bedingt sind, können zu Lern- und Verhaltensstörungen führen, wenn sie vom Kinde oder Jugendlichen als Benachteiligung erlebt werden oder zur Belastung der sozialen Beziehungen führen.

4.2.2. Symptome psychischer Störungen

Begriffsbestimmung und Klassifizierung. *Symptome sind Erscheinungs- oder Äußerungsformen psychischer Störungen,* zu denen auch Lern- und Verhaltensstörungen gehören. Sie weisen auf psychische Störungen hin, sind jedoch mit ihnen nicht identisch. Das *Wesen psychischer Störungen* besteht in den erwähnten negativen Veränderungen in der Persönlichkeit, die zu einer verzerrten Abbildung der objektiven Realität führen und die Fähigkeit zur eigenständigen, adäquaten Handlungsregulation partiell (situativ) oder generell mehr oder weniger einschränken.

Therapeutische Bemühungen sind in erster Linie auf die *Korrektur der negativen Veränderungen in der Persönlichkeit, auf die Reharmonisierung und Stabilisierung der Persönlichkeit gerichtet.* Einseitige Symptomtherapie bewirkt im günstigsten Falle die Beseitigung des jeweiligen Symptoms, jedoch nicht die Korrektur der psychischen Störung. An die Stelle des erfolgreich bekämpften Symptoms können andere Symptome treten.

In der Praxis der Psychotherapie wird lediglich vorwiegend dann auf Symptomtherapie orientiert, wenn es sich um ein sozial stark belastendes Symptom handelt, das die psychotherapeutischen Bemühungen behindern würde. Das gilt bei Kindern z. B. für die Enuresis nocturna (Bettnässen) und für Sprachstörungen, z. B. Stottern. Parallel zur Symptomtherapie muß jedoch die Reharmonisierung der Persönlichkeit, die Rückbildung der psychischen Störung erfolgen.

Der Symptombildung liegen *psychische bzw. körperliche Bereitschaften* (begünstigende Voraussetzungen) zugrunde. So neigen z. B. gesteigert sensible Persönlichkeiten zu sozial auffälligen Symptomen in Form von extremer Zurückhaltung, Ausweichtendenzen (Ausweichverhalten) und Ersatzbefriedigungen (als Kompensation persönlich erlebten Versagens).

Organische Symptome treten vor allem in den am schwächsten entwickelten und deshalb störanfälligsten Organbereichen auf.

Hier können auch erblich bedingte Beeinträchtigungen eine Rolle spielen. So ist z. B. bekannt, daß die Eltern von Enuretikern häufig in der Kindheit selbst Enuretiker gewesen sind oder daß bei ihnen eine erhöhte Störanfälligkeit im Blasenbereich vorliegt. Ähnliches gilt für Sprachstörungen, Herz-Kreislaufstörungen sowie Magen- und Darmstörungen.

Die große Anzahl der in der Praxis auftretenden Symptome zwingt zu einer gewissen Ordnung bzw. Gruppierung zum Zwecke der besseren Übersicht. Jeder Klassifizierungsversuch folgt bestimmten Kriterien, und es gibt keine allgemein verbindliche Klassifizierung. Um das Erkennen psychischer Fehlentwicklungen und die Ableitung adäquater pädagogischer Maßnahmen zu erleichtern, wählten wir folgende Klassifizierung:

- soziale Verhaltensstörungen,
- Leistungsversagen,
- Sprach- bzw. Sprechstörungen,
- Psychosomatische Störungen.

Aus der Praxis der Erziehungsberatung ist bekannt, daß mitunter von Lehrern, Eltern und anderen Erziehern psychische Störungen trotz ausgeprägter Symptomatik nicht oder nicht rechtzeitig (besonders im Anfangsstadium) diagnostiziert bzw. Symptome psychischer Störungen fehlerhaft interpretiert werden. Das führt gewöhnlich zu ungeeigneten pädagogischen Maßnahmen.
Häufig wird auf *aggressives Verhalten, auf extreme Zurückhaltung* sowie auf das *durch psychische Fehlentwicklung bedingte Leistungsversagen* von Schülern pädagogisch fehlerhaft reagiert.

Aggressives Verhalten, das sich in Disziplinlosigkeit, aktivem Stören des Unterrichts, Auflehnung, Neigung zu scheinbar unmotivierten Prügeleien mit Klassenkameraden usw. äußert, ist ein sehr störendes Symptom, auf das Lehrer und Erzieher mitunter mit „harten" Erziehungsmaßnahmen reagieren. Geduldige, vertrauensvolle Zuwendung wäre aber nötig, um die meist hinter der Aggressivität stehende gesteigerte Selbstunsicherheit oder Angst des Schülers abzubauen.
Schüchternheit, Ängstlichkeit und mangelnde soziale Durchsetzungsfähigkeit bei *extrem zurückhaltenden Schülern* bleiben häufig unbeachtet, weil diese Schüler zunächst äußerlich unauffällig (anpassungs- und unterordnungsbereit) sind. Sie werden erst zum Problem für den Erzieher, wenn bei ihnen die extreme Zurückhaltung in Aggressivität umschlägt.
Das geschieht in der Regel, wenn diese Schüler mehr oder weniger bewußt erleben, daß aktive Selbstschutz- oder Abwehrreaktionen scheinbar besser als Zurückhaltung geeignet sind, die eigenen Probleme zu bewältigen.

Bei einem großen Teil der *leistungsversagenden Schüler* ergeben sich die Schwierigkeiten nicht in erster Linie aus mangelnden Kenntnissen oder ungenügend entwickelten Fähigkeiten, sondern aus der Tatsache, daß sie – angesichts ihrer psychischen Störung – nicht in der Lage sind, ihre Leistungspotenzen zu entfalten.
In der Praxis wird häufig versucht, die Lernschwierigkeiten solcher Kinder einseitig durch Leistungstraining (Förderunterricht, Patenschaften durch andere Schüler oder Vertreter des Elternaktivs) zu beheben. Notwendig wäre jedoch – zumindest parallel mit der Leistungsförderung –, die dahinter stehende psychische Störung zu korrigieren, um dadurch eine nachhaltige Leistungserhöhung zu ermöglichen.

Soziale Verhaltensstörungen. Soziale Verhaltensstörungen sind die Folge der bei psychischen Störungen existierenden *psychischen Dauerspannungen*, die eine ruhige sachorientierte Zuwendung zur Umwelt behindern, sowie der verminderten Fähigkeit zur richtigen Wertung der Umwelt und der eigenen Person. Dadurch wird die eigenständige adäquate Handlungsorientierung und -regulierung in allen Lebensbereichen erheblich beeinträchtigt.

Es lassen sich folgende soziale Verhaltensstörungen abgrenzen, die wir im folgenden näher charakterisieren:

- *Motorische Unruhe*

> Sie äußert sich in einem *verstärkten Bewegungsdrang* (Zappligkeit, „nervöses Spielen“ mit Gegenständen, unruhige Bewegungen der Extremitäten usw.).

Häufig läßt sich sogenannte leere Betriebsamkeit beobachten, z. B. mehr oder weniger ziel- und planlose Bewegungsabläufe, die zu keinem angemessenen Ergebnis führen (Hin- und Herlaufen, gleichförmige Geräusche auslösende Bewegungen, zielloser Umgang mit Gegenständen).
In Belastungssituationen treten fahrige Bewegungsabläufe auf, denen eine mangelnde Bewegungskoordination zugrunde liegt, z. B. ungeschickte Bewegungen beim Umgang mit Gegenständen (Fallenlassen, Herunterreißen) oder Stolpern „über die eigenen Beine“.

Als normale zeitweilige Erscheinung können fahrige Bewegungsabläufe auch in der ersten puberalen Phase beobachtet werden. Sie sind Folge des raschen Wachstums der Extremitäten, das eine veränderte Bewegungskoordination erfordert.

- *Aggressives Verhalten*

> Hinter aggressivem Verhalten stehen in den meisten Fällen gesteigerte *Selbstunsicherheit oder Angst*, die zu einer Tendenz unangemessenen aktiven Selbstschutzes oder zur Abwehrhaltung gegenüber Umwelteinwirkungen führen.

Das kann auch durch ein unangemessen hohes Anspruchsniveau oder durch Egoismus hervorgerufen werden, wenn diese mit der Unfähigkeit gepaart sind, sich durchsetzen zu können. Das ist meistens auf Versäumnisse in der Erziehung zurückzuführen.

Aggressives Verhalten kann sich in aktivem Stören des Unterrichts, in betont lautstarken Reaktionen, häufigen Verstößen gegen Verhaltensnormen, in Auflehnung gegen Forderungen der Erwachsenen, häufigen Prügeleien mit Klassenkameraden sowie in der Neigung zur Unterdrückung jüngerer oder schwächerer Schüler äußern.

- *Extreme Zurückhaltung*

> Gesteigerte *Selbstunsicherheit oder Angst* können sich auch in extremer Zurückhaltung, Schüchternheit oder Gehemmtheit äußern. Bei diesen Schülern fällt ihre *mangelnde soziale Durchsetzungsfähigkeit* und die Neigung zu *Ausweichtendenzen* gegenüber normalen Anforderungen auf sowie die begrenzte Fähigkeit, klare Entscheidungen zu treffen.

Extreme Zurückhaltung ist also dem aggressiven Verhalten diametral entgegengesetzt, kann jedoch situativ (zeitweilig) oder dauerhaft in aggressives Verhalten umschlagen.

- *Lügen*

> Lügen ist die *bewußte Verfälschung der Wirklichkeit* mit dem Ziel, sich persönliche Vorteile, Geltung, Achtung oder Anerkennung zu sichern oder vor negativen Sanktionen zu schützen.

Kennzeichnend für psychisch gestörte Kinder ist die beträchtlich gesteigerte Häufigkeit und die fehlende oder mangelnde objektive Notwendigkeit des Lügens. Das Lügen kann die Tendenz des Ausweichverhaltens aufweisen, es kann aber auch als aggressives Verhalten – vor allem gegenüber bestimmten Personen – auftreten.

Das „Flunkern“ des Vorschulkindes, dem manchmal die klare Abgrenzung eigener intensiver Wunsch- oder Phantasievorstellungen oder auch des Träumens von der Wirklichkeit nicht gelingt, und die falsche Aussage, die aus mangelnder Kenntnis oder Irrtümern hervorgeht, entsprechen nicht dieser Begriffsbestimmung. Es kann deshalb schädlich sein, wenn Eltern oder andere Erwachsene im Flunkern den Beginn der Entwicklung

von Lügen sehen und entsprechend reagieren. Natürlich ist es erforderlich, das Kind in verständnisvoller Weise auf seinen Irrtum aufmerksam zu machen, bewußte Verfälschung der Wirklichkeit sollte ihm aber nicht unterstellt werden.
Auch die normal entwickelte Persönlichkeit sieht sich in Ausnahmesituationen zum Lügen gezwungen (Notlüge, durch soziale Rücksichtnahme determiniertes Lügen, Wahrung der Schweigepflicht usw.).

- *Stehlen*

> Stehlen ist die zeitweilige oder dauerhafte *Aneignung von Gegenständen, die nicht zum persönlichen Besitz gehören.*

Bei verhaltensgestörten Kindern/Schülern kann das Stehlen ausgesprochen häufig und ohne nachweisbare objektive Notwendigkeit auftreten.
Grundsätzlich hat es jedoch eine oder mehrere dem Schüler mitunter nicht klar bewußte Funktionen. So ist die unberechtigte Aneignung bequemer als die reguläre (Ausweichverhalten), und man kann bestimmte, subjektiv abgelehnte Personen schädigen (aggressives Verhalten). Deshalb sollten stets folgende Fragen geklärt werden:
– Was wird gestohlen? (Gegenstände von hohem oder geringem materiellem Wert, lebensnotwendige Gegenstände, Genußmittel oder Luxusartikel?)
– Welche Funktion hat das Stehlen? (Befriedigung persönlicher Bedürfnisse, Streben nach sozialer Anerkennung oder Geltung, z. B. um durch Schenken soziale Beachtung zu finden?)
– Wer wird bestohlen? (Öffentliche Einrichtungen, zu denen keine persönliche Bindung besteht? Bestimmte, subjektiv abgelehnte Personen, die mehr oder weniger bewußt geschädigt werden sollen? Auch Freunde oder Unbekannte?)
Aus der Beantwortung dieser Fragen ergeben sich Anhaltspunkte, welche Fehleinstellungen vorliegen können und welche pädagogischen oder therapeutischen Maßnahmen getroffen werden müssen.

Vom Stehlen im eigentlichen Sinne ist das unerlaubte Aneignen von Gegenständen (Spielzeug, Süßigkeiten u. a.) durch Kleinkinder zu unterscheiden, das im allgemeinen situationsbedingt ausgelöst wird. Es tritt bei allen Kindern dieses Alters auf, da sie entwicklungsbedingt noch nicht über die notwendigen psychischen Voraussetzungen selbständiger normgerechter Handlungsregulation verfügen.

- *Weglaufen*

> Das Weglaufen ist in *gestörten sozialen Beziehungen* in der Familie (Eltern-Kind-Beziehung), in der Schule, im Beruf oder im erotisch-sexuellen Bereich begründet.

Meist wird es durch aktuell hinzutretende Konflikte (Belastungen) ausgelöst, die beim Schüler zum Erlebnis einer „ausweglosen Situation" führen.

Es ist häufig sehr schwer, den Eltern bewußtzumachen, daß sie selbst ihr Kind in eine ausweglose Situation getrieben haben. Eltern und andere Erzieher sind mitunter geneigt, die Verantwortung allein dem „undankbaren", vielleicht „verwöhnten" Kinde zuzuschreiben. Daraus ergibt sich auch eine relativ geringe Bereitschaft, das Kind mit allen Mitteln aus seiner ausweglosen Situation zu befreien.

Das Weglaufen ist oft mit Lügen und Stehlen verbunden.
Es kann aber auch im Zusammenhang mit Epilepsie auftreten. In diesen Fällen erweist sich eine enge Zusammenarbeit mit Fachärzten (Psychiatern und Neurologen) als unerläßlich.

- *Regressionen (Primitivreaktionen)*

> Bei Regressionen handelt es sich um einen *Rückfall auf Reaktionsformen oder Verhaltensweisen, die genetisch früheren Entwicklungsstufen entsprechen.*

Sie werden bei verhaltensgestörten Persönlichkeiten durch die bereits erwähnten psychischen Dauerspannungen ausgelöst und äußern sich in überhöhtem Zärtlichkeitsbedürfnis, in aggressiven Verhaltensweisen oder in extremter Zurückhaltung, mangelnder sozialer Anpassungs- und Durchsetzungsfähigkeit usw.

Als allgemeiner Grundmechanismus gilt, daß überdurchschnittliche *psychische Erregungen das Niveau des Denkens und Handelns senken*, unabhängig davon, ob die Erregungen einen positiven (Verhalten bei lustbetonten oder euphorischen Zuständen) oder negativen Inhalt (Affektreaktionen) aufweisen.

Leistungsversagen. Schwierigkeiten, Probleme im Bereich des Lernens, der Aneignung des lehrplangebundenen Wissens sowie entsprechender Fähigkeiten und Fertigkeiten (also des Lernens im engeren Sinne) können zeitweilig durch entwicklungsbedingte oder aktuell ungünstige Lebensbedingungen bei vielen Schülern auftreten. In diesen Fällen kann durch Analyse und Korrektur der negativ wirkenden Bedingungen relativ schnell Abhilfe geschaffen werden. Es gibt aber auch *Formen der Lernschwierigkeiten und des Leistungsversagens, die durch vorwiegend exogene psychische Störungen* bedingt sind.

Psychische *Dauerspannungen* und die bereits erwähnten *negativen Persönlichkeitsveränderungen* (Selbstunsicherheit, Mißerfolgsbefürchtungen, Versagensangst usw.) behindern bei einzelnen Schülern eine normale Leistungsentwicklung.

Im einzelnen zeigen sich folgende *Auffälligkeiten*:

- *Geringe Konzentrationsfähigkeit*

> *Konzentration kann als höchste Form der gesteigerten Aufmerksamkeit betrachtet werden*, wobei der Gegenstand (im weitesten Sinne) im Brennpunkt des Bewußtseins gehalten und gegenüber anderen Einwirkungen abgeschirmt wird.

Zu dieser Leistung sind psychisch gestörte Schüler nur in begrenztem Umfang in der Lage. Auffälligkeiten sind:

– *Fluktuieren (Abschweifen) der Aufmerksamkeit* aufgrund äußerer Reize (Ablenkbarkeit) oder belastender Vorstellungen, Konflikte, Ängste usw. („Ideenflucht"),

– stark *reduzierte Aufmerksamkeitsdauer* (bei angstneurotischen Schülern nur 10 bis 15 Minuten)[15],

– plötzliches *„Abbrechen" der Aufmerksamkeit* (im Gegensatz zum mehr oder weniger kontinuierlichen Absinken der Aufmerksamkeit, das für die harmonisch entwickelte Persönlichkeit typisch ist).

Mangelnde Konzentrationsfähigkeit kann nicht durch bloße Forderungen oder Ermahnungen behoben werden. Vielmehr muß versucht werden, die auslösenden und wirkenden Bedingungen zu erfassen und die dahinterstehende psychische Störung in Zusammenarbeit mit allen Erziehungsträgern zu überwinden. Solche Störungen können sowohl im *körperlichen Bereich* (Leistungsschwäche des Zentralnervensystems, Störanfälligkeit des vegetativen Nervensystems, frühkindliche Hirnschädigung usw.) liegen, als auch auf *exogene Bedingungen* zurückzuführen sein. Deshalb sollte zunächst mit Hilfe des Arztes geklärt werden, ob beeinträchtigende organische Bedingungen vorliegen. Schüler mit geringer Konzentrationsfähigkeit sollten besonders motiviert, ihr Interesse am Unterrichtsstoff und die Freude am Lernen durch die *Sicherung von Erfolgserlebnissen* entwickelt werden. Sie brauchen viel Ermutigung, Hilfe und Unterstützung bei der Bewältigung von Lernanforderungen. Besonders diese Schüler sollten durch die *Entwicklung der Selbsttätigkeit und Selbständigkeit und der sachorientierten Kooperation* mit anderen Schülern im Unterricht aktiviert werden. Weil bei ihnen rascher als bei ande-

15 Neurose wird als eine ausgeprägte Form exogener Lern- und Verhaltensstörung (Fehlentwicklung) aufgefaßt.

ren Sättigungserscheinungen auftreten, wirkt sich ein angemessener Methodenwechsel günstig aus.

• *Erhöhte Ermüdbarkeit*

> Zwischen der verminderten Konzentrationsfähigkeit und rascher Ermüdbarkeit besteht ein enger Zusammenhang. *Ständige psychische Unruhe* (psychische Dauerspannung) bewirkt eine *erhöhte körperliche Aktivierung* durch Irradiation (Ausbreitung) der Erregungen von der Großhirnrinde in das vegetative Nervensystem. Dadurch kommt es zum vorzeitigen Verschleiß der körperlichen Kräfte und damit zu Ermüdungserscheinungen (wie Gähnen, unsteter Blick, Konvergieren der Augenachsen und körperliche Erschlaffung).

Ermüdung verringert die Konzentrationsfähigkeit erheblich. Körperliche Ermüdung darf nicht mit *Sättigung* verwechselt werden. Sättigungserscheinungen können z. B. durch Methodenwechsel im Unterricht weitgehend oder völlig beseitigt werden. Bei Ermüdung sind verstärkte Sauerstoffzuführung, Nahrungsaufnahme oder Schlaf erforderlich.

• *Negative Lerneinstellungen*

Es kann vorausgesetzt werden, daß alle Schüler ursprünglich bemüht sind, in der Schule Erfolg zu haben. Sie wollen sich die laut Lehrplan zu vermittelnden Kenntnisse, Fähigkeiten und Fertigkeiten aneignen.

> Häufige *Mißerfolgserlebnisse* im Leistungsbereich sowie die damit verbundenen *sozialen Beeinträchtigungen* (negative Sanktionen durch Lehrer und Eltern, zunehmende Spannungen zwischen Schüler und Klassenkollektiv) können bei psychisch gestörten Schülern mit Lernstörungen eine zunehmende Ablehnung des Lernens, der Lehrer und der Schule insgesamt bewirken.

Diese Schüler sind besonders stark abhängig von der Qualität des Unterrichts, der Lehrer-Schüler-Beziehung und dem Niveau der Entwicklung des Klassenkollektivs (vgl. Abschn. 3.2. und 3.3.).

Liegen in diesen Bereichen positive Bedingungen vor, kann nicht nur die Entwicklung negativer Lerneinstellungen verhindert, sondern auch die eventuell vorliegende psychische Störung schrittweise korrigiert werden.

• *Störungen im Bereich der Erkenntnisprozesse*

> *Psychische Dauerspannungen*, die durch aktuelle Mißerfolgsbefürchtungen, Versagensangst usw. verstärkt werden, können den Ablauf der psychischen Erkenntnisprozesse erheblich behindern, so daß eine *ruhige, sachorientierte Aufnahme und Verarbeitung neuer Informationen nicht hinreichend gelingt.*

Emotionale Erregungen behindern die gesamte Erkenntnistätigkeit, zu der auch Wahrnehmungs-, Gedächtnis- und Phantasieleistungen gehören.

Bei leistungsgestörten Schülern können häufig folgende Mängel beobachtet werden:

– Durch *unangemessene Erweiterung des Wahrnehmungs- oder Auffassungsbereichs* entstehen ungenaue, oberflächliche bis diffuse Wahrnehmungen.

– Bei übermäßiger *Einengung des Wahrnehmungsbereichs* (überhöhte Konzentration auf persönliche Probleme, Konflikte usw.) können zahlreiche, für die adäquate Handlungsregulation notwendige Informationen nicht aufgenommen werden. Diese diametral entgegengesetzten Erscheinungen können situativ wechseln oder bei einer Persönlichkeit jeweils dominant sein.

– *Das Denken* verläuft teilweise *nicht folgerichtig*, sprunghaft. *Die Fähigkeit zum Erfassen des Wesentlichen* (die Abstraktionsfähigkeit) ist – zumindest situativ – beeinträchtigt. Daraus ergibt sich, daß diese Schüler zum Reproduzieren unwesentlicher Sachverhalte neigen. Auffällig sind auch sogenannte Perseverationstendenzen (das Haftenbleiben oder die ständige Rückkehr zu den gleichen Vorstellungen oder Lösungstechniken).

– Bei psychisch gestörten Schülern ist häufig eine *übermäßige, aber wenig produktive Aktivität der Phantasie* zu beobachten, die sich in Wunsch- oder Tagträumen äußert, im illusionären Überspielen persönlichen Versagens.

Andererseits kann die Phantasie situativ oder ständig eingeengt, wenig beweglich (starr) sein. Es fehlt die notwendige innere Lockerheit zur Entfaltung der Phantasie, weil ständige psychische Spannungen vorliegen.

– Die *Fähigkeit zum festen Einprägen ist teilweise stark eingeschränkt*, so daß *rasches Vergessen* zwangsläufig auftreten muß.

Die Tendenz des Vergessens wird außerdem durch emotionale Abwehr unangenehmer Aufträge, Forderungen u. a. Sachverhalte („Verdrängung") verstärkt.

– Charakteristisch ist ungenaues, unvollständiges und *auf Unwesentliches orientiertes Reproduzieren*.

Die Funktionsfähigkeit des Gedächtnisses wird häufig durch *Reproduktionshemmungen* beeinträchtigt, die als zeitweilige emotionale Blockaden des Gedächtnisses aufzufassen sind.

Daraus ergibt sich das Zustandsbild der „Einfallsleere". Wenn z. B. ein Schüler mit großer Anstrengung zu Hause ein Gedicht gelernt und erfolgreich den Eltern vorgetragen hat, kann er es evtl. dennoch in der Schule nicht reproduzieren. Im „entspannten Feld" (in der Familie) gelang die Reproduktion, unter den Bedingungen der Leistungskontrolle in der Schule, die für ihn eine Belastungssituation darstellt, jedoch nicht. (Ähnliche Erscheinungen treten bei vielen Menschen in Prüfungssituationen auf.)

Die genannten Störungen sind bei einzelnen fehlentwickelten Schülern unterschiedlich ausgeprägt und können teilweise überhaupt fehlen, z. B. wenn eine ausgeprägte *Ehrgeizhaltung* als Kompensation aufgebaut worden ist und eine gute bis sehr gute Intelligenz vorzufinden ist.

Bei pädagogischen oder therapeutischen Bemühungen bewährt sich u. a. die spezielle *Ausbildung der Verfahren des geistigen Verarbeitens*, z. B. Übung der Analyse und Synthese, der Abstraktion, der Verallgemeinerung und der Techniken geistigen Arbeitens, einschließlich der Verwendung einfacher Hilfsmittel (Skizzen, Schemata, Übersichten) (vgl. Abschn. 2.2.).

Von besonderer Bedeutung bei derartigen Förderungsbemühungen sind *Ermutigungen, Bestätigungen* sowie die Sicherung von *Erfolgserlebnissen*.

Sprachstörungen. Im Kindes- und Jugendalter können sehr verschiedenartige Sprachstörungen auftreten. Nur wenige jedoch sind als Symptome exogener Lern- und Verhaltensstörungen aufzufassen, und zwar das *Poltern, Stottern* und der *Mutismus*. Diese Formen kann man auch als *„Sprechstörungen"* bezeichnen, weil der Sprechapparat durch psychische Erregungen in seiner Funktion mehr oder weniger stark behindert wird.

- *Poltern*

> *Das Poltern ist eine rasche, überhastete Sprechweise*, „bei der es zum Versprechen, zum Auslassen von Silben sowie zu Wort- und Lautverstümmelungen infolge beschleunigten Sprechantriebes" kommt (SEEMANN 1959, S. 356).

Als zeitweilige Entwicklungserscheinung tritt es situativ auch bei Vorschulkindern im 4./5. Lebensjahr auf, wenn sie sich im Zustand starker (positiver oder negativer) emotionaler Erregung befinden. Unter dem Einfluß beruhigender Führung verliert sich diese Erscheinung allmählich, vor allem mit zunehmender Befähigung zur Selbststeuerung.

Bilden sich jedoch psychische Dauerspannungen heraus, die durch aktuelle psychische Erregungen verstärkt werden, kann sich die Erscheinung des Polterns verfestigen und zur Entwicklung des Stotterns beitragen.

- *Stottern*

> *„Das Stottern (Balbuties) ist eine Sprachneurose*, die meistens in der Kindheit entsteht. Sie ist eine der quälendsten Neurosen, weil sie an die Sprache gebunden ist, die im individuellen Verkehr ständig gebraucht wird" (SEEMANN 1959, S. 1789). Ihr psychologischer Hintergrund ist die *Angst vor dem Sprechen* und das Bewußtsein der Unfähigkeit zum richtigen Sprechen.

Im Gegensatz dazu hofft der Polterer, durch beschleunigtes Sprechtempo sein Mitteilungsbedürfnis befriedigen zu können. Physiologisch liegen dem Stottern *spastische Koordinationsstörungen* zugrunde, also Verkrampfungen der Sprachmuskulatur, die einen normalen Sprechvorgang verhindern. Sie entstehen durch *widersprüchliche Innervation der Sprechmuskulatur.*

Positive Impulse werden der Sprechmuskulatur durch die Bereitschaft zu sprechen zugeführt und gleichzeitig negative (hemmende) Impulse durch die Angst vor dem Sprechen.

Man kann bei Berücksichtigung des Erscheinungsbildes und des Schweregrades der Störung zwei Formen des Stotterns unterscheiden:

– Das *„klonische Stottern"* liegt vor, wenn die Anfangslaute oder -silben einer Spracheinheit mehrfach wiederholt werden (z. B. „D-D-D-Dann gingen wir nach Hause").

– Beim *tonischen Stottern* ist die Verkrampfung derartig intensiv, daß zwar der Mund geöffnet wird, aber keine Lautbildung gelingt. Häufig helfen sich die Kinder durch bewußt vollzogene „Nebenbewegungen" (z. B. Aufstampfen mit dem Fuß) und erreichen dadurch eine hinreichende Entkrampfung der Sprechmuskulatur, die eine Lautbildung ermöglicht.

Wird vom Wirkungsbereich des Stotterns ausgegangen, kann zwischen *selektivem* (situationsbezogenem) und *totalem Stottern* unterschieden werden. Selektives Stottern kann z. B. in bestimmten Situationen oder in Gegenwart bestimmter Personen ablaufen.

In jedem Falle bedarf das stotternde Kind der *vertrauensvollen und einfühlsamen Zuwendung* durch Lehrer und Erzieher. Wichtig ist außerdem, bei den Klassenkameraden Einsicht, Verständnis und die Bereitschaft zur Unterstützung zu erreichen. Außerdem sollten grundsätzlich ein Psychologe oder Logopäde für die Therapie gewonnen werden.

- *Mutismus (mutus = stumm)*

> *Der Mutismus (psychogenes oder psychisch bedingtes Schweigen)* tritt relativ selten auf, ist jedoch pädagogisch dennoch bedeutsam. Dieser Unfähigkeit zu sprechen liegen einerseits *Verkrampfungen der Sprechmuskulatur* und andererseits *Reproduktionshemmungen* (Einfallsleere) zugrunde.

Im allgemeinen wird – wie beim Stottern – zwischen *selektivem* und *totalem Mutismus* unterschieden.

Die Störung kann ausschließlich auf den Unterricht beschränkt sein. Es wäre falsch, diesen selektiven Mutismus als Trotz, Bockigkeit oder gar Auflehnung aufzufassen. Ein normal entwickeltes Kind wäre nicht in der Lage, über einen längeren Zeitraum (Wochen, Monate) – trotz wohlgemeinten Zuspruchs – permanent zu schweigen. Mit Hilfe eines Psychologen sollte deshalb eine sorgfältige Analyse der Persönlichkeit des Kindes und seiner Anamnese vorgenommen und eine geeignete Therapie eingeleitet werden.

- **Lese-Rechtschreibschwäche (LRS)**

> *Die Lese-Rechtschreibschwäche ist ein „spezielles Versagen im Erlernen des Lesens und der Rechtschreibung bei normaler oder im Verhältnis zu dieser partiellen Schwäche zumindest relativ besseren Intelligenz ..."* (Kossow 1972, S. 12).

Der Begriff LRS kann also nur bei Schülern mit normaler Intelligenz angewandt werden.

Das sehr ähnliche Versagen bei Schwachsinn (Oligophrenie) ist auf die ausgeprägten Intelligenzmängel zurückzuführen. Ungenügende Leistungen auf dem Gebiet des Lesens und Rechtschreibens können auch durch nicht erkannte Seh- und Hörstörungen, durch lang andauernde Krankheit usw. verursacht sein.

Bei LRS „bestehen extreme analytisch-synthetische Schwierigkeiten aufgrund ungenügender Trennschärfe im sprechmotorisch-akustischen Bereich. Gestört sind die sprachlich-akustischen Funktionen, vorrangig die Sprechmotorik" (Kossow 1972, S. 21). In manchen Fällen wird irrtümlich eine vorwiegend optische Beeinträchtigung oder ungenügender „häuslicher Fleiß" als Ursache angenommen und daraus abgeleitet, daß diese Schüler viel lesen und schreiben müßten. Ihnen werden deshalb zusätzliche Lese- und Schreibübungen auferlegt, die jedoch zu keinem wesentlichen Fortschritt führen können.

LRS-Schüler bedürfen einer speziellen pädagogischen Hilfe, die auf den Abbau der ungenügenden Trennschärfe bzw. Gliederungsschwäche gerichtet ist, weil die Schüler nicht in der Lage sind, sprachliche Einheiten in ihre Bestandteile (Wörter, Silben, Einzellaute) aufzugliedern.

Als Ursachen werden angenommen:

- Entwicklungsverzögerungen in bestimmten Abschnitten des Zentralnervensystems, weil etwa 80 % der Störungen erfolgreich therapiert werden,
- frühkindliche Hirnschädigungen, durch die vielfältige Beeinträchtigungen der Hirnfunktionen hervorgerufen werden können,
- Vererbung von neurologischen Leistungsschwächen bestimmter Hirnabschnitte.

Die größte Wahrscheinlichkeit kommt bei den meisten Fällen der Annahme von Entwicklungsverzögerungen zu.

Der korrektiv-pädagogischen Einwirkung muß eine differenzierte Diagnose vorausgehen, zumal nicht alle Schüler, die ungenügende Leistungen – vor allem bei Diktaten und Aufsätzen – aufweisen, eine LRS haben. Einige Fehler treten zwar auch bei LRS auf, sind jedoch kein eindeutiger Hinweis auf diese Störung. Das gilt für folgende Fehlerarten:

- Groß- und Kleinschreibung,
- Dehnung und Kürzung,
- Getrennt- und Zusammenschreibung,
- Interpunktion,
- Grammatik (vor allem mundartlich abhängige Mängel).

Für LRS typische Fehler sind *(vgl. auch Abb. 4.2):*

1. *Verwechslungen*

– *Konsonantenverwechslungen*

wart statt **wacht**, **basbelt** statt **bastelt**

Verwechselt werden häufig: m – n, w – f, r – ch, s – z – ch, b – p – d – t.

– *Vokalverwechslungen*

Totl statt **Tadel**, **muchde** statt **möchte**

Verwechselt werden häufig:

U – o, u – ü, o – a, i – ü, u – ö.

Die Verwechslungen betreffen in erster Linie sprechmotorisch und akustisch ähnliche Konsonanten und Vokale.

2. *Auslassungen*

– *von Wörtern*

– *von Silben:* **Geteilaten** statt **Gäste einladen**

gebt statt **gebracht**

– *von Einzellauten:*

- Konsonanten (vor allem Übergangslaute)

Fucht statt **Flucht**, **füf** statt **fünf**, **Ferjenerlenis** statt **Ferienerlebnis**

- Vokalen:

Sfa statt **Sofa**, **Tmpel** statt **Tempel**, **ht** statt **hat**, **Bannen** statt **Bananen**

3. *Umstellungen:*

Es dominieren Lautfolgenumstellungen:

asl statt **als**, **wernd** statt **werden**, **Krate** statt **Karte**, **Wrae** statt **Ware**.

Folgevertauschungen ganzer Silben treten selten auf.

4. *Zusammenschreibungen:*

Voralldin statt **vor allen Dingen**

letes statt **legte sich**, **schafgen** statt **schlafen gehen**,

walt statt **wie alt**.

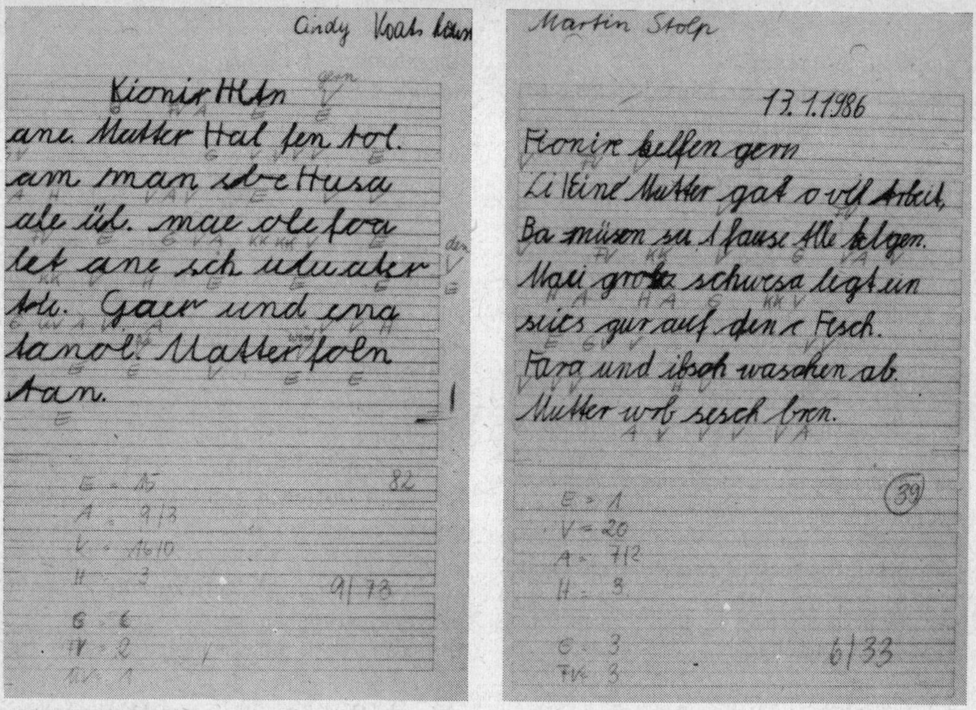

Abbildung 4.2: Diktate zweier Schüler (Alter 7; 9 und 7; 10 – Klasse 2) aus dem Aufnahmeverfahren LRS mit Auswertungsvermerken

V = Verwechslungen
A = Auslassungen
H = Hinzufügungen
U = Umstellungen
Z = Zusammenschreibungen

E = Entstellungen
G = Regelfehler Großschreibung
FV = fehlende Verdopplung
ÜV = überflüssige Verdopplung
KK = Konsonant aus Konsonantengruppe

Der Originaltext des Diktats lautet:
Pioniere helfen gern. Eine Mutter hat viel Arbeit. Da müssen zu Hause alle helfen. Meine große Schwester legt ein sauberes Tuch auf den Tisch. Vater und ich waschen ab. Mutter wird sich freuen.

5. *Hinzufügungen:*
Arameise statt **Ameise**, **danbei** statt **dabei**, **draei** statt **drei**, **Balase** statt **Blase**.
Beim Lesen treten große Schwierigkeiten in der Lautsynthese auf. LRS-Kinder orientieren sich an den Signalbuchstaben im Wort und lesen ratend. Deshalb weichen die Fehler beim Lesen gegenüber den Schreibfehlern ab.
Angesichts der ständigen Mißerfolge im Lernen entwickeln sich bei LRS-Kindern häufig Verhaltens- und allgemeine (generalisierte) Lernstörungen.

Die korrektiv-pädagogische Einwirkung richtet sich auf die Entwicklung der Gliederungsfähigkeit für Sätze, Satzteile, Wörter (Silben und Einzellaute) sowie auf die Erhöhung des Niveaus der Artikulation (vgl. Kossow 1972).

Psychosomatische Funktionsstörungen. Lern- und Verhaltensstörungen können sich auch in *körperlichen (organischen) Dysfunktionen* ausdrücken. Sie sind durch die auftretenden psychischen Dauerspannungen und deren zugehörige nervöse Erregungen

determiniert, die sich in das vegetative Nervensystem ausbreiten.
Einzelne Organe oder Organbereiche bzw. der Gesamtorganismus werden auf diese Weise übermäßig aktiviert oder gehemmt und in ihrer normalen Funktion gestört.

Die Wirksamkeit dieses Grundmechanismus kann auch bei aktuellen (situativen) psychischen Belastungen von allgemein harmonisch entwickelten Persönlichkeiten registriert und evtl. bewußt beobachtet werden. Es treten z. B. häufig in aktuellen Konfliktsituationen *Veränderungen im Herzkreislaufsystem* auf (Herzklopfen, Rot- oder Blaßwerden), aber auch *verstärkte Schweißabsonderung, Zittern, Schlafstörungen, erhöhter Harn-* oder *Stuhldrang, Störungen in der Bewegungskoordination, Beeinträchtigung der Sprechfähigkeit* usw. Diese Erscheinungen können nur dann als Symptome psychischer Fehlentwicklung betrachtet werden, wenn sie dauerhaft, mehr oder weniger ständig zu beobachten sind (d. h. ohne objektiv nachweisbare starke psychische Belastung) oder eine hohe Intensität aufweisen.

Der Ausbildung dieser Symptome liegen *(körperliche, organische) Bereitschaften* zugrunde. Betroffen werden vorwiegend Organbereiche, die am schwächsten entwickelt bzw. am störanfälligsten sind. Die verbreiteten Symptome sind der Tic, das Einnässen und Einkoten und Schlafstörungen.

- *Tic*

> *Tics sind unwillkürlich ablaufende, ruckartige, unregelmäßige zuckende Bewegungsabläufe im Bereich des Kopfes und der Schulterpartie.* Ihnen liegen Selbstunsicherheit und Angst zugrunde. Sie sind als fehlgesteuerte, inadäquate Reaktionen gegenüber Umwelteinwirkungen zu verstehen.

Durch den Blinzeltic z. B. sollen unangenehme optische Einwirkungen abgeschirmt oder eingeschränkt werden. Auch die Kopfschüttel- und Schultertics besitzen eine derartige Abwehrfunktion. Zu den Erscheinungsformen des Tics gehören außerdem das *Zucken des Mundes, Hochziehen der Augenbrauen, ruckartige Kontraktionen der Stirnmuskulatur* und häufiges Räuspern. In aktuellen Belastungssituationen – vor allem im sozialen Kontakt – verstärken sich diese Erscheinungen und können in entspannten Situationen abgeschwächt auftreten oder vorübergehend völlig unterbleiben.
Unmittelbare Auslöser sind häufig *Leistungs-* und *Tempoüberforderungen bzw. erlebnismäßige Überforderungen* durch die Eltern, die Anforderungen der Schule bzw. Belastungssituationen aus dem sozialen Bereich.
Der Lehrer sollte deshalb prüfen, ob eine Überforderungssituation vorliegt und deren Korrektur anstreben. Dabei darf jedoch nicht übersehen werden, daß eine allgemeine psychische Störung vorliegen kann, die nicht ausschließlich durch Korrektur dieser Bedingungen aufzuheben ist.
In diesem Falle führen direkte Anforderungen an den Schüler, den Tic zu unterlassen, eher zur Verstärkung als zur Abschwächung der Auffälligkeit.

Auch neurologische Störungen oder körperliche Überbelastungen können Erscheinungen bewirken, die dem Tic sehr ähnlich sind. So kann beispielsweise eine nicht beachtete Einschränkung der Sehfähigkeit ebenfalls ein Blinzeln hervorrufen, das dem Blinzeltic täuschend ähnlich ist. Notwendig wäre hier eine fachärztliche Überprüfung der Sehfähigkeit des Schülers, in anderen Fällen entsprechende neurologische Untersuchungen.

- *Enuresis (Einnässen)*

> Eine *Enuresis* liegt nur dann vor, wenn im Kleinkindalter eine *erfolgreiche Reinlichkeitserziehung* durchgeführt worden ist und erst nach längerem Zeitraum das *Einnässen erneut auftritt (sekundäres Einnässen).*
> Die *Enuresis nocturna* (Bettnässen) ist die häufigere Form im Vergleich zur *Enuresis diurna* (Einnässen am Tage). Treten beide Formen kombiniert auf, liegt eine erhebliche psychische Störung vor.

Die auch für diese Kinder typische psychische Dauerspannung verhindert eine hinreichende Erschlaffung der Blase im Schlaf, so daß deren Entleerung bereits bei geringem Füllungsstand erfolgt. Außerdem erhalten diese Kinder keine ausreichenden Signale über den Füllungsstand und den Prozeß der Entleerung der Blase.

Deshalb ist es prinzipiell falsch, am Tage die Flüssigkeitsaufnahme zu reduzieren und die Kinder möglichst häufig zur Toilette zu schicken. Dadurch verkleinert sich nach vorliegenden Untersuchungsergebnissen lediglich die Blase. *Vielmehr muß die Signalfunktion aus dem Blasenbereich trainiert werden*, indem die Kinder am Tage ungehindert Flüssigkeit aufnehmen dürfen und aufgefordert werden, solange wie möglich *nicht* zur Toilette zu gehen. Lediglich kurz vor dem Schlafengehen sollte die Flüssigkeitszufuhr etwas reduziert werden.

In der hier angedeuteten Weise sollte der Lehrer als Berater wirksam werden und die Vorstellung des betroffenen Kindes beim Psychologen oder Kinderpsychiater empfehlen, zumal durch ärztliche Untersuchung abgeklärt werden muß, ob eine primär organisch bedingte Störung auszuschließen ist.

- *Enkopresis (Einkoten)*

> Die *Enkopresis* tritt wesentlich seltener auf und in der Regel nur in Verbindung mit erheblicher *Intelligenzminderung* (Schwachsinn) sowie ausgeprägten Fehlern in der Reinlichkeitserziehung und Vernachlässigung des Kindes. Zwar handelt es sich auch um *unwillkürliche Stuhlabsonderung*, der ähnliche Mechanismen zugrunde liegen wie bei der Enuresis, aber die Therapie muß entsprechend den gegebenen Bedingungen gestaltet werden.

Eine Konsultation des Kinderarztes und des Psychologen erweist sich in diesen Fällen als unerläßlich.

- *Schlafstörungen*

> Allen Varianten von *Schlafstörungen*, die als Symptom psychischer Störungen auftreten, ist gemeinsam, daß *zusätzliche psychische und körperliche Belastungen durch ein mehr oder weniger erhebliches Schlafdefizit* gegeben sind.

Einschlafstörungen können die Einschlafphasen verlängern und damit den Gesamtschlaf verkürzen. Bei manchen Kindern ist gegen Ende des 1. Lebensjahres ein unruhiges, ruckartiges Hin- und Herwerfen des Kopfes oder des gesamten Körpers zu beobachten (*Jactatio capitis* nocturna bzw. *Jactatio corporis* nocturna). Die Bewegungen sind teilweise so heftig, daß Verletzungen am Kopf entstehen können bzw. bei Rückenlage die Kopfhaare abgerieben werden. Die Jactatio darf nicht mit sanften Wiegebewegungen, die relativ häufig bei Kleinkindern vorübergehend auftreten, verwechselt werden. Durch diese Wiege- oder Schaukelbewegungen wird auf individuelle Art und Weise ein Wohlbefinden erzeugt und damit das Einschlafen unterstützt. Die Jactatio kann nach ein bis zwei Jahren wieder abklingen – in Abhängigkeit von der Qualität der Lebensbedingungen, vor allem der Eltern-Kind-Beziehungen. In Einzelfällen kann sie jedoch auch bis ins Erwachsenenalter erhalten bleiben.

Den *psychologischen Hintergrund* bilden Angst oder starke Selbstunsicherheit bzw. die durch psychische Dauerspannungen gegebene *innere Unruhe*, die eine angemessene Erlebnisverarbeitung behindern. Deutlich sichtbar wird dieser Zusammenhang auch durch das bei einigen Kindern auftretende nächtliche *angstvolle Aufschrecken (Pavor nocturnus)*. Negative, Angst auslösende Trauminhalte führen zur plötzlichen Unterbrechung des Schlafes.

Angebracht sind in diesen Fällen Maßnahmen, die das Kind beruhigen und eine adäquate Erlebnisverarbeitung ermöglichen,

z. B. Unterhaltungen vor dem Schlafengehen, Klärung der vom Kinde evtl. nicht richtig erfaßten Sachverhalte oder Probleme, Orientierungen auf zu erwartende positive Ereignisse des nachfolgenden Tages usw.

• *Weitere psychosomatische Störungen*

Als Symptome psychischer Störungen können auch Magen- und Darmstörungen (Appetitlosigkeit, Erbrechen, Gastritis, Magen- und Darmgeschwüre) sowie Herzkreislaufstörungen auftreten. In diesen Fällen ist ärztliche Untersuchung und Therapie unerläßlich.

4.2.3. Pädagogische Einflußnahme auf exogene psychische Störungen

Bei der Darstellung der Symptome ist wiederholt auf die Notwendigkeit verwiesen worden, die Zusammenarbeit mit Fachärzten und Psychologen anzustreben. In zahlreichen Einzelfällen können Fachärzte und Psychologen jedoch nur die Rolle des Beraters oder Leiters der Therapie übernehmen, weil die Möglichkeiten zu gezielter Psychotherapie begrenzt sind. Außerdem schließt auch psychotherapeutische Behandlung die Mitwirkung der Erziehungsträger ein, weil es nicht nur um die Reharmonisierung der Persönlichkeit gehen kann, sondern gleichzeitig um die Korrektur der konkreten Lebens- oder Entwicklungsbedingungen. So müssen beispielsweise Eltern die sich durch psychotherapeutische Einflüsse an ihrem Kinde vollziehenden positiven psychischen Veränderungen auch erkennen und ihr eigenes Verhalten darauf einstellen, um einen nachhaltigen therapeutischen Effekt zu sichern. Daraus ergibt sich eine sehr hohe Anforderung an die Eltern, die Lehrer und andere Erzieher, auch wenn es aus objektiven und subjektiven Gründen mitunter schwierig ist, ihr genügend entsprechen zu können.

Es muß davon ausgegangen werden, daß eine *psychotherapeutische Behandlung in vielen Fällen nicht notwendig oder aus verschiedenen Gründen nicht realisierbar ist.* Daraus erwächst dem Klassenlehrer die sehr verantwortungsvolle und komplizierte Aufgabe, in engem Zusammenwirken mit den Eltern und anderen Erziehungsträgern Maßnahmen zur Überwindung der jeweiligen psychischen Störung zu treffen.

Zur Diagnostik von Lern- und Verhaltensstörungen. Voraussetzung jeglicher Therapie ist die differenzierte Diagnose der individuellen Störung, die zwar den dargestellten *allgemeingültigen Verlaufsprinzipien* entspricht (vgl. Absch. 4.2.1.), aber wesentlich bestimmt wird durch die jeweils *spezifischen äußeren und inneren Bedingungen.* So muß z. B. ermittelt werden, welche negativen Veränderungen bei der Persönlichkeit dominant sind. Im konkreten Einzelfall sind die in *Abb. 4.1* zusammengefaßten Abweichungen unterschiedlich ausgeprägt. Wesentlich ist außerdem die *Rekonstruktion des bisherigen Lebensweges* und die Beantwortung der Frage, welche äußeren und inneren Bedingungen die Lern- und Verhaltensstörung bewirkt oder besonders gefördert haben könnten und ob diese vermuteten ungünstigen Bedingungen zum Zeitpunkt der Untersuchung noch wirksam sind. Dabei sollte beachtet werden, daß häufig nicht gravierende Auffälligkeiten oder ausgeprägte Mängel in der pädagogischen Führung vorliegen, sondern durch die Kombination ungünstiger oder divergierender Bedingungen schrittweise Fehler und Mängel im Aneignungsprozeß entstehen (vgl. Abschn. 4.2.1.)

Hauptrichtungen pädagogischer Einwirkungen. Die Bemühungen um die Korrektur psychischer Fehlentwicklungen müssen vorwiegend auf die Abschwächung oder Beseitigung ungünstiger Veränderungen in der Persönlichkeit des Schülers orientiert sein. Im Vordergrund sollten deshalb folgende Aufgaben hinsichtlich der Schülerpersönlichkeit stehen:

– *Abbau fehlerhafter Einstellungen zur Um-*

welt, zu den Eltern, Geschwistern u. a. Familienmitgliedern, zur Schule, zu den Lehrern, zum Klassenkollektiv und zum Lernen;
– *Beseitigung von Selbstunsicherheit*, Minderwertigkeitsgefühlen, Mißerfolgsbefürchtungen sowie selektiver oder generalisierter Angst;
– *Reharmonisierung und Stabilisierung der Persönlichkeit.*

Verständlicherweise orientieren sich in der pädagogischen Praxis die Bemühungen noch zu häufig auf die Symptome (aggressives Verhalten, Lügen, Stehlen, Lernstörungen usw.), weil sie unmittelbar registriert werden können. Es ist jedoch notwendig, *den psychologischen Hintergrund dieser Erscheinungs- oder Äußerungsformen* aufzudecken und *einseitige* Symptombekämpfung zu vermeiden, wenn eine nachhaltige Korrektur der jeweiligen psychischen Störung erreicht werden soll. Hinsichtlich der Optimierung der äußeren Bedingungen ergeben sich folgende Schwerpunktaufgaben:

– *Entwicklung vertrauensvoller Lehrer-Schüler-Beziehungen* durch verstärkte Zuwendung zum Schüler innerhalb und außerhalb des Unterrichts. Der Schüler sollte das Gefühl haben, daß er sich mit *allen* Problemen an seinen Klassenlehrer wenden kann, daß er ihm zuhört, ihn zu verstehen versucht und bereit ist, ihm zu helfen.
– *Reharmonisierung der Eltern-Kind-Beziehungen*, die in der Regel durch die bestehenden Lern- und Verhaltensstörungen beeinträchtigt sind. Wichtig ist hier vor allem die Information der Eltern über pädagogisch-psychologische Zusammenhänge und die daraus abzuleitenden pädagogischen Konsequenzen. Sie müssen außerdem befähigt werden, *ihr reales pädagogisches Verhalten zu analysieren, kritisch zu bewerten und zu korrigieren.* Dieses Ziel ist vor allem in der Arbeit mit kleinen Elterngruppen zu erreichen, in denen die Eltern einen Meinungs- und Erfahrungsaustausch führen.
– *Entwicklung positiver Beziehungen des Schülers zum Klassenkollektiv*, z. B. durch Erteilung ehrenvoller Aufträge im Interesse des Klassenkollektivs, die Förderung freimütiger, kritischer und konstruktiver Diskussionen in der Klasse usw.
– *Sicherung von Erfolgserlebnissen* im Leistungsbereich durch individuell angemessene Anforderungen, Ermutigung, Bestätigung und Lob.

Die pädagogische Arbeit erfordert das enge Zusammenwirken aller Erziehungskräfte (Klassenlehrer, Fachlehrer, Eltern, politisch organisiertes Schülerkollektiv) *und die aktive Beteiligung des betreffenden Schülers.*

Schütze (1985) vermittelt dazu folgende Handlungsanregungen:

– *„Sichere das einheitliche pädagogische Handeln* derjenigen, die mit dem betreffenden Schüler unmittelbar Kontakt haben! Dabei geht es speziell um die Fachlehrer, die Eltern, das Elternaktiv, die Patenbrigade, die Funktionäre der Kinder- und Jugendorganisation u. a.
Sichere zugleich, daß bei allen Beteiligten mögliche *negative Vorurteile, Einstellungen und Zweifel* gegenüber dem betreffenden Schüler *abgebaut werden*, um Fehlreaktionen zu vermeiden.
– Verhalte dich stets so, daß der betreffende Schüler dein ehrliches und aufrichtiges Bemühen um Vertrauen und Freundschaft spürt! Der Schüler muß unbedingt Vertrauen gewinnen, denn ohne sein Vertrauen ist eine Korrektur undenkbar.
Vermittle stets die Gewißheit, daß man auch die schwierigsten Probleme und Lebenssituationen erfolgreich lösen kann, wenn man will. Suggeriere stets positive Erwartungen!
Bemühe dich um den Abbau von *Mißtrauen, Zweifel, Pessimismus, Angst* und *Trotz*!
– Bemühe dich um ein *vertrauensvolles Verhältnis zu den Eltern*, um sie pädagogisch und psychologisch beraten zu können! Hilf ihnen, damit sie *pädagogisch bewußter* handeln können! Dann müssen sie die entstandene Konfliktsituation *selbst erkennen* und *selbst nach Lösungen suchen.* Ein ganz besonderes Problem ist die oft unumgängliche Veränderung fester familiärer Lebensgewohnheiten, die ungünstige Wirkungen besitzen.
Vermeide im Umgang mit Eltern alles, was sie in eine blamable Situation bringen könnte! Unterlasse alle Vorwürfe! Dies mindert die Bereitschaft zur Einsicht und Selbstveränderung.
– *Führe* mit dem betreffenden Schüler *geplante in-*

dividuelle Gespräche durch! Gib ihm Gelegenheit, damit er über seine Probleme sprechen kann und über deren Ursachen nachdenkt! *Hilf ihm,* damit er die entstandene Konfliktlage selbst erkennen kann!

Konfrontiere ihn unausweichlich mit den Widersprüchen zwischen seinen Einsichten, Versprechungen und seinem Verhalten! Konfrontiere ihn mit seinen eigenen Argumenten, damit er positive Gegenargumente selbst finden kann!
Diskutiere mit ihm *Lösungsvarianten für Konflikte* anhand bekannter Literaturbeispiele, fiktiver Konfliktsituationen und Alltagsgeschichten! Analysiere mit ihm, wie andere Personen in Konfliktsituationen sich richtig verhalten!
Sei im Gespräch geduldig und laß den Schüler sprechen!
– Verlange, daß er sich für die richtige Lösung der entstandenen Konfliktsituationen entscheidet und *zwinge ihn, damit er seine eigene Entscheidung auch konsequent realisiert*! Analysiere mit ihm, wie andere auf seine Entscheidung reagieren könnten und wie man die eigenen inneren Widerstände immer wieder überwinden kann!
Kontrolliere sein Verhalten und laß keine Ausweichtendenzen zu! *Mache ihm Mut und versichere ihn deiner Unterstützung* und der des gesamten Kollektivs!
– *Zeige dem betreffenden Schüler ganz konkrete Möglichkeiten* auf, wie er sich im Unterricht, bei der Arbeit, in der außerunterrichtlichen Arbeit, im Klassenkollektiv, in der Freizeit, im Elternhaus usw. aktiver verhalten kann!
Gib ihm Aufträge und Aufgaben, die er erfolgreich lösen kann und die ihm Freude bereiten!
– *Stelle Ziele und Aufgaben,* die *in der „Zone der nächsten Entwicklung“* liegen, unbedingt lösbar sind und deshalb zum Handlungserfolg führen! Korrektur ist ohne Erfolg undenkbar. *Fördere sein Selbstvertrauen durch nachdrückliche Bekräftigung* all dessen, was positiv ist und schon erreicht wurde!
– *Analysiere* gründlich die *Bedingungen* und Ursachen *für bisherige Lernmißerfolge*!
Welche wichtigen Grundkenntnisse fehlen? Welche Lernhandlungen werden nicht beherrscht? Welche Einstellungen zum Lernen sind vorhanden? Wodurch ist das Lernen motiviert? Wie sind die häuslichen Lernbedingungen und Freizeitinteressen?
Vermeide formale Lernhilfen! Sichere, daß wichtige Grundkenntnisse erlernt und wiederholt werden sowie notwendige Lernhandlungen geübt werden!
– Sprich mit den *FDJ- und Pionierfunktionären* der Klasse über die Probleme des betreffenden Schülers, organisiere Unterstützung und *fördere kameradschaftliche und freundschaftliche Beziehungen*!
Anerkenne die Fortschritte des betreffenden Schülers vor der Klasse und verhilf ihm dadurch zu *sozialer Anerkennung* und Aufwertung im Klassenkollektiv sowie bei den Eltern! Nutze die Möglichkeiten der *Belobigung,* aber beachte, daß auch notwendige Kritik oder Strafen unbedingt zum Handlungserfolg führen müssen! Gib ihm Gelegenheit, *Aufgaben und Pflichten für das Kollektiv zu übernehmen*!
Verhindere Spott, Abwertungen und Bloßstellungen!
– Hilf dem betreffenden Schüler bei der *Entwicklung einer realen Selbsteinschätzung* durch Bewußtmachen der bisher erreichten Ergebnisse und der Eröffnung neuer Möglichkeiten! Laß ihn neue Ziele entwickeln, die er lösen kann!
Korrigiere ihn, wenn er irreale, unerreichbare oder auch anspruchslose Handlungsziele entwickelt. Sprich mit ihm über seine beruflichen Pläne und wie er sich sein zukünftiges Leben vorstellt!“ (*vgl. auch Abb. 4.3).*

4.2.4. Ausgewählte endogene Lern- und Verhaltensstörungen

Frühkindliche Hirnschäden. Schädigungen des in der Entwicklung befindlichen Gehirns des Kindes können zu Störungen oder Abweichungen im Leistungs- oder Verhaltensbereich führen. Der Grad und die Richtung dieser Störungen hängen in erster Linie vom Zeitpunkt der Schädigungen ab.
Man unterscheidet deshalb zwischen *vorgeburtlich* (pränatal), *während der Geburt* (perinatal) und *nach der Geburt* (postnatal) eingetretenen Schädigungen.
Je früher es zu einer Hirnschädigung kommt, desto eher führt sie zu einer *umfassenden Allgemeinschädigung der Gehirnentwicklung* und kann mit starken Mißbildungen des Gehirns verbunden sein *(vgl. auch Abb. 4.4).*
Pränatale Hirnschädigungen können durch

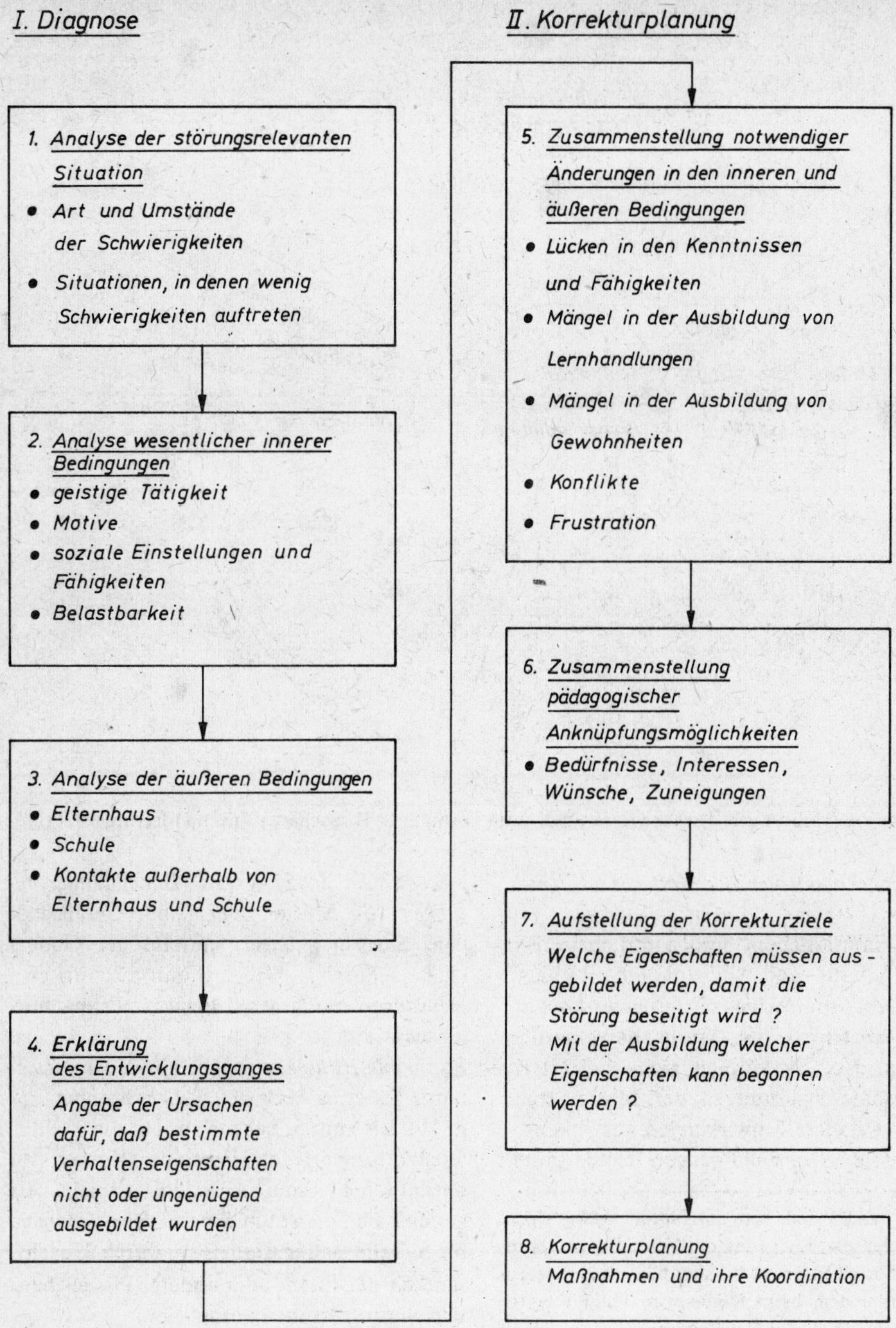

Abbildung 4.3: Ablaufschema der Diagnose und Korrektur von zeitweiligen Störungen in der Entwicklung der Schülerpersönlichkeit (nach LOMPSCHER u. a. 1985)

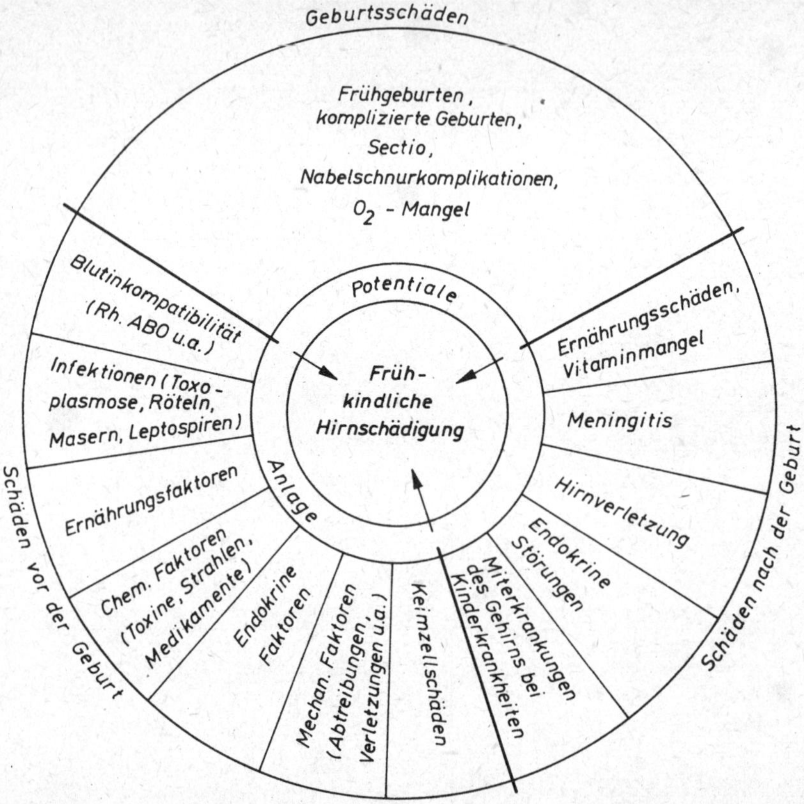

Abbildung 4.4: Wichtigste Ursachen prä-, peri- und postnataler Hirnschäden (nach GÖLLNITZ 1975)

Infektionskrankheiten der Mutter (z. B. Röteln, Masern, Mumps), Unverträglichkeiten zwischen mütterlichem und kindlichem Blut (z. B. Rhesus- und ABO-Inkompatibilität)[16], *Stoffwechselerkrankungen, Nierenerkrankungen, Diabetes* usw. der Mutter hervorgerufen werden. Negativ können sich auch starke emotionale Spannungen der Mutter sowie negative äußere Einwirkungen auswirken.

Perinatale Hirnschädigungen treten durch *mechanische Schädigungen, Durchblutungsstörungen* von Mutter oder Kind, Gefäßschäden, *Sauerstoffmangel* während der Geburt (z. B. durch Nabelschnurumschlingen), *Schwangerschaftskomplikationen,* Frühgeburten usw. auf.

Postnatale Hirnschädigungen können im Zeitraum bis zum *Ende des 6. Lebensjahres* eintreten. Bis zum 6. Lebensjahr hat die Zelldifferenzierung in der Hirnrinde (Kortex) im wesentlichen ihren Abschluß erreicht. Es handelt sich meist um *Schädel-Hirn-Traumen.* Im Säuglingsalter werden sie durch Unachtsamkeit der Eltern oder anderer Pflege- bzw. Erziehungspersonen verursacht.

Der *Schwerpunkt der Unfallhäufigkeit liegt zwischen dem 2. und 6. Lebensjahr,* also in der Zeit, in der ein Widerspruch zwischen Eigenantrieb und Steuerungsfähigkeit beim Kinde besteht. Nach

16 Es handelt sich hier um Blutunverträglichkeit durch den sog. Rhesusfaktor. Wenn die Mutter rh-negativ ist, können (3 %) sich bei ihr Antikörper gegenüber dem beim Kinde vom Vater ererbten rh-positiv (85 % der Bevölkerung) bilden. Dieser Prozeß verläuft allmählich und wirkt sich in der Regel bei der ersten Geburt noch nicht entscheidend aus, jedoch bei nachfolgenden Schwangerschaften.

statistischen Erhebungen sind unter den betroffenen Kindern 63 % Jungen und 37 % Mädchen (SEIDEL, GÖLLNITZ 1977).

Auch bei postnatalen Hirnschädigungen konnte beobachtet werden, daß die Folgeerscheinungen um so schwerwiegender sind, je jünger das Kind ist. So muß z. B. im Säuglings- und Kleinkindalter bei Schädelfrakturen mit erheblichen Hirnschäden gerechnet werden. Die *Folgen frühkindlicher Hirnschädigungen* sind schwer zu bestimmen, weil zum einen die Palette möglicher Auswirkungen frühkindlicher Hirnschädigungen außerordentlich umfangreich ist und zum anderen erhebliche Abweichungen vom normalen Verhalten auch Folge exogener psychischer Störungen (vgl. Abschn. 4.2.2.) oder teilweise erblich bedingt sein können.

Eine exakte Abgrenzung der Ursachen oder Bedingungen für das Entstehen der Auffälligkeiten ist häufig außerordentlich schwer. Gelegentlich anzutreffende Aussagen in ärztlichen Gutachten, daß „eine frühkindliche Hirnschädigung nicht ausgeschlossen werden kann", ist jedoch pädagogisch wertlos und sollte deshalb ignoriert werden.

Wenn ein frühkindlicher Hirnschaden nicht eindeutig nachgewiesen werden kann, sollten Spekulationen unterbleiben, und es sollte versucht werden, die Erziehung in allen Bereichen (in der Schule, Familie usw.) auf der Grundlage angemessener Bedingungsanalysen zu optimieren. Das ist auch deshalb berechtigt, weil nachgewiesen worden ist, daß *frühkindliche Hirnschädigungen in manchen Fällen durch optimale Erziehungsbedingungen weitgehend kompensiert* werden können.

Deshalb ist pädagogische Resignation unangebracht. Erfahrungen von Spezialheimen für hirngeschädigte Schüler in der DDR beweisen die Berechtigung einer optimistischen Haltung hinsichtlich der Persönlichkeitsentwicklung dieser Schüler. Es kann angenommen werden, daß bei adäquater pädagogischer Führung die Leistung gestörter Hirnabschnitte durch andere übernommen werden können und deshalb psychische Fehlentwicklungen weitgehend korrigierbar sind.

Hinsichtlich der Angaben über die *Häufigkeit frühkindlicher Hirnschädigungen* gibt es Schwankungen zwischen 2 % und 10 %. Diese Unterschiede ergeben sich aus unterschiedlichen theoretischen und diagnostischen Auffassungen ebenso wie aus den jeweils ausgewählten Stichproben.

Es ist verständlich, daß frühkindliche Hirnschädigungen vielfältige Auswirkungen haben können, weil sie grundlegende Steuerungsorgane der kindlichen Persönlichkeit betreffen. In der Literatur wird – mehr oder weniger übereinstimmend – auf folgende Störungsformen verwiesen:

- *Leistungsbeeinträchtigungen* durch *herabgesetzte Belastbarkeit und Konzentrationsfähigkeit.* Im Verhaltensbereich können ausgeprägte Störungen durch *mangelnde Steuerungsfähigkeit* bei der Tendenz zu Affektentladungen ebenso auftreten wie die Unfähigkeit zur sozialen Durchsetzung oder eine erhöhte Suggestibilität (Beeinflußbarkeit).
- *Beeinträchtigung der intellektuellen Fähigkeiten* bis zum Grade des Schwachsinns (Oligophrenie). Hirngeschädigte Kinder können aber auch normal bis hochintelligent sein. Die *Lese-Rechtschreibschwäche (LRS)* wird in zahlreichen Fällen ebenfalls auf frühkindliche Hirnschädigungen zurückgeführt.
- Schwere motorische Schädigungen, die teilweise mit Intelligenzdefekten verbunden sind. Im Vordergrund steht hier die motorische Störung, die bis zur zerebralen Kinderlähmung (infantile Zerebrallähmung) gesteigert sein kann. Es können auch *einseitige Lähmungserscheinungen* auftreten. Die damit verbundene Behinderung der motorischen Komponente der Sprache führt dazu, daß die Kinder auf Fragen und Handlungen nicht so reagieren, wie es die Erzieher erwarten. Sie weisen Teilleistungsschwächen auf, werden leicht falsch eingeschätzt (im Sinne einer Totalschädigung) und deshalb pädagogisch inadäquat behandelt.

Folge davon können zusätzliche exogene Lern- und Verhaltensstörungen sein:

– Verringerung der psychischen Belastbarkeit und gesteigerte Ermüdbarkeit,
– sprunghafte Unbeständigkeit, überschießender motorischer Antrieb,
– Konzentrationsbeeinträchtigungen, erhöhte Ablenkbarkeit.

Anfallskrankheiten. Die häufigste und bekannteste Art von Anfallskrankheiten ist die *Epilepsie.* Innerhalb der DDR gab es nach Angaben von DEGEW (1971) 80000 Epileptiker. In Abhängigkeit von äußeren und inneren Bedingungen können auch *kurzzeitige Anfälle* auftreten, die keinen entscheidenden Einfluß auf die Persönlichkeitsentwicklung haben. Man kann die Anfallsleiden folgendermaßen klassifizieren:

Anfallsleiden

epileptische Anfälle	*nichtepileptische Anfälle*
große Anfälle (Grand mal)	*Fieberkrämpfe* *Krämpfe bei Hirnentzündungen*
kleine Anfälle (Petit mal)	*Stoffwechselstörungen* *Schädel-Hirn-Unfälle* *Pyknolepsie* *Affektkrämpfe* *Ohnmachtsanfälle* *hysterische Anfälle*

• Nichtepileptische Anfälle

– *Fieberkrämpfe* treten vor allem im Kleinkindalter zu Beginn fieberhafter Erkrankungen (Racheninfekt, Lungen-, Mittelohr- Blasenentzündung usw.) auf. Die Krämpfe sind teilweise von großen epileptischen Anfällen nicht zu unterscheiden und können 5 bis 10 Minuten oder noch länger andauern. Manche Kinder haben nur einen einzigen Fieberkrampf, bei anderen kann er sich bei jeder fieberhaften Erkrankung wiederholen. Einzelne Kinder leiden später unter Epilepsie.
Im Rahmen akuter *Hirnentzündungen* können Krämpfe auftreten. Kommt es jedoch nach längerer Zeit (1/2 oder 1 Jahr) zu Anfällen, muß Epilepsie vermutet werden.

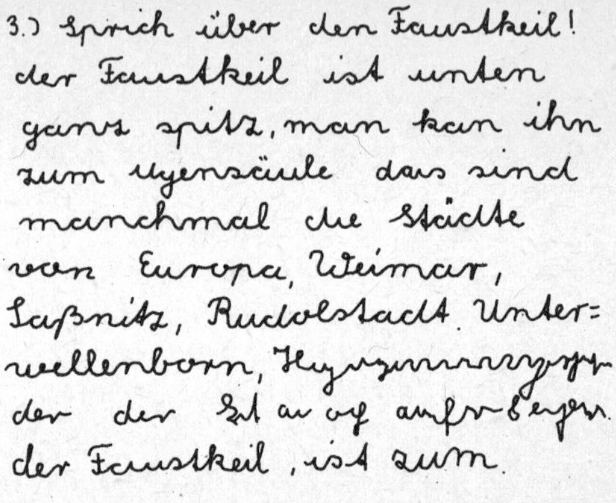

Abbildung 4.5: Aus einem Schulaufsatz eines zehnjährigen Mädchens. Mitten im Schreiben (4. Zeile) tritt eine Bewußtseinstrübung (Dämmerzustand) auf; die Tätigkeit des Schreibens wurde dabei nicht unterbrochen, sondern „automatisch" weitergeführt. Auch die Linien werden richtig eingehalten, die Schrift aber ist unverständlich geworden. In der übrigen Motorik sind keine weiteren Erscheinungen hervorgetreten, die Lehrerin, die Mitschülerinnen haben den Anfall nicht bemerkt; die veränderte Schrift war zunächst als Fehler zensiert worden (entnommen aus ERLEBACH/IHLEFELD/ZEHNER 1986, S. 327).

– Bei der *Pyknolepsie* (Absencen) handelt es sich um *kurzzeitige Bewußtseinstrübungen* (wenige Sekunden, höchstens 1/2 Minute) ohne Krampfanfälle. Sie können mehrmals am Tage auftreten und sind vermutlich auf hormonale Umstellungen zurückzuführen, die in der ersten puberalen Phase erfolgen. Es handelt sich um eine *vorübergehende Störung,* die nicht in Beziehung zur Epilepsie steht. Dennoch sollte diese Erscheinung nicht übersehen werden, weil sie eine potentielle Gefährdung der betroffenen Kinder darstellt. Die Kinder weisen einen starren Blick auf und sind nicht mehr in der Lage, neue Informationen aufzunehmen. *Bewegungsabläufe oder Handlungen werden kurzzeitig unterbrochen* und nach dem Anfall sinnvoll fortgesetzt. Entsprechend der jeweiligen Situation ergibt sich daraus eine gewisse Gefährdung des Kindes, weil die kurzzeitigen Bewußtseinstrübungen die Handlungssteuerung einschränken (z. B. im Straßenverkehr). Es liegt

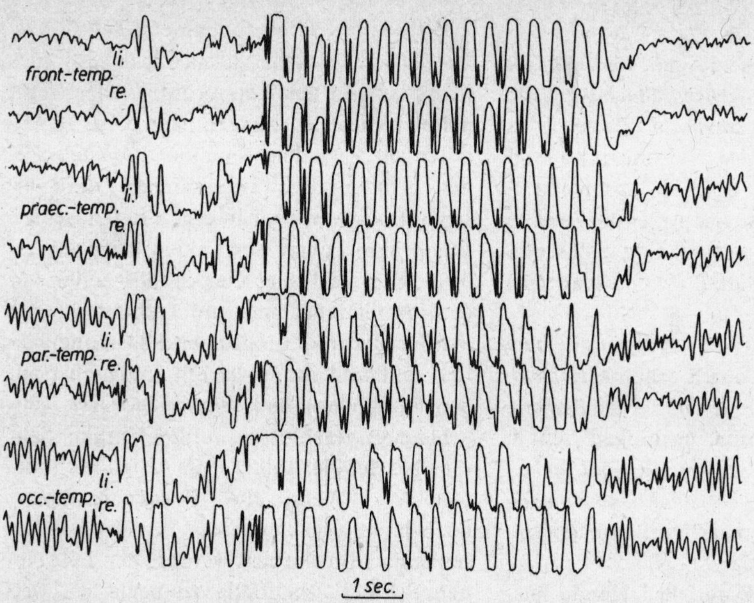

Abbildung 4.6: Absence für etwa 5 Sekunden Dauer; plötzlich auftretende sehr hohe Krampfwellen (spikes and waves) über allen Ableitungen (entnommen aus ERLEBACH/IHLEFELD/ZEHNER & 1986, S. 328)

keine intellektuelle Beeinträchtigung vor. Pädagogisch erfordert diese Störung eine verständnisvolle Behandlung. (Die Pyknolepsie wird auch den kleinen epileptischen Anfällen zugeordnet.) *(vgl. auch Abb. 4.5 und 4.6)*

– *Affektkrämpfe* (Wutkrämpfe, Schreikrämpfe, Wegbleiben) spielen unter den nichtepileptischen Anfällen im Kindesalter die größte Rolle. Sie treten im 2. bis 4. Lebensjahr auf. Äußere Merkmale sind: Schreien, Atmungsstockung, blaue Lippen, Bewußtlosigkeit, Umfallen (starr oder schlaff). Zuckungen treten kaum auf.

Es handelt sich um ein harmloses Anfallsleiden, das in der Regel im 4./5. Lebensjahr völlig verschwindet.

– *Ohnmachtsanfälle* können bei Kindern mit fortschreitendem Alter beobachtet werden. Auslösende Bedingungen sind häufig: langes Stehen bei großer Hitze oder in schlecht gelüfteten Räumen und starke psychische Erregungen. Hier spielen sicherlich die mit der ersten *puberalen Phase* verbundenen *organischen Veränderungen, vor allem des Herz-Kreislauf-Systems*, eine wesentliche Rolle. Die betroffenen Schüler klagen über Übelkeit und Schwarzwerden vor den Augen und werden bewußtlos. Sie sollen deshalb in der ersten puberalen Phase (Klassen 6 bis 8) vor intensiver Sonneneinstrahlung und anderen ungünstigen äußeren Bedingungen sowie vor starken psychischen Erregungen geschützt werden.

– *Hysterische Anfälle* sind als Symptom exogener Störungen aufzufassen. Trotz aller Ähnlichkeit mit epileptischen Anfällen ist der *dramatische (theatralische) Verlauf* charakteristisch, hinter dem die mehr oder weniger unbewußte Tendenz steht, Beachtung zu erlangen. Die für epileptische Anfälle typischen physiologischen Reaktionen (Zungenbiß, Einnässen oder Einkoten usw.) treten nicht auf.

Sowohl bei Ohnmachtsanfällen als auch bei hysterischen Anfällen ist eine Analyse der bisherigen Entwicklung und der aktuellen Lebensbedingungen des Schülers notwendig, um konkrete pädagogische Maßnahmen ableiten zu können.

- **Epileptische Anfälle**

Unter dem Begriff Epilepsie faßt man Anfälle zusammen, die sich weitgehend unabhängig von äußeren Einflüssen wiederholen. Dabei wird zwischen *großen Anfällen* (Grand mal) und *kleinen Anfällen* (Petit mal) unterschieden.

Da es vielfältige Formen der kleinen Anfälle gibt, die jedoch relativ selten sind, soll lediglich auf den großen Anfall (Grand mal) eingegangen werden.

Der typische große Anfall kündigt sich *Stunden oder Tage vorher* durch erhöhte *Reizbarkeit, Unzufriedenheit, leichte Ermüdbarkeit*, Konzentrationsschwäche, unruhigen Schlaf, Kopfschmerzen und Schwindelgefühl an. Es treten auch *organische Funktionsstörungen* auf, z. B. erhöhtes Hunger- und Durstgefühl, Verdauungsbeschwerden.

Der eigentliche Anfall umfaßt folgende Phasen:

– Unter psychischer *Aura* wird der Zustand plötzlich auftretender Angst oder ekstatischen Glücksgefühls ebenso wie Denkstörungen, Ideenflucht usw. verstanden.

Wenige Sekunden vor dem Anfall tritt ein vielfältiges Unbehagen auf.

Bei Kindern überwiegt die sogenannte optische Aura („schwarzer Onkel", „schrecklicher dunkler Bär" usw.). Es kommt evtl. auch zu Verdunklungen des Gesichtsfeldes, Gestalt- und Größenveränderungen usw.

Die sogenannte akustische Aura drückt sich in der scheinbaren Wahrnehmung von Brausen oder Summen bzw. in Wort-, Satz- oder Melodienhalluzinationen aus.

– In der *tonischen Phase* tritt eine *Erstarrung der Muskulatur* auf, die mit *Bewußtlosigkeit* verbunden ist (Verkrampfung). Oft sind die Augen verdreht und das Gesicht verzerrt. Atemstörungen und verminderte Blutzufuhr zum Kopf führen allmählich zur Blaufärbung der Lippen und evtl. des ganzen Gesichts. Da Ober- und Unterkiefer aufeinandergepreßt werden, kann es zum Zungenbiß, zur Blutung der Lippen oder Wangenschleimhaut kommen.

– Nach etwa 30 Sekunden beginnt die *klonische Phase.* Es treten zunehmend *heftige Zukkungen im Bereich aller Gliedmaßen* des Rumpfes und des Kopfes auf. In der Regel nehmen diese Zuckungen nach 5 bis 10 Minuten ab. Nach dem Anfall sind die betroffenen Kinder oder Jugendlichen stark erschöpft und verfallen in einen tiefen Schlaf.

Wenn dem Lehrer das Leiden des Schülers bekannt ist, sollte er die Auffälligkeiten vor dem Anfall beachten und verhindern, daß der Schüler in der tonischen Phase unglücklich fällt und ihn so lagern (möglichst auf dem Fußboden), daß *Selbstverletzungen* weitgehend ausgeschlossen werden können. Sehr sensible Schüler sollten den Anfall nicht beobachten. Wenn die *Bewußtseinstrübung* noch nicht abgeklungen ist, kann ein Klassenkamerad beauftragt werden, den betroffenen Schüler unauffällig zu begleiten, weil der Straßenverkehr eine erhebliche Gefahrenquelle bedeutet.

Besonders wichtig ist die sachliche Information der Schüler der jeweiligen Klasse über die Krankheit, die keine intellektuelle Störung einschließt. Dabei sollte auch beachtet werden, daß epileptoide Anfälle während der Pubertät völlig abgebaut werden können.

Zusammenfassung

Z • Die Forderung, *jeden Schüler* in seiner Persönlichkeitsentwicklung *optimal zu fördern*, schließt auch die Schüler ein, bei denen sich *relativ verfestigte Lern- und Verhaltensstörungen* herausgebildet haben. Solche Störungen entstehen, wenn die Anforderungen an den Heranwachsenden seinen psychischen Voraussetzungen über längere Zeit hinweg inadäquat sind, so daß er in einen *Zustand psychischer Dauerspannung* gerät. Je nachdem, ob die Ursachen und Bedingungen dafür vorwiegend in anatomisch-physiologischen Voraussetzungen oder in ungünstigen äußeren Entwicklungsbedingungen liegen, wird nach *endogenen* und *exogenen* Störungen unterschieden. Schüler mit vorwiegend endogen determinierten Störungen bedürfen sonderpädagogischer oder medizinischer Betreuung, während exogene Störungen pädagogisch oder psychotherapeutisch korrigierbar sind.

- *Bedingungen der Entstehung* exogener Störungen können *in* allen *Lebensbereichen* des Schülers liegen (Familie, Schule u. a.), wobei *Mängel in der pädagogischen Grundhaltung und Erziehungspraxis* von Eltern oder Lehrern Fehlentwicklungen begünstigen.
- *Symptome* von Lern- und Verhaltensstörungen treten vereinzelt oder kombiniert in Erscheinung als Störungen im *Sozialverhalten* (Aggression, extreme Zurückhaltungen, Lügen, Stehlen u. a.), in *Sprech- oder Sprachstörungen* sowie in den *psychosomatischen Funktionen* (z. B. als Tic, Enuresis, Schlafstörung u. a.).
- Das *Überwinden* von Lern- und Verhaltensstörungen kann nicht auf Symptombekämpfung reduziert werden. Ihr *psychologischer Hintergrund* ist dazu differenziert aufzuklären. Die *pädagogischen Einwirkungen* richten sich auf die betreffenden Schüler und auf die Kollektive, denen sie angehören. Sie *zielen* vor allem *auf* den *Abbau fehlerhafter Einstellungen zur Umwelt und zu sich selbst, auf die Beseitigung von Selbstunsicherheit* sowie auf die *Reharmonisierung und Stabilisierung der Persönlichkeit.*

5. Lehrertätigkeit und Lehrerpersönlichkeit

„Als Lehrer in unserer sozialistischen Schule zu arbeiten verlangt, sich jederzeit der großen gesellschaftlichen Tragweite seines Wirkens bewußt zu sein. Sich mit Herz und Verstand, sich mit seiner ganzen Person für die Erziehung bewußter, kluger Kämpfer für unsere Sache einzusetzen, die jungen Menschen zu sozialistischen Persönlichkeiten zu erziehen, für seinen Beruf zu brennen – das wohl verstehen wir darunter, wenn wir vom Berufsethos des Lehrers unserer sozialistischen Schule sprechen."

M. Honecker (1986, S. 766)

Kapitelinhalte

Merkmale und Anforderungen der Lehrertätigkeit

Berufsbezogene Leistungsvoraussetzungen des Lehrers

Ratschläge für pädagogisches Handeln in Problem- und Konfliktsituationen

Beziehungen zwischen beruflicher Belastung des Lehrers, seiner Persönlichkeit und seiner Gesundheit

A „Der Beruf des Lehrers ist einer der ältesten Berufe überhaupt. Seit seiner Entstehung hat er einen tiefen sozialen Inhalt. Vornehmlich der Lehrer führt die junge Generation in die menschliche Kultur ein und schafft damit wesentliche Voraussetzungen für den weiteren Fortschritt der Menschheit“ (Pädagogisches Wörterbuch 1987, S. 225).

Das ist eine ganz allgemeine Kennzeichnung der Funktion des Lehrers. In unserem Staat hat der Lehrer den gesellschaftlichen Auftrag, Kinder und Jugendliche im Sinne der Erziehungsziele der sozialistischen Gesellschaft zu selbständigen und verantwortungsbewußten Persönlichkeiten zu erziehen und ihnen eine hohe Allgemeinbildung zu vermitteln.

Wir wollen im folgenden auf einige *psychologisch relevante* Sachverhalte für die Wirksamkeit des Lehrers eingehen:

– Für Lehrer und Schüler gelten bestimmte Normen des Verhaltens, die auch das Verhältnis beider zueinander einschließen. Viele dieser Normen werden bereits in der Familie vermittelt, durch gesellschaftliche Erziehungsinstitutionen und durch die Öffentlichkeit in ihrem Gültigkeitsbereich erweitert bzw. bestätigt und bekräftigt. Die gesellschaftlichen Positionen von Lehrern und Schülern sind eine der Bedingungen, auf der die Autorität des Lehrers fußt. Sie ist demzufolge von den Normen der sozialistischen Gesellschaft geprägt.

– Der Lehrer führt seine Schüler täglich unmittelbar. Als Vermittler gesellschaftlicher Erfahrung (Wissen und Können, Werte und Normen) wird er zu einer wichtigen Bezugsperson seiner Schüler. Sie orientieren sich an seinen Forderungen und Wertungen (bzw. Sanktionen).

– In der Kooperation entstehen bei Lehrern und Schülern Einstellungen zueinander, die stark emotional gefärbt sind. Auf diesen beruht weitgehend die Wirkung des Lehrers als Persönlichkeit. Von den Einstellungen des Schülers zum Lehrer hängt ab, inwieweit er sich diesen zum Vorbild nimmt und sich mit ihm identifiziert. Darin besteht eine zweite wesentliche Bedingung für die Autorität des Lehrers (vgl. auch Abschn. 3.2.1.). Die Funktion des Lehrers im pädagogischen Prozeß kann auch in Zukunft nicht von Computern oder technischen Systemen übernommen werden, weil die sozialen Komponenten nicht verzichtbar sind.

– Die Tätigkeit des Lehrers ist immer mit hoher politischer Verantwortung verbunden. Von seinen politischen und moralischen Überzeugungen und Haltungen, von seinem pädagogischen Können, seinen Kenntnissen und Fähigkeiten und von seinen sozial-charakterlichen Qualitäten hängt in entscheidendem Maße ab, wie erfolgreich der Bildungs- und Erziehungsprozeß verläuft.

– Der Arbeitstätigkeit des Lehrers geht zwar ein mehrjähriges Studium voraus, dennoch muß er seine pädagogische Meisterschaft immer aufs neue unter Beweis stellen, und er bleibt stets auch ein Lernender. Da ein Lehrer im allgemeinen über Jahrzehnte in seinem Beruf tätig ist, erlebt er Veränderungen der Lebensbedingungen, der gesellschaftlichen Anforderungen und Anschauungen, daraus resultierende schulpolitische Entscheidungen, die Entwicklung von Wissenschaft, Technik und Kultur. Er muß sie in seiner Tätigkeit berücksichtigen und umsetzen, um seinen Erziehungsauftrag verantwortungsbewußt und erfolgreich zu erfüllen.

5.1. Psychologische Charakteristik der Lehrertätigkeit

Die Tätigkeit des Lehrers als eine *spezifische Form der Arbeitstätigkeit* ist sehr vielgestaltig. Subjektiv wird sie als bedeutsam erlebt. Das psychische Wohlbefinden eines Lehrers ist maßgeblich vom Erfolg seines beruflichen Schaffens abhängig.

Welche Anforderungen hat er zu bewältigen?

– Er muß seine praktische pädagogische Arbeit mit den Kindern gründlich *vorbereiten:* auf der Grundlage der gültigen Lehrpläne und anderer schulpolitischer Dokumente unterrichtliche Stoffeinheiten, einzelne Unterrichtsstunden sowie außerunterrichtliche Veranstaltungen *planen* und *entwerfen*, die Lernziele der Schüler bestimmen bzw. aufschlüsseln, kurz- und längerfristige Erziehungsmaßnahmen oder Programme erarbeiten und dabei sowohl die personalen (individuellen und kollektiven) als auch die sachlichen Bedingungen berücksichtigen.

– Er muß den Unterricht in hoher fachlicher und pädagogischer Qualität durchführen, Wissen und Können vermitteln, die Lerntätigkeit der Schüler differenziert anregen und steuern, deren Persönlichkeitsentwicklung gezielt führen.

– Der Lehrer analysiert die Ergebnisse seiner Arbeit, ermittelt und bewertet ständig die Leistungen und Fehlleistungen, die Verhaltensweisen und Persönlichkeitseigenschaften seiner Schüler und zieht Schlußfolgerungen für die weitere Arbeit.

– Er schätzt den Entwicklungsstand seiner Schüler und den des Klassenkollektivs ein und leitet entwicklungsfördernde Maßnahmen ab.

– Er muß die erzieherischen Aktivitäten aller an der Erziehung Beteiligten koordinieren und mit dem Lehrerkollektiv, mit den Eltern, mit der Patenbrigade zusammenarbeiten.

– Er informiert über schulpolitische Zielstellungen und propagiert pädagogische Erkenntnisse in der Öffentlichkeit.

Jede dieser Anforderungen erfordert vielfältige Tätigkeiten und Handlungen.

Solche *Handlungen* sind unter anderem: Planen und Projektieren, Organisieren und Koordinieren, Instruieren und Demonstrieren, Erklären und Mitteilen, Fragen und Antworten, Fordern und Überzeugen, Argumentieren und Diskutieren, Auffordern und Aufgaben stellen, Kontrollieren und Korrigieren, Bewerten und Entscheiden, Diagnostizieren und Beurteilen, Anregen und Mobilisieren.

In der pädagogischen Tätigkeit sind die einzelnen Handlungen immer *pädagogischen Zielvorstellungen untergeordnet und erhalten von daher ihren Sinn.* Zu berücksichtigen hat der Lehrer sowohl Sachbezüge (etwa des Lehrstoffs), normative gesellschaftliche Anforderungen, den aktuellen Entwicklungsstand des Schülerkollektivs, die Leistungen und Besonderheiten der einzelnen Schüler, situative Bedingungen u. a.

In der pädagogischen oder psychologischen Literatur werden mitunter mehrere Tätigkeiten als Hauptkomponenten der pädagogischen Tätigkeit ausgewiesen, z. B. bei KUSMINA (1971) die konstruktive, die organisatorische, die kommunikative und die gnostische, bei KULJUTKIN (1978) die geistig-projektierende und modellierende, die praktisch-realisierende und die theoretisch-analysierende Tätigkeit. Auch hier handelt es sich nur selten um selbständige Tätigkeiten, sondern um charakterisierende Aspekte, unter denen Handlungen der pädagogischen Tätigkeit zusammengefaßt werden. Vergleicht man sie mit den genannten Anforderungen an den Lehrer, wird deutlich, daß oft mehrere einer einzelnen Anforderung zugeordnet werden müssen. Sie kennzeichnen also Allgemeines, das auch in anderen Tätigkeiten enthalten sein kann.

Unter Berücksichtigung der wesentlichen Anforderungen läßt sich Lehrertätigkeit wie folgt charakterisieren:

– Sie vollzieht sich stets gemeinschaftlich, im *unmittelbaren zwischenmenschlichen Kontakt* von Lehrern und Schülern. Die Ziele der pädagogischen Tätigkeit werden nur in dem Maße realisiert, wie sie in die eigenen Bemühungen der Schüler eingehen und bei ihnen entsprechende Tätigkeiten auslösen. Pädagogische Tätigkeit bedeutet also fortwährende Kooperation und Kommunikation sowohl mit einzelnen Schülern als auch mit dem gesamten Schülerkollektiv.

– Als *geistig-praktische Tätigkeit* dominieren in ihr Anforderungen und Ziele zur Veränderung objektiver und subjektiver Realitäten. Sie ist auch psychisch und körperlich anstrengend, weil sie ständig angespannte Aufmerksamkeit, Engagement mit Beherrschung und Geduld erfordert und hohe physische Beanspruchungen durch das Sprechen.

– Lehrertätigkeit kann in spezifischer Weise als wissenschaftliche Tätigkeit betrachtet werden. „Immer mehr sind unsere Lehrer gefordert, aus einem breiten Feld sich dynamisch entwickelnder wissenschaftlicher Erkenntnisse auszuwählen und zu entscheiden, was für die Ausbildung des Wissens und Könnens, der Einsichten und Überzeugungen das Wesentliche, Bestimmende sein muß“ (HONECKER, M. 1986, S. 744).

Darüber hinaus produziert der Lehrer wissenschaftliche Erkenntnisse, indem er seine Erfahrungen theoretisch durchdringt und verallgemeinert und damit zur Weiterentwicklung der pädagogischen Wissenschaft beiträgt oder indem er selbst gemeinsam mit wissenschaftlichen Einrichtungen forscht.

– Lehrertätigkeit trägt *schöpferischen Charakter*, weil der Lehrer immer wieder vor neuen Bedingungen, Anforderungen und Aufgaben steht. Es ändern sich z. B. raumzeitliche, situative Bedingungen, das jeweilige Leistungs- und Entwicklungsniveau seiner Schüler, deren aktuelle psychische Zustände, die Bedingungen des Schülerkollektivs, aber auch einzelne Inhalte und Akzentuierungen des Bildungsgutes als Ergebnis der dynamischen Entwicklung der Wissenschaften und der Gesellschaft.

– Der Lehrer muß während des Unterrichts, während seiner Vor- und Nachbereitung oft rasch und selbständig entscheiden. Daraus ergeben sich hohe Anforderungen an seine Selbstbeherrschung, Disziplin, Selbstkontrolle und an sein Verantwortungsbewußtsein. Zugleich zeigt das die Notwendigkeit auf, sein Handeln mit dem von anderen Lehrern, Eltern, Funktionären der Pionierorganisationen bzw. der FDJ und anderen Miterziehern zu koordinieren und mit ihnen zu kooperieren.

– Schließlich erfordert Lehrertätigkeit den *Einsatz der ganzen Person*. Die Ergebnisse der *pädagogischen Tätigkeit* werden *nicht nur von* den *pädagogischen Handlungen des Lehrers bestimmt*, sondern auch von seiner Autorität, seiner Ausstrahlungskraft, seiner Vorbildwirkung. Deshalb üben Lehrer, die über besondere Persönlichkeitsqualitäten verfügen (z. B. über spezielle künstlerische, wissenschaftliche, technische oder sportliche Interessen, Fähigkeiten und Aktivitäten) oft eine besonders starke Anziehungskraft auf Kinder und Jugendliche aus.

Zusammenfassung

Z • Die *Tätigkeit des Lehrers* als eine *spezifische Form der Arbeitstätigkeit* richtet sich darauf, Wissen und Können zu vermitteln und den Lernprozeß der Schüler so zu führen, daß sie sich Eigenschaften sozialistischer Persönlichkeiten aneignen.

• *Anforderungen* der Lehrertätigkeit sind vor allem das Planen und Gestalten von Bildung und Erziehung, insbesondere das *Vorbereiten* und *Führen* des Unterrichts, das *Ermitteln* und *Bewerten* von Leistung und Verhalten der Schüler, das *Beurteilen* von Schülerpersönlichkeiten und -kollektiven sowie das *Koordinieren* der Aktivitäten aller Erziehungsträger im Sinne des gemeinsamen Erziehungsziels.

• Pädagogische Tätigkeit ist *gemeinschaftliche* Tätigkeit von Lehrern und Schülern. Sie ist *geistig-praktische* und *wissenschaftliche* Tätigkeit, die *schöpferischen* Charakter trägt. Sie erfordert den vollen *Einsatz der Persönlichkeit* des Lehrers.

5.2. Bedingungen erfolgreicher Lehrertätigkeit

5.2.1. Arbeitsbedingungen

Der Erfolg jeder Arbeit hängt stets von äußeren (objektiven) und personalen (subjektiven) Gegebenheiten ab.

In der Arbeitspsychologie werden die *äußeren Arbeitsbedingungen* nach allgemeinen, tätigkeitsspezifischen und Arbeitsplatzbedingungen unterschieden.

Allgemeine Arbeitsbedingungen. Die Tätigkeit des Lehrers wird grundlegend durch die *gesellschaftlich-ökonomischen Bedingungen* determiniert, die ihren Niederschlag in der jeweiligen Schulpolitik finden. Sie orientieren den Lehrer grundlegend.

Die sozialistische Gesellschaft, die *allen* Kindern des Volkes die Bedingungen für die Aneignung einer hohen Allgemeinbildung gewährt, schafft auch günstige materielle und ideelle Voraussetzungen für die Tätigkeit des Lehrers.

Dazu gehören neben der Sicherung materiell-technischer Bedingungen vor allem die Gewährleistung der sozialen Sicherheit der Lehrer und Erzieher, ihre Anerkennung und Wertschätzung durch die Gesellschaft sowie ihre auf hohem Niveau stehende Aus- und Weiterbildung.

Analysen der Arbeit besonders erfolgreicher Schulen belegen weiterhin, daß positive Ergebnisse der Bildungs- und Erziehungsarbeit in hohem Maße vom *Leitungsstil* des Direktors, von der *Qualität und Struktur des Pädagogenkollektivs* und vom *pädagogischen Klima* abhängen (jedoch kaum von der Größe der Schule).

Zu den *tätigkeitsspezifischen* Bedingungen gehören die Lehrplanforderungen und die Schüler (als Objekt der Tätigkeit des Lehrers).

Die Leistungs- und Verhaltensbesonderheiten der Schüler, das Niveau der Kollektiventwicklung in den Schulklassen sowie die vielfältigen Kommunikations- und Kooperationsbeziehungen (Lehrer–Lehrerkollektiv, Lehrer–Schüler, Lehrer–Eltern, Lehrer–demokratische Öffentlichkeit) begründen eine erhebliche Variationsbreite der tätigkeitspezifischen Bedingungen für den einzelnen Lehrer.

Zu den Arbeitsplatzbedingungen gehören in der Lehrertätigkeit die materiell-technischen und organisatorischen Bedingungen der Schule.

5.2.2. Tätigkeitsanforderungen und Leistungsvoraussetzungen des Lehrers

Um den hohen Beanspruchungen gerecht werden zu können, muß der Pädagoge über die notwendigen *physischen und psychischen Leistungsvoraussetzungen* verfügen (vgl. Abschn. 5. 4.).

Kenntnisse und Erfahrungen. Ein Lehrer muß über ein fundiertes Wissen in seinen Fachgebieten, über eine umfangreiche Allgemeinbildung, über gediegene Kenntnisse in den Erziehungswissenschaften (einschließlich der Fachmethodiken und der Psychologie) verfügen sowie die gültigen schulpolitischen Dokumente und Orientierungen kennen. Seine Verfahrenskenntnisse beziehen sich auf die Methoden und auf Techniken der Vermittlung der Bildungs- und Erziehungsinhalte sowie der Gestaltung erziehungseffektiver Sozialbeziehungen. Der Lehrer muß im Sinne bzw. im Einklang mit den politischen, moralischen und ästhetischen Werten der Gesellschaft handeln. Daher muß er über die Werte des Sozialismus und die Normen des Verhaltens bewußt reflektieren und entsprechende Norm- und Wertkenntnisse besitzen. Die Orientierung am neuesten Stand der Erkenntnisse auf seinem Fachgebiet und in den Erziehungswissenschaften bilden eine notwendige Bedingung für sein pädagogisches Können und für hohe Disponibilität in seiner Arbeit. Sie prägen seine Fähigkeit und sein Bedürfnis, beständig selbständig weiterzulernen.

Neben den systematisch in der Aus- und Weiterbildung erworbenen Kenntnissen kommt den pädagogischen *Erfahrungen*, die der Lehrer im alltäglichen Umgang mit seinen Schülern erwirbt, eine hohe Bedeutung zu. Der Lehrer verallgemeinert seine Erfahrungen aus der Beobachtung des Verhaltens der Schüler, aber auch aus der Analyse des eigenen Verhaltens, und versucht, eigenes und fremdes Verhalten zu erklären, um die soziale Interaktion besser gestalten und das

Tabelle 5.1: Einschätzungen von Lehrern über den Anteil allgemeiner Leistungsvoraussetzungen (Begabung) und Anstrengungsbereitschaft an der Lernleistung der Schüler (Angaben in %)

	Leistungsniveau der Schüler		
	hoch	*mittel*	*niedrig*
Anstrengung hoch Begabung hoch	91	48	0,5
Anstrengung niedrig Begabung hoch	2	21	19,5
Anstrengung hoch Begabung niedrig	7	14	2
Anstrengung niedrig Begabung niedrig	0	17	78
100 % = Anzahl der Schüler	296	203	161

Das Ergebnis zeigt, daß Lehrer bei Schülern mit hohem Leistungsniveau dieses auf deren Begabung und deren Anstrengungsbereitschaft zugleich zurückführen.
Mit Einschränkung gilt dies analog für Schüler mit geringen Leistungen, wobei immerhin bei etwa 20 % die Ursache nicht in mangelnder Begabung gesehen wird.

eigene Verhalten in bezug auf andere besser antizipieren zu können. Im Verlauf seiner jahrelangen Praxis erwirbt ein Lehrer einen wahren Fundus an wertvollen Erfahrungen, auf die er sich stützen kann, die er aber auch immer wieder mit theoretischen Erkenntnissen durchdringen und auf ihre Gültigkeit hin prüfen muß.
Die *Zuschreibung von Ursachen* (Kausalattribuierung) dient dem Bedürfnis, das Zustandekommen z. B. von Schülerleistungen und Schülerverhalten zu erklären. So kann er beispielsweise Ursachen für das Verhalten, für Erfolge oder Mißerfolge im Schüler sehen (Anstrengung, Begabung, sozial-charakterliche Komponenten), er kann das Resultat des Schülerverhaltens aber auch auf Faktoren zurückführen, die außerhalb des Schülers liegen, etwa auf das Schülerkollektiv, auf Freundschaftsbeziehungen, auf den Einfluß der Eltern oder auf sich selbst.

Leistungen und Verhalten von Schülern werden von Lehrern unterschiedlich erklärt (vgl. *Tabelle 5.1)*.
Das hängt u. a. von Persönlichkeitsbesonderheiten des Lehrers (Einstellungen, Wertorientierungen) und auch von seinen bisherigen Erfahrungen ab. Das Hauptproblem besteht in der Adäquatheit oder Inadäquatheit der jeweiligen Erklärung.

Manche Lehrer suchen die Ursachen für Mißerfolg oder Erfolge vorwiegend in der eigenen Person, andere dagegen ausschließlich in äußeren Bedingungen. In der Regel sind am Gelingen oder Mißlingen des pädagogischen Vorgehens mehrere Faktoren beteiligt. Ein Lehrer, der nur die Umwelt verantwortlich macht (das liegt an den Schülern selbst, das liegt an den Eltern, am Schulklima usw.), sieht wenig Veranlassung, das eigene Handeln zu überprüfen. Dagegen kann eine zu starke Eigenschuldzuweisung, die dem Sachverhalt inadäquat ist, zu erheblichen psychischen Belastungen und zu neurotischen Erkrankungen führen.

Der Lehrer muß demnach in der Lage sein, seine Auffassungen selbstkritisch und theoriebezogen zu überprüfen.

Pädagogische Fähigkeiten. Erfolgreiche pädagogische Tätigkeit setzt beim Lehrer ein System allgemeiner und spezifischer Fähigkeiten voraus. Zur Struktur pädagogischer Fähigkeiten gehören *allgemeine geistige Fähigkeiten,* z. B. das Differenzieren von Wahrnehmungsinhalten, das Abstrahieren von bestimmten Sachverhalten, das Verallgemeinern von Ergebnissen des Abstraktionsprozesses, das sprachliche Formulieren von Gedanken, und *speziellere*, die sich an eine begrenzte Klasse von Anforderungen knüpfen. Zu den *pädagogischen Fähigkeiten* zählen sie dann, wenn sie *eine allgemeine Leistungsdisposition für das Ausüben pädagogischer Tätigkeit* und damit für das Bewältigen *pädagogischer Anforderungen* darstellen (vgl. *Abschn. 5.1.*).

Gegenwärtig liegt noch kein allgemein akzeptiertes Strukturmodell pädagogischer Fähigkeiten vor. Von pädagogischen und psychologischen Wissenschaftlern werden jeweils unterschiedliche Fähigkeiten betont, die für die Lehrertätigkeit erforderlich sind. Kusmina (1971) nennt z. B. folgende vier wesentliche Fähigkeiten: die konstruktiven, die kommunikativen, die organisatorischen und die gnostischen Fähigkeiten. Diese erklären jedoch noch nicht hinreichend die Mannigfaltigkeit erforderlicher pädagogischer Fähigkeiten.

Stscherbakow (1975) zählt weitere auf, z. B. informationsvermittelnde, mobilisierende, entwickelnde, orientierende, perzeptive und expressive Fähigkeiten.

Den wesentlichen Anforderungen an die pädagogische Tätigkeit entsprechen folgende Fähigkeiten, die wir näher betrachten wollen und die auch den obengenannten Klassifikationen untergeordnet werden könnten:

- Fähigkeiten zur Vermittlung von Information,
- Fähigkeiten zum Motivieren und Mobilisieren,
- Fähigkeiten zum Diagnostizieren und objektiven Urteilen,
- Fähigkeiten zum Gestalten sozialer Beziehungen.

• *Fähigkeiten zur Vermittlung von Informationen*

Der Lehrer muß wissenschaftliche Erkenntnisse und Erfahrungen, die von der Menschheit in einem langen historischen Prozeß gewonnen wurden, zum Zwecke der Aneignung durch Schüler entsprechend den Lehrplanforderungen und den Entwicklungsbesonderheiten der Schüler spezifisch auswählen, aufbereiten und weitergeben, d. h. didaktisch-methodisch umsetzen können.

Im einzelnen verlangt das von ihm,

- das zu vermittelnde Wissen gedanklich zu *durchdringen* und unter bestimmten Aspekten (Lehrplanziel, Konzentration auf Wesentliches, geistige Voraussetzungen der Schüler u. a.) umzustrukturieren, die Systemzusammenhänge und die charakteristischen Erkenntniswege herauszuarbeiten, zu erkennen, was dem Unterrichtsstoff für die Lebenspraxis und die Persönlichkeitsentwicklung der Schüler an Potenzen innewohnt,
- seine Gedanken *sprachlich* eindeutig und verständlich zu *formulieren*,
- *Mimik* und *Gestik* situationsadäquat informations- und wertvermittelnd einzusetzen,
- aufgenommene Informationen *rasch* zu analysieren und pädagogisch zu *werten*,
- *Handlungsstrategien aufzubauen* und die Tätigkeit der Schüler anzuregen und zu *steuern*.

• Die Fähigkeit der Informationsvermittlung hängt eng mit der *Fähigkeit des Motivierens* zusammen. Für die Persönlichkeitsentwicklung der Schüler sind gesellschaftlich wertvolle Motive von großer Bedeutung. Daher muß der Lehrer in der Lage sein, die Schüler entsprechend zu mobilisieren. Dazu gehören das *Vermitteln* von Motivinhalten im Sinne von Wertorientierungen, die als Handlungsbegründungen wirksam werden, das *Anregen* zu eigenständigen Zielsetzungen, die *Herausbildung* von Bedürfnissen und das *Schaffen von Bedingungen* dafür, daß der Schüler Erfolge erlebt (vgl. Abschn. 1.2.2. und 2.4.1.). Motive haben bekanntlich eine *emotionale Komponente*. Die Art und Weise, in der Stoff vorgetragen wird (mit welchem Gesichtsausdruck, welchem Tonfall u. a.), die *Sprache* in ihrer *expressiven Funktion* nutzen, eigene *Gefühle* der pädagogischen Situation und dem aktuellen psychischen Zustand der Schüler entsprechend äußern und beherrschen zu können (sich mitzufreuen, ermutigend zu blicken, sich für etwas zu begeistern, andere mitzureißen, durch Unmut zu hemmen u. a.), bilden daher einen bedeutenden Bestandteil der Fähigkeit zum Motivieren.

• Die *Fähigkeit* des Lehrers, *Leistungen und Verhalten der Schüler exakt einzuschätzen*, hängt wesentlich von seiner *Beobachtungsfähigkeit* und von der Fähigkeit ab, beobachtete *Daten richtig zu interpretieren.* Das verlangt, diese sachgerecht *zu werten* und auf dieser Grundlage *zu urteilen.* In die Wertungen und Urteile gehen sowohl die Erfahrungen des Lehrers als auch seine psychologischen Kenntnisse ein.

Auch das eigene Verhalten gehört zum Gegenstand bewußter Reflexion. Zu erkennen, was das eigene Verhalten beim Schüler bewirkt, hängt u. a. von der *Fähigkeit der adäquaten Selbsteinschätzung* ab.

• Beim Einschätzen und *Diagnostizieren pädagogischer Sachverhalte* und jeweiliger *Situationen* orientiert sich der Lehrer an *objektiven Maßstäben.*

Der Lehrer muß sich darüber hinaus in die spezifische Lage des Schülers, in seine „innere Welt" hineinversetzen können. Diese Fähigkeit hängt vor allem von seinen Leistungen in den *interpersonellen* Wahrnehmungen ab (vgl. Abschn. 3.1.). Die Einstellungen des Lehrers beeinflussen seine Wahrnehmungen. Sie tragen durch ihre selektive Funktion dazu bei, daß besonders das wahrgenommen wird, was in das „Bild" vom Schüler paßt, und führen zu Umdeutungen des Wahrnehmungsfeldes. Das gilt für solche Einstellungen wie die zur Jugend überhaupt, zum einzelnen Schüler und zu sich selbst.

• *Fähigkeiten des Lehrers, positive soziale Beziehungen zu den Schülern* (zu deren Eltern, anderen Erziehern u. a.) zu *gestalten,* sind für eine effektive Bildungs- und Erziehungsarbeit unabdingbar. Soziale Beziehungen entstehen vermittelt über die Kooperation bei der Bewältigung von Sachanforderungen und über die damit verbundene Kommunikation. Deshalb muß diese Kooperation auch unter dem Aspekt der sozialen Beziehungen gestaltet werden (vgl. Abschn. 3.1.1.). Der Lehrer muß sich seines eigenen Verhaltens und der Bedingungen seiner Wirksamkeit dabei bewußt sein.

Die Kenntnis der Bedingungen und des Prozesses der Einstellungsbildung ermöglicht dem Lehrer, diese auch für sich selbst zu nutzen (vgl. Abschn. 2.4.1.), d. h. zu analysieren, in welcher Weise sein Verhalten zur Herausbildung sozialistischer Sozialbeziehungen zu seinen Schülern und im Schülerkollektiv führt. Wie drückt sich beispielsweise „die Achtung der Persönlichkeit des Schülers" in unterschiedlichen Altersstufen, bei unterschiedlichen Persönlichkeitsqualitäten der Schüler und in unterschiedlichen Situationen (z. B. Situationen des Forderns, des Entscheidens, der Problem- oder der Konfliktbewältigung u. a.) im Handeln des Lehrers aus?

• Von besonderer Bedeutung ist die *Fähigkeit des Lehrers, sich durchsetzen zu können.* Schüler folgen den Intentionen eines Lehrers leicht, wenn sie auf gleiche Ziele hin motiviert sind. Sich durchzusetzen verlangt, beim anderen die Einsicht und die Akzeptierung geforderten Verhaltens zu erreichen. Diese Einsicht ergibt sich vor allem aus der Vorbildwirkung des Lehrers, aus seiner Prinzipienfestigkeit und Konsequenz, aus seiner Willensstärke, Selbstsicherheit und aus seinem Können, überzeugend zu argumentieren. Auch dabei muß er in seinem Denken und Handeln flexibel sein. Prinzipienfestigkeit und Willensstärke bedeuten keine Sturheit, sie schließen Flexibilität ein.

In manchen Fällen wird ein Lehrer nicht ohne Mittel des moralischen Zwanges auskommen, wenn trotz aller Bemühungen beim Schüler keine Einsicht in Verhaltensanforderungen zu erreichen ist. Allerdings ist autoritäres Führungsverhalten abzulehnen, das generell mit den Mitteln des Drukkes, des Zwanges und der Macht ein angepaßtes Verhalten der Schüler erreichen will. Eine solche Art, sich durchzusetzen, trägt nicht zur Herausbildung einer selbständigen und verantwortungsbewußt denkenden und handelnden Persönlichkeit bei, da sie keine Einsicht erzeugt.

Wie gut es einem Lehrer gelingt, sich durchzusetzen, wird vom Kollektivniveau der Schulklasse mitbestimmt. Die in den Kollektiven herrschenden Normen können ihm

seine Arbeit erleichtern oder erschweren (vgl. Abschn. 3.2.).
Jedoch nicht eine einzelne Fähigkeit, sondern erst das Insgesamt der genannten Kenntnisse und Fähigkeiten sowie ihre Integration bei der Bewältigung pädagogischer Anforderungen macht das *pädagogische Können* des Lehrers aus.
Damit es praxiswirksam wird, sind entsprechende berufsrelevante Einstellungen erforderlich.

Berufsrelevante Einstellungen des Lehrers. *Als berufsrelevante Einstellungen und Überzeugungen bezeichnet man jene relativ verfestigten Verhaltensdispositionen, die in der beruflichen Tätigkeit entstehen, die sich in ihr ausformen und verändern und die diese Tätigkeit besonders in ihrem Verlauf beeinflussen.*
Innerhalb der komplexen Struktur berufsrelevanter Einstellungen lassen sich grob folgende *Einstellungsbereiche* als wesentlich für die Lehrertätigkeit ausgliedern:
- die politisch-ideologischen Einstellungen und Überzeugungen,
- die Einstellungen zur beruflichen Tätigkeit, zur Bildungs- und Erziehungstätigkeit,
- die Einstellungen zu Kindern und Jugendlichen und zum einzelnen Kind,
- die Einstellungen des Lehrers zu sich selbst.

Diese Einstellungsbereiche lassen sich weiter aufgliedern. Sie stehen zueinander in Beziehung und beeinflussen einander. Aus didaktischen Gründen betrachten wir sie jedoch im einzelnen.
– *Politisch-ideologische Einstellungen des Lehrers.* Erfolgreiche Erziehungs- und Bildungsarbeit ist undenkbar ohne eine feste Klassenposition des Lehrers. Wissenschaftlich fundierte sozialistische Grundüberzeugungen geben seinem gesamten Denken und Handeln die entscheidende Zielorientierung. Kommunistische Erziehung der Schüler setzt einen Lehrer voraus, der sich politisch engagiert, der selbst zutiefst von den Idealen des Kommunismus durchdrungen ist und bei dem Wort und Tat eine Einheit bilden.

In empirischen Untersuchungen konnte wiederholt nachgewiesen werden, daß die Vorbildrolle des Lehrers und die Identifikationsbereitschaft der Schüler mit ihm in entscheidendem Maße von seiner politisch-ideologischen Grundhaltung abhängt. Für den Lehrer genügt kein verbales politisches Bekenntnis, keine formale politische Belehrung. Vielmehr muß er seine politisch-ideologischen Überzeugungen in seinem gesamten Handeln realisieren. Erst dann werden Überzeugungen des Lehrers zur *politischen Autorität*, die Identifikation bewirken kann, wenn sie einbezogen sind in sein pädagogisches Verhalten, das in den Jugendlichen auch Vertrauen weckt.

Es gibt im Grunde keine Seite, kein Moment des pädagogischen Handelns, in dem nicht die politische Grundhaltung des Lehrers zum Ausdruck kommt.
Einstellung zur pädagogischen Tätigkeit. „Lust und Liebe sind die Fittiche zu großen Taten“, sagt GOETHE. Die *Liebe zum Beruf*, die Bereitschaft, sich mit der ganzen Person dieser hohen verantwortungsvollen Aufgabe zu widmen, den Beruf wirklich als Berufung aufzufassen, ist eine entscheidende Grundbedingung für den beruflichen Erfolg des Lehrers. Zwischen den Erfolgen in der Arbeit und der Einstellung zur Arbeit bestehen enge Wechselbeziehungen (vgl. Abschn. 1.2.2. u. 2.4.1.). Positive Einstellungen wirken erfolgsbegünstigend, Erfolgserlebnisse wirken sich günstig auf die Herausbildung entsprechender Einstellungen aus. Die Herausbildung einer positiven Einstellung zur pädagogischen Tätigkeit beginnt bereits bei der Wahl des Lehrerberufs. Sie setzt sich als Prozeß im Studium und in der Schulpraxis fort und verläuft nicht problemlos, denn im Studium wie im pädagogischen Alltag gibt es bisweilen Rückschläge, Mißerfolge und Enttäuschungen, die sich auf die Einstellungen

auswirken. Für den Lehrer ist es daher notwendig, bewußt bei sich positive Einstellungen auszubilden und zu festigen.

Einstellung zur Jugend, Liebe zum Kind. Es ist eine Binsenweisheit, daß nur der erfolgreich bilden und erziehen kann, der ein positives Verhältnis zur Jugend und zu jedem einzelnen Kind besitzt. Die *Achtung vor der heranwachsenden Persönlichkeit*, das *Vertrauen* in die positiven Kräfte und die *optimistische Grundhaltung* gegenüber der Jugend sind notwendige Voraussetzungen für eine erzieherisch wirkungsvolle Arbeit (vgl. Abschn. 3.2.).

Diese Voraussetzungen haben auch entscheidenden Einfluß auf das erfolgreiche Miteinander von Lehrern und Schülern. Verschlechtert sich die Einstellung zum Schüler, dann kann das zu sozialen Konflikten zwischen Lehrern und Schülern führen, die Lerneinstellung der Schüler und ihre Identifikationsbereitschaft mit dem Lehrer beeinträchtigen. Zwar gibt es im pädagogischen Alltag immer wieder einmal Situationen, in denen Schüler gegen die Normen des schulischen Lebens verstoßen und die Arbeit des Lehrers erschweren, und es ist durchaus verständlich, daß das auch die Einstellungen des Lehrers zeitweilig beeinflussen kann. Der Lehrer kann jedoch durch das objektive Analysieren des jeweiligen Sachverhalts selbst dazu beitragen, diese Situation zu überwinden. Willensstärke und eine optimistische Grundhaltung sind dafür begünstigende Bedingungen.

Einstellungen des Lehrers zu sich selbst. Das *Selbstbild des Lehrers*, die Art und Weise, wie er sich und sein Verhalten wahrnimmt und bewertet und welche Auffassungen er über sich selbst hat, wirken sich nicht nur auf sein eigenes Erleben und auf seine Aktivität aus, sondern bilden auch einen wesentlichen Faktor der sozialen Wechselbeziehungen mit anderen. Das *Selbstbild* setzt sich aus drei Komponenten zusammen; den *kognitiven* Elementen (Vorstellungen über die eigenen Eigenschaften und das eigene Wesen), den *affektiv-emotionalen* Elementen (dem Selbstwertgefühl und der Antriebsgestimmtheit) und den *volitiv-wertenden Elementen (Selbstsicherheit und Selbsteinschätzung). Das Selbstbild kann adäquat sein, d. h., der Lehrer schätzt sich und sein Verhalten real ein, und es kann in zweierlei Hinsicht inadäquat sein: Entweder er unterschätzt sich hinsichtlich seiner Leistungsfähigkeiten und Persönlichkeitseigenschaften, oder er überschätzt sich. Inadäquate Selbstbilder* beeinflussen nicht nur die Leistungsfähigkeit und die psychische Gesundheit des Lehrers ungünstig, sie wirken sich auch nachteilig auf die sozialen Beziehungen aus.

In einer empirischen Untersuchung wurde ermittelt, inwieweit das Verhältnis zwischen dem Persönlichkeitsbild, das der Lehrer von sich selbst besitzt (Selbstbild) und dem, das sich die Schüler von ihm machen (Fremdbild), Einfluß auf die Bereitschaft zur Identifikation mit dem Lehrer ausübt. Das Ergebnis ist in *Tabelle 5.2* dargestellt.

Tabelle 5.2: Differenzen zwischen Selbstbild (SB) und Fremdbild (FB) des Lehrers und der Bereitschaft der Schüler zur Identifikation mit dem Lehrer (Angaben in %)

	SB = FB	SB < FB	SB > FB
hohe und mittlere Identifikationsbereitschaft	68	73	7
geringe oder keine Identifikationsbereitschaft	31	27	50
Ablehnung	0	0	43

Lehrer, die sich adäquat einschätzen oder geringfügig unterschätzen, werden demnach von Schülern weitaus häufiger als Personen erlebt, mit denen sie sich identifizieren können, als solche, die sich überschätzen. Letztere werden von knapp der Hälfte der Schüler sogar abgelehnt.

Ursachen für das Entstehen eines *nichtangemessenen Selbstbildes* können *unzureichende Rückkopplung* oder *fehlerhafte Verarbeitung*

der Informationen aus der Umwelt über eigenes Verhalten sein.
Ein nichtangemessenes Selbstbild kann zur *Beeinträchtigung der Leistungsaktivität*, zu übermäßiger Beanspruchung und damit zur *Gefährdung der psychischen Gesundheit* führen. Die Veränderung unangemessener Selbstbilder und der *Aufbau eines realistischen stabilen Selbstbildes* ist ein komplizierter Prozeß, weil das Selbstbild integrativer *Bestandteil des umfassenden Wertsystems eines Menschen ist*, durch Erfahrungen und soziale Umwelteinflüsse determiniert wird und in der Regel nicht leicht zu beeinflussen ist.
Erwartungen und ihre Rolle in der Lehrertätigkeit. Lehrer haben *Erwartungen in bezug auf ihre Schüler* (Wunschvorstellungen, Ansprüche, Anforderungen). Sie erwarten, daß die Schüler fleißig und gewissenhaft lernen, kritisch und aufgeschlossen sind, sich entsprechend den Normen der Schule verhalten, sich gegenüber Erwachsenen und Mitschülern höflich benehmen usw. Die Schüler haben ihrerseits *Erwartungen in bezug auf ihre Lehrer*, z. B. daß sie einen interessanten, problemhaften und anschaulichen Unterricht gestalten, die Schüler gerecht beurteilen, den Schülern Verständnis entgegenbringen usw. Auch die Eltern haben bestimmte Erwartungen. Stimmen die Erwartungen mit dem wahrgenommenen Verhalten des Partners überein, spricht man von *Erwartungskonkordanz*, anderenfalls von *Erwartungsdiskordanz.*
Erwartungskonkordanz löst positive emotionale Effekte aus, z. B. Harmonie, Zufriedenheit, während Diskordanz Unzufriedenheit, Spannungen und Konflikte erzeugt. Daraus darf jedoch der Lehrer nicht die Konsequenz ableiten, er müsse sich stets den Erwartungen seiner Schüler gemäß verhalten, damit Erwartungskonkordanz entsteht.

Schüler haben bisweilen Erwartungen, die nicht mit den gesellschaftlichen Ansprüchen an die Tätigkeit des Lehrers übereinstimmen – das ist vor allem in wenig entwickelten Kollektiven der Fall. Der Lehrer kann nicht um der Konkordanz willen sein Verhalten entsprechend den Schülerwünschen ändern. Durch entsprechende erzieherische Einflußnahme (Veränderung der Kollektivnormen, kritische Auseinandersetzung) müssen in solchen Fällen die Erwartungen den gesellschaftlichen Ansprüchen angenähert werden.

Die *normativen Erwartungen* haben *Auswirkungen auf das Verhalten.* So wird ein Lehrer, der einen kritischen, schöpferischen Schüler wünscht, nach Möglichkeiten und Wegen suchen, Schöpfertum und Problemsicht seiner Schüler zu befördern. Er wird schließlich auch eine kritische Haltung des Schülers positiv bewerten.
Neben den normativen Erwartungen spielen in der Lehrer-Schüler-Interaktion sogenannte *probabilistische oder Realerwartungen* eine Rolle. Dabei handelt es sich um die Vorwegnahme künftiger Ergebnisse oder Ereignisse (Antizipationen).

Der Lehrer plant z. B. eine Klassenarbeit in Mathematik. Da er vermutet (befürchtet), daß die Schüler abschreiben werden, bildet er A- und B-Gruppen und setzt die Schüler möglichst weit auseinander. Diese Art der Erwartung ist auf ein künftiges Ereignis bezogen und stellt eine Verhaltensdisposition dar. Sie ergibt sich aus gespeicherten Erfahrungen unter bestimmten Situationsbedingungen.

Das Beispiel verdeutlicht, daß aus probabilistischen Erwartungen Verhaltensstrategien abgeleitet werden. Solche Erwartungen beeinflussen aber auch den emotional-affektiven Zustand, da mit ihnen Hoffnungen oder auch Befürchtungen verbunden sind, die sich wiederum positiv oder negativ auf die Aktivität und Leistungsbereitschaft oder auf den Gesamtzustand auswirken.

Von den *Erwartungen des Lehrers* hängt in hohem Maße ab, *welche Anforderungen er an seine Schüler stellt*, was er ihnen zutraut oder nicht. Unrealistische Erwartungen (zu hohe oder zu niedrige) wirken sich nachteilig auf die Persönlichkeitsentwicklung des Schülers aus.
So wie der Lehrer nicht nur Erwartungen in bezug auf seine Schüler hat, sondern auch in

bezug auf sich selbst („Diese Unterrichtsstunde habe ich besonders gut vorbereitet, sie müßte mir gut gelingen."), haben die Schüler ebenfalls probabilistische Erwartungen sowohl in bezug auf ihre Lehrer als auch sich selbst. So erwartet ein Schüler, der sich für ein Versäumnis entschuldigt, daß der Lehrer ihm verständnisvoll begegnet. Reagiert dieser völlig anders als den bisherigen Erfahrungen entsprechend, entsteht beim Schüler ein Erwartungsbruch. In bezug auf sich selbst erwartet (hofft) der Schüler, daß er eine geforderte Aufgabe gut lösen wird, oder er erwartet (befürchtet), daß ihm die Lösung einer Aufgabe nicht gelingen wird.

Zusammenfassung

• Der *Erfolg der Tätigkeit* des Lehrers hängt wie bei jeder Arbeitstätigkeit von äußeren *(objektiven)* und personalen *(subjektiven)* Bedingungen ab.
Zu den *spezifischen Arbeitsbedingungen* gehören die materiellen und organisatorischen Voraussetzungen des Schulunterrichts, die Anforderungen des Lehrplans und die zu erziehenden Schüler. Die objektiven Bedingungen stehen in *Wechselbeziehungen* mit den subjektiven Bedingungen des Lehrers, seinen physischen und psychischen Leistungsvoraussetzungen.

• Die *Kenntnisse* des Lehrers über gesellschaftliche und schulpolitische Zielstellungen, seine Kenntnisse in seinem Fach und in den Erziehungswissenschaften, aber auch seine Allgemeinbildung, wirken sich in Verbindung mit seinen *Erfahrungen* auf die Gestaltung seiner Tätigkeit aus.

• Für das Bewältigen pädagogischer Anforderungen sind *allgemeine geistige* und anforderungsbezogene *spezielle pädagogische Fähigkeiten* erforderlich. Zu ihnen gehören vor allem *Fähigkeiten zur Informationsvermittlung*, zum *Motivieren* und *Mobilisieren, diagnostische und soziale Fähigkeiten*. Die damit verknüpften *geistigen und sprachlichen* Fähigkeiten des Lehrers zeichnen sich durch hohe *Flexibilität* und *Disponibilität* aus.

• Zu den *berufsrelevanten Einstellungen* des Lehrers gehören die *politisch-ideologischen* Einstellungen, die Einstellungen zur *beruflichen Tätigkeit*, die Einstellungen zu *Kindern und Jugendlichen* und die Einstellung zu *sich selbst*. Sie haben wesentlichen Einfluß auf den Erfolg der Lehrertätigkeit. Im aktuellen Handlungsvollzug wirken die *Erwartungen* des Lehrers an das Verhalten der Schüler und die Erwartungen der Schüler an das Verhalten ihrer Lehrer einstellungsbildend und verhaltensregulierend.

5.3. Zur Bewältigung pädagogischer Problemsituationen

Die psychischen Anforderungen in einzelnen pädagogischen Situationen unterscheiden sich. *Pädagogische Situationen sind stets Aufgabensituationen.* Die zu bewältigenden Aufgaben können einen sehr unterschiedlichen Schwierigkeitsgrad aufweisen. Wir sprechen von pädagogischen Problemsituationen, wenn Aufgaben gestellt sind, bei denen Ziele nicht klar umrissen oder Wege der Lösung nicht bekannt sind bzw. bei deren Lösung subjektive Leistungsdefizite oder objektive Störfaktoren auftreten, die überwunden werden müssen, um das Ziel zu erreichen (vgl. Abschn. 2.2.4.). Wenn sich die Widersprüche zwischen den subjektiven Leistungsmöglichkeiten und den objektiven Notwendigkeiten erheblich zuspitzen und Lösungsmöglichkeiten nicht mehr erkannt werden, sprechen wir von *Konfliktsituationen*. Der pädagogische Alltag zeigt, daß solche pädagogischen Situationen Lehrer häufig subjektiv stark belasten und daß ihnen bisweilen geeignete Strategien fehlen. Darum sollen im folgenden Orientierungen und praktische Hinweise gegeben werden, worauf es aus psychologischer Sicht bei der Bewältigung pädagogisch schwieriger Situationen ankommt.
Der Erfolg der Bildungs- und Erziehungsarbeit hängt in hohem Maße von der Fähigkeit

ab, unter Berücksichtigung der gegebenen Bedingungen die günstigste Lösungsvariante einer Problemsituation zu finden, um das festgelegte Ziel bei optimalem Einsatz von Zeit, Kräften und Mitteln mit höchstmöglichem Ergebnis zu erreichen.
Im einzelnen gehört dazu:
– die jeweilige *Ausgangssituation adäquat zu analysieren* (Soll-Ist-Vergleich),
– *die jeweilige Problemstellung zu fixieren.* (Worin besteht das Problem *eigentlich*?),
– Lösungsvarianten zu *entwerfen* (Verhaltensentwürfe zu konzipieren) und *gedanklich durchzuspielen,*
– die einzelnen Lösungsvarianten miteinander *zu vergleichen, zu bewerten* und sich für die günstigste Lösungsvariante *zu entscheiden* (vgl. Abschn. 2.2.4.).
Das Erkennen des Problemgehaltes einer Situation ermöglicht zweckmäßiges pädagogisches Handeln. Ein Lehrer sollte daher *Problemsensibilität* besitzen.
Die Notwendigkeit, eine Situation rasch zu überschauen und situationsangemessene Entscheidungen zu treffen, ist geradezu typisch für die Lehrertätigkeit. Den kreativen Lehrer zeichnet es aus, daß er in pädagogischen Problemsituationen über mehrere Lösungsvarianten verfügt, sie hinsichtlich ihres Effekts richtig zu beurteilen und entsprechende Entscheidungen schnell und sicher zu treffen vermag. Dazu gehört auch die Fähigkeit des Neudefinierens, das heißt, eine Problemsituation anders als bisher gewohnt zu sehen.
Diese Vorgehensweise gilt generell auch für das Verhalten des Lehres in *Konfliktsituationen,* in denen er selbst stark erregt ist und möglicherweise sogar einen der Pole der Widerspruchslage darstellt. Gerade in einer solchen Situation führt spontanes Affekthandeln eher zu einer Zuspitzung als zur Lösung des Konflikts. Notwendig ist, daß der Lehrer den *Sachverhalt objektiv analysiert.* Dazu muß er sich von der Situation lösen (auch zeitlich, indem er dem Schüler mitteilt, den Sachverhalt „später“ zu klären) und sich selbst aus dem Zentrum der Betrachtungen rücken: „Wie würde ich die Situation beurteilen, wenn ein anderer an meiner Stelle stünde? Warum handelte der Schüler so?“ Findet er auf diese Weise das Typische der Situation und die zutreffenden Handlungsmotive des Schülers, kann er eine Vielfalt von Lösungsvarianten erschließen, die Starrheit und Enge immer wieder gleicher Lösungsstrategien überwinden, den Blick für neue Möglichkeiten öffnen und somit schöpferisch tätig sein.

Zusammenfassung

Z • Pädagogische *Problem- und Konfliktsituationen* stellen besondere Anforderungen an das schöpferische Handeln des Lehrers. Unter Berücksichtigung aller Bedingungen kann er eine günstige Lösungsvariante finden, wenn er
– die jeweilige Ausgangssituation adäquat *analysiert,*
– den Kern des Problems *erfaßt und fixiert,*
– Lösungsvarianten *entwirft* und *gedanklich durchspielt,*
– diese miteinander *vergleicht* und *bewertet* und sich bewußt für eine *entscheidet.*
• Das erfordert, den Sachverhalt zu *objektivieren,* insbesondere dann, wenn der Lehrer in einer Konfliktsituation selbst stark erregt ist. Eine erziehungswirksame Lösung von Problemen und Konflikten setzt voraus, daß der Lehrer die *Motive des Handelns* seiner Schüler *erkundet und mögliche Folgen* von Maßnahmen bei Schülern *kalkuliert.* Dazu muß er selbst über ein differenziertes Spektrum von Verhaltensvarianten verfügen.

5.4. Lehrertätigkeit und Lehrergesundheit

Erfolgreiche Lehrertätigkeit setzt physisch und psychisch gesunde Lehrer voraus. Andererseits ist der berufliche Erfolg eine wichtige Bedingung für die psychische Gesundheit der Lehrer.

Bei der Untersuchung gesundheitsrelevanter Bedingungen ist es erforderlich, von den objektiven Bedingungen der Arbeit der Lehrer auszugehen. Belastungsfaktoren, die sich in seiner Tätigkeit ergeben, werden in *Tab. 5.3* dargestellt.

Wir wollen in diesem Rahmen nicht auf alle Bedingungen im einzelnen eingehen. Insgesamt kann festgestellt werden, daß auf Grund der großzügigen Förderung und Fürsorge unseres Staates für die Volksbildung die *Belastungsfaktoren geringer sind als in vielen anderen Ländern*, vor allem in kapitalistischen Ländern. Es sei hier lediglich verwiesen auf die Schul- und Bildungsfreundlichkeit unserer Gesellschaft, auf die nichtvorhandene Sorge um den Arbeitsplatz. Dies sind zunächst generell günstige Voraussetzungen für die psychophysische Gesundheit der Lehrer.

„*Die physische Belastung des Lehrers* wird meistens unterschätzt. Aus den wenigen Untersuchungen zum Energieverbrauch geht hervor, daß der Arbeitsenergieumsatz zwischen 3800 und 4000 kJ (etwa 750 bis 960 kcal) liegt, die etwas häufigeren Herzfrequenzuntersuchungen zeigen Durchschnittswerte, die zwischen 90 und 100 Herzschlägen pro Minute im Tagesverlauf (Unterricht) liegen. Damit muß die physische Belastung nach den geltenden Kriterien in unserer Republik für den Lehrer als mittelschwer eingeschätzt werden. Das resultiert aus dem *Stehen* und der *Haltearbeit* des Lehrers. Ins Gewicht fallen auch insbesondere für die Herzfrequenzerhöhungen die emotionalen Komponenten der Lehrertätigkeit“ (Scheuch 1984, S. 45).

Allgemein bekannt ist die hohe *Sprechbelastung* des Lehrers. Reihenuntersuchungen unter Lehrern zeigen, daß etwa 55 % chronisch heiser sind. Hinzu kommt, daß Lärm den Lehrer zu einer ständigen Anhebung der Sprechlautstärke zwingt. Auf Grund der Tatsache, daß Stimmerkrankungen eine deutliche professionelle Bedeutung erlangen und daß die stimmliche Gesundheit von entscheidender Bedeutung für die Ausübung des Lehrerberufs ist, wurden in der DDR umfangreiche Maßnahmen zur Diagnostik und Therapie eingeleitet. Ein weiterer Belastungsfaktor liegt in der *Infektionsgefährdung.* In der Berufskrankheitsstatistik liegt sie für den pädagogischen Beruf an erster Stelle. Von den über 5000 von Mensch zu Mensch übertragenen Infektionskrankheiten, die als Berufskrankheiten anerkannt wurden, sind 15 % im Bildungswesen zu finden (vgl. Scheuch 1984).

Darüber hinaus können auch eine Reihe *sozialer Faktoren* zu gesundheitsbeeinträchtigenden Belastungsfaktoren werden. Wir verweisen an dieser Stelle auf Probleme der Unterrichtsdisziplin, des Leitungsstils des Direktors, Entwicklungsprobleme des Lehrerkollektivs u. a.

Aus äußeren Belastungsfaktoren allein ist allerdings die Gesundheits- und Leistungsrelevanz der Lehrertätigkeit nicht beurteilbar. Die gesundheitliche Belastung wird nur erklärbar *aus den Wechselwirkungen zwischen den objektiven Anforderungen des Lehrerberufs und den subjektiven Bedingungen der Lehrerpersönlichkeit.*

Ein hohes Niveau pädagogischen Könnens, pädagogischer Optimismus und Einstellungen, in denen sich letztlich Übereinstimmungen zwischen gesellschaftlichen Erfordernissen und individuellen Bedürfnissen ausdrücken, ermöglichen zugleich ein sachadäquates Bewältigen hoher Anforderungen und verhindern auch weitgehend dadurch bedingte gesundheitliche Beeinträchtigungen.

Psychologische und medizinische Untersuchungen über Lehrergesundheit und Lehrertätigkeit belegen, daß solche dem Lehrerberuf immanenten Charakteristika wie Verantwortungsbewußtsein, gut entwickelte Fähigkeiten, aktive Gestaltung der sozialen Beziehungen, Erhöhung des Selbstwerterlebens, körperliche Leistungsfähigkeit u. a. einhergehen mit verbesserter Arbeitszufriedenheit, Erhöhung des Wohlbefindens und der Leistungsfähigkeit.

Tabelle 5.3: Gesundheitsrelevante Belastungsfaktoren/objektive Bedingungen (nach SCHEUCH 1984, S. 44)

Dauer, Intensität und Art der Arbeit	*arbeitshygienische Bedingungen*	*soziale Bedingungen/ soziale Stellung*	*zusätzliche Faktoren in der kapitalistischen Gesellschaft*
– Arbeitszeit – Unterrichtsfach, Art der Lehrertätigkeit	– Lärm – Mikroklima	– bezüglich Schüler – bezüglich Kollegen	– Arbeitslosigkeit – physische und psychische Bedrohung
– Klassengröße Schulgröße	– Luftbeschaffenheit	– bezüglich Schulleitung	
– Alter und Vorbildung der Schüler	– Beleuchtung	– bezüglich gesellschaftl. Umfeld	
– physische Belastung – Sprechbelastung – mentale Belastung	– Infektionsgefährdung	– bezüglich Familie	

Die Kenntnis dieser Bedingungen bildet für den Lehrer eine der Voraussetzungen, die in seiner beruflichen Tätigkeit und in seiner Lebensweise in Rechnung zu stellen sind, und um selbst dazu beizutragen, seine Gesundheit, seine Leistungsfähigkeit und damit sein Wohlbefinden zu erhalten.

Zusammenfassung

Z • Eine erfolgreiche Lehrertätigkeit setzt voraus, daß der Lehrer *physisch* und *psychisch* gesund ist. Zwischen dem beruflichen Erfolg und seiner Gesundheit besteht ein dialektisches Wechselverhältnis. Der Lehrer ist sowohl *physischen Belastungen* (Stehen, Sprechen, Infektionsgefährdung u. a.) ausgesetzt als auch *psychischen*, die vorwiegend aus den sozialen Beziehungen entstehen.

• Einige mit der Lehrertätigkeit verknüpfte Charakteristika, wie *Verantwortungsbewußtsein, gut entwickelte Fähigkeiten, aktive Gestaltung der sozialen Beziehungen*, Erhöhung des *Selbstwerterlebens* und körperliche Leistungsfähigkeit, gehen mit verbesserter *Arbeitszufriedenheit* und Erhöhung der *Leistungsfähigkeit* einher. Damit ist für den Lehrer der Weg gewiesen, selbst zu seiner Gesundheit und zu seinem Wohlbefinden beizutragen.

Zur Selbstkontrolle und Übung

Ü 1. Erläutern Sie, worin die Spezifik pädagogischer Fähigkeiten und Einstellungen des Lehrers sowie der schöpferische Charakter seiner Tätigkeit bestehen!

2. Stellen Sie anhand eines selbstgewählten Beispiels die wesentlichen Handlungen eines Lehrers im Unterricht zusammen. Worauf achten Sie, daß dabei auch positive Sozialbeziehungen zu den Schülern und zwischen ihnen ausgeprägt werden?

3. Werten Sie die *Tabelle 5.1* aus! Interpretieren Sie insbesondere die in der mittleren Spalte ablesbaren Ergebnisse! Welche Schlußfolgerungen ziehen Sie daraus für Ihr Verhalten?

4. Wie drückt sich die Einstellung des Lehrers, die Persönlichkeit des Schülers zu achten, in seinem Handeln aus? (Beachten Sie die im Abschn. 5.2.2. angeführten Aspekte, die für die Beantwortung dieser Frage wesentlich sind.)

5. Analysieren Sie das Verhalten eines Lehrers in einer Problem- oder Konfliktsituation, das Sie in der Schule beobachtet haben! Fragen Sie den Lehrer nach seinen Entscheidungen, die er dabei getroffen hat. Schreiben Sie Ihre Überlegungen auf, wie Sie sich in einer ähnlichen Situation verhalten würden, und begründen Sie diese psychologisch!

Literaturverzeichnis

Ananjew, B.: Ausgewählte Arbeiten zur pädagogischen Psychologie. Berlin 1984.

Arnold, K.: Zur Entwicklung der eigenständigen Handlungsregulation durch prospektives Aufgabenlösen. In: Kossakowski, A., W. Merker (Hrsg.): Zur Entwicklung selbständigen und verantwortungsbewußten Handelns. Konferenzbericht. Berlin 1979.

Baumann, M.: Lernen aus Texten und Lehrtextgestaltung. Berlin 1982.

Borys, M., H. Krüger: Ursachen, Bedingungen und Prozeß der Entstehung exogener psychischer Fehlentwicklungen im Kindesalter. „Probl. u. Erg. d. Psych.", H. 67/1978.

Boshowitsch, L. I.: Die Persönlichkeit und ihre Entwicklung im Schulalter. Berlin 1970.

Böttcher, H.: Zur Analyse und Beurteilung von Handlungen. Berlin 1959.

Clauß, G.: Differenzielle Lernpsychologie. Berlin 1984; Verbalisationseffekte beim Lernen. In: Lompscher, J. (Hrsg.): Zur Psychologie der Lerntätigkeit. Berlin 1977.

Clauß, G., H. Conrad, W. Köchel, H. Lohse: Einführung in die Programmierung von Lehr- und Lernprozessen. Berlin 1974.

Clauß, G., J. Guthke, H. Lohse: Lernpsychologische Hinweise zur Unterrrichtsgestaltung. Berlin 1976

Clauß, M., G. Knüpfer, R. Musche, Chr. und H. Wenge: Lernen und Arbeiten in Schule und Betrieb. Berlin 1984.

Davydov, V. V. (Hrsg.): Psichologičeskie vozmožnosti mladšich škol'nikov v usvoenii matematiki. Moskva 1969.

Dawydow, W.: Arten der Verallgemeinerung im Unterricht. Berlin 1977.

Dawydow, W. W., J. Lompscher, A. K. Markowa u. a.: Ausbildung der Lerntätigkeit bei Schülern. Moskau und Berlin 1982.

Ebbinghaus, H.: Grundzüge der Psychologie. Leipzig 1919; Über das Gedächtnis. Leipzig 1885.

Ecke, P.: Untersuchungen zum pädagogischen Können. Berlin 1981.

Elkonin, D.: Psychologie des Spiels. Berlin 1980.

El'konin, D. B., V. V. Davydov (Hrsg.): Vozrastnye vozmožnosti usvoenija znanii. Moskva 1966; Vorprosy psichologii učebnoj dejatel'nosti mladšich skol'nikov. Moskva 1962.

Erlebach, E., U. Ihlefeld, K. Zehner: Psychologie für Lehrer und Erzieher. Berlin 1986.

Frankiewicz, H.: Erfahrungen bei der Gestaltung der produktiven Arbeit der Schüler im Betrieb unter den Bedingungen des wissenschaftlich-technischen Fortschritts. In: Jahrbuch der Akademie der Pädagogischen Wissenschaften der DDR. Berlin 1983.

Franz, S.: Entwicklung der Selbsteinschätzung bei Schülern. Berlin 1982.

Friedrich, W.: Jugend heute. Berlin 1966.

Friedrich, W., H. Müller (Hrsg.): Soziale Psychologie älterer Schüler. Berlin 1983.

Galperin, P. J.: Die Entwicklung der Untersuchungen über die Bildung geistiger Operationen. In: Ergebnisse der sowjetischen Psychologie. Berlin 1967.

Galperin, P. J., u. a.: Probleme der Ausbildung geistiger Handlungen. Berlin 1972; Probleme der Lerntheorie. Berlin 1979.
Gerhardt, A., J. Dircksen, P. Hörner: Biologie 5./6. Bayerischer Schulbuchverlag. München 1974.
Giest, H.: Einführung der Schüler in die Physik nach der Lehrstrategie des Aufsteigens vom Abstrakten zum Konkreten. Diss. A. Berlin 1985.
Göllnitz, G.: Neuropsychiatrie des Kindes- und Jugendalters. Jena 1975.
Göllnitz, G., H. D. Rösler (Hrsg.): Psychologische Untersuchungen zur Entwicklung hirngeschädigter Kinder. Berlin 1977.

Hacker, W.: Allgemeine Arbeits- und Ingenieurpsychologie. Berlin 1980.
Heilhecker, P.: Zur Rolle wesentlicher kollektiver Bedingungen für die Entwicklung der sozialen Gerichtetheit der Persönlichkeit im Schulalter. Diss. B. Berlin 1980.
Heilhecker, P., u. a.: Zur Entwicklung sozialer Beziehungen bei jüngeren Schulkindern. Berlin 1975.
Hennig, W.: Lernmotive bei Schülern. Berlin 1978.
Hentschel, G., I. Lange: Motiv- und Fähigkeitsentwicklung jugendlicher Leiter. „Psychologie für die Praxis“, H. 1/1985.
Hiebsch, H., M. Vorwerg (Hrsg.): Sozialpsychologie. Berlin 1980.
Hinz, G.: Die Ausbildung der Lerntätigkeit im Biologieunterricht der 5. Klasse nach der Methode des Aufsteigens vom Abstrakten zum Konkreten. Diss. A. Berlin 1984.
Höck, K., W. König: Neurosenlehre und Psychotherapie. Jena 1976.
Honecker, E.: Bericht des Zentralkomitees der Sozialistischen Einheitspartei Deutschlands an den VIII. Parteitag der SED. Berlin 1971; Bericht des Zentralkomitees der Sozialistischen Einheitspartei Deutschlands an den XI. Parteitag der SED. Berlin 1986.
Honecker, M.: Der gesellschaftliche Auftrag unserer Schule. In: VIII. Pädagogischer Kongreß der Deutschen Demokratischen Republik vom 18. bis 20. Oktober 1978. Protokoll. Berlin 1978; Die Schulpolitik der SED und die wachsenden Anforderungen an den Lehrer und die Lehrerbildung. In: Honecker, M.: Zur Bildungspolitik und Pädagogik in der Deutschen Demokratischen Republik. Berlin 1986; Was wir heute für die Kinder leisten, bringt morgen tausendfachen Gewinn. Diskussionsbeitrag des Ministers für Volksbildung auf der FDJ-Aktivtagung der Freundschaftspionierleiter in Dresden. DLZ-Beilage 27/87.

Irmscher, K.: Ausbildung der Lerntätigkeit nach der Konzeption des Aufsteigens vom Abstrakten zum Konkreten bei der Einführung in die Naturwissenschaft im 4. Schuljahr. Diss. A. Berlin 1982.
Ivanov, V. G. (Hrsg.): Subjektivnaja dialektika. Moskva 1981.

Jantos, W.: Psychologische Grundlagen und Probleme kooperativer Lerntätigkeit von Schülern. Diss. B. Berlin 1984.
Jantos, W. (Hrsg.): Entwicklung des schöpferischen Denkens und problemhafter Unterricht. Berlin 1978.
Jülisch, B.: Psychologische Beiträge zur Analyse von Schülerkenntnissen. Diss. B. Berlin 1986.

Kabat vel Job, O., A. Pinther: Jugend und Familie. Berlin 1981.
Kalinin, M. I.: Über kommunistische Erziehung. Berlin 1951.
Kessel, W.: Theoretisch-ideologische Probleme und empirische Ergebnisse der Forschungsgemeinschaft „Sozialpsychologie der Schulklasse“. In: Kessel, W., K. Knauer, H. Schröder (Hrsg.): Sozialpsychologische Probleme der Schulklasse. Berlin 1975.
Kessel, W., N. Göth (Hrsg.): Lern- und Verhaltensstörungen bei Schülern. Berlin 1984.
Klix, F.: Information und Verhalten. Berlin 1971.
Klix, F. (Hrsg.): Gedächtnis – Wissen – Wissensnutzung. Berlin 1984.

Köhle, C., P. Köhle: Verständnis für den anderen. Leipzig, Jena, Berlin 1980.

Köhler, W.: Intelligenzprüfung an Anthropoiden. Berlin 1917.

Kossakowski, A.: Die Schüler zu selbständigem und verantwortungsbewußtem, diszipliniertem Handeln befähigen. „Pädagogik“, H. 2/1978; Handlungspsychologische Aspekte der Persönlichkeitsentwicklung. Berlin 1980; Erziehung älterer Schüler – psychologisch betrachtet. Berlin 1983.

Kossakowski, A. (Hrsg.): Zur Psychologie der Schuljugend. Berlin 1969.

Kossakowski, A., u. a.: Entwicklung der Handlungsregulation in der kollektiven Tätigkeit. Berlin 1978.

Kossakowski, A., u. a.: Psychologische Grundlagen der Persönlichkeitsentwicklung im pädagogischen Prozeß. Berlin 1982.

Kossakowski, A., J. Lompscher: Erziehung im mittleren Schulalter – aus psychologischer Sicht. Berlin 1985.

Kossakowski, A., W. Merker (Hrsg.): Zur Entwicklung selbständigen und verantwortungsbewußten Handelns. Berlin 1979.

Kossow, H.-J.: Zur Therapie der Lese-Rechtschreibschwäche. Berlin 1972.

Köster, E.: Problemlösen als Lernhandlung – Grundlagen der Ausbildung schöpferischen Denkens und Handelns in der Lerntätigkeit. Diss. B. Berlin 1983.

Köstler, E.: Psychologische Aspekte der Rezeption literarischer Gestalten. Berlin 1983.

Krutezki, W. A.: Altersbesonderheiten der Entwicklung mathematischer Fähigkeiten bei Schülern. „Mathematik in der Schule“, H. 1/1968.

Kuljutkin, J. N.: Die psychologische Natur der Tätigkeit des Pädagogen. In: Der schöpferische Charakter der Tätigkeit der Pädagogen. Leningrad 1978 (russ.).

Kusmina, H. W.: Psychologie der Lehrertätigkeit. Berlin 1971.

Lahl, J.: Die Abbildung dialektischer Widersprüche im Denken von Schülern 9. Klassen, untersucht im Literaturunterricht. Diss. A. Zwickau 1984.

Lehrmaterial zur Ausbildung von Lehrerstudenten: „Lern- und Verhaltensstörungen“. Herausgegeben vom Ministerium für Volksbildung der DDR. Berlin 1982.

Lehrprogramme für die Ausbildung von Diplomlehrern der allgemeinbildenden polytechnischen Oberschulen im Fach Psychologie an Universitäten und Hochschulen der DDR. Herausgegeben vom Ministerrat der Deutschen Demokratischen Republik. Berlin 1982.

Lejtes, N. S.: Geistige Fähigkeiten und Altersbesonderheiten. Berlin 1974.

Leontjew, A. N.: Probleme der Entwicklung des Psychischen. Berlin 1985; Tätigkeit, Bewußtsein, Persönlichkeit. Berlin 1979.

Lompscher, J.: Der Gegenstand der pädagogischen Psychologie und ihr Beitrag zur Lösung bildungspolitischer Aufgaben. „Probl. u. Erg. d. Psych.“, H. 50/1974.

Lompscher, J. (Hrsg.): Probleme der Ausbildung geistiger Handlungen. Berlin 1972.

Lompscher, J., u. a.: Theoretische und experimentelle Untersuchungen zur Entwicklung geistiger Fähigkeiten. Berlin 1972; Verlaufsqualitäten der geistigen Tätigkeit. Berlin 1976; Persönlichkeitsentwicklung in der Lerntätigkeit. Berlin 1985

Löwe, H.: Probleme des Leistungsversagens in der Schule. Berlin 1971.

Makarenko, A. S.: Werke, Bd. IV. Berlin 1981; Werke, Bd. V. Berlin 1978.

Marx, K.: Thesen über Feuerbach. In: Marx, K., F. Engels: Werke, Bd. 3. Berlin 1973; Das Kapital. Bd. I. In: Marx, K., F. Engels: Werke, Bd. 23. Berlin 1977; Grundrisse der Kritik der Politischen Ökonomie. In: Marx, K., F. Engels: Werke, Bd. 42. Berlin 1983.

Marx, K., F. Engels: Die deutsche Ideologie: In: Marx, K., F. Engels: Werke, Bd. 3. Berlin 1973.

Matjuškin, A. M.: Problemnye situacii v myslenii i obučenii. Moskva 1972.

Mentschinskaja, N. A. (Hrsg.): Besonderheiten des Lernens zurückbleibender Schüler. Berlin 1974.

Meščerjakov, A. I., L. V. Pašenceva: Formirovanie igrovoj dejatel' nosti slepogluchonemogo rebenka. V: Problemy dejatel'nosti sovetskoj psichologii. Moskva 1977.

Neuner, G., u. a.: Pädagogik. Berlin 1983; Allgemeinbildung und Lehrplanwerk. Berlin 1987.

Ohl, W.: Aneignungsprozeß – Wissenserwerb – Fähigkeitsentwicklung. Berlin 1973.

Petrowski, A. W.: Psychologische Theorie des Kollektivs. Berlin 1983.
Pippig, G.: Zur Entwicklung mathematischer Fähigkeiten. Berlin 1971; Beziehungen zwischen Kenntniserwerb und Entwicklung geistiger Fähigkeiten. Berlin 1980; Aneignung von Wissen und Können – psychologisch gesehen. Berlin 1985.
Polzin, J.: Kommunistische Arbeitserziehung. Berlin 1979; Wie erziehe ich durch Arbeit zur Arbeit? Berlin 1980.
Programm der Sozialistischen Einheitspartei Deutschlands. Berlin 1976.

Rosenfeld, G.: Theorie und Praxis der Lernmotivation. Berlin 1985.
Rothe, B.: Handbuch für Betreuer. Berlin 1985.
Rubinstein, S. L.: Das Denken und die Wege seiner Erforschung. Berlin 1963; Grundlagen der allgemeinen Psychologie. Berlin 1984.

Scheuch, K.: Probleme und Ergebnisse der medizinischen Lehrerforschung. In: Lehrerpersönlichkeit – Lehrertätigkeit – Lehrergesundheit. Leipzig 1984.
Schmidt, H.-D.: Einige psychologische Grundlagen der politischen Erziehungsarbeit bei Jugendlichen. „Probl. u. Erg. d. Psych.", H. 7/1973.
Schorochowa, E. W.: Soziale Einflüsse auf die Struktur der Persönlichkeit. „Pädagogik", 1. Beiheft 1976.
Schröder, H.: Lehrerpersönlichkeit und Erziehungswirksamkeit. Berlin 1979.
Schütze, O.: Handlungsanleitung für Klassenleiter zur Korrektur von Fehlentwicklungen. (unveröffentl. Manuskript, Friedrich-Schiller-Universität Jena) 1985.
Seemann, H.: Sprachstörungen bei Kindern. Halle 1959.
Sintschenko, P. I.: Probleme der Gedächtnispsychologie. In: Ergebnisse der sowjetischen Psychologie. Berlin 1967.
Stannieder, G.: Selbstvertrauen und Möglichkeiten seiner Beeinflussung bei Schülern. Berlin 1988.
Stannieder, G., u. a.: Förderung des selbständigen Handelns von FDJ-Gruppenleitungen an den Oberschulen. Berlin 1987.
Stoljarow, W. I.: Die Entwicklung der sozialistischen Dialektik als Logik. Erkenntnistheorie und Methodologie der Einzelwissenschaften. In: Geschichte der marxistischen Dialektik – Die Leninsche Etappe. Berlin 1976.
Strobelt, H.: Untersuchungen zur effektiven Langzeitausdauerschulung im Sportunterricht der Klassenstufe 4. Diss. A, 1986.
Stscherbakow, A. J.: Die sozialpsychologische Charakteristik der pädagogischen Tätigkeit und das Problem der Herausbildung beruflich wichtiger Eigenschaften der Lehrerpersönlichkeit bei den Studenten. Pädagogisches Institut Swerdlowsk 1975.

Talyšina, N. F.: Upravlenie processom usvoenija znanij. Moskva 1975.
Tomaszewski, T. (Hrsg.): Zur Psychologie der Tätigkeit. Berlin 1981.

Voß, P.: Zur Freizeitgestaltung Jugendlicher. In: Friedrich, W., H. Müller (Hrsg.): Soziale Psychologie älterer Schüler. Berlin 1983.

Wazuro, E. G.: Die Lehre Pawlows von der höheren Nerventätigkeit. Berlin 1975.
Wittich, D., G. Gößler, H. Wagner: Marxistisch-leninistische Erkenntnistheorie. Berlin 1980.
Wörterbuch der Psychologie. Berlin 1985.
Wygotski, L. S.: Ausgewählte Werke. Bd. II. Berlin 1987.

Register